工作文化史

古代卷

[加] 埃夫林·莱特尔 主编

王尔山 译

A CULTURAL HISTORY OF WORK
IN ANTIQUITY

人民文学出版社

图书在版编目（CIP）数据

工作文化史：古代卷 /（加）埃夫林·莱特尔主编；王尔山译. -- 北京 ：人民文学出版社，2024
ISBN 978-7-02-018350-0

Ⅰ.①工… Ⅱ.①埃… ②王… Ⅲ.①西方文化—文化史 Ⅳ.① K500.3

中国国家版本馆 CIP 数据核字 (2023) 第 226022 号

责任编辑　樊晓哲
责任印制　张　娜

出版发行　人民文学出版社
社　　址　北京市朝内大街166号
邮政编码　100705

印　　刷　三河市宏盛印务有限公司
经　　销　全国新华书店等

字　　数　406千字
开　　本　880毫米×1230毫米　1/32
印　　张　15.625
版　　次　2024年2月北京第1版
印　　次　2024年2月第1次印刷

书　　号　978-7-02-018350-0
定　　价　68.00元

如有印装质量问题，请与本社图书销售中心调换。电话：010-65233595

目录

001 ◇ 总编辑前言
戴博拉·西蒙顿（Deborah Simonton）
安妮·蒙迪纳（Anne Montenach）

005 ◇ 古代卷　编辑前言
埃夫林·莱特尔（Ephraim Lytle）

001 | 导论
埃夫林·莱特尔（Ephraim Lytle）

047 | 第一章　工作经济
塞斯·伯纳德（Seth Bernard）

081 | 第二章　图说工作
菲利普·萨皮尔斯坦（Philip Sapirstein）

131 | 第三章　工作与工作场所
米克·弗洛（Miko Flohr）

| 165 | 第四章　工作场所的文化
科恩拉德·韦博文（Koenraad Verboven）

| 213 | 第五章　技能与技术
菲利普·萨皮尔斯坦（Philip Sapirstein）

| 251 | 第六章　工作与流动性
本·艾克里（Ben Akrigg）

| 281 | 第七章　工作与社会
莎拉·E. 邦德（Sarah E. Bond）

| 317 | 第八章　工作的政治文化
阿兰·布列松（Alain Bresson）

| 349 | 第九章　工作与休闲
齐农·帕帕康斯坦提诺（Zinon Papakkonstaninou）

| 381 | ◇ | 注记
| 442 | ◇ | 延伸阅读
| 453 | ◇ | 引文出处索引
| 483 | ◇ | 索引

总编辑前言

戴博拉·西蒙顿（Deborah Simonton）
安妮·蒙迪纳（Anne Montenach）

  围绕工作与工作场所的相关议题看上去正在迎来一波新的关注，并且这次不再仅仅内嵌于马克思主义与劳工运动的单一讨论语域。与此相仿，关于同业公会或行会（guild）、技能、管控以及性别等议题，也有令人感到耳目一新的研究正在进行。本系列《工作文化史》聚焦于文化，目的是通过一种理论全面的方式，探讨工作的特征与工作动力学的微妙之处，以及工作期间和工作场所可能涉及的人与关系，将本来完全不同的历史传统和史学方法结合起来。《工作文化史》的目标和范围，是按六个历史时期全面考察工作的社会与文化建构。这种聚焦工作的**文化**史的做法创造了新的机会，由此展开探讨工作动力学，以及工作期间与工作场所可能涉及的人与关系，有助于我们重新思考工作的边界以及相关议题。这不是一部关于工作的"经济"史，而是一部文化史。我们当然会谈到经济学，但这里的根本概念是要解释工作在西方世界文化动力学的定位与作用方式。这对我们重新思考工作的边界以及相关议题的进程将是一项重要贡献。

《工作文化史》主要从西方世界（the western world）取材。我们的作者在他们各自负责的章节享有相当大的自由度，可以充分发挥在国家与地区史方面的不同专长，但只要通读构成本系列的全部 36 个章节，就会发现作者们全都尽量围绕"西方"展开论述。本系列并不打算"一网打尽"西方文化的方方面面，估计就连一网打尽欧洲和北美的方方面面也谈不上。实际上我们的一致目标是要**描述**工作的文化从古代一直到当下有过的广泛趋势与细微差别。因此，这套《工作文化史》专注于西方的工作这一中心主题，同时对我们依然知之较少的领域保持一定的敏感度。

这是一套学术参考著作，设计初衷是要为学者和学生提供一份富有细节的概览。这里面的每一篇文章均为原创，为每一个主题在一个特定时期做一份**概览**，但也同时包含相当广泛的一系列案例史料，带有特定的主旨或观点（有时可能是好几个观点），构成每一篇的不同特色。本系列按六个历史时期划分为六卷，尽管历史学家可能继续争论这些时期具体到底意味着什么，使它们的边缘变得模糊不清。这就是认识过往之路的一个组成部分。时间在各地并没有一致的通行定义，假如扩大到国家或大洲范围就更谈不上了。本系列的每一卷都跨越一段很长的时间、覆盖辽阔的地理环境，因此有机会并且确实引入了一系列可变因素。每一卷均采用相同的章节标题，这样一来读者不仅可以跨卷阅读某一个主题，也可以通读某一个历史时期，体会该卷的丰富主题，寻幽探胜于字里行间。另外，在本系列各卷不同章节之间以及不同分卷之间可能存在重叠部分，这也使我们的讨论变得更加丰富。

本系列选择研究工作（work）而不是劳动（labor），由此给出一个更宽广、更具包容性的研究范围，更方便套用于不同的历史时期。举例而言，在诸如古代和中世纪这样一些历史时期，选用"工作"一词尤其显得恰当，因为从某种意义上看"劳动"更像是一个十八或十九世纪的概念。英语有一个相当不同寻常的特点，有不少单词在意义上可能交叠，但不是完全等同。以"工作"为例，法语只有一个词 travail，德语是 Arbeit，丹麦语、瑞典语和挪威语均为 arbejde，意大利语是 lavoro。其他一些语言往往也有一个首选单词，比如西班牙语是 trabajo，尽管同时确实还有其他单词可用。从定义的角度看，我们可以争辩说"劳动"意味着需要动用心智或身体的能力/功能，因此这个单词暗含了吃苦和困难，而"工作"只跟正在做某事、参与某活动或正在进行某行动这一动作或事实有关。从政治经济角度看，"劳动"似乎更多地指向马克思主义语域，相比之下"工作"显得更务实，看重动作本身，没有明说的文化含义比较少。因此"工作"描述了我们这个研究项目的范围，"劳动"成为其中一个方面，其重要性在十九和二十世纪得到提升，在十八世纪还相对较低。综上所述，我们认为"工作"一词看上去更中立、更具普遍性，因而更加适用于横跨六个世纪的讨论。

从古代世界一路迈进到二十一世纪，由于技术、组织与地点已经改变，工作的文化也经历了相当大的变迁。工作场所的关系也从小规模、家庭式的环境转变为大规模且很可能不那么个人化的环境。即便如此，工作的世界还是那么错综复杂，不仅各国文化以及管理工作领域的政治和经济方式继续存在巨大的差异，人们私下协商各自空间与地位的方式更是千差万别。"工作"一词继续保留多种含义，从简单的谋生需求，到工作岗位的性质与个人可以由此实现的创造力带来的深切满足感，全都包括在内。人们重视工作，可能是看在工作可以带来收入或财富，也有人选择减少工作量，并且要按自己的条件来工作。兼职、工作共担、自雇（自营）等做法，以及信息技术革命也为一部分人提供了不同的就业路径。但不管怎样，打工者仍将有机会继续跟一名雇主存在关联，并且，尽管名义上奴隶制现在并不存在于西方，但还是会有一些人，比如外来移民作坊里汗流浃背的工人以及留宿雇主家的家政工人，可能觉得自己的处境跟奴隶制也没有什么差别。《工作文化史》将追溯并探讨类似这样的多种路径，了解这对人们及其在工作上的文化体验带来什么影响。

古代卷

编辑前言

埃夫林·莱特尔

(Ephraim Lytle)

本卷引用的古代作者和作品,均首选《牛津古典学词典》(*The Oxford Classical Dictionary*)第四版给出的缩写,如遇该词典未有收录则改用利德尔(Liddell)、斯科特(Scott)与琼斯(Jones)的《希英词典》(*A Greek-English Lexicon*[①])或《牛津拉丁词典》(*The Oxford Latin Dictionary*)给出的缩写。对于写在莎草纸上的古文稿,其标记方式遵循《希腊语、拉丁语、埃及语通俗体与科普特语莎草纸文献、陶片与

---

① 该词典由英国学者亨利·乔治·利德尔(Henry George Liddell,1811年—1898年)和他在牛津大学的同窗好友罗伯特·斯科特(Robert Scott)于1833年应出版社之邀开始编写,主要以德国学者弗兰茨·帕索(Franz Passow,1786年—1833年)编写的希德词典为基础,1843年出版第一版,自第八版(1879年)后改由英国学者亨利·斯图尔特·琼斯(Henry Stuart Jones,1867年—1939年)接力主持修订,以继续体现最新研究成果。

各类材质书写板文本清单》(Checklist of Greek, Latin, Demotic and Coptic[①] Papyri, Ostraca and Tablets），对于希腊语和拉丁语铭文，遵循《古希腊拉丁铭文集》(Supplementum Epigraphicum Graecum[②]）。上述内容均可在线查询。古希腊语按美国图书馆协会（American Library Association）和国会图书馆（Library of Congress）标准音译。其中希腊字母 eta 和 omega 根据抑扬符而非长音符与另外两个字母 epsilon 和 omicron 进行区分，另有许多专有名称保留常用的拉丁语形式，包括柏拉图（Plato[③]）、雅典（Athens）、赫菲斯托斯（Hephaestus[④]）、以弗所（Ephesus[⑤]）等。

本卷受益于 2016 年 4 月在加拿大多伦多大学（University of Toronto）举办的一次工作坊，由加拿大社会科学与人文研究委员会一项研究基金（Connection Grant）及多伦多大学古典学系资助。特别感谢德鲁·戴维斯（Drew Davis）对采编工作提供了勤恳协助。

[①] 埃及科普特人（Copts）的语言，跟在埃及语通俗体之后，自公元二世纪开始流行。
[②] 简称 SEG，每年更新一卷，收录有关最新研究成果，范围限于公元八世纪及以前的铭文。
[③] 古代希腊哲学家（约公元前427年—公元前347年），师从苏格拉底，在雅典创办学园，学生包括亚里士多德，著有多部书信与对话集，详见正文。
[④] 希腊神话人物，火神与锻冶之神，也是手艺工匠保护神。
[⑤] 位于小亚细亚半岛西岸，希腊人建立的定居点，以位列古代世界七大奇迹的阿尔忒弥斯神庙著称。今属土耳其。

导 论

埃夫林·莱特尔
(*Ephraim Lytle*)

埃夫林·莱特尔(Ephraim Lytle),加拿大多伦多大学古典学副教授,主要研究希腊社会与经济史,尤其感兴趣的是往往被各城邦(*polis*)视为次要,也不在其公民农民意识形态焦点上的社会阶层和经济活动,比如渔民和渔业。

在古代西方的思想里，"工作"只在很少有的情况下会被视为人类活动的一个独特领域，可以单独进行分析。古代作者若有机会涉足这一话题，他们的讨论方式看上去可能是如此不靠谱，以至于今天如果有人评论说古代希腊人和罗马人根本就没有跟现代"工作"或"劳动"这两个概念哪怕稍微靠近的词汇，恐怕会被视为老生常谈、毫无新意。[1]

不过，尽管这个评论没有明显错处，其是否继续富有意义，现在已经变得不那么明显。一些思想流派很在意这一点，因为在他们看来，查证现代资本主义经济秩序与古代希腊和罗马的社会之间存在根本差异是一大要务。这包括马克思（Karl Marx）及其追随者的思想体系，其中又以马克斯·韦伯（Max Weber）和摩西·芬利（Moses Finley）的社会学思想更为突出，他们对古代史的研究产生了远超他人的重大影响。以劳动力需求为例，按照芬利的看法，我们如今倾向认为必不可少的条件在古代世界几乎不存在，因为那时的社会根本就是按社会地位构建，尤以自由民与奴隶的二分法为主。无论何种形式的劳动力，只要不是独立的，包括自由民身份的挣工资劳动者，就会被等同为奴隶，跟社会地位相关的意识形态不仅阻碍任何理性的劳动力组织，实际上甚至阻挠各种明确的经济行为发展。[2]

对这些和其他一些理论家来说，古代工作是一个很有用的课题，主要原因在于它能证明在古代与"理性化发展（rational development）"之间存在一道毫不含糊的分界，后者包括技术创新或一种新教伦理，并且由此迎来了产业化。不过，同样是围绕古代经济，较近期的一些研究思路，尤以新制度经济学表现最为突出，已经放弃意识形态决定论，试图超越十八世纪在欧洲出现的社会进化论方案，该理论假设前现代各社会在不同程度上都是非理性的，与理性的、资本主义性质的社会相去甚远。这些近期研究都强调，在所有的社会里经济行为均由几乎涵盖文化每一个方面的多种制度塑造并受其制约。【3】从这个角度看，与"工作"相关的古代的概念毫无疑问不是现代的，这一点就其本身而言并不重要。真正重要的是当时无论希腊人还是罗马人**其实**都有丰富的工作相关词汇，只要将这一证据置于古代思想框架来考察，就有助于我们分析古代希腊与罗马制度的内在逻辑，以及与之相关、但几乎谈不上具决定性作用的意识形态。

更普遍而言，这些研究思路与工作史新近出现的趋势是兼容的，后者强调了将分析重点放在自由的受薪劳动者就会淡化其他形式的工作截至相对较近期仍在欧洲流行的程度。从这样一番重新评估得出的重要结果之一，就是产业革命（Industrial Revolution①）前的西方世界工作文化史可以通过同样适用于古代的术语来认识。【4】如此一来古代就有可能成为一套重要的可援引案例，不仅可以用于撰写西方世界工作比较史，而且对全球范围的前现代社会研究也有借鉴意义。

回看古代希腊和罗马社会，工作的证据分布在浩如烟海的数据里。在异常丰富的文学文本之外，我们还有大量的其他类型的证据，包括成千上万的金石学铭文、范围广泛的考古数据、艺术史证据，以及古代希腊—罗马埃及时期（Greco-Roman Egypt②）留下的莎草纸文档。

---

① 又称工业革命，1860年代始于英国。
② 始于马其顿国王亚历山大大帝公元前332年占领埃及并自称法老，公元前30年由罗马征服。

长期以来这些数据一直是深入研究的主题。此外，关于古代的研究早在成为整个研究界一项当务之急以前很长一段时期就一直具有跨学科的性质，艺术史学家、考古学家、语言学家、政治理论家以及古代社会与经济史学家在这里有共同感兴趣的主题。可以说，哪怕一部古代工作文化史尚未出现而继续属于迫切需要开展的**紧要题目**，但在几乎所有最受欢迎的研究主题，比如家庭户（household）、家庭、性别、儿童时代、奴隶制、城市化、阶级、战争等等，暂且试举几例，"工作"本身已然得到认可，属于一个必不可少的重要方面。

考虑到过往研究的性质以及"工作"在古代思想中的嵌合程度，若要为古代工作文化史做导论，很可能先要就古代希腊与罗马社会做一番更具普遍性的调查梳理。但我也希望避免在这里对后续各专题章节将要详细探讨的问题做蜻蜓点水式的"剧透"。因此我决定改为先提供一些背景，希望有助于各位理解古代工作研究过程可能面临的**最**基本的结构性问题，没有之一：这就是文学史料存在明显的不足，往往不仅带有深刻的偏见，而且古代作者从各自关切点观点都存在极大的局限。后世学者尝试"自下而上"讨论古代工作，这固然没错。但文学史料仍然属于不可或缺的证据，这些文本自身就是一种文化形式，在很大程度上促成后人对古代持续抱有浓厚的兴趣。因此，接下来，我将勾勒古代文学史上出现的"工作"的一些关键特征，特别关注其中一些文体类型和文本，这些内容通过精英阶层的"教育、教化"，直至古代后期仍在塑造当时作者们对待工作的看法。

文学维度的工作:"金嘴"狄奥的《埃维亚演讲》

说到探索关于古代工作的文学史料,"金嘴"狄奥(Dio Chrysostom[①])的《埃维亚演讲》(Euboicus[②])提供了一个有用的起点。狄奥在某些方面可以说是将整个希腊—罗马古代时期(Greco-Roman antiquity[③])联系起来。一世纪,狄奥出生于安纳托利亚(Anatolia[④])西北部一个希腊城邦,他对这座城市抱有强烈的认同感,声称哪怕"所有的希腊人和罗马人都来惊叹和赞美"他,在他看来也比不上这座城市的荣誉那么有分量(Or. 44.1[⑤])。不过,也是恰如这一表述所暗示的那样,狄奥具有更广阔的视野。作为一名罗马公民,他在罗马生活了很长一段时间,也在帝国东部各地旅行。狄奥本人跟包括罗马帝国(Roman Empire[⑥])多位皇帝以及皇亲国戚在内的罗马精英网络有联系。但与大

---

① 又称普鲁萨的狄奥·科西尼斯(Dio Cocceianus of Prusa),罗马帝国时期希腊演说家、哲学家(约公元40年—112年),出生于比提尼亚一个富裕家庭,因能言善辩而被誉为"金嘴(Chrysostom)"。

② 又称 Euboean Discourse,在后人整理的狄奥演讲合集排第七篇。埃维亚是希腊第二大岛,又译优卑亚岛。

③ 约公元前1000年—公元600年,后接拜占庭时期(Byzantine age,公元565年—1453年)。

④ 亚洲西部小亚细亚(Asia Minor)半岛旧称,今属土耳其。

⑤ 参见《引文出处索引》,下同。

⑥ 自屋大维(Gaius Octavius,公元前63年—公元14年)公元前27年接受奥古斯都(Augustus)称号起,至395年分为东、西两个部分,476年西罗马帝国灭亡,东罗马帝国存续至公元1453年。

多数生活在罗马统治时期的希腊人一样，狄奥也强烈认同一种更宏大的希腊式理想，这一理想由一种严格意义上的传统希腊文学艺术的教育进行阐述与象征。尽管狄奥的作品是用一种僵化的方言写成，当时只有受过类似教育的人看得懂，只占人口的百分之一，但狄奥的作品却是为一个**相对**广泛的受众群体而写，他是在向当时受过教育的希腊人**与**罗马人当中实际上具有双语和双文化功底的读者发表看法。[5]

狄奥对传统的希腊文学艺术的学习进行了重新包装，他采用的方式直到古代晚期依然深受精英阶层读者欢迎。他有大约80篇演讲稿流传至今，这些作品影响了基督教早期的重要人物，他们对《埃维亚演讲》尤其推崇备至，这篇演讲既是古代文体的万花筒，也与古代晚期之前的其他文本差不多，都是直接以工作的意义与本质作为主题。[6]在这篇演讲中，狄奥首先勾勒一幅乡村地区自给自足的理想化画面，接着转向贫穷以及怎样才能最好地运用城中贫民的题目。"工作"这个题目从开场白（Or. 7.1-2）就成为焦点："说来也巧，我刚好就在并非夏季的时节跟一些渔民乘坐一艘小得离谱的船从希俄斯（Chios①）岛出发。一场可怕的风暴袭来……渔民们直接把船驶上了悬崖下面一片崎岖的海滩，这可把他们的船给毁了。"这段话语是想象性的，它的参照点主要出在其他文本。但狄奥在这里描绘的那个世界，紧密关联到由以下要素确定内在结构的现实世界：工作与流动性，地中海，以及各边缘阶层，比如为工作而必须出行的渔民，这些人具备的技能足以让他们在任何地方找得到工作。

---

① 位于爱琴海北部，以诗人荷马家乡闻名。

狄奥自己也在为"某件紧急事务"而出行（7.7），但他从事的那类工作，也就是当时认为适合受过教育的精英阶层从事的那类工作，是与其他人不同的。此刻，当他跟同船遇险的渔民一样落得身无分文，就发现这对渔民来说算不上什么大悲剧，因为他们这趟出行的目的本来就是要挣钱，准备"加入另一些把船停泊在附近一处海岬后面的渔民，打算留下来跟他们合作，一起打捞骨螺①"（7.2）。狄奥跟他们不一样，在这样的环境下根本拿不出任何可转移技能，让他也能马上打工挣钱，看上去是必死无疑，但还是按叙事惯例被纯朴的乡下人搭救了，后者虽然物质贫乏但幸福的生活方式成为这篇演讲的前半部分。接着，仿佛是对自己和他的读者使了一个眼色一般，狄奥让这乡下人随后说出这位演说家的特征其实是怎样的显而易见："在我看来你就像城里人，不是水手或其他打工人，倒像是患有某种严重的身体疾病，从你这弱不禁风的身板儿判断。"（7.8）

把城里的精英人士说得全无用处，尤其是提到他们难以胜任艰苦的体力劳动，这是一种古老的做法，早就闪现在阿提卡（Attic②）旧喜剧（old comedy③）的各种情节里。比如阿里斯托芬（Aristophanes④）

---

① 用于提取珍贵的紫色染料，称骨螺紫。
② 源于阿提卡（Attika），希腊南部两个半岛之一，另一个是伯罗奔尼撒半岛，中间由科林斯地峡连接。雅典原为阿提卡主要城邦，鼎盛时期将阿提卡变成自己的势力范围。
③ 古代阿提卡喜剧依流行时代与选题大致分为旧喜剧（盛行于公元前五世纪）、中期喜剧（约公元前四世纪）和新喜剧（约公元前320年—公元前120年）三个阶段，呈现从政治议题到日常生活的趋势，作品大多失传。
④ 阿提卡旧喜剧作家杰出代表（约公元前450年—公元前385年），留有《云》《鸟》《阿卡奈人》《公民大会妇女》等剧目。

创作的喜剧《云》就把质朴的乡下人斯瑞西阿得斯（Strepsiades）跟他那个挥霍无度的儿子做对比，认为那孩子没有工作能力，而这应该归咎于他的母亲，那是一个富有的"城里姑娘"（39-55）。与田园诗里的理想化世界一样，类似这样的场景似乎在诸如亚历山大里亚（Alexandria）① 和安条克（Antioch）② 等希腊化（Hellenistic）③ 城市以及罗马帝国那日益城市化的世界里尤其受到都市精英阶层的欢迎。因此，在米南德（Menander）④ 创作的《恨世者》（*Dyskolos*）里也写道，主人公索斯特拉托斯（Sostratos）想要赢得愤世嫉俗的农民克涅蒙（Knemon）的好感，好让对方同意把女儿嫁给他。索斯特拉托斯听说，要实现这一目标，唯一的希望就是到他们的农场去做他从未做过的事情：从事艰苦的体力劳动。最终克涅蒙同意了这桩婚事，因为他觉得索斯特拉托斯已经证明自己"就品格而言是够格了"（770）。这份合乎道德的得分主要体现在索斯特拉托斯"拿起了鹤嘴锄，开始使劲刨地，心甘情愿投入苦干（*ponein*）"（766-7）。《恨世者》属于"新喜剧（new comedy）"，这一类型的作品具有高度通用的非特指特点，但就像现代情景喜剧（sitcoms）一样，也会采用一种流行的道德观作为背

---

① 公元前331年马其顿亚历山大大帝在埃及北部兴建的港口城市，今属埃及。

② 又称安提俄克、安提阿，今土耳其安塔基亚（Antakya）。公元前300年亚历山大大帝旧部之一塞琉古一世"征服者"（Seleucus I Nicator，公元前305年—公元前281年在位）从这里开始建起塞琉古（Seleucid，又称塞琉西）王国。

③ 源于希腊人自称Hellene（音译赫楞人）。根据希腊神话，希腊人的先祖是赫楞（Hellen），希腊东南部色萨利（Thessaly）地区佛提亚（Phthia）国王丢卡利翁（Deucalion）之子、泰坦（Titan）神普罗米修斯（Prometheus）之孙。

④ 雅典剧作家（公元前342年—公元前292年），擅长取材于日常生活的阿提卡新喜剧。

景，再安排剧中人物在这上面演绎整个故事。克涅蒙这套工作伦理赋予了"苦干（*ponos*）"德行上的价值，同时要求尽量避免落得无所事事（*argia*）的懒散状态，这跟希腊古代流行的任何关于其他美好德行的说法是一样的年深日久，一样得到大量作品的充分印证。[7]早在古风时期（Archaic period①），赫西俄德（Hesiod②）在他的长诗《工作与时日》（*Works and Days*）就宣称，"工作的人们更受神灵眷顾。不工作是可耻的，惟有懒惰是可耻的（310–11）。"受诸神眷顾的部分是从物质方面进行构想的："如果你想要得到财富，你就如此去做，并且工作、工作再工作。"（381–2）

留意到学者们一直将赫西俄德视为异于当时常人的特例不是什么稀罕事，因为"古人不认为工作有多大价值，他们更喜欢做学问的休闲（*scholē*）"。[8]围绕这样一些说法形成了一系列由意识形态驱动的对古代社会的好感。但事实上古代对工作的态度从来就不是统一的。就像在所有的复杂社会一样，符合什么条件才算是工作，什么类型的工作可以视为合乎道德，这些问题一直处于不断的协商过程中。我们感到很幸运的一点，是相对于大多数前现代社会而言我们拥有异常丰富的证据，这些证据反映出人们对待工作的态度的复杂性。[9]即使是在完全由精英阶层人士制作且只为他们精英群体制作的文学史料上，比如"金嘴"狄奥的演讲篇目，这种复杂性也很明显。将当时希腊人对

---

① 希腊艺术史概念，约公元前800年 — 公元前500年，后接古典时期（公元前500年左右至公元前330年代）。

② 古代希腊诗人（活跃于公元前700年前后），来自希腊中部皮奥夏（Boeotia，又译贝奥提亚、玻俄提亚），留有长诗《神谱》《工作与时日》。

待工作的态度视为在某种程度上是单一的，并且认定他们都在设法回避艰苦的劳作，这样一种印象的成因在很大程度上归咎于只取古典时期（classical period）雅典相对少数的文本作为代表，其中又以这几位作者堪称极端保守主义的哲学著作为主：色诺芬（Xenophon①），柏拉图以及他的学生亚里士多德（Aristotle②）。

哲学家，士兵，农夫，手艺工匠，挣工资的工作者，奴隶

色诺芬在《经济论》（*Oeconomicus*③）里有一段话可能提供了最简洁的例子，说明当时雅典的哲学家怎样将苏格拉底（Socrates④）式的传统与得到更广泛证明的精英阶层意识形态的多个元素结合起来，用以阐明具有潜在激进性的关于理想政治社区的理论。【10】色诺芬在书中借

---

① 古代希腊将领、历史学家（约公元前431年—公元前355年），师从苏格拉底，留有苏格拉底语录和历史著作等，包括《长征记》（*Anabasis*，全称 *Anabasis Kyrou*，意为居鲁士长征记），从他作为希腊雇佣兵的视角记述波斯阿契美尼德王朝小居鲁士（Cyrus the Younger，约公元前423年—公元前401年）带兵回国企图夺取兄长阿尔塔泽西斯二世（Artaxerxes II，公元前404年—公元前359/358年在位）王位而战死中途的故事。
② 古代希腊哲学家、科学家（公元前384年—公元前322年）。
③ 又称《家政论》，原意为家庭户管理（Household Management）。
④ 古代希腊哲学家（约公元前470年—公元前399年），其思想与事迹主要见于他的弟子柏拉图、色诺芬等人的著作。

他的老师苏格拉底之口做出以下断言(4.2-3)：

> 一般所说只为赚钱糊口的粗俗技艺(*banausikai technai*①)在各城邦遭强烈抨击，完全得不到尊重，其实相当合理。因为这些活动可能一视同仁地损害工人和工头的身体，迫使他们久坐室内，有些人甚至必须日复一日守在炉火边上。随着他们的身体受到损害，他们的灵魂也变得虚弱。这类实用技艺还会导致休闲(*ascholia*)缺失。但休闲是必不可少的，需要用来照应朋友、报效家邦，因此，这些人除了变成乏善可陈的穷朋友，对捍卫自己的家邦也全无用处，还能是什么？

当时，在希腊城邦的背景下，公民身份往往直接关联拥有土地这一条件，并且，参与和出任公职的机会通常仅限于较富有的地主才会拥有，但像雅典这样的民主社会就是少有的例外：在雅典，参政之门甚至对那些根本没有农用土地在手的公民敞开，比如手艺工匠、商人和挣工资的劳动者。这一现实在一定程度上促使像色诺芬这样的反民主精英人士也要强烈坚持，农业耕作兼备道德与实用这两方面的价值(Oec. 5.4-7)。

关于农业耕作在实用上的德行或者说价值，也就是这一特定类型的工作能让公民为战争之辛劳做好身体上的准备，可以找到广泛的例证，包括共和时期的罗马(republican Rome②; Cato, *Agr*. pref. 4)在内。

---

① 英语banausic arts。Banausic义项包括机械刻板、实用以及只为赚钱糊口等。
② 约公元前509年—公元前27年。

但随之而来的说法，关于手艺工匠和其他体力劳动者的身体状况都很糟糕，这部分一直显得相当牵强，因为有很多行业并不会造成从业者身材走样。就色诺芬、柏拉图和亚里士多德这几位作者而言，使用名词 *banausos* 及其相关词汇构成了一种修辞策略。这个单词本身显然是贬义的，哪怕它的确切含义现在也是越来越难以准确追溯定位。词干 *banau-* 目前确认的最早出现时间不会早于古典时期本身，而且在公元前四世纪的哲学文本大量出现。语法学家认为这是名词"炉（*baunos*）"加上动词"点亮（*auein*）"衍生出 *banausia* ①。这一逻辑作为民间词源恐怕会被拒收，但我们现在也没有看到更好的提议；皮埃尔·尚特兰（Pierre Chantraine②）可能是对的，他认为前面的分析有道理，因为回到当时的情况，像色诺芬这样的精英阶层作者应该可以改编出一种技术性的用法，用于描述那些在他们看来明显非常肮脏且不利于健康的任务，而此类任务恰好跟各种手工生产进程有关，包括劳动者必须长时间留在各种熔炉和窑炉旁边烧制不同产品。【11】

跟大多数社会一样，当时希腊和罗马的精英人士也用道德术语来描述非精英人群的社会地位。这些精英人士特别强调两个人群的差异，其中一个主要通过管理农业地产获取他们的财富，另一个从某种程度上说就是除此以外的所有其他的人。这一意识形态有三个关键特征值得在这里强调一下。首先是一种思想纽带，将有利于备战的优点与农

---

① 比如本系列前言提到的《LSJ 希英词典》给 *banausos* 列出了手艺人的义项，给 *banausia* 列出了手艺、粗俗等义项，其中"粗俗"义项的参考文献之一是此处引用的亚里士多德文章。

② 法国语言学家（1899 年—1974 年）。

业联系起来，正如提尔泰奥斯（Tyrtaeus①）早在古风时期写的一首劝诫歌里描绘的那样（10.1-10）：

> 像好汉一样为祖国战死在最前线是一桩高尚事迹，最可悲莫过于沦为乞丐，丢下自己的城市和肥沃的田野，四处流浪……因为他将遇到的每一个人都会嫌弃他，他不得不屈从于生计与可恨的贫穷……各种羞辱和苦难都会如影随形缠着他不放。

按照这一观点，手工业者和挣工资的劳动者跟农民不同，一早就被视为贫穷、不光彩且具有流动性，因此，这一群体在捍卫社区赖以生存的农业领土方面并没有不可或缺的价值。

第二个特征涉及将 banausia 这一概念扩展到包括一种道德败坏意味在内，与自由和奴隶制的二分法有关。比如亚里士多德在《政治学》（Politics）中直言，因为"他们的生活方式是粗俗的，所以这些手艺工匠、商人和挣工资的劳动者没有机会参与任何与美德有关的工作（Pol. 6.1319a27-9）"。柏拉图和亚里士多德并没有否认体能训练的重要性，而是认定手工艺行业的"粗俗"本质在一定程度上要归咎于薪酬（举例，Pl. Leg. 5.741d-743b）。农民在理论上（但其实这种可能性也**只存在于理论上**）有能力种出自己需要的全部食物，存起余粮，同时在他们各自的家庭户组织生产全部的必需品，从而迈向自给自足，

---

① 希腊城邦斯巴达（Sparta）擅长征战题材的哀歌体诗人，活跃于公元前七世纪。

但当时没有人认为这么一份"自由"也有可能属于手艺工匠、商人和挣工资的打工者（Arist. *Pol.* 1.1260a–b）。对后面这些人来说，从薪酬与市场交易带入了一种类似奴隶制的依附性，比如亚里士多德写道："那些专为他人从事琐碎任务的人是奴隶，那些代表公众为他人从事琐碎任务的人就是手艺工匠和挣工资的劳动者"（Arist. *Pol.* 3.1278a11–13）。

说到与理想政治等级制度相关的不同程度和种类的自由，考虑到这部分内容的哲学概念在不断发展的过程反过来又跟有关统治阶层应该拥有政治智慧的看法联系在一起，这种智慧完全不同于比如手艺工匠和一般手艺人具备的实用技能（technai）。柏拉图在《泰阿泰德》（*Theaetetus*）让苏格拉底如此说道（176c–d）：

> 没什么比变得尽可能正直来得更神圣。一个人是真聪明，又或是毫无价值且懦弱，全在这一点上。认识到这一点本身就是智慧和真正的德行……所有的其他东西可能看似聪明和智慧，但在政治上就是庸俗的，在技艺领域是粗俗的。

至于怎样才能获得"真正的智慧与德行"，这问题引发柏拉图以及亚里士多德都来强调德行离不开休闲（scholē）。众所周知，亚里士多德说过"对奴隶来说休闲是不存在的"（Arist. *Pol.* 7.1334a21–2），而且柏拉图和亚里士多德还强调，泰然自若的哲学式生活方式不仅要有法律上的自由，还要有免于为获得生活必需品而不得不从身心两方面操劳的自由。与此同时，这种哲学上的休闲不能有任何闲散、无所事事的成分，它有别于一般的休闲概念，不仅要包括以调剂身心为目的的娱乐消遣，比如伯里克利（Pericles①）就以毋庸置疑的积极方式将其描述为雅典人无论公开或私下均可获得的"暂离苦干的小休（*Thuc.* 2.38）"，还包括当时贵族精英人群特有的多种休闲形式。在柏拉图和亚里士多德看来，这后一点带有单纯沉迷单纯娱乐而不能自拔的风险，或者说还要糟糕得多，因为那里面甚至包含了一种放弃参与公共生活的风险。【12】

赫拉克勒斯与受欢迎的苦干

若将对待工作的哲学态度一概批为只反映了当时精英阶层的成见而与打工阶层的态度必然不一致，恐怕会有误导之嫌。说到古典时期的雅典，我们有来自大量演说和喜剧的丰富证据可以说明职业地位其实很受重视，并且精英阶层的成见在许多方面都跟流行于雅典社会每一个阶层的态度和刻板印象存在相互重叠。【13】几乎没有什么证据显示存在一种明显与众不同的打工阶层的心态，至于工人团结的概念更是难觅踪影。另一方面，若要就这情形再提出另一种替代现实作为概括，只要将有闲的哲学家阶层置于一套政治等级体系之上，就很可能遭到民主雅典时期每一个人口较多阶层的嘲笑，这些阶层在柏拉图设想的蓝图里并不能享有同样的特权，哪怕由士兵、农民、手艺工匠、

---

① 雅典政治家、将领（约公元前495年—公元前429年），带领雅典进入全盛时期。

挣工资劳动者与奴隶组成的这一哲学等级体系从其他一些方面看确实再现了当时存在的社会分层特征。只要看看阿里斯托芬在他的喜剧《云》里对苏格拉底和他的学生们极其成功的滑稽模仿就能意识到这一点：只见他们弯下腰，盯着地面，"要摸索到地下的深坑去"，与此同时他们高高撅起的屁股正"自顾自研究天象呢"。(*Nub.* 191-4)

类似这样一些笑话的基础，全在当时对实践智慧与职业技能（*technai*，为下文 *technê* 的复数形式）这两者的价值存在的广泛认同，拥有这些东西跟一种允许存在一定程度社会流动性的工作伦理是兼容的，正如阿伽通（Agathon①）那令人难忘的描绘一般，"技能爱财富，财富爱技能"（*TGF* 39 F 6）。此外，当时在雅典强大舰队里努力摇桨的人们就包括了公民身份的手艺工匠与自由挣工资的打工者，若说公民能力或德行这一项，他们的分量跟政治精英群体或农民重装步兵可是旗鼓相当。伯里克利在阵亡将士葬礼上的演说反映了民主的一种意识形态，包括以一名公民做出贡献的能力为基准来确定这名公民的价值，而无论这名公民实际处于哪一种社会地位（*Thuc.* 2.37）。即使是在雅典陷入伯罗奔尼撒战争（Peloponnesian Wars②）并遭遇毁灭性惨败之后，以下判断对雅典而言依然有可能继续成立：公民们带着他们各种不同技能参与到政治中来，形成了优于其他任何替代选择的政府形式，战后由胜方斯巴达在雅典扶植的"三十僭主（the Thirty③）"残暴专制政权实际上恰恰确证了这一点。柏拉图在他的《普罗泰戈拉》

---

① 雅典悲剧诗人（约公元前445年—公元前400年）。
② 公元前431年—公元前404年，对手是以斯巴达为首的伯罗奔尼撒联盟。
③ 这三十人在公元前404年上台，第二年即被推翻。

(*Protagoras*①)里提供了明确的证据，显示这样的论点当时已经有人提出，并且，可以想象，假如我们也有机会参与鞋匠西门（Simon the shoemaker②）那几十次据说是与苏格拉底进行的对话之一，这些对话可能也会归于苏格拉底名下，由他说出关于工作、智慧和自给自足的非常不一样的概念（Diog. Laert. 2. 122–3）。[14]

色诺芬、柏拉图和亚里士多德在后世享有的典范地位，掩盖了他们对工作与休闲的看法即使在古典时期雅典的哲学思想那么狭隘的范围内也受到质疑的程度。其他在苏格拉底生前和死后不久那段时期写作的人提倡的哲学智慧，其愿景都在强调苦干的价值。此类辩论有一个深受喜爱的人物，这就是大力士赫拉克勒斯（Heracles③）。按照色诺芬的说法，普罗狄克斯（Prodicus④）讲过一则关于赫拉克勒斯的寓言，将他的劳动生活变成一种伦理选择（Xen., *Mem.* 2.1.1–32），与此同时，苏格拉底的弟子安提西尼（Antisthenes⑤）尽管在其他方面可能是民主的保守批评者，也以差不多的方式，将这位英雄人物作为例证，表明"劳动是一件好事"（Diog. Laert. 6.2）。[15]若要坚

---

① 古代希腊哲学家、第一代智辩者成员（约公元前490年—公元前420年）。
② 约公元前五世纪，事迹见于第欧根尼·拉尔修的《著名哲学家生平》，据说苏格拉底常常走访他的铺子，他本人也著有苏格拉底言论集，参见《引文出处索引》。
③ 希腊神话人物，奥林匹斯众神之王宙斯（Zeus）与凡人公主阿尔克默涅（Alcmene）之子，遭天后赫拉（Hera）嫉妒，必须在人间完成十二伟业，死后方能回归奥林匹斯山为神，因此本文称为英雄—神。
④ 古代希腊哲学家、第一代智辩者成员（约公元前五世纪后期），事迹主要见于柏拉图著作。
⑤ 约公元前444年—公元前360年。

持认为像安提西尼这样一位哲学家是要把哲学意义的劳动跟日常工作区别开来，这就搞错了重点。赫西俄德已经将赫拉克勒斯这位英雄—神的劳动描述为"最辛劳且最具价值"（Frs. 248-9 M-W），从而在希腊古代的流行思想里跟人类的日常辛劳联系在一起。关于哲学家的传记传统也认可了这一点。因此，传记作家第欧根尼·拉尔修（Diogenes Laertius①）写道，斯多葛派（stoicism②）哲学家克里安西斯（Cleanthes③）由于极度贫困而不得不在夜里继续打工挣钱，因此得到"第二个赫拉克勒斯"的外号（7.168-70）。另外，在阿里斯托芬的喜剧《云》里，那"更强的逻辑（Stronger Argument④）"也认定，"没有人比赫拉克勒斯更好"，因为他"担当了最多的劳动"（1049），与哲学家们崇拜的云神形成鲜明的对比，那是"懒人们供奉的伟大女神"（316）。尽管赫拉克勒斯的故事早就激发诸如亚历山大大帝（Alexander the Great⑤）这样的帝王纷纷声称自己拥有神族血统或要努力达成像他一般英勇的军事胜绩，继续向他祈求保佑，但似乎没有什么理由可以怀疑，赫拉克勒斯之所以能在整个希腊—罗马古代深受大众欢迎，还要归功于非精英群体同样认同他的工作伦理以

---

① 罗马帝国时期希腊作家（活跃于公元三世纪），著有《著名哲学家言行录》(*De vitis philosophrom*)等。
② 古代希腊哲学家季蒂昂的芝诺（Zeno of Citium，约公元前335年—公元前263年）在雅典创立。
③ 芝诺同期哲学家（公元前331年—公元前232年），在芝诺去世后成为其学说接班人。
④ 又译逻辑甲，当时正与逻辑乙对话。
⑤ 又称亚历山大三世或马其顿的亚历山大（公元前356年—公元前323年），父亲腓力二世（Philip II，公元前359年—公元前336年在位）遇刺身亡后继位。

及下面这一具有根本性的重要观念：天上的诸神实际上是对辛勤劳作者颔首赞许的。【16】借用修昔底德（Thucydides①）援引伯里克利的话来说，"可耻的不是贫穷本身，而是没有努力通过工作来摆脱贫穷（2.40）"。

关于赫拉克勒斯的神话故事还有一个引人入胜的细节，这就是他曾经当过奴隶，伺候吕底亚（Lydia②）王后翁法勒（Omphale③）。赫拉克勒斯这段为奴故事最迟到古典时期肯定已经为人所知（举例，Soph. *Trach.* 252–3；Aesch. *Ag.* 1024–5），但他从事当时认为专属于女性的劳动的事迹似乎在雅典受到了压制，也许只在喜剧舞台上提到"新翁法勒（New Omphale）"时除外，并且那一刻显然是用来指代伯里克利与他的情妇阿斯帕西娅（Aspasia）的关系，尤其指向她涉嫌参与他的政治决策这一点，因为她居然逾越了当时雅典的性别规范（Plut. *Vit. Per.* 25）。进入罗马时期（Roman period④），赫拉克勒斯这段为奴故事变得特别流行，包括出现描绘他从事纺织这一最典型女性工作的画作（图 I.1；Ov. *Her.* 9.55–80；*Ars am.* 2.217–22；Sen. *Phaed.* 317–24）。这段情节哪怕具有讽刺意味，而且焦点放在性别倒转

---

① 古代希腊历史学家（约公元前460年—公元前404年），此处引文出自他的《伯罗奔尼撒战争史》（*History of the Peloponnesian War*）。

② 小亚细亚半岛西部古国，公元前七世纪一度成为该半岛霸主，公元前540年代被波斯征服，今属土耳其。

③ 希腊神话人物，赫拉克勒斯由于误杀好友伊菲图斯（Iphitus），不得不接受神谕，卖身为奴伺候她三年以挣钱补偿好友家人。

④ 罗马自公元前六世纪从王政时期转入共和时期，公元前27年—公元476年为帝国时期。

图 I.1 反映赫拉克勒斯劳作情形的马赛克镶嵌画,中央面板描绘了这位英雄在翁法勒监督下用纺纱杆和纺锤将羊毛纺成纱。出自利里亚(Llíria)①,时为三世纪。藏于马德里国立考古博物馆(Museo Arqueológico Nacional),编号 N.I. 38315BIS。
来源:Raúl Fernández Ruiz。

---

① 今西班牙巴伦西亚(Valencia,又译瓦伦西亚)。

(gender reversal①)之上,却还是通过将女性的工作提升到英雄人物赫拉克勒斯的苦干这一水平,实际上承认了劳动的重要性,尽管当时在很大程度上还是把劳动视为理所当然、不值一提。

从苏格拉底到塞尼修斯:"金嘴"狄奥的斯多葛幻想与勤奋的穷人

赫拉克勒斯努力工作的形象将我们带回到"金嘴"狄奥这里,他借鉴丰富的各种文本和内容类型,在《埃维亚演讲》中描绘过一个人物,集牧民、农民与勉强可以糊口的猎人于一身,家底规模很小,遗世独立,但也像赫拉克勒斯的劳动一样,作为斯多葛派【Stoic,或愤世嫉俗的犬儒派(Cynic)】的一个哲学范例出现,表明努力工作的穷人有可能过上"适合自由民"的生活,而且比富人的生活方式还要"更加遵守自然法则"(7.103)。狄奥借助这种可能性过渡到他的演讲后半部分的话题,这就是城市贫民的"生计与职业"问题(7.104)。狄奥认为他们的处境"并非像许多人感觉那样无望",而是更愿意"为有意劳动的人们提供许多既不丢脸也没有害处的谋生方式"(7.125)。

一些学者从零星的线索里推测,狄奥是在罗马发表这篇演讲,并

---

① 又称性别角色倒转,男女互换传统分工。根据希腊神话,赫拉克勒斯和翁法勒因为彼此爱慕,常以此为乐,在赫拉克勒斯纺织的时候,翁法勒拿起他的英雄服饰和装备做打猎装扮。

且当时特别为这座都城的市区人口操心：在一世纪末和二世纪初这段时间，当地人口很可能已经超过了一百万，其中绝大多数人在精英群体看来处于无望的赤贫中。【17】但也许更有意思的一点在于，狄奥将城市贫民视为一个普遍阶层，这意味着可以将贫困与就业视为与城市化这一普遍现象有关的两个独特概念。事实上，在斯多葛派的思想里，工作的概念最接近现代关于劳动的概念。西塞罗（Marcus Tullius Cicero①）在《论义务》（De officiis）中有一个著名段落，描述由"人的工作"生产出来的各类事物，并且，这里说的"人的工作"是由"人力与技能"构成（Off. 2.3.12–13）。布伦特·肖（Brent Shaw）在讨论该段落时提到，斯多葛派的独特之处在于将工作视为"一种社会分化活动……人拥有的一种可作单独分析的力量，这力量改变了他自己的环境"。但现在看来这一理论上进步带来的影响变得可以忽略不计，因为他们立刻又把这一抽象劳动再度嵌入一种自然模型，后者将严格定义的社会角色与历史悠久的地位等级体系结合起来。从来就不存在要从根本上重新配置社会结构，使打工阶层享有特权或彻底废除奴役的问题，仅有的问题出在怎么把道德改革纳入一种基本上如实反映社会的自然模型。【18】

"金嘴"狄奥认为，城里的贫民必须有办法获得带工资的工作，因为居住在城市这一事实甚至要求他们也有能力采购生活基本必需品（7.105），但除了将穷人重新分配到贫瘠的农业土地上的计划，

---

① 罗马共和国政治家、演说家和哲学家（公元前106年—公元前43年）。《论义务》又译《论职责》。

他从未考虑过有可能提高整体就业率或改善在打工人群生活状况的各种措施的可行性。相反，他真正做的是用人们熟悉的说法不仅拒绝所谓"对身体有害"或"导致灵魂受辱或被奴役"的实用手工艺行业，还拒绝与传统罗马道德不相容的职业。狄奥认为，应该禁止所有职业以任何方式与"城市的轻浮和奢华"（7.110）有关，这就将他的这番布道与当时人们熟悉的关于适合政治精英群体从事的活动种类以及财富的正当用途的罗马语篇联系起来。[19]接下来就是沉闷且可以提前预见的部分：狄奥设想的简朴城市将没有跟染料或香水的生产或销售有关的职业，没有美发师，没有珠宝商，没有时装，没有任何类型的装饰艺术，没有戏剧或"放纵大笑的手艺工匠"，没有舞者，而且，除去某些特定的神圣演出，也没有音乐。许多读者由于感到狄奥描绘的理想社会太过枯燥，很可能选择站在他早已想象过的批评家那一边，指责这位演说家实际上是在"谴责希腊人最珍视的一切"。（7.122）

在"金嘴"狄奥眼里的理想状态，留给穷人的是那些"绝不令人反感"的职业，他举得出的仅有例子包括奶妈、家庭教师、帮忙收割谷物和采摘葡萄的挣工资劳动者（7.114）。该清单直接源于德摩斯梯尼（Demosthenes[①]，57.45），里面包括当时被认定为满足传统农业精英群体所需而必不可少的职业，不然这些精英人士就得依靠奴隶才能在自家庄园和家宅完成所有这些必要的工作。由于狄奥禁止从事对维持

---

① 又译狄摩西尼（公元前384年—公元前322年），雅典雄辩家、政治家，主张雅典应积极抵制马其顿的称霸野心。

基本经济制度运作而言必不可少的一系列职业,并且涉及范围相当广泛,比如合同的制定与执行(7.123-6),因此,他所说的这些改革,无论出于什么意图和目的,实际上都将废止城市化。这是他乐于接受的结果,他想象的是一批"愉悦栖居"的城市,任何类型的穷人和自由民劳动者都将被驱逐出境(7.107)。

到头来"金嘴"狄奥的观点甚至比不上诸如他的老师穆索尼乌斯·鲁弗斯(Musonius Rufus)[①]等其他一些斯多葛派人士的观点那么先进,后者提倡女性也要受教育(参见语录第三、第四篇)。狄奥宣扬的是斯多葛主义其中一种流行类型,以各种不同的形式出现,成为罗马帝国时期最有影响力的思想流派。狄奥的思想既欢迎苦干,教导大家说贫穷从根本上看并不可耻,同时尖锐抨击财富,并试图强制执行一种传统道德,与当时在西方萌芽发展的基督教(Christianity)共享同一套基本特征。因此,后世基督徒纷纷将《埃维亚演讲》和它的作者一并视为典范绝非偶然,这已经由塞尼修斯(Synesius)[②]这样一位作者特别做了证明【参见塞尼修斯的《狄奥》(*Dio*)】。[20]

"金嘴"狄奥的讨论有一个显著特点(但这跟我们从其他关于工作的文学史料看到的情况也是一致的),这就是与历史现实的脱节程度。狄奥的讨论既没有关注城市就业的社会与经济条件,也不会在意形成

[①] 罗马帝国时期斯多葛派哲学家(约公元30年—102年)。此处提及的两篇语录分别谈及女性也应学习哲学、女儿应与儿子一道接受教育。

[②] 罗马帝国后期新柏拉图派(Neo-Platonism)哲学家(约公元370年—413年),留有演说和书信集。该学派由罗马帝国时期埃及哲学家柏罗丁(Plotinus,约公元205年—270年)创立。

劳动力结构或阶级关系的制度。没有提到同业公会，没有当代形式的公众支持，没有获释奴，甚至没有家庭户。狄奥甚至告诉我们，他是特意克制自己不去点名指出具体的职业，原因是它们都很"粗俗"，不适合提及（7.110），从这一表述中可以看出，当时人们可能认为与日常工作相关的术语其实并不适合用在文学作品里。同样无须指出的是，从事此类工作的人，他们的声音和观点也是一概不会提及。不过，就后面这一点而言，狄奥的叙述有一个方面倒是引人注目，这就是他确实一度考虑过征求穷人意见的可能性（7.100）。但他接着引入诗人作为打工阶层的代言人的声音："他们的先知与代言人，那些诗人……因为在那儿我们会发现大众的信仰已然清楚地被表达并保存在诗律之中"（7.101）。

狄奥对诗歌的喜爱可以说是相当传统，大概只有两点值得注意。首先，古代诗歌尽管普遍存在非特指的性质，却也的确参与构成了我们现在拥有的关于当时日常工作的最丰富证据。其次，虽然狄奥有意引用他的读者可能愿意认出的经典文本，但这主要是指荷马（Homer[①]）与赫西俄德的史诗，还有欧里庇得斯（Euripides[②]）的《厄勒克特拉》（*Electra*[③]），再加上喜剧，但这些早期希腊诗歌提供的工

[①] 古代希腊吟游盲诗人，生平不详，可能在公元前九世纪—公元前八世纪，著有长篇史诗《伊利亚特》《奥德赛》。

[②] 古代希腊剧作家、诗人（约公元前485年—公元前406年），留有多部悲剧。

[③] 希腊神话人物，迈锡尼（Mycenae）国王阿伽门农（Agamemnon）之女，得知父亲被母亲与情夫合伙谋杀后帮弟弟俄瑞斯忒斯（Orestes）谋划为父报仇。古代雅典三大悲剧作家埃斯库罗斯（Aeschylus，公元前525年—公元前456年）、索福克勒斯（Sophocles，约公元前496年—公元前406年）和欧里庇得斯都写过这个题材。

作图景就丰富性而言已经超过了古典时期、希腊化时期（Hellenistic period①）乃至罗马帝国时期几乎所有的其他诗歌。并且这一点早从古代已经引起注意：比如阿忒纳乌斯（Athenaeus②）指出，斯多葛派哲学家克利西波斯（Chrysippus③）赞扬荷马在他讲的故事里展示了英雄们都在从事日常工作（1.18b）。现代评论家更有可能从历史变迁的角度进行对比讨论。但这么做可能没法充分体会到，在荷马与赫西俄德史诗里出现的对待工作的态度在多大程度上与其说是独特历史语境的产物，还不如说是表演语境的产物，因为这些诗歌是针对相对多样化的观众而在口头表演语境里打造成型。这种雅俗共赏的魅力同样反映在这些作品直到罗马时期它依然广为流传的事实上，正如狄奥在描述黑海边上的奥尔比亚（Pontic Olbia④）的希腊商人时提示的那样，这些人几乎没有受过多少正规的教育，但几乎每一个都把荷马的史诗牢牢记在心间（Or. 36.9 和 24–6）。

---

① 约公元前323年—公元前30年，始于马其顿亚历山大大帝在远征途中去世，他的亲密旧部经多年"继业者战争（Wars of the Diadochi）"瓜分他留下的帝国，包括形成由马其顿人统治的三大王国（安提柯马其顿、托勒密埃及以及亚洲的塞琉古），希腊文明逐渐影响地中海东部原有文明，止于托勒密埃及在公元前30年最后一个遭罗马征服。

② 罗马帝国时期希腊语法学家、作者（活跃于公元200年前后），著有《随谈录》（*Deipnosophistai*）等。

③ 古代希腊哲学家（约公元前280年—公元前207年），与芝诺一道在雅典一处公共柱廊（称为stoa）讲学，后人又称斯多葛（Stoics）派或廊下派。

④ 希腊人自公元前七世纪在这里建立定居点，今属乌克兰。

工作的诗学：以文述图作品与比喻手法

荷马对工作的关注在《伊利亚特》（*Iliad*①）第 18 卷一段著名的题外话得到充分的展现，这段话描述了赫菲斯托斯为阿喀琉斯（Achilles②）制作一面盾牌（468—608）。这一描述成为以文述图作品类型（*ekphrasis*）最早且最丰富的例子之一，这一在整个古代都很流行的技法，用高度文学性的词汇描述技能熟练劳动者的作品，通常都是不同凡响的艺术杰作。这一例子特别值得关注是因为作者通过盾牌的图案设计对工作本身做了细节丰富的描述，将一个和平时期的城市与另一个遭到围困的城市进行对比。并且和平的特点就是通过工作展现的，尤以农业方面的工作为主，大意如下（541-6）：

> 他在上面刻画出一片柔软的土地，是这片耕地最精华的部分，宽阔而又犁过三回，上面有很多庄稼汉赶着一组一组的耕牛在犁地，每到拐角位置他们就会整组掉过头来，转往左边或右边。等他们到达田地尽头准备再次转弯，就有一个男人在这时走到他们跟前，递过去一大壶蜂蜜般甜美的蜜酒……

---

① 主要叙述特洛伊战争最后一年的故事，又译《伊利昂记》，伊利昂为特洛伊别名。
② 又译阿基里斯。根据荷马史诗，他是海洋女神忒提斯（Thetis）与色萨利南部密耳弥冬（Myrmidon）人的国王佩琉斯（Peleus）之子。

这一工作图景与赫西俄德在《工作与时日》里描写的农业耕作画面形成鲜明对比，后者是一个严峻而充满艰辛的世界，只有一点点土地的小持有农只能通过无休止的符合德行要求的劳动，外加对各路神祇的虔诚膜拜，努力避免落得挨饿或是更糟的境地，比如欠债以及失去自家田产的灾难。至于《伊利亚特》第18卷《阿喀琉斯之盾》（Shield of Achilles）这一节对制作这面盾牌的工作所作的理想化描绘，是为以文述图作品在叙事部分承载的更重要意义服务，要跟后面一节描写阿喀琉斯愤怒的诗歌形成共鸣，那段诗歌预示了繁荣的特洛伊（Troy[①]）即将遭遇灭顶之灾。它并不比"金嘴"狄奥的埃维亚幻想来得更真实，后者在描述乡村田园诗般的家园时也包含了许多以文述图作品的元素（比如7.13–15）。

即使以文述图作品描述的事物本身不是虚构的，而是真实的艺术作品，也许可以类比三世纪作家菲洛斯特拉托斯（Philostratus[②]）声称要在他的《画记》（*Eikones*）描述的那不勒斯湾（Bay of Naples）一座豪华庄园里的大约65件画作，但这类叙事依然跟现实存在多重差距。另一方面，以文述图作品的叙事偶尔也会为日常工作提供有用的证据。因此，尽管菲洛斯特拉托斯记录的画作主要属于神话题材，但其中一幅大型的博斯普鲁斯（Bosporus）海峡风景画还是包含了一个复杂的围网捕鱼作业场景，并且是用生动的（哪怕可能是高度文学性的）方

[①] 又称特罗亚（Troia）或伊利昂（Ilion），小亚细亚半岛西北部古城，今属土耳其。
[②] 罗马帝国时期希腊作家（约170年—245年）。

式进行描述（1.13）。这一证据可以跟其他的文学证据尤其是铭文证据相结合，再现当地大规模捕鱼作业的技术与组织情形，带有一定程度的细节（I.Parion 5 与 6；Ael. NA 15.5）。

与以文述图作品密切相关且通常在希腊语中用同一个词表示的手法就是做比喻，这通常相当依赖于观众对各种日常工作的熟悉程度。荷马在这里也是一个范例。比如，他在《伊利亚特》里把战斗的轰鸣声比作"山沟里樵夫的喧嚣"（16.633-4）。当希腊阵营的两位英雄墨涅拉俄斯（Menelaus[①]）与墨里奥涅斯（Meriones[②]）合力从战场上把帕特罗克洛斯（Patroclus[③]）的遗体拖回来，荷马比作"骡子们带着强大的耐力，一起拖着一根主梁或巨大的造船木材，沿着一条崎岖道路向前走"（17.742-4）。提到时间的时候就说，到了"樵夫在山沟里准备饭菜之际，他的双手由于砍伐高大的树木而变得疲惫不堪"（11.86-8）。此类比喻只对工作以及某些特定类型的工作进行抽象描述。比如樵夫的形象就非常适合用于诗歌，诗人可以用高耸入云的橡树或松树比喻英雄们，描述后者怎样在战场上互相劈杀。

在后来的希腊语和拉丁语诗歌里，比喻手法也许构成了证明日常工作的最常见方式，尽管能比荷马做得更详细或更具体的篇章可以说是寥寥无几。尤其常见的是来自具有元诗歌（metapoetry）功能的工作的

---

① 根据《伊利亚特》，他是阿伽门农之弟、希腊斯巴达国王，娶海伦（Helen）为妻，特洛伊王子帕里斯（Paris）因诱拐海伦而引发特洛伊战争。
② 特洛伊战争期间希腊联军成员，克里特（Crete）国王伊多墨纽斯（Idomenieus）得力随从。
③ 阿喀琉斯最要好的朋友，因在特洛伊战争被特洛伊王子赫克托尔（Hector）所杀，阿喀琉斯决意为他复仇。

比喻，比如，典型的女性纺织工作为什么经常会被提及，不仅因为要用它象征女性的能力或机巧（*mētis*①），还因为它经常用作诗人技艺的一种隐喻（参见举例：Ov. *Met.* 6.1–145）。比喻手法在散文里也很常见，在以"诗意"风格著称的作家这里表现更加明显，比如柏拉图，看看他的对话者们，其中最引人注目的当然要数苏格拉底，全都显得特别喜欢采用比喻手法，其中许多例子不仅采自农民（*Phdr.* 276c）和牧民的工作（*Criti.* 109b–c），也有来自一系列广泛的实用行业，从羊毛染工（*Resp.* 4.429d–30b）到"造船匠人，他们负责在造船之初通过安放龙骨到位以确定他的船只的尺寸"（*Leg.* 7.803a）。柏拉图运用比喻手法的时候通常都会显出他对技术词汇表是了解的，就是用起来很吝啬，哪怕其中透露那么一点点细节也全都经过精心挑选，确保服务于哲学论证上的需求。

诗歌里的劳动：工作歌曲与调侃

诗歌与日常工作的世界相交，还发生在另一个重要方面。在古代，许多琴诗都跟工作密切相关，不管这说的是独唱还是合唱的歌曲，通常都有音乐伴奏，正如在《伊利亚特》第18卷《阿喀琉斯之盾》已经描绘的那样（*Il.* 18.561–72②）：

---

① 源于希腊神话里代表智慧的泰坦女神默提斯，也是宙斯的妻子之一，意为智慧、技巧和手工艺等。

② 原文引自里奇蒙·拉提摩尔（Richmond Lattimore）英译本。

他在上面描绘了一个了不起的葡萄园，里面布满了一丛一丛的葡萄……

只有一条路通往葡萄园，在那路上跑来了摘葡萄的人们。年轻的姑娘和小伙天真欢快，准备用他们的编织篮把甜美的果实一一带走，在他们队里有一位年轻人带着一把里拉琴（lyre[①]），琴声迷人，伴奏他轻柔唱出献给里诺斯（Linos）的优美歌谣，他们全都跟在他后面，用歌声或口哨声配合轻盈的舞步跟上那音乐的节奏。

不幸的是没有几首描述真实工作的歌曲得以流传下来。普鲁塔克（Plutarch[②]）在他的作品里引用过一小段描述女性研磨谷物的歌曲，也是唯一一段，几乎可以说是所有史料里独一无二的例子（*Mor.* 157e = *Carm. pop. PMG* 869）。但也有人认为，日常工作歌曲其实广泛回响在古代诗歌的字里行间。【21】我们现在看到的侥幸传世的早期琴诗绝大部分是为私下交流的背景创作，这些背景又以交际酒会（*symposion*[③]）为主，后者在古风时期和古典时期成为希腊精英阶层文化的一个主要特征。这种保持距离的做法一直延续到后面希腊化时期和罗马时期大

---

① 古代拨弦乐器。
② 古代希腊传记作家、哲学家（约46年—120年），著有《对比传记》（*Parallel Lives*，结对介绍希腊和罗马的政治家和军事将领，又称《希腊罗马名人传》)、《道德论丛》（*Moralia*）等。
③ 又称会饮派对，跟在宴会之后。

多数的诗歌类型。因此，以卡里马库斯（Callimachus[①]）为例，尽管他对宗教仪式的起源很感兴趣，对它们与工作的关系也有认识（例如，*Ia.* 7, fr. 197 Pfeiffer），但他也很有计划地宣称自己"看不上一切寻常事物"（*Epigr.* 28.4），并且他用来写诗的习语也只有受过相似教育的精英人群才能理解。

存在于真实工作与文学表达这两者之间的差别，可能在田园诗领域表现得最为明显。前面提到的《阿喀琉斯之盾》描写牧民怎样一边"快乐地吹着笛子"，一边照料他们的羊群（*Il.* 18.525–6），类似这样的工作与歌曲为忒奥克里托斯（Theocritus[②]）的《田园诗》（*Idylls*）以及维吉尔（Vergil[③]）的《牧歌集》（*Eclogues*）里的牧民提供了虚构的背景。但这些诗人在其他一些主题（比如爱与失落等）的作品里带出的文学歌曲跟真正的工作歌曲可以说是完全不搭界的，实际上很难想象文学作品与日常劳动的关注方向之间还有比这两种歌曲更南辕北辙的了。忒奥克里托斯的第十篇田园诗特别引人注目，因为里面讲述了两位农作物收割者，他们都有自由的身份，都是为挣工资而出门参加收割劳作，现在他们要来一次歌唱比赛，其中一位声称要唱一首真正关于工作的歌曲，叫《神圣利堤厄尔塞斯之歌》（*Song of the Divine*

[①] 古代希腊诗人、学者（约公元前305年—公元前240年），因托勒密二世请他任职亚历山大里亚图书馆而移居当地，留有书信和少量诗歌。

[②] 古代希腊诗人（约公元前310年—公元前250年），开创西方田园诗写法，以乡村生活为背景。

[③] 又作Virgil，罗马诗人（公元前70年—公元前19年），见证罗马从共和转向帝国，著有《牧歌集》《埃涅阿斯纪》（*Aeneid*）等。

Lityerses[①］）。后来发现这首歌其实是高度文学性的，但字里行间确实认可了谷物收割作业具有社会与经济这两个维度，这在其他地方几乎还没看到过类似的确认。农作物收割作业需要调动数量巨大的季节性劳动力（图 I.2）。举例：据估计，罗马北非（Roman North Africa[②]）的谷物生产每年单在收割环节就要投入大约 3000 万人日的劳动力。但纵观整个古代时期，对农作物收割这件事最详细的古早描述还是首推《伊利亚特》第18卷《阿喀琉斯之盾》这一节栩栩如生的记录，里面刻画了一群挣工资的劳动者在一处王室庄园收割谷物（*Il.* 18.550–60）。除此之外，直到古代后期之前，即便是对农作物收割劳作的最粗略描述基本上也是看不到的，这一主题要再等一段时间才在诸如希波（Hippo[③]）的奥古斯丁（Augustine[④]）等作者的基督教布道里渐渐变得丰富多彩。【22】

这一明显的转变与其说是宗教意识形态或社会与经济变化的产物，还不如说源于受众改变的结果：就跟荷马式的诗篇一样，基督教布道体现的是口头表演，面对的是社会经济层面多样化的受众。在这期间的好几个世纪里，收割农作物这项作业就像更普遍存在的其他工

---

① 希腊神话人物，小亚细亚半岛中西部古国弗里吉亚（Phrygia）国王米达斯（Midas，又译迈达斯）之子，喜欢挑战路人跟他比赛收割农作物。当地农夫曾将这段故事融入丰收歌谣。该国今属土耳其。
② 始于公元前146年罗马击败迦太基并在当地建立阿非利加行省。
③ 非洲北部古国努米底亚（Numidia）地名，今属阿尔及利亚。努米底亚自公元前六世纪开始由迦太基占领，公元前一世纪成为罗马行省，今分属突尼斯与阿尔及利亚。
④ 罗马帝国时期神学家、基督教思想家（354年—430年），曾任希波主教，著有《上帝之城》（*De civitate dei*）、《再思录》、《独语录》等。

作一样，在古代希腊 — 罗马时期涌现过"金嘴"狄奥的同一种精英文学文化里全都是隐而不见的。事实上，纵观整个古代时期，不管是诗歌还是其他类型的作品，若说关于工作的描写，在这一片刻意回避的沉默背景下更加显得闪闪发光的恰是我们现在拥有的最迷人证据之一。在非洲北部古城马克塔里斯（Mactaris①）有一座墓碑，其历史可能可以追溯到四世纪下半叶，上面题了一首诗，用大约30行文字讲述了我们现在称为"马克塔收割者（Maktar Harvester）"的陵墓主人从一名挣工资的劳动者一路变成议员阶层成员的故事（*CIL*② VIII 11824 = *ILS* 7457, ll. 1–20)【23】：

> 我出生在一户贫寒人家，我的父亲过得捉襟见肘……我是第一个迈进地里砍倒秸秆的收割者，当我们这群佩带镰刀的队伍一路行进来到田边……
>
> 我顶着炎炎烈日参加了十二回收割。接着我从田间工人晋升为工头。有那么十一年的时间，我带领一队一队的收割者，我的伙计们在努米底亚收割一片一片的田地。
>
> 这样的工作和生活对一个收入微薄的人来说是好事……它让我成为一套房子的主人，负担起一个农场，房子里面也不缺任何奢侈品。
>
> 我的人生也迎来个人荣誉的丰收……③

---

① 古国努米底亚地名，二世纪成为罗马殖民地，今属突尼斯，称 Makthar。
② 全称为《拉丁铭文汇编》(*Corpus Inscriptionum Latinarum*)。
③ 原文引自布伦特·D. 肖 (Brent D. Shaw) 英译本。

单是收割谷物这一项工作就需要周期性投入大量的劳动力，这在古代一定产生了许多类似的故事，即使向上流动的现象从总体上看明显不如许多现代社会那么普遍。比如苏埃托尼乌斯（Suetonius①）记载了一则显然是根深蒂固的传言：罗马帝国皇帝韦斯帕芗（Vespasian②）的祖父能跻身列阿特（Reate③）当地的精英阶层，必须归功于他父亲积攒的财富，那位前辈通过类似前面提到的"马克塔收割者"的方式从翁布里亚（Umbria④）签了一批又一批劳动者，将他们带到萨宾人（Sabine⑤）的农田做帮工（*Vesp*. 1.4）。至于这故事到底是不是真的，根本不会影响它的趣味性：它的叙事方式将这种流动性的现实视为理所当然，同时暗示了精英阶层实际上很可能热衷于隐瞒，又或是作为政治上的权宜之计而必须回避提起自己的这类草根出身。后一现象想必能在一定程度上解释为什么前面提到的"马克塔收割者"故事会显得如此反常。白手起家，为自己的劳动感到自豪，引人注目的个人主义特征……这么一个人通过自己这份墓志铭留下了一种工作歌曲类型，带有明显的文学模式（可能得到一名专业诗人的协助），将工资、劳动以及用长柄大镰刀收割的谷物等同于荣誉，后者是精英阶层通常

---

① 罗马帝国时期传记作家（69年—122年后），引文出自他的《恺撒列传》（*De vita Caesarum*，又称《罗马十二帝王传》）的《韦斯帕芗传》，他随即补充他没找到证据。另著有《名人传》（*De viris illustribus*）等。

② 又译维斯帕西安（69年—79年在位）。

③ 今意大利列蒂（Reiti）。

④ 今意大利中部地区名，源于奥古斯都在一世纪划分的行政区名。

⑤ 意大利中部山区古老民族，公元前三世纪遭罗马征服。

使用的文化货币。一朝稳居议员阶层之后，这位先生的后人对于宣传自己这一社会地位的草根由来可能不会比韦斯帕芗皇帝更感兴趣。他们的墓碑很可能只会记下荣誉。

  出于羞辱对方的目的而利用职业地位不仅是古代政治的特征，也是当时艺术创作的特征之一，这在两者重合的地方表现得尤为明显。这种辱骂在罗马古代讽刺作品中占了很大比重，通常都跟我们已经在"金嘴"狄奥作品里看到过的道德话语类型密切相关。另一方面，喜剧针对的受众可比尤文纳尔（Juvenal①）或马提亚尔（Martial②）的诗歌的读者来得更加广泛，阿提卡喜剧从早期（公元前五世纪）到中期（公元前四世纪）的作品就在职业多样性、社会地位以及相关态度等不同方面提供了异常丰富的证据。但除去阿里斯托芬的作品之外，阿提卡喜剧流传至今的篇目可以说是寥寥无几，这真是不幸，因为许多业已失传的作品恰恰从剧名显示出合唱的唱词或剧中主要角色的唱词往往都会按照职业进行区分。比如多产的中期喜剧（Middle Comedy）诗人亚历克西斯（Alexis③）就写过《制杯者》（*Ekpomatopoios*）、《泥水匠》（*Koniatês*）、《女理发师》（*Kouris*）、《牧羊人》（*Aiopoloi*）和《葡萄园打工者》（*Ampelourgos*）等剧目，并因此而名噪一时。但即便如此，阿里斯

---

① 又译尤文纳利（拉丁语 *Juvenalis*，约60年—127年），与马提亚尔同为当时最著名的讽刺诗人，其作品多以当时人事为主角，后人称为"尤文纳尔式讽刺（Juvenalian satire）"，留有讽刺长诗16首。
② 又译马尔提阿利斯（拉丁语 *Martialis*，约38年—103年），留有碑铭体诗集等。
③ 古代希腊喜剧诗人（约公元前375年—公元前275年），据说大部分时间生活在雅典，写过200多部作品，传世只有少量残篇。

托芬的作品以及一些喜剧片段还是出现了从事广泛职业的人物，从渔民、农民直到批发商、零售商以及各种产品的生产者，林林总总。【24】阿里斯托芬有时还直接将大家的注意力引向他的观众所在行业的多样性（例如，*Pax* 543-9）。工作本身很少获得详尽的描绘，但就雅典某些更常见的职业或职业类别而言，我们还是可以部分基于喜剧提供的证据而绘制出合成式画像。喜剧也带来了显而易见的解读上的问题，其刻板印象和常规人物在某种意义上跟剧中的其他梦幻情节一样偏离真相，但很显然这里的大部分细节都是取材于日常生活，并且从字里行间的态度也可以看到古典时期雅典社会复杂性的不同方面。就像如今在舞台上看到追着救护车跑的律师或二手车推销员一样，当时阿提卡舞台流行的讽刺主题包括了某些奴役职业，还有廉价商品零售商或者说街头小贩，后者尤其受欢迎。这些刻板印象在对付政治上有权有势的精英时会产生特别刺耳的效果，以克里昂（Cleon[①]）为例，他家积累的财富可能至少应该部分归功于从制革业赚取的利润，但阿里斯托芬非要把他写成一名不入流的小贩，卖的是三流皮革制品（举例，*Eq.* 315-18；*Pax* 270，648）。再过上一个世纪，公元前四世纪，某位克利菲鲁斯（Chaerephilus）和他的几个儿子作为雅典的入籍公民，也是可能来自黑海地区的富商，一再被描述为外来的、低声下气的咸鱼卖家。【25】

---

① 又译克勒翁（约公元前470年—公元前422年），古代雅典首位非贵族出身政治家，伯里克利政敌。

图 I.2　突尼斯马克塔附近锡勒亚纳（Siliana）的卡廷纳斯（Cuttinus）墓碑。在下部有两格记录，以浮雕方式描绘出劳动者正在卡廷纳斯的田庄收割谷物，再一捆一捆用推车送去进行脱粒，时为公元三世纪或四世纪。藏于突尼斯巴尔多博物馆（Bardo Museum）。
来源：De Agostini / Getty Images。

散文里的劳动：光荣的职业与战争的工作

最后，我们或许可以多谈一谈还没机会提及的出现在广泛类型散文里的工作。其中许多例子可见于"金嘴"狄奥万花筒般的《埃维亚演讲》，里面经常不仅涌现哲学、演讲和历史学（historiography）的元素，还包括虚构的文体类型，从浪漫小说到梦幻般的旅行记述都有涉及。此类文学作品通常包括构建想象中的风景所需的各种工作，比如洋溢在小说《达夫尼斯与赫洛亚》（Daphnis and Chloe）①字里行间的田园风光。另外，工作也醒目地出现在当时流行的虚构书信集里，比如埃利安（Aelian②）的农民书信集，还有目前认为出自希腊第二代智辩者（Second Sophistic③）、作家阿尔西夫龙（Alciphron④）的三卷书信集，他虚构的写信人包括渔民、农民、依附他人门下的食客以及周旋于达官贵人之间的高级妓女。这类信件有时会在描绘工作场面之际给

---

① 作者朗戈斯（Longus），罗马帝国时期希腊小说家，生平不详，估计活跃于公元二世纪。
② 罗马帝国时期作家（约170年—235年），精通希腊语并以希腊语写作，著有《论动物本性》（De Natura Animalium，英译 On the Characteristics of Animals）、《历史杂录》（Varia Historia）、《乡村书简》（Epistulae Rusticae，英译 Letters）等。
③ 又译第二代智术师，二、三世纪希腊地区文化运动名，代表人物还包括"金嘴"狄奥等人，以前辈希腊哲学家于公元前五世纪确立的辩论方式为第一代，代表人物包括亚里士多德。
④ 罗马帝国时期作家（三世纪），书信作品多以公元前四世纪的雅典为背景。

出风景如画的细节，其中大部分可能取材于几百年前的阿提卡喜剧，但同时又在各自的主题、想象的经典喜剧场景以及精心重构的方言这几方面体现出高度的人为特色。

在这些富有想象力的虚构作品中，农耕与放牧的工作占了主导地位。这一情况在散文领域显得更加普遍。比如老加图（Cato the Elder①）、瓦罗（Varro②）以及科鲁迈拉（Columella③）写的多种农业手册常常为后世社会学和经济史学者保存下来许多不可或缺的证据，但同时值得强调，这些文本是由精英人士为精英人群撰写，后者的工作主要就是确保他们自家的广阔田庄得到有效管理。至于他们的家庭户，本来就很少提及，基本上不会留下详细的描述，女性成员的劳动更是难觅踪影。像色诺芬《经济论》这样的文本包含了大量的讨论，关于适合一名妻子具备的能力或者说价值，以及她管理一个家庭户的一般责任通常包含什么内容，但实际工作的描述就寥寥无几，也没能为女性成员在非精英家庭的工作性质提供可靠的证据。

至于我们现在能对当时的田庄管理有深入的了解，这其中有许多原因同样可以用于解释，为什么能在传世散文作品里得到最佳佐证的往往也是希腊化时期与罗马时期普遍认为适合受过教育的精英人士从

---

① 罗马共和国时期政治家、作家（公元前234年—公元前149年），著有《农业志》（*De agricultura*）等。
② 罗马共和国时期学者、作家（公元前116年—公元前27年），著有《论农业》（*De Re Rustica*）、《论拉丁语》（*De Lingua Latina*）等。
③ 罗马帝国时期士兵、农夫（约4年—70年），早年在驻外军团当过任期一年的轮值司令官，但很快就选择解甲归田，多有著述，包括《论农业》（*De Re Rustica*）等。

事的专业职业,这些职业的数目较少,比如演讲或行医。关于这些职业,我们拥有丰富的技术文献以及来自传记与其他传统做法的充分证明。这种证据可以通过类似铭刻下来的荣誉法令等文献史料得到强化。[26]对于像西塞罗或盖伦(Galen①)这样一些人物,我们完全可以从他们自己的叙述里构建出他们的详细生活画像,看到他们似乎全心全意投身工作而别无他顾,哪怕他们也会小心留意合理化自己的劳动与富有创造力的休闲,而且要跟较低阶层以及同一阶层为追求私利或享乐而不惜耽误高尚义务(*officia*)那些人的职业和娱乐划清界限。

说到精英人士的行动,有一个领域从来不需要做任何特别的合理化说明。在古代希腊和罗马的精英群体看来,跟日常工作不同,战争中的事迹从本质上说就是值得好好铭记的。除去各种形式的公共纪念,公元前五世纪出现的历史学作为一种类似史诗的类型,专注用散文来纪念更接近现在的往事,希罗多德(Herodotus②)在他对希波战争(Persian Wars③)的描述里开门见山就强调说,他这部作品的目的,是"要避免希腊人与说话难懂的外族(Barbarians④)双方这一伟大神奇事迹(*erga*)被遗忘(*aklea*)"。不过,历史学从传统上看只提供与战争相关的工作画面,而且细节有限。因此,当修昔底德要就希波

---

① 罗马帝国时期希腊医生、哲学家(约129年—216年),自168年起多次出任多位罗马帝国皇帝的医生。
② 古代希腊历史学家(约公元前484年—公元前425年),以记录希腊、波斯之战的《历史》(*The Histories*)闻名。
③ 又译波斯战争,时为公元前492年—公元前449年。
④ 原意为从希腊—罗马视角泛指不说自己语言(希腊语或拉丁语)的外族,后来又称野蛮人。

战争过后雅典城墙的快速重建给出一个相对全面的描述，他对工作本身的描述显得非常简短（1.90）："全城人都要参与重建这座城墙，男人和他们的妻儿合作，对这桩工作有用的结构全都要用上，无论那原本是私人的还是公共的全都要拆下来。"就连这其实微不足道的描述也有另一个目的，那就是让修昔底德可以通过验尸官一般的仔细检查展示其真实性（1.93）。修昔底德的叙述主要集中在地米斯托克利（Themistocles①）的领导力，在很大程度上把这个项目取得胜利的原因归于他的诡计。从那以后，聚焦用兵之道和治国方略成为古代希腊—罗马时期历史学一大特征。像亚历山大大帝这样的领袖人物参与的神奇事迹（erga）得到最普遍记载，并且他的过人才华有一部分就是通过他驾驭和指导士兵从事劳作的方式来展现。也许最著名的例子要数他对泰尔（Tyre②）城长达七个月的围攻，这看上去像是一项不可能的任务。但据说亚历山大做了一个梦，在梦里他接待了意外到访的赫拉克勒斯，这预示"泰尔是可以通过一番苦战拿下的，因为赫拉克勒斯的一系列事迹就是通过苦干达成的，而围攻泰尔城看上去也像一件同样伟大的事迹（mega ergon）"，亚历山大相信了这则预示，从中得到了鼓励（Arr. Anab. 2.18–24）。

即使大多数围城战从规模上看跟泰尔城此役不在一个等级，历史学家还是经常描述此类工作，其中涉及数量巨大的人力劳动，由许多不同的专家指导或以其他方式参与。值得注意的是，关于遭受围困的

---

① 雅典政治家、海军将领（约公元前528年—公元前462年），其事迹主要见于历史学家希罗多德、修昔底德与普鲁塔克的记载。
② 又译推罗，地中海东岸腓尼基（Phoenicia）地区主要城市，今属黎巴嫩。

城市的描述往往以非同一般的技术创新为特征，这背后的原因可能是非如此难以顶住敌人的围困。也有可能是资源集中加上社会与经济结构急剧松懈而导致。也许最著名的例子是马塞卢斯（Marcellus[①]）对锡拉丘兹（Syracuse[②]）的漫长围攻，在这期间，当地数学家、科学家阿基米德（Archimedes）做出多项创新发明，为保卫家乡顶住几乎同样聪明的罗马人进攻发挥了关键作用。同样值得注意的是，普鲁塔克将阿基米德在此次围城战发挥的作用描述为将纯理论知识用于实用目的的一个罕见案例，与此相仿，他还将工程学描述为几乎只有战争这一种用途的实用技术（*Vit. Marc.* 14–17）。

波利比乌斯（Polybius[③]）关于罗马围攻安布拉西亚（Ambracia，时为公元前189年）的记录提供了一个同样有意思且可能更具典型性的案例，他在字里行间颂扬了罗马人执行此类行动的效率以及安布拉西亚人抵抗这些策略的勇敢与独创性。安布拉西亚人此番抵抗必须以军事领导人、士兵、公民与当地手艺工匠之间的密切合作为基础，他们当然不仅生产了薄壁青铜大锅，很可能还担当了设计者，将其用作回音腔，探测对手罗马人的挖掘行动，同时精心设计了一个青铜制作的装置，用一种刺鼻的烟雾成功地将罗马人从他们修建的地道里赶了出

[①] 罗马共和国将军（约公元前268年—公元前208年），围攻锡拉丘兹发生在第二次布匿战争（公元前218年—公元前201年）期间，从公元前211年起历时约两年，他的士兵在城破之际杀害了阿基米德。

[②] 位于意大利西西里岛，又译锡拉库萨、叙拉古。

[③] 古代希腊政治家、历史学家（约公元前200年—公元前118年），以40卷记载罗马兴起的《历史》（*Histories*）闻名。

去（21.27-8；cf. Livy 38.4-7）。但正如古代历史学家更普遍存在的做法一样，波利比乌斯也略去了大部分的社会背景。[27]

我们现在看到对战争中上演的事迹比较丰富的描述，与相对和平时期关于日常工作的详细描述近乎一片空白形成了鲜明的对比。原因不难找到，但其中最主要的一点可能在于，对古代作者而言，并不存在用直截了当的术语来描述常见和熟悉的东西的需求。与此同时，奇怪而矛盾的故事倒是一直都有相当大的市场，这一需求可以从一系列不同的描述中得到部分满足，这些描述大概可以宽泛地归类为人种学或民族志（ethographic）。这类叙事几乎总是暗示或明确显出跟古代希腊和罗马观众熟悉的各种习俗和做法形成对比，而且这些对比经常就是通过工作看出来的。希罗多德在他的《历史》一书中对埃及人"与其他男人相反"（2.35）的习俗做过一段著名的描述："在他们当中，女性负责在市场上采购并担当零售小贩，男人留在家里编织。别人编织的时候是向上推纬线，埃及人偏偏向下拉。埃及的男人用头顶承担重物，女人用肩膀挑。"

塔西佗（Tacitus[①]）对日耳曼战士阶层也做过同样的描述，也是强调跟古代罗马拥有土地的精英阶层惯常做法形成鲜明对比，可以说是一样的家喻户晓（*Germ.* 15）：

---

① 罗马帝国时期官员、历史学家（约56年—120年），曾任执政官（97年）和亚细亚总督（112年—113年），著有《历史》(*Histories*)、《编年史》(*Annals*)、《日耳曼尼亚志》(*De origine et situ Germanorum*，或*Germania*)以及记录他岳父生平的《阿古利可拉传》(*De vita Julii Agricolae*)等。本段引文出自《日耳曼尼亚志》。

> 他们只要不是在打仗，有时会去打猎，但更多的时候就是无所事事的休闲，放任自己只管吃饭和睡觉，最勇敢、最好战的人什么也不做，把家庭户、家人和田地的管理工作全都打发给女人、老人以及家里最没本事的人，他们自己终日昏昏欲睡，这是自然界一种奇怪的矛盾，眼看这同一个人可以变得如此沉迷懒惰，如此不喜欢和平。

这类对比不仅可以出现在像塔西佗的《日耳曼尼亚志》(Germania)那样清楚标明为人种学的文本里，也可以出现在几乎所有其他的散文类型中。但相关段落很少直接描述古代希腊与罗马社会与工作有关的信仰与实践这两方面的标准规范，只能结合当时的文化背景进行理解。文学文本本身保留了重建这些背景所必需的大部分证据，但同样重要的是继续对其他类型的证据保持细致关注，这些证据的范围从物理工作空间的考古遗迹到莎草纸文献无所不包。比如公元前二世纪一位希腊女子的私人信件，她在信中对自己的儿子或丈夫学过埃及语感到庆幸，因为现在他可能可以在当地的灌肠医生诊所那儿找到工作，负责对奴隶们进行教导（UPZ I 148）。正是这类证据，也就是"金嘴"狄奥描述为在文学语境里甚至干脆就不适合提起的内容，不仅让历史学家得以形成本卷后续各章提到的细节丰富的历史重建，还能从重读文学史料中体会出更丰富的含义。

第一章
工作经济

塞斯·伯纳德
(Seth Bernard)

塞斯·伯纳德(Seth Bernard),加拿大多伦多大学古典学助理教授,其研究主要聚焦于罗马和意大利的社会经济史与城市史,其近作主要考察罗马共和国中期当地劳动力供应如何跟上大规模公共建筑项目带来的需求。

本章选取的中心主题，是古代工作与经济表现及增长的关系。古代希腊—罗马世界（Greco-Roman world）的工人跟其他时间、地点的工人相比，生产力是更高还是更低一些，为什么？长期而言，在任何一个社会里，哪怕是最低限度的人口增长也会带来工人数目上升，从而通过叠加得出更高的总合产出（aggregate production）。然而，对于古典希腊以及希腊化东部（Hellenistic East）某些地区，尤其是在罗马帝国时期经政治整合而成为帝国一部分的地中海沿岸地区，当下大多数学者都认同人均产出水平有所增长，或者说出现了集约型增长（intensive growth）。用现代经济的标准衡量，当时的发展水平只能算是温和的，而且关于增长的分布及其对实际收入与生活水平的影响仍然存在一系列不同意见。【1】不过，尽管如此，如果我们认为古代希腊—罗马世界有一部分地区的经济出现了某种程度的集约型扩张，那么，问题也随之而来：是什么特征促成了这种增长？

要回答这一问题，首先要对"工作"进行一番考查。这是因为，前现代经济发展与现代经济从产业革命时期开始表现出来的持续的渐进型增长，这两者之间存在明显差异。历史学家前赴后继投入大量的精力，试图搞清楚现代经济为什么突然就以跟过去不同的速率扩张，近期的模型都在强调制度变迁、技术创新、相对要素价格或化石燃料的偶然发现。重点在于目前大多数的解释都从这样一个假设出发：相比之下，前现代经济扩张主要来自劳动分工。这种增长属于"斯密式"，源于斯密（Adam Smith[①]）的观察并因此得名，即商业市场通过贸易实现扩张，

[①] 苏格兰哲学家、经济学家（1723年—1790年），著有《国富论》《道德情操论》等。

从而得以实现更精细的劳动分工、更高的效率和更高的生产力。值得注意的是，如果技术、资本存量或制度没有随之发生变化，那么，斯密式增长最终也会受到市场范围的限制，通过专业化带来的回报也将达到收益开始递减的水平。简言之，与现代的增长不同，前现代的增长通常是温和且暂时性的，在很大程度上取决于贸易范围和劳动分工。

这倒不是说，在古代，世界各地所有的增长都是斯密式的，而且，借用杰克·戈德斯通（Jack Goldstone）的说法，历史上的历次勃兴（efflorescences）大多涉及不同形式的增长因素，是一种混合体。[2]诚然，技术着实提高了古代经济在一部分领域的生产力；我们可以清楚地看到，技术在农业灌溉或将水力应用于研磨与采矿作业带来的影响。[3]但推动古代生产的能量仍然主要出在人类自己的体力劳动，如此一来，"经济繁荣时期之起伏看上去与伴随历代政治实体整合而来的贸易区扩张同步"这一现象就有了启迪意义。佐证贸易从范围到数量都在增加的考古证据似乎具有不可置疑的确定性。比如，从丹麦格陵兰（Greenland）冰盖发现了更多的双耳细颈椭圆陶罐（amphorae①）、沉船残骸以及大气金属污染遗迹（可能跟铸币生产有关），构成了一些更广为人知的间接证据。[4]但是，由于贸易本身主要跟货物的分配有关，并不一定总是涉及货物产量的提高，因此，要想理解这类证据怎么跟经济发展拉上关系，必须再次围绕"贸易是否带来更有效的生产"这一问题进行探讨，这就从根本上将古代经济表现的研究与工作的动力学联系起来。

---

① 古代希腊用于盛酒、油等的器具。

说到古典古代（Classical Antiquity①）的工作，将其特征区分出来的最有影响力尝试首推马克思主义（Marxist）将古代希腊—罗马各社会与奴隶生产方式联系起来的做法，以及古代生产特别依赖于奴隶制的观点。在摩西·芬利和基思·霍普金斯（Keith Hopkins）笔下，当时的雅典和罗马不仅是存在保有奴隶行为的社会，而且是"名副其实的奴隶社会"。【5】要将这一观点转为量化数据业已证明相当困难，但这其中的要点似乎是成立的：奴隶不仅在古代世界某些地区的人口当中占了很大的比例，并且保有奴隶这一做法构成了这些特定政治经济的基础，在古典时期的雅典或罗马意大利（Roman Italy②），统治阶级正是借由奴隶制获得财富和地位，从而得以维持自己的统治。与此同时，要将古代希腊—罗马世界的生产与其他社会的生产区分开来的努力尽管会有帮助，但在这么做的时候我们必须从各个层面保持谨慎。在马克思看来，不同的生产方式说到底都是在凸显资本主义的不同寻常，他认为资本主义的主要特征归结到一处就是同时追求资本积累以及与此相关的劳动商品化。基于这一观点，在前资本主义经济里不存在挣工资的劳动者，又或是这个群体的规模小到微不足道。这就导致了马克思主义的古代希腊与罗马研究倾向于将自由劳动力的作用最小化，同时强调古代希腊与罗马的精英群体对所有体力劳动一概抱有的贬低态度。举例，芬利将西塞罗在《论义务》一书中提到的著名的奴隶制

---

① 泛指青铜时代至公元500年左右，本卷侧重公元前八世纪至公元五世纪之间。
② 意大利最早由罗马人命名为 Italia。公元前90年，罗马的意大利盟友（socil）为获罗马公民权而起义，同盟战争（Social War）爆发，公元前89年罗马获胜并给予盟友罗马公民权。

工资方程式视为具有象征意义（1.150-1）。问题是除了西塞罗持有的这种观点，我们也看到古典时期还有其他作者以更积极的方式赞美勤奋与工作。不仅如此，还有大量证据表明古代存在有偿劳动，即使在某些绝非资本主义的环境里也是如此，而且挣工资这事看上去也不是微不足道的。[6]比如有学者认为挣工资的劳动者作为一个整体在古代罗马经济中占了一席之地，其份额跟精英阶层控制那部分相比可以说是旗鼓相当，如此一来，要说完全剥夺这些劳动者的社会政治权利，这看上去不大可能。[7]因此，关于奴隶制从意识形态或经济上使古代挣工资的劳动者变得无足轻重的看法恐怕有失公道。恰恰相反，在古代希腊和罗马等历代前资本主义经济里，自由与非自由劳动力之间更复杂的相互作用变得更加值得关注。

证据

古代史学者习惯于哀叹可用经济数据的稀缺性，尽管有用的信息仍然存在，这在下文清晰可见。同样值得强调的是考古学继续为古代工作的组织情况提供线索。但也有一些令人感到沮丧的空白。其中一大难点在于，在古代，生活在同一屋檐下的家庭户总有那么一些成员，他们的经历往往难以追查。例如克里斯蒂安·雷斯（Christian Laes）在他的专著中提出，儿童在古代对生产做出了富有意义的贡献，尽管目前还没找到多少直接证据[8]，这看上去也有道理。至于女性在当时经济上的角色，不仅模糊不清，而且，意识形态到底在多大程度上跟由于性别而受到约束的社会现实相关，这问题至今悬而未决。早从荷马时期开始，我们就发现了一种按照性别进行的分工，男性在户外工作，女性在家宅（*oikos*）或房子（*domus*）里工作。这其实属于理想状况，我们可以认为贫困或收成等经济压力有机会导致一些家庭设法扩大自家的劳动力队伍，将女性成员包括在内。同时，基于厄里克·罗斯（Ulrike Roth）发表的研究，我们可能要怀疑，女性奴隶在农业领域的普遍程度是不是超过了我们有时认为的水平。【9】我们目前掌握的证据表明，在当时的城市环境下，女性的工作主要限于零售或服务行业，又或是数量有限的手工业部门。与农业领域的情形一样，从较富裕的城里人家角度看，对女性打工挣钱一事表示反感很可能属于某种更容易采取的意识形态立场，与此同时，有一定的证据表明，维持生计的压力将较贫穷的女性推出家门走进了市场。【10】此外，考虑到关于城市女性的工作的判断主要建基于明确提及职业的墓志铭，我们大概还可以怀疑，当时铭文的惯常写法也在限制女性为人所知这方面起了一点作用。比如意大利萨莫奈（Samnite①）人有一处圣地叫皮埃特拉邦丹泰（Pietrabbondante），如今我们得以一窥在那里工作的女性劳动者的日常，包括了解到她们具体担当技术熟练或半熟练的建筑工人，原因是在那儿发现了一片屋顶瓦片，其制作时间可以追溯到公元前100年左右，上面留有两组鞋印，还有一组双语铭文，这是由负责生产这

---

① 意大利南部山区骁勇善战的古老民族，说奥斯肯语。他们在公元前90年参加了反罗马的同盟战争，公元前82年败于罗马。

片瓦片的两名奴隶制作的。其中，用拉丁语在瓦片上签名的工人叫艾米迦（Amica），是奴隶；另一位用奥斯肯语（Oscan）签名，其身份和地位目前仍有争议（图1.1）。【11】不过，即使撇开所有这些证据不谈，理查德·萨勒（Richard Saller）也已经指出，对待性别的态度可能对当时家庭关于女性培养的决定产生了真正的影响，这就注定了她们难以接触某些被认为不适合她们这一性别的职业，以至于以自由民身份出生的女性也未能出现在业已发现的罗马埃及（Roman Egypt①）时期学徒合同里。【12】

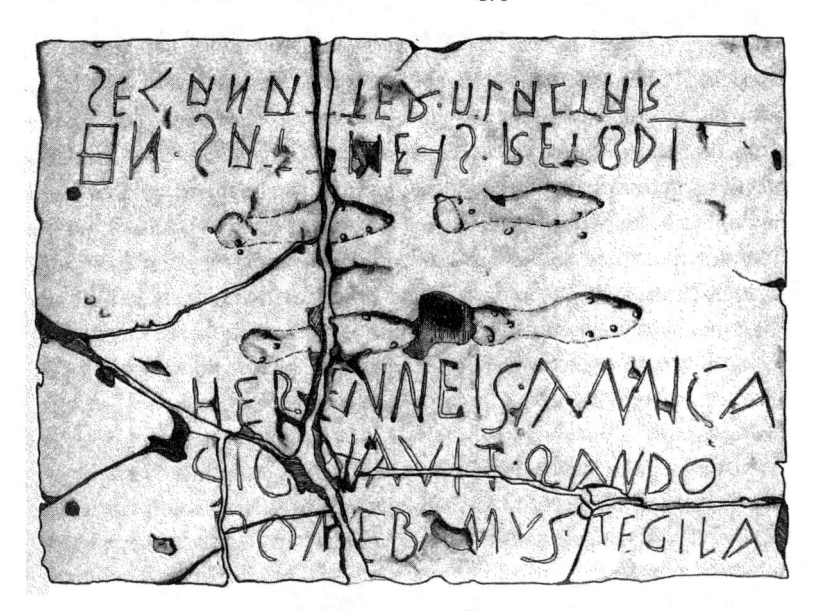

图 1.1 皮埃特拉邦丹泰的屋顶瓦片，带有奥斯肯语和拉丁语的双语铭文，制作时间约为公元前 100 年。源于《王后》（La Regina），原载《伊特鲁里亚研究》（Studi Etuschi，又译《伊达拉里亚研究》）44 卷，1976 年：285 页。经国立伊特鲁里亚与意大利研究所（Istituto Nazionale di Studi Etruschi ed Italici）许可复制。

---

① 始于公元前30年屋大维率军抵达埃及，将其纳入罗马统治之下。

正如这一讨论提示的那样，关于女性工作的证据近乎空白，并且，仅有的少数证据全都侧重记载技术熟练劳动者。女性非技术熟练劳动者在古代经济里根本就是隐形的，这留下了许多难以回答的问题。具体到经济发展方面，莎拉·奥吉维（Sheilagh Ogilvie）指出，现代早期（early modern①），在欧洲，正是由于女性所处位置接近家庭户工作与市场工作之间的边界，使她们对经济上的风吹草动变得特别敏感，经济上的增长也因此有机会大大提高女性参与到市场中去的程度。【13】但是，同样是在欧洲，古代家庭如何适当调整自己的劳动力分配，从而对经济增长带来的积极激励作出响应，我们是完全追溯不到的。举例而言，在现代早期的英国（Britain），有相当数量的女性作为非技术熟练工人在建筑业工作。【14】虽然建筑业被视为古代城市对非技术熟练劳动者的一大重要需求来源，但具体到这对女性的工作有什么影响（如果确有影响的话），现在还是看不出来。

| 贸易与劳动的国际分工

我们从宏观经济角度开始讨论贸易怎样通过促成国际分工而提高生产力。阿兰·布列松（Alain Bresson）指出，在古风时期和古典时期，一些城邦可能已经有能力凭借自家土地出产的谷物供养自己的人口，

---

① 本系列约指1450年—1800年，参见近代早期卷。

但前提是必须付出巨大的劳动力成本，以及尽可能耕种所有的可用土地。[15]因此，最晚从古风时期开始，许多城邦转而采取另一种做法，陆续从爱琴海（Aegean Sea①）沿岸地区以外进口以更高生产率种植的谷物，后者包括黑海（Black Sea）、西西里岛（Sicily②）和非洲等地。进口廉价食品使位于爱琴海中心地带各城邦的人口密度有了继续提高的空间，同时推动了生产与劳动力发生调整。比如，为促进对外贸易，许多需要进口谷物的希腊城市专注生产可用于出口的劳动密集型产品，尤以葡萄酒为主。他们往往通过扩大使用奴隶劳动力范围来达到这一目的，这种调整从古风时期就在像希俄斯这样的城邦发生了。

彼得·特明（Peter Temin）使用类似比较优势的原理来解读罗马帝国，重点放在意大利的葡萄酒和埃及的谷物上。[16]得益于尼罗河（Nile）洪水泛滥带来稳定可靠的天然肥料，埃及与罗马帝国的谷物生产环节（annona③）以及罗马城里合资格公民的粮食分配制度形成了联系。作为罗马帝国行省，埃及还以葡萄栽培闻名，一些莎草纸文献甚至表明，在罗马征服埃及没多久，尼罗河河谷的新增土地就纷纷移交给葡萄园打理。[17]问题出在相对优势而非绝对优势，特明关于罗马帝国在某种程度上可以想象为沿着粮食生产与消费线路进行划分的建议，应该是受小普林尼（Pliny the Younger④）《颂词》（Panegyricus）一

---

① 地中海一部分，位于希腊与土耳其之间。
② 地中海最大岛屿。
③ 后来也用于表示罗马的国家粮食供应体系。
④ 罗马帝国时期作家、官员（约61年—112年）。最著名作品可能要数一套10卷书信集，包括在外地担任总督的两年间就多种工作事宜与皇帝图拉真（98年—117年在位）的书信往来。

文的启发，后者称赞时任罗马帝国皇帝图拉真（Trajan①）不仅向罗马提供廉价粮食，还在整个地中海地区各行省的生产者与城市消费者之间进行协调（*Pan.* 29）。来自帝国层面的关注有助于降低运输成本，固然是跟国家粮食供应体系有关那部分，小普林尼指的就是道路和港口建设，而这进一步促进了贸易发展。出自小亚细亚半岛诸城的铭文都提到接收由埃及生产的帝国粮食，确认了在罗马以外各地区也能受益于这一市场协调安排。【18】得益于这种区域专业化，非粮食产区不仅可以投资发展奴隶密集型农业，就像意大利投资栽培葡萄用于酿酒一样，也有能力承载更大数量的城市人口，从而形成更大份额的城市劳动力，这单靠本地粮食产量是没有办法做到的。

贸易与城市劳动分工

如此一来，国际（或者说地区间）分工与另一种分工变得密切相关，这就是城乡劳动分工。在古代，城里工人的份额对经济表现有重要影响，因为城里工人不会自行生产自己需要的食物，必须通过交易换取三餐，包括承担这其中隐含的交易和运输成本。一个经济体要达成养活大量城市人口的目的，就必须想办法提高农业产量，形成足够

---

① 先后得到韦斯帕芗、图密善（Domitian，81年—96年在位）和涅尔瓦（Nerva，96年—98年在位）三位皇帝青睐并委以重任，在涅尔瓦去世后继位。在位期间致力东拓疆域，征战达契亚等地，国内开建道路、桥梁和仓库等大型公共设施。

数量的盈余部分。话虽如此,但在古代希腊和罗马世界,从城乡劳动力的类别可以看出两者存在相当明显的重叠。首先,农业生产具有可预测的季节性节奏,这使农场一有劳动力闲置就可以输送到附近的城镇,为当地经济做贡献;反过来,城里的工人有时也会在劳动力需求旺盛之际(比如农作物收获时节)受雇于郊区的田庄。尽管城镇与乡村之间这种结构性的、互惠的劳动力流动并不是古代独有的做法,但仍然非常重要。[19]古典时期的雅典和其他结构相似的**城邦**是最能反映劳动力这类交叠的位置。城邦(polis)与城外地区(chora)之间的政治融合意味着在作为核心的城镇与外围周边的乡村之间出现了经常性的劳动力交流,而且相对更高比例的农民住进了城镇。此外,雅典重要的产业,比如劳里昂(Laureion)银矿或彭特利康(Pentelikon)大理石采石场就位于chora所指的城外一带。不过,说到在城市中心区域以外发现重要的生产活动,雅典可不是仅有的例外,比如台伯河谷(Tiber Valley)的大型制砖产业就是另一个广为人知的例子。

不在城里的产业强化了这样一个事实:城乡对比不一定等同于劳动力集中与分散之间的差异,因为罗马帝国经济在生产结构上就存在重要的非市区中心。比如埃及的克劳迪安山(Mons Claudianus),那儿的采石场在一份口粮配给文件上列出了多达917名工人。公元三世纪初,在拉丁姆(Latium①),麦格纳田庄(Villa

---

① 意大利中西部古地区名,公元前五世纪发起拉丁联盟(Latin League)与罗马对峙,随着罗马越来越强大,终于公元前350年代遭击败而联盟解体。根据维吉尔的《埃涅阿斯纪》,罗马神话的爱美神维纳斯(Venus)之子、特洛伊英雄埃涅阿斯(Aeneas)从特洛伊战争归来,在台伯河口登陆之际正是拉丁姆原住民与拉丁民族的国王拉丁努斯(Latinus)前来迎接并按神谕将女儿嫁给他,神谕说他们的后代将建立罗马。

Magna[①]）作为皇家产业建有一座类似军营的结构，也许是用作奴隶的土牢（*ergastulum*），里面能容纳 200 人至 240 人，很可能相当于田庄大部分的劳动力人口及其家人，因为在那结构内部发现了几处婴儿墓葬。【20】这些高密度的劳动力集中案例全都发生在远离任何一处主要定居点的郊区范围之外。

尽管目前在解释上依然存在一些问题，但我们还是有理由认为，在希腊化时期与罗马帝国时期，尤以后者更为明显，当地城市化率有所上升。其中一个迹象是这段时期见证了大型纪念性城市建筑物在数量上出现激增。在城里开工留下大规模的基础设施是一桩成本高昂的大事，意味着大量工人要在城市中心地带集结。另一个迹象是相继崛起几个特大城市（megacity），姑且这么说吧，一时也找不到更合适的术语。一批名城各领风骚，包括安条克、迦太基（Carthage[②]）和亚历山大里亚，它们是在不同的时期出现，人口规模都在数十万这一级别。罗马帝国时期，罗马自己约有一百万居民。这些特别大的城市代表了一种现象，不仅史无前例，而且要等到类似伦敦（London）和巴黎（Paris）等现代早期的欧洲都城崭露头角，才会在西方历史上再度出现。如果没有一种明确的城乡分工，实在难以想象这等规模的大型

---

① 罗马以南约 60 公里处，因后世多有利用而迟至近期才得确认更早期为帝国皇家产业，包括二世纪上半叶时任皇帝马可·奥勒留在书信里提到那儿有一个大型酒庄。

② 今属突尼斯。根据维吉尔《埃涅阿斯纪》，公元前九世纪由泰尔的腓尼基人（Phoenician）在非洲北部沿岸建城，腓尼基语 Kart-hadasht，意为新城。罗马人称他们为布匿人（Peoni），公元前 264 年—公元前 146 年经三次布匿战争（Punic Wars）战胜对方。

古城该从何发展起来。

古代的城市化率有多高？如果食品产量没有取得某种突破，那么，在任何一个前产业化经济体，可能维持的极限看上去占人口的25%，相当于一名城市工人要依赖三名农业工人的"富余"产量维生。如果同时考虑到运输成本，这一极限可能还要进一步降低到接近20%，或者说一比四。[21]约西亚·奥博（Josiah Ober）曾经假设古典时期希腊的城市化率超过30%，并与现代早期欧洲的情况做了比较，但这误解了城邦劳动力投入从事农业的程度。[22]就古代时期所做的所有的人口量化工作必然全都带有推测性质，因此任何一个数字都有可能包含相当大的误差。但有一种保守的估计认为，罗马时期已经达成的生产水平足以在公元二世纪就让约占总人口10%的成员住进城镇，并且这些城镇的人口规模都在1000人以上。[23]有些地区，比如埃及、小亚细亚半岛以及意大利部分地区，可能在短时间内一度接近甚至超过20%的阈值。这些数字可能高于之前或之后的时期，但正如我们可以预料的那样，低于原产业化（proto-industrial①）或产业化经济体的比率。

农村的工作经济

虽然古代希腊和罗马某些地区的城市化率足以表明产量有所增

---

① 指欧洲在1650年到1860年产业革命前，工厂出现以前这段时间，为满足国内和国际市场需求而将农民集中起来生产纺织品的现象。

加,但这本身并不能解释这种增加到底从何而来。因此我们转向归纳农村和城市工作的特征。从农业开始,我们应该抵制以下假设:前现代农民的世界是传统的,也是一成不变的,从中推论出古代希腊和罗马世界的小规模土地持有户变得跟他们之前或之后的同行难以区分。保罗·霍尔斯特德(Paul Halstead)认为,古代地中海地区必不可少的基本实践,比如裸地休耕(barefallowing[①])或季节性的迁徙放牧(transhumance)这两种做法,实际上就是基于特定的定居模式和政治制度而来。我们还可以同时考虑饮食的社会偏好曾经对农户的劳动力结构产生过什么影响。比如古代当地主要消费二粒小麦(emmer wheat[②]),这意味着巨大的加工成本,有时甚至超过播种和收割的成本。加图提出让奴隶从事给麦米(farro[③])脱壳的工作(*Agr.* 2),老普林尼建议动用惩罚性劳役(HN 18.112)。不出所料的是我们已经看到大家愿意投资寻找技术解决方案,目的是要加大这一特定生产活动的规模,从这份意愿也最终产生了诸如罗马附近贾尼科洛山(Janiculum)或高卢地区(Gaul[④])巴贝加尔(Barbegal[⑤])的大型磨坊(图1.2)。

在古代,乡村地区劳动力结构的一大根本变化,在于奴隶运营的田庄(*villa*)首先从罗马意大利兴起,之后也扩展到其他一些行省。由

[①] 在可以耕种作物的季节对土地不耕不种或只耕不种。
[②] 欧洲最早种植的谷物之一,现代普通小麦的前身。
[③] 古代当地三种去皮小麦的统称,其中之一是二粒小麦。
[④] 今分属法国、比利时、德国和意大利等国。
[⑤] 以这座建于二世纪、达到产业化规模的大型磨坊而闻名,位于法国南部。

图 1.2 巴贝加尔水磨坊复原图。由画家帕特西娅·韦恩（Patricia Wynne）绘制。

奴隶组成的、以市场为导向的大型田庄成为古代罗马经济的马克思主义式解读的基础,将田庄经济在意大利的出现视为与罗马帝国扩张过程的大规模奴役发生在同一时期,之后从公元一世纪开始收缩,当时奴隶供应量下跌,刺激了租佃行为增长。这类田庄生产的产品,比如葡萄酒、油,以及某些地区的咸鱼,可以很方便地用双耳细颈椭圆陶罐运输,因此非常适合用于远距离的市场交易。尤其是葡萄与橄榄栽培,两者都需要大量的资本投资,此刻也受益于劳动力规模经济。这被认为推动了精英群体纷纷投资使用(廉价的)奴隶劳动力。加图或科鲁迈拉的文章确定无疑地表明奴隶田庄是真实存在的,也许在意大利更是这样。然而考古调查和挖掘工作同时发现,即使是在意大利半岛(Italian peninsula)这一个地方,此类田庄的规模和分布也存在明显的地区差异。此外,以公元三世纪埃及法尤姆(Fayyum)一处面积广阔的阿庇安田庄(Appianus estate①)为例,多米尼克·拉斯伯恩(Dominic Rathbone)通过研究那儿留下的文档得出一个重要结论:在市场导向农业背景下奴隶几乎完全缺席,而且,浏览关于罗马埃及生产领域的详细记录就会发现这一个田庄不是唯一看不到奴隶的孤例。【24】这并不会否定动产奴隶制(chattel slavery)和大田庄在罗马地中海地区经济史的重要性,更像是提醒我们,关于奴隶制与市场导向田庄作为组织农业生产的两种方式可能经常发生交叠,尽管这不是必

---

① 属于罗马帝国时期希腊历史学家奥勒留·阿庇安(Aurelius Appianus,活跃于二世纪)家族,十九世纪出土一批莎草纸文书,包括写给一位赫洛尼努斯(Heroninos)的几百份信函,他在249年—268年间担任庄园管理者,这批文书因此得名赫洛尼努斯档案(Heroninos Archive)。

然发生的，也不是无处不在的。事实上，前面提到的国际分工告诉我们，可能正是通过奴隶劳动力以外的手段和条件，比如灌溉技术、庞大的自由劳动力市场、可用土地的质量等，在保有奴隶的地区以外形成了生产集约化，从而使"名副其实的奴隶社会"得以在爱琴海沿岸地区或罗马帝国时期的意大利兴起。

自罗伯特·福格尔（Robert Fogel）和斯坦利·恩格尔曼（Stanley Engerman）在1974年合作出版关于美国黑奴经济学专著以来，围绕北美地区奴隶制展开的热烈争论是"古代希腊—罗马世界奴隶劳动力的农业效率"课题从未有过的学术待遇。[25]当下在这方面广为接受的观念，是奴隶制在美国南方（American South）的效率和生产力对土地拥有者来说堪称高得惊人，与此同时，为达成这么高的效率，该制度也残暴到令人震惊的程度，或者说根本就是在犯罪。[26]在一定程度上，本书研究的古代时期可能也是如此，尽管很显然我们缺乏足够的数据做计量史学（cliometrics）的研究。奴隶们必须有饭吃、有衣穿、有住处，这样一来他们的主人只能拿高于维护成本的边际产量作为自己的租金。在罗斯的研究之后，有证据表明意大利田庄经济里的奴隶以家庭为单位生活，这一点也可能在前述麦格纳田庄婴儿墓葬的考古结果得到证实。无论这是出于保有奴隶的需要，还是为了确保他们自家结构的连续性，我们都不能忽视古代农业奴隶制的残酷性。正如威廉·哈里斯（William Harris）指出的那样，奴隶由于被剥夺了权利，在某种难以量化的程度上会比自由的工人来得更受欢迎，对那些有能力动用资本投资来负担奴隶成本的人来说更是如此[27]。我们看到的文本对农业奴隶的态度差异很大，但我们可能都还记得瓦罗的名言，他在《论农业》里把奴隶归类为"一种会说话的工具"（*Rust*. 1.17.1）。

城里的工作经济

谈到城里的工作，我们就要面对专业化和进一步细化分工的话题。关于古代的劳动分工，最经典的段落来自色诺芬的小说《居鲁士的教育》(*Cyropaedia*①，8.2.5)：

> 在各地小镇里发生的情况往往都是同一位工人制造椅子、门、犁和桌子，通常还是这同一个手艺人盖房子，但即便这样，如果他能找到足够的工作养活自己，他就该心存感激。当然，一个试图身兼多职的人要精通所有这些工作是不可能的。另一方面，在大城市里，由于许多人对每一个产业分支都有需求，因此只要一个行业，通常甚至用不上这一整个行业，其提供的工作就足够一个人养活自己：举例，一个人为男士制作鞋子，另一个人为女士制作鞋子；有些地方甚至出现一个人单靠缝纫鞋子这一个环节的工作就可以养活他自己，另一个人负责裁剪鞋子，第三个人负责将鞋面缝在

---

① 以波斯居鲁士大帝之子小居鲁士（Cyrus the Younger，约公元前423年—公元前401年）为主角写成。波斯为亚洲西南部古国名，1935年更名为伊朗（Iran）。

一起,第四个人并不参与以上任何一项工作,只负责将各个部件组装起来。这样一来,愿意投身从事一份高度专业化工作的人理所当然地就能以最佳方式完成他的任务。

色诺芬在这里点出两种形式的专业化:一是不同行业工匠的横向专业化,二是不同部件生产的纵向整合。学者们一般认为古代城镇手工艺品生产流程存在广泛的横向划分,很少出现纵向整合。

从我们已经拥有文字证据的大多数古代城市经济来看,职业称谓相当常见,并且支持有关当时已经存在横向专业化的想法。不过,出于方法论的理由,这些证据还不能让我们轻易超越这一总体印象而迈进一步。首先是这样一些数字:爱德华·哈里斯(Edward Harris)和大卫·刘易斯(David Lewis)从古典时期雅典的文学与铭文史料中统计出大约 200 个不同的职业称谓。[28]罗马帝国的铭文点出了 192 种不同的职业[29]。凯·鲁芬(Kai Ruffing)对埃及的莎草纸文献做过研究,在公元前四世纪找到 87 个不同的职称,达到高峰;接下来的几个世纪,得到证实的职称数目急剧下降,直到公元三世纪才出现第二个高峰,找到 92 个职称。[30]尽管这项工作具有启发性,但还要做进一步的研究,以备了解不断变化的语言或铭文习惯可能怎样干扰了从数据里呈现的趋势。此外,一些职称存在交叠现象,相比之下职业本身可能或多或少显得更稳定一点。至于非技术职称,有些研究做过统计,但看上去它们对任何一种历史结论都不是那么重要。同样不清楚的是,这些数字应该放在更广阔历史背景的什么位置进行考量。比如哈里·普里克特(Harry Pleket)经常反复比较罗马帝国和现代早期伦敦的职业多样性，但这一做法忽略了太多介乎中间的证据。[31]举例，在中世纪早期的伊斯兰地区，我们从公元八世纪到十一世纪这段时期发现了989种各不相同的职称[32]。1526年，罗马进行过一次人口普查，其中包括多达228种职称，比我们在这帝国首都目前已经掌握的整个金石学铭文语料库加在一起都要来得更加多样化，但那已经是相对较晚近的年份，罗马的人口可能已经减少了一个数量级。[33]

因此，通过特定手工艺的区分研究来补充完善职称统计结果就变得很重要。比如卡梅伦·霍金斯（Cameron Hawkins）识别出多达七种专业工人，每一种都有不同的职业称谓，而且都在为生产金质和银质的盘子做贡献[34]。这其中暗示的情况让人联想起前面提到的色诺芬笔下那位假想的鞋匠，在奥古斯丁主教描述的迦太基五金工人中间也出现过类似的工作组织方式（*De civ. D.* 7.4）。重要的是这些受雇员工并不属于一家单一的、垂直整合的盘子制造铺子，而是相反，他们当中的每一个人似乎都在经营他们自己的独立作坊。手艺工匠们通过分包的做法可以合法地对生产流程进行协调，将未完成的产品在空间上从一个作坊传递给下一个作坊。这就解释了为什么尽管缺少古代时期的工厂证据，却还是经常发现专门从事相关工艺的手艺工匠聚集在古代城市的特定区域。举例，在古代罗马的地形图上，我们发现许多以手艺人、他们的行业或特定零售市场区域命名的街区。[35]这就是说，在古代，城里的生产，即使是在罗马这样一个庞大而错综复杂的劳动力市场，依然继续局限于小型作坊，每一个从规模上看就跟家庭户差不多，却还是有能力在适度水平上达成现代工厂的部分生产效益。

奴隶制在城市技术熟练工作的组织上发挥了重要作用。奴隶和获释奴经常被证明活跃在城市手工艺品生产过程,几乎所有类型的技术熟练职业都能看到奴隶和自由劳动力的身影。不过,挣工资的自由劳动者似乎在城市非技术熟练劳动力供给里面占了压倒多数。我们在古典时期雅典的建筑铭文中还没有找到奴隶担当非技术熟练工人的证据,彼得·布伦特(Peter Brunt)也推断出罗马帝国的建筑业对自由的劳动力存在类似的依赖性。【36】聚焦建筑业并非偶然巧合,这不仅因为建筑业刺激了市场对临时工的高需求,还因为这种需求通常不是均衡的,承包商很可能不愿意为偶尔接到的工作而长期保有一大批非技术熟练奴隶。

在当时罗马的城市背景下,奴隶与获得释放的奴隶广泛出现在技术熟练工种这一现象显得尤其重要,奴隶获得一纸释放证书(manumission①)在这里似乎相当普遍。特明认为,罗马人释放奴隶的频率有效激励了奴隶劳动者,为后者的辛勤工作提供了一份回报。获得释放证书对奴隶来说当然属于相当理想的结局,至于这是否有助于改善罗马奴隶制的境况,学术界看上去还是莫衷一是,存有疑问。正如亨利克·莫里森(Henrik Mouritsen)所说,我们同样有理由认为罗马的奴隶释放制度在经济上对雇主也是有利的。【37】奴隶的主人应该没什么兴趣不断释放自己的潜在竞争对手。更有可能发生的是,由于这些获释奴通常都很擅长他们的"前"主人所在的行当,但他们自己拥有的资本几乎为零,因此他们仍将继续对以前工作的作坊及其所在的经济领域表现出依赖性。同时,对一个家庭户的生产来说,获释奴

---

① 由主人实施私人法律行为而授予奴隶自由,这些奴隶自此成为释放自由人或获释奴(libertus, libertinus),与生来自由人(ingenui)不同。

通常也可能构成一个更有价值、更密不可分的有机组成部分，有时还已经担任管理职位，赢得他们的主人的信任。因此，奴隶释放证书实际上创造了在经济上继续具有依赖性的可靠工人，而且雇主不再对他们的生活负责，只需支付工资。

人力资本形成

与专业化密切相关的一个题目是人力资本，这就是工人用以完成任务的技能与知识。理查德·萨勒认为，在古代，由于死亡率居高不下，在城市尤其如此，因此用于人力资本建设的投资水平一直徘徊在低位，打击了人们考虑长期投资的积极性——这里说的长期投资以培训为代表，意味着减缓了思想与技能的转移速度。[38]当时存在某些形式的教育，尤以精英阶层的教育为重，但这可以被视为主要取决于每一户家庭户是否具有这种主动性。比如梭伦（Solon①）的一项法律很显然是要求雅典公民为他们的儿子提供某种形式的教育，这也是帝国时期犹太家庭本身的惯有期望。[39]古代希腊—罗马世界的精英阶层注重修辞和演说方面的教育可谓广为人知。一些大贵族家庭户还有教仆（*paedegogia*）培训年轻奴隶的做法。在这之外还有老师可供延

---

① 雅典政治家、诗人（公元前630年—公元前560年），公元前594年左右当选执政官，推行经济和政治改革，包括订立新法。

聘，如果家长想要让自己的孩子掌握一点技术专长的话，但具体安排可能不是那么正式。学徒制通常可以通过好几份传世埃及莎草纸合同得到详细佐证和了解。与此形成对比，在国家层面几乎看不到存在正规技术学校教育的迹象。我们现在可以找到的史料表明，罗马帝国对培训的投资往往来得极不寻常，就像皇帝哈德良（Hadrian[①]）一度要在罗马培训"一个军团规模的技术熟练建筑工人"一样（*Epit. de Caes.* 14.5）。

萨勒认为，这些形式的培训在一定程度上提高了教育水平，但从未达到可与现代早期欧洲社会相比的水平，这一说法可能是正确的。在当时，超出某种实用读写能力范畴的任何教育继续处于非常有限的水平。[40] 虽然存在技术写作的文体类型，但诸如老加图的《农业志》（*De agricultura*）或维特鲁威（Vitruvius[②]）的《论建筑》（*De architectura*）等作品更多地代表了一种精英话语，而不是用于交流实用信息。比如，瓦罗就在《论农业》中说过，提奥弗拉斯图斯（Theophrastus[③]）的植物研究著作"更适合用在哲学学校，并不是写给那些有意从事农业的读者"（*Rust.* 1.5.1）。古代希腊—罗马世界在人力资本方面的投资，很难说跟其他前现代时期有什么不同，这其中大多数社会都表现出相似的死亡率模式。进一步的研究可能会探讨技术熟练劳动者和非

---

① 图拉真的外甥与接班人（117年—138年在位），见证罗马帝国鼎盛时期的"五贤帝"中排第三位，另四位是涅尔瓦、图拉真、皮乌斯（Pius）与奥勒留，五人在位时间从69年到180年。
② 罗马帝国时期建筑师（一世纪），该著作分为10卷，又称《建筑十书》。
③ 希腊亚里士多德学派哲学家（公元前370年—公元前287年），又称逍遥学派，在雅典师从亚里士多德，在亚里士多德退休后接管其创立的吕克昂（Lycum）学园，关于植物的著作包括《植物的研究》（*Peri phytōn historia*）、《植物的生长》（*Peri phytōn aitiōn*）等。

技术熟练劳动者的相对成本。《学说汇纂》（*Digesta*①）记录了一个例子：一名建筑工人购买了一名奴隶，对他进行培训，再以两倍于初始成本的价格卖出去（*Dig*. 17.1.26.8）。像这样的两倍比率也出现在《戴克里先价格敕谕》（Diocletianic Price Edict②）中，里面提到，就现金工资水平而言，掌握基本技术的劳动者是没有掌握技术的劳动者的两倍。按前现代标准看技术熟练劳动力成本这种 2 比 1 溢价并不罕见，并且，具体到这一案例，当时的技术熟练劳动力市场看上去还不是特别缺人。[41]

| 制度

无论是留住或招聘工人的做法都会引发各种问题，这些问题在我

---

① 拜占庭帝国皇帝查士丁尼一世（Justinian I，又译优士丁尼一世，527年—565年在位）即位不久即下令整理汇编并最终形成《查士丁尼民法大全》（*Codex Justinianus*，官方名称 *Corpus Juris Civilis*），包括四个部分，分别为《学说汇纂》、《法学阶梯》（*Institutiones*）、《法典》（*Codex Constitutionum*）和《新律》（*Novellae Constitutiones Post Codicem*），其中《法典》在529年发表，534年结合查士丁尼本人颁布的新法修订，《新律》收录查士丁尼从那以后（534年）到565年间颁布的新法令。

② 戴克里先（Diocletian），罗马帝国皇帝（284年—305年在位）。当时皇帝发布的敕令主要分为敕谕（*edicta*，一般公告）、敕训（*mandata*，对下属官员的指示）、敕答（*rescripta*，就具体法律问题作答）以及敕裁（*decreta*，以法官身份就具体事件做裁决）等形式。

们讨论交易成本和经济制度的时候往往居于核心位置。到目前为止，经济制度研究由于更具理论意味，对古代罗马研究的影响比对古代希腊研究的影响要大很多，尽管两者之间的差距正在缩小。[42]招聘行为隐含寻找潜在工人的搜索成本、讨价还价或起草合同的谈判成本，以及在执行雇佣条款过程追加的执行成本。但这并不意味着由于奴隶自己参与了劳动力市场，因此类似的成本也适用于获得奴隶工人的过程。与奴隶贩子敲定价格，或试图以奴隶有缺陷被隐瞒为由而违反合同，都是奴隶主需要考虑的重要问题。雇佣行为也会增加委托代理成本，需要用到的方式包括但不限于委派获释奴或奴隶担任管理者或作为中间人开展业务，又或是在庄园主缺席的情况下监控成本等，以上只是从许多常见案例里试举几例。

制度试图减少许多这类与工作相关的交易成本，这通常都会通过法律框架达成。以古代罗马一套完善的诺成合同（consensual contracts）法为例，它为当事双方提供打官司讨回公道的机会，早在罗马共和国后期已经存在。继续前面讨论的古代罗马制造业，当时通过法律框架试图应对的问题，是协调各种技术熟练手艺人而产生的交易成本，而这似乎特别有效地推动人们考虑将劳动力组织起来。古代罗马的法学家都有丰富的案例，这些案例定义了在不同各方分别拥有的原材料上展开工作的技术熟练手艺人的职责。根据查士丁尼《学说汇纂》里的一段话，一位花样精致金丝饰品手艺人的作坊里如果有一只金属杯弄坏了，那么这位手艺人只需为自己的"技能不足（imperitia）"负责，至于原材料发生问题并不在他的责任范围。这段文本继续写道，这属于"手艺工匠应有的正常操作，这样他们就不至于因为工作而让自己陷入险境"（*Dig.* 9.2.27.29）。类似这样的法律保护一定可以降低不同专业手艺工匠在合作过程中的固有风险，从而有助于推动多个独立作坊在城市大环境下进行交流合作。

法律制度不仅有助于这种交流，还特别维护了对奴隶的所有权。奴隶主由此获得了法律追索权，在奴隶作为一种财产形式受到损害时提出索赔，同时，法律也解决了诸如信息不对称之类的交易上的问题。根据《学说汇纂》记载的一则"市政官法令"（Aediles' Edict），罗马的奴隶卖家具有指出奴隶缺陷的法律义务。在销售法上显得不同寻常的一点，是奴隶卖家哪怕本来并不知晓存在此类缺陷，若在六个月内发生问题也必须承担责任（*Dig.* 21.1.1.1）。

并非所有的制度都在国家层面创建或植根于法律。以那些与工作组织相关的私序制度为例，近期的学术研究主要集中在专业组织，包括联合会或协会（*koina*）与行业社团（*collegia*），全都可见于希腊化时期的城市，在罗马帝国时期更是突出。早期曾有观点认为此类组织主要是社交或宗教性质的俱乐部，科恩·维波芬（Koen Verboven）提出异议，强调了一些行业社团凭其职业身份参与到城市文化的塑造过程之中。[43]这倒不是说专业人士组成的社团没有社交功能，但许多社团至少在名义上就是围绕其成员的职业或以前的职业构建的。一些案例甚至显示，这类行业社团可以被视为坚决主张保护会员在其各自所在行业的利益。

| 能量与营养

一段时间以来,经济学家一直在强调营养对经济发展的重要性,但这主题在古代的情形仍然远未得到充分的研究。营养对古代生产具有特殊的重要性,这一点不难理解,因为任何一种主要依赖于人类自身能量的经济都会对当时食物的供应情况以及食物的质量变化高度敏感。就古代希腊—罗马世界而言,当时的食物消费水平至今依然难以一概而论。随着研究骨骼遗骸得到的数据越来越多,最终可能会在这方面提供帮助,但目前分析这些数据得到的解释,彼此之间依然存在相当大的不一致。比如,古代的热量消耗模式往往以成年男性工人每天人均需求在2000—3000卡水平为基准。但若是工作一整天就有可能需要数量更多的食物:克雷格·穆德鲁(Craig Muldrew)通过研究发现,现代早期,在英国,一些工人因为从事繁重的劳动,每天消耗热量达 6000—7500 卡之多。[44]诚然,并不是所有的工人都一直在从事艰苦的工作。但既然我们认为古代大多数工人设法找工作的目的就是为了混口饭吃,而不是相反,我们就有理由怀疑,他们是不是一直都能获得足够的热量,以确保他们有力气完成这一整天的工作。尤其是考虑到非技术熟练工种的劳动密集型活动,比如拖运或挖掘,目前认为构成当时临时工就业市场的需求大头,这一问题因此变得更关键。与此同时,莎草纸文献或前述《价格敕谕》里面频繁出现的关于现金工资的食物补充说明证据，若能结合人力工作的热量需求进行研究，有可能带来新线索。这一主题也对有关时间和古代工作日的讨论提出了疑问，因为无论当时的社会态度可能怎样影响古代工作日的时长，工人若是营养不良，其生产力必然受到制约。

食物不足或饮食构成不够丰富会带来一些具长期性质的健康问题。比如，谷物比例过高可能引起佝偻病（rickets），从而对工人造成永久的损害，制约他们的生产力，即使他们的饮食最终可以得到改善也难以扭转。但患上疾病不是唯一的问题，因为经常性的营养不足还会损害心智能力，这就有可能跟难以掌握并应用技术创新的工作表现形成关联。[45]如果我们同时考虑到能不能获取食物并不总是取决于有没有食物和收入，就会发现更多复杂且难以预料的后果。比如，有迹象表明，美国南部曾经有奴隶主故意限制奴隶儿童的饮食，目的就是要让他们长大以后变成心智能力受损的成年工人。[46]再看加图给地主们的指示，要求他们根据具体活动或季节调整奴隶的食物配给，表明算计食物这种做法也跟更久远的古代蓄奴行为密切相关。(*Agr.* 56–7)

| 衡量成本：古代工资

实际工资指数（index of real wages①）是讨论经济成本的一种常见

---

① 又译实际收入指数，反映职工在不同时期取得的货币工资所能购买之商品数量增减变化情况。

起点。正如我们已经留意到的那样，此类信息在古代地中海地区是零星出现的，主要由以下几个部分组成：见诸文字的轶事证据；来自古代希腊和希腊化城邦的一些铭文记录，尤以雅典为多，但并不仅仅限于来自雅典而已；埃及莎草纸文献和陶片文献；以及孤立但重要的文件，比如前面提到的《价格敕谕》。虽然证据是如此的有限，但还是有几个主题值得讨论。

第一，奴隶劳动力的价格及其与自由劳动力的关系。前述证据表明，奴隶价格在整个古代时期看来一直是在上涨的。在古典时期的雅典，以自由劳动力的实际价格为基准，人们只要用相当于半年或更少的工资就能买到一名奴隶，但到了罗马帝国时期就变成需要两到五年或更长时间的工资；当然，记录在案的价格各不相同，而且在各方面都存在例外的情况。[47]为了解释这一趋势，相关学术研究现在同样重视需求与供应这两者到底发生了什么变化，而不再只看供应这一边。进入罗马帝国鼎盛时期（high empire①），有机会用到奴隶的岗位往往较少看到自由民劳动者，但在雅典，自由民劳动者和奴隶劳动者同时出现的重叠部分可能更大一些；至于罗马，由于需要用到价格相对更高的雇佣劳动力的活动存在稳定的高需求，市场上出现了更高的均衡价格。[48]不过，仍然有待解释为什么奴隶在古代所有的案例中都显得较为廉价：作为对比，在十九世纪的美国南部，一名成年奴隶的售价约合低技能劳动力七到八年的收入。[49]可能有人表示反对，理由是我们这里提到的罗马时期的证据大部分来自埃及，那里的

---

① 70年—192年。

自由民劳动力供应情况可能导致奴隶的价值持续走低，但即使是在前述《戴克里先价格敕谕》里，一名成年非技术熟练奴隶的最高价格也不过约为三年的日工资总和而已。假如奴隶便宜而请雇工的工资更高一些，我们应该推断雇主更愿意购买更多的奴隶，直到奴隶价格上涨而工资下降为止，但这种情况从来没有发生过。正如凯尔·哈珀（Kyle Harper）指出，这就值得提问，奴隶和自由劳动力是不是真的可以完全相互替代，以及奴隶和自由劳动力的劳动力市场是不是曾经完全整合到一处。[50]

其次是与工薪阶层的实际收入和生活水平相关的话题。说到这一点，由于我们需要同时拿到商品价格和工资数目，因此讨论变得格外受限。威廉·卢米斯（William Loomis）指出，在雅典，有时被视为标准的日工资1德拉克马（drachma①）实际上只能代表公共部门一小部分工作的收入，同时，另外一些学者，比如伊恩·莫里斯（Ian Morris）等人，他们近期关于当时生活水平的讨论往往从工资以外的其他指标开始。[51]就罗马而言，最近有两项研究值得一提。第一项来自罗伯特·艾伦（Robert Allen），他曾就中世纪到现代各时期的实际收入做出过重要的工作，现在他认为，按现代早期的标准看，在罗马，非技术熟练工人的工资并不高，但若是一年到头都能找到工作，那么这名工人就有能力负担采购一揽子最基本生活用品的需求。[52]尽管他的证据全部来自前述《价格敕谕》，但再看第二项出自另外两名历史学家瓦特·沙伊德尔（Walter Scheidel）和史蒂芬·弗里森（Steven Friesen）

---

① 希腊古代货币单位：100德拉马克 = 1米纳（mina），60米纳 = 1塔兰特。

的研究，他们殊途同归地提出相似的主张，认为在财富的帕累托①金字塔分布假定下，罗马存在一个明显的挣工资打工者阶层，他们挣到了两倍于艾伦所说的用以满足基本生活需求数目的钱，因此有了家庭可支配收入。【53】这种主要基于经济地位而非意识形态地位的"中等（middling）"阶层，对挣工资的打工者来说代表一种提醒，提醒他们这是难得但真有可能达成的前程，哪怕当时处于奴隶社会。

第三是融合的问题。对希腊而言，弗里茨·海歇尔海姆（Fritz Heichelheim）关于"世界市场"如何影响价格变动的早期工作，现在已经让位给更强调区域化的模型。与此形成对比，特明假设，在整个罗马帝国范围内存在一个广泛的一体化劳动力市场。【54】然而问题也随之而来，目前掌握的一体化工资水平的最佳迹象全都具有国家背景。比如伊莲·居维尼（Hélène Cuvigny）从达契亚（Dacia②）矿工和埃及东部沙漠（Eastern Desert）采石工的薪酬标准观察到显著的相似性，就得到了更高的权重。【55】但矿工和采石工这两个群体当时都是在国家的把持下工作，而且跟罗马军队存在直接联系。跟市场的情况不同，很可能在帝国时期就由国家垄断了某些特定产品，比如黄金、白银或单体花岗岩柱，这一事实跟其他正常情况相比会在更大程度上左右工资的水平。这倒不是说公共部门对工作的经济是无足轻重的，相反，比如军队作为罗马帝国最大的单一雇主，就为地中海沿岸地区大约35

---

① 由意大利经济学家威弗雷多·帕累托（Vilfiredo Pareto，1848年—1923年）提出并因此得名。

② 欧洲东部古国，自公元前二世纪起多次与罗马作战，包括恺撒曾计划公元前44年远征，但同年遇刺身亡。最终由图拉真在二世纪初将其变成殖民地。今属罗马尼亚。

万名成年男性提供了标准工资待遇。但这并不表示私人劳动力市场随后也进行了相似的整合，如同多米尼克·拉斯本（Dominic Rathbone）分析显示，尽管埃及以外的私人工资收入数据相当稀薄，却已足够显出地区差异。【56】

最后一点，我们可能会问，还有哪些因素对劳动力价值的影响并不是微不足道的。在古代的地中海沿岸地区，没有留下几个实例能让我们跟踪工资的长期波动情形，要跟踪任何短期的变化就更难了。但我们似乎可以看到，进入罗马帝国时期的头两个世纪，埃及的名义工资显得非常稳定。如果这反映的是实际收入，那么，从奥古斯都（Augustus①）公元前27年即位到马可·奥勒留（Marcus Aurelius②）公元180年去世这段时期，埃及工人挣到的收入大致是相同的。接着，名义（也可能是实际）工资突然上升到一个新的水平，这主要发生在三世纪末期。沙伊德尔将这两段工资稳定时期与"安东尼瘟疫（Antonine Plague③）"可能对劳动力供给造成的"马尔萨斯冲击（Malthusian shock④）"联系起来，是次瘟疫在奥勒留统治时期首次入侵罗马帝国（始于165年，此后影响至少15年）。【57】有人质疑"安东尼瘟疫"是否在三世纪的经济动力学中发挥过达到重大级别的推动作

---

① 意为神圣伟大，屋大维首先使用这一头衔（公元前28年—公元14年在位），成为罗马帝国始皇帝。
② 罗马帝国皇帝（161年—180年在位），斯多葛派哲学家，留有《沉思录》。
③ 164年—165年首次暴发，后人因此以时任罗马帝国皇帝奥勒留所在家族姓氏命名。
④ 马尔萨斯（Malthus，1766年—1834年），英国经济学家，著有《人口原理》等，认为人口若不受抑制就会以几何比率增长，超过以算术比率增长的生活资料所能负担限度，导致生活水平随人口规模增长而下降。

用，但就这特定的工资变动情况而言，我们到目前还没有看到更好的解释。[58]如果沙伊德尔说得没错，那么古代罗马劳动力的价格保持在一般均衡状态，很可能是低人口增长的反映，只在外生因素打破平衡之时除外。

结论

关于古代劳动力价值可能存在"马尔萨斯约束（Malthusian constraint）"的想法，将我们带回古代经济增长这一主题。毫无疑问，从长期来看，古代希腊—罗马世界的贸易扩张促进了劳动分工，使更大规模的城市化变成可能，同时反映出一定程度的集约型增长。但古代经济从未能成功消除"马尔萨斯冲击"的幽灵，这一事实具有指导意义，可能用于证实经济发展从本质上说是温和的，在任何一段持续时间都没有发生过显著超过人口增长速度的情况。事实上，我们已经看到，只要跟经济表现进行关联，结构化层面就出现了矛盾的现象。例如，专业化进程很可能从贸易与制度得到助力，却也遭遇当时人力资本投资有限的现实。于是，这里阐述的模型与斯密式增长是一致的，而且，在思考古代希腊—罗马世界以及其他前现代经济的工作之间的关系时，会把重点放在连续性之上。真正的转折点仍然是产业革命。重点是凯尔·哈珀（Kyle Harper）证明了奴隶制直到罗马时期后期或者说中世纪早期在地中海沿岸地区并没有消失。[59]这样一来，古代作为一个时期的结束就不能以生产方式出现某种假定的转变为标志，只因我们遇到难题，没有办法将一种单一生产方式严格套用在古代本身。基于贸易的极端重要性，古代希腊——罗马世界的工作经济走向终结的一个重要因素，应该出在城市的需求下降，加上更具本地化性质的交换或者说交易网络卷土重来，而这是一个复杂的进程，在帝国西部发生得比东部更快一点。最后，值得重申的一点在于，在这里运行的是带有强烈政治色彩的经济。贸易及其在劳动力组织方面的相关变化通过不断扩大的政治一体化得到了扩展和加强。城邦要进口谷物的决定，又或是由国家资助的粮食供应体系，推动了城市化以及奴隶制兴起，与此同时，罗马帝国对花岗岩、黄金或军事劳动力的需求可能会整合从地理上看完全不同的劳动力市场，这在其他情况下可能根本就不会发生。于是我们就看到了帝国主义和国家权力对古代工作经济具有头等重要性。

第二章
图说工作

菲利普·萨皮尔斯坦
(*Philip Sapirstein*)

菲利普·萨皮尔斯坦(Philip Sapirstein)，美国内布拉斯加大学艺术史副教授，作为专业考古学者，主要研究领域集中在希腊建筑、古陶制作、古代劳动力经济学以及将新数码技术用于考古分析与可视化。

西方的古代文献史料往往以一系列高度非特指且通常不切实际的方式描绘"工作（work）"。围绕古代工作不同层面展开的讨论，尽管努力建立一种更完整、更细致的理解，大多数情况下还是不得不跟文献史料及其偏见打交道。基于这一考虑，本章主要聚焦保存至今的视觉材料，这些材料有可能为"劳动（labor）"提供不同的视角。事实上，在古代希腊—罗马世界的视觉文化里，对"劳动者（laborers）"的描绘并不少见。但在这期间所有阶段的画作里占主导地位的一直是神话和理想化的战斗或休闲场景，工作从来就算不上一个多么受欢迎的主题。诚然，若说当时在现场负责创作视觉材料的工人觉得，描绘兴趣爱好或英雄成就比描绘自己日复一日的辛勤劳作更有意思，那也容易理解。等到工人里的少数派确实打定主意要用视觉艺术方式对自己的工作身份表示认同，我们就能更深入地了解人们在古代看待工作这事的态度。

描绘古代工作的图片能引起学术界的关注，首先在于它有可能成为目击证据的一个来源，再现现在看来已然失传的技术体系。德国美术史学家奥托·杨（Otto Jahn）于1861年完成了一份关于古代技术的文本、视觉与科学证据的目录，随后，他的学生雨果·布伦纳（Hugo Blümner）做了汇编。[1]近几十年来，人们对特定技术的兴趣再度高涨，涌现出大量关于这些技术的新研究，其中又以建筑和陶器为主，这些研究大量借鉴了古代图画的语料库。[2]还有人跟随赫尔曼·古默鲁斯（Herman Gummerus）的脚步，他在1913年对罗马时期手工艺表现手法的研究引发了关于身份与社会地位的问题。[3]艾利森·伯福德（Alison Burford）1972年出版的《希腊与罗马手艺工匠》（*Greek and Roman Craftsmen*）作为具有奠基意义的英语专著，将相关证据作为一个整体进行研究，里面引用古代对劳动者的近50幅画面作为插图。【4】对具体手工艺的文化与艺术史考察由此顺藤摸瓜一路展开，也有学者单独对视觉证据进行研究。【5】

从古代流传下来的视觉证据存在不少问题。从技术史学家的角度看，古代的表征不能作为中立的文献史料进行解读。它们其实是富含意义的文化结构。【6】没有几种手工艺能流传下来任何类型的教学资料，无论这说的是视觉艺术还是其他类型都一样。在古代，从业者更有可能通过学徒制度和同业公会会员制度的方式，将相关知识从一代人传给下一代。固然建筑师若要跟建筑工人解释自己的设计图，肯定需要用到二维投影图样和模型作为辅助，对自己口头给出的规格做进一步说明，但实用图表不一定需要显示这规划中的工作到底准备怎样展开。【7】

由于并不具备教学功能，因此，从技术角度看，古代的图像对精确度不存在迫切的需求。事实上，错误可能很明显，比如梵蒂冈使徒图书馆收藏的一片镀金蚀刻玻璃面板（Biblioteca Apostolica Vaticana，编号 inv. 60788），从罗马时期后期一座陵墓出土，上面刻有六名木匠在工作。【8】其中，有一名木匠正在操作弓形钻，但他的手握在错误的手柄位置；另一名木匠正在使用架锯，但锯片错误地画在框架侧面而不是中心。这些错误或许可以归因为这位玻璃工人对木工工作并不熟悉，尽管许多手艺人可能确实通过直接参与或现场观察而对自己准备描绘的特定手工艺工作积累了一些经验。但一个知识渊博的手艺人也有可能故意歪曲某种技术以配合构图的需求，又或是直接忽略他们认为说不清楚的生产阶段，从而只突出最独特的环节。事实上，前述那片梵蒂冈玻璃板就非常有效地实现了表征六名木匠正在从事六项不同任务的目标。这目标是一种可识别的，而不是现实主义的工作图标。

这就给我们造成了解读和意义层面的问题。面对一个劳动画面，我们必须考虑，这是在什么背景下制作的，为什么要选择劳动而不是其他一些主题，以及，谁是这项目的赞助人、谁是目标受众。这一方法论植根于符号学（semiotics），因为我们必须同时尝试解码在这些图像里嵌入的符号系统。这些图像并没有什么唯一的直白解读，大多数情况下，图像的主题都是可以商榷的。不过，尽管如此，对衣着、其他一些属性以及相关铭文的研究，还是带出了当时关于工人的地位以及概念化的重要信息。

这里主要提到两组图像。相关讨论大部分都跟雅典陶瓶上的绘画有关，其中包括从希腊—罗马古代（Greco-Roman antiquity[①]）保存至今最集中的一组劳动图像。另一组描绘工作的图像出现在罗马帝国早期，当时的墓碑如果出现工人的图像，通常都会伴有用于识别死者身份的简短铭文。虽然许多工作图片的视角与当时的文学作品一致，通常都把工人表现为匿名的、位于严格等级社会较低级别的顺从小人物，但还是有一些图片以更积极的方式表现劳动。这些罕见的幸存之作揭示出当时非贵族阶层持有的看法相当多元化，这一阶层占了人口一个很大的比例，并且他们的这些看法从已发现的文字记录看基本上是缺失的。

---

① 本系列泛指公元前1000年—公元400年。

出现在阿提卡陶器上的工作

显示希腊古代世界的劳动的画面，传世部分绝大多数出在阿提卡的陶瓶上。这就造成我们的视觉证据严重偏向当时雅典人的态度。按照我们采用的"工作"定义的宽泛程度，最多可以列出几百只陶瓶（表2.1）。[9] 其中，差不多四十个出现了专业的男性生产工人，另有十几个出现在神话背景的画面上。农业作为一个领域，名义上出现在一百多个陶瓶上，但大多属于萨梯（satyr①）准备葡萄酒的场景，滑稽可笑，出现在描绘醉酒狂欢（Komast）主题的陶瓶上，与现实生活里的工作几乎没有任何关系。

相比之下，女性形象更多是以工作现场的姿态出现，如果算上像柳条编织的羊毛篮子（kalathos）这样间接提及的器物，目前已经找到300多个表现纺织生产的示例。[10] 打水作为当时女性的一项家务活很常见，另有60多个案例因为出现在神话背景下而被排除在统计表格之外，比如伏击特洛伊罗斯（Troilus②）。女性采摘水果并不等同于男性耕作农田，而是被视为轻松的工作，利用休闲时间在花园进行，比如后人称为"果园画家（Orchard Painter③）"制作并因此得名的陶瓶就

---

① 希腊神话里的森林之神，具人形而有羊的尾、耳、角等，因此又称"羊神"，爱胡闹，好色。
② 按《伊利亚特》说法，特洛伊王子之一，在特洛伊战争期间遭阿喀琉斯伏击而死。
③ 活跃于公元前五世纪后期，擅长红图瓶画，因描绘希腊神话里天后赫拉的金苹果果园而得名。

带有这样的画面。[11]

表2.1 绘有非神话背景工作情形的阿提卡陶瓶一览表

主题背景	具体活动	陶瓶数目
生产织造	专业分工（器具、铜器、鞋，等等） 纺织相关（梳理羊毛、纺纱、织布）	40 195
农业劳作	男子犁地、收割农作物（葡萄/橄榄） 女子从树上采摘水果	25 25
其他	牧人、渔夫、屠夫 女子打水或运水 商人	25 90 25

* 所有数目均四舍五入为最接近5的倍数。

我们总共可以找到四百多个跟某种形式的劳动有关的场景。考虑到目前由各地博物馆发表的陶瓶语料库约占原始材料的1%左右，因此，这四百多个场景可能可以对应到原始作品大约五万个场景上，其中大部分的制作时间可以追溯到公元前560年至公元前510年这半个世纪之间。[12]另一方面，在公元前480年左右出现的生产高峰期，阿提卡地区每年可能生产多达10万个彩绘陶瓶，因此表现劳动者的场景其实只占产量很小的一部分（不到1%）。[13]对古代制造和农业工作抱有浓厚兴趣的现代学者对这部分少得有点出奇的陶瓶给予了可能不成比例的极大关注，但也有足够的出土陶器可以表明，当时对表现制造过程的画面同样存在稳定的需求。

| 神话里的手艺人

在赫菲斯托斯这位集火神、锻冶之神与手艺人保护神于一身的希腊神话神祇身上，可以说是明显体现出一种不愿意展示手艺工匠的迟疑态度。他看上去就像有关生产者的一种刻板印象，被毁容，跛足，通过创造各种机械来补足自己体格上的欠缺。【14】并且，他不是陶瓶上最受欢迎的奥林匹斯神祇（Olympian①），总共只出现了190—270次左右，相比之下，酒神狄俄尼索斯（Dionysus）出现了大约6000次，大力士赫拉克勒斯出现了4000次。并且，当赫菲斯托斯终于有机会出场，占主导地位的是他骑驴返回奥林匹斯山（Mount Olympus）这一主题，至少出现了140次，另有超过60个画面，实际上画的也有可能是酒神狄俄尼索斯。至于余下的图案，赫菲斯托斯通常出现在标准的奥林匹斯山神故事里，比如智慧女神雅典娜（Athena）的诞生。虽然我们可以通过手拿一把斧头、木槌或钳子的细节来辨认出赫菲斯托斯，但反映他正在积极制造某种东西的画面仅仅出现在七个陶瓶上（不到统计总数的4%）。在这七个里面有六个显示他坐在一堆表示工具的图标里，就像在作坊里一样，正向海洋女神忒提斯展示为她儿子阿喀琉斯打造的全套装备。【15】另一个是在卡尔塔尼塞塔

---

① 按赫西俄德在《神谱》中的说法，他们取代了泰坦神而成为新一代统治者，以宙斯为首。

（Caltanissetta①）发现的柱状双耳大口罐（column krater），画面显示赫菲斯托斯在火炉前打造一个铁砧，但他的坐姿是如此笨拙，将生殖器正面暴露在观众面前，两个萨梯完全无视他的工作，满脑子想着怎么来一杯放松一下。【16】

当时的陶瓶画家一概忽略了他们那些在诗歌中早已享有盛誉的英雄同行，比如代达罗斯（Daedalus②）、制作特洛伊木马的埃佩厄斯（Epeius），连带遭忽略的还有家喻户晓的英雄专注造物的情节，比如奥德修斯（Odysseus③）亲手为自己的婚礼制作了一张精美的婚床。【17】雅典娜尽管在其他地方大受欢迎，却只出现在少数几个陶瓶上，而且，如下所述，重点放在她作为工匠保护神的身份上。此外，还有史诗里的诗句对制作精美的"代达拉（daidala，意为代达罗斯像）"大加赞赏，为手艺人提供了从视觉上表现他们所在的制造业的机会，但这些完全可以出现的场景似乎一概遭到了回避。【18】

神话主题的画作很少出现劳动者的形象。达娜厄（Danae④）的故

---

① 位于西西里岛中部，今属意大利。
② 希腊神话人物，建筑师与雕塑家，在克里特岛为克诺索斯国王（Knossos）米诺斯（Minos）建迷宫，好将王后生下的牛头人身怪物米诺陶（Minotaur）关在里面。
③ 希腊神话人物，荷马史诗《奥德赛》（*Odyssey*，又译《奥德修纪》）主人公，伊萨卡（Ithaca，又译伊塔卡）国王，特洛伊战争希腊联军成员，献木马计。希腊西部有同名岛屿。
④ 希腊神话人物，伯罗奔尼撒半岛阿尔戈斯（Argos）王国公主，因国王得知他将死于她未来孩子之手，将她囚禁于只能看到天空的密室，没想到宙斯化作金雨与她幽会，她生下珀尔修斯，国王慑于宙斯之名，想出了将他们母子俩放进木箱投入大海的主意，不料宙斯暗中庇佑，珀尔修斯后来建都迈锡尼，开创迈锡尼文明，他的后人包括赫拉克勒斯，后者也是宙斯之子。

事在公元前五世纪初期非常流行，大约有 20 个陶瓶表现了她与儿子珀尔修斯（Perseus）乘坐一只木箱漂流逃难的场景。有六个版本的制作时间可以追溯到公元前 480 年左右，其中一个版本表现了一名木匠正在准备那只箱子。另有一位雅典工匠，后人称为"革刺斯画家（Geras Painter[①]）"，在一只广口陶罐（pelike）上画了一名日渐秃顶的木匠，手里拿着一把用于削平木料的平头斧（图 2.1）。但那箱子看起来已然完工，他这工具似乎并不适用，尽管他不仅秃顶，还把一件希腊长披风当作腰带系在身上，这副模样足够凸显他低下的地位。其他版本显示了这名木匠在用某种相当一般的工具，比如弓钻，更多地是为了帮助大家识别这一人物，而不是展示他可能怎样设计制作一只箱子。[19]这名木匠并不是现场的一名演员，更像是作为信号，提醒读者留意达娜厄搭乘的那艘如同棺材一般的木箱船上包含了多少绝妙的手工技艺。[20]

仅有的另一个木匠例子出自"木匠画家（Carpenter Painter[②]）"。[21]画面上可以看到一名缠了一块腰布的英俊青年，独自出现在酒杯的圆形底面上，用一把细得让人感到难以置信的平头斧在做一根带榫眼的梁。另一个杯子的圆形底面画了一个萨梯，正在装饰一根石柱轴，这家伙用不恰当的方式双手抓着他那把小小的镐。[22]虽然古典时期的雅典城里随处可以看到热火朝天的建筑活动，但除了跟达娜厄的箱子有关的场景，建造者们基本上就没能在手工陶器上得到出场机会。[23]

[①] 活跃于公元前 480 年—公元前 470 年左右，因在一只广口陶罐上绘制希腊神话里赫拉克勒斯袭击同名衰老之神革刺斯的场景而得名。

[②] 活跃于公元前六世纪后期，因在这只杯子上描绘了木匠的工作场景而得名。

图 2.1 阿提卡红图（red figure①）广口陶罐残片，"革剌斯画家"绘制，显示一名木匠正为达厄娜制作木箱，制作时间约为公元前 480 年—公元前 470 年。藏于加利福尼亚州马里布 J. 保罗·盖蒂博物馆（J. Paul Getty Meseum）田庄系列（Villa Collection），编号 86. AE.199.1—4。

雅典的生产者

大约四十个以神话叙事之外的手艺人为主角的场景提供了更多信息。除了"木匠画家"绘制的这个陶瓶，一名雕塑家在一个杯子的圆形底盘仔细雕刻了一圈，【24】还有四个跟鞋匠有关的场景、大约十五个跟五金工人有关的场景，也许还有二十个跟陶器生产有关的场景。

---

① 红图技术从公元前六世纪中期兴起，比黑图技术晚一点点，两者区别之一是黑图技术用尖锐金属雕刻细节，红图技术让画家可以直接描绘，赋予画家更自在的创作空间。受伯罗奔尼撒战争以及雅典最终战败的结果拖累，两者均随阿提卡陶器产业在公元前320 年代消亡。

这一职业分布不能准确反映雅典手艺人的实际分布情况，而是明显偏向了陶工。

在这四个涉及制作鞋子的场景里，最雄心勃勃的一个归于"富贵画家（Plousios Painter①）"名下，此人活跃在公元前500年左右，擅长绘制黑图（black figure②，图2.2）瓶画。在他绘制的这个场景可以看到鞋匠们坐在作坊的工作台边上，周围堆满了代表各种适用工具的图标。一位年轻女子像雕像一样站在桌子上，看着一位留胡子的鞋匠把一块皮革剪成合适的尺寸。一位白发苍苍的年长男子，也许是她的父亲，从右边看过来。手艺人们的衣着全都比较考究，店主虽然是赤膊上阵，胸前却戴着一个象征荣誉的花环。尽管如此，他的客户由于清一色的公民打扮，他们向外伸出的手暗示了一种权力关系，仿佛是在指挥工人。另外三个画面像是再现了这种鞋匠肖像，将他们描绘为正在现场为客户服务的顺从的工人。【25】

在这同一个陶瓶的另一侧是对五金工人更复杂的描绘（图2.3）。两位头戴桂冠的裸体铁匠正在铁砧上锤击一根金属棒，左边一个锻炉，加上一组好像是挂在墙上的标志性工具，用来表示作坊。用斗篷和手杖进行区分的两位公民正钦佩地看着他们工作。也是在这另一边，其中一位公民举起的手臂可能表明他在指挥行动，可以想象为客户或作坊主人。但无论他来到作坊的原因是什么，这位公民的手势也可以直

---

① 因在一个双耳细颈椭圆陶罐留有一段向宙斯祈求发财的文字而得名。
② 黑图技术在公元前700年左右从科林斯兴起，特点是将颜料与黏土调配先描绘图案，过火之后变成黑色。公元前550年左右由阿提卡的著名画家发扬光大，其中包括下文提到的"阿玛西斯画家"。

图 2.2 阿提卡黑图双耳细颈椭圆陶罐上的鞋匠，归于"富贵画家"名下，制作时间约为公元前 500 年—公元前 490 年。藏于美国马萨诸塞州波士顿美术博物馆（Museum of Fine Arts），亨利·莉莉·皮尔斯基金（Henry Lillie Pierce Fund），编号 01.8035。
来源：© 2018 波士顿美术博物馆。

图 2.3 阿提卡黑图双耳细颈椭圆陶罐上的铁匠，归于"富贵画家"名下，制作时间约为公元前 500 年—公元前 490 年。藏于美国波士顿美术博物馆，亨利·莉莉·皮尔斯基金，编号 01.8035。
来源：© 2018 波士顿美术博物馆。

接理解为邀请我们采用画面显示的那两位懒洋洋的公民的视角，一起围观强壮而勤奋的铁匠干活。

"柏林青铜作坊杯（Berlin Foundry Cup①）"是一只红图高脚阔口碗形双耳大陶杯（kylix），其内部图案显示赫菲斯托斯正忙于打造阿喀琉斯的新装备，但外部图案才是真正难得一见（图2.4）。[26]上面展示了一个忙碌的青铜雕刻铸造作坊。作坊本身通过最少量的装置（门框、雕像的支柱、煅炉）和工具形成提示，使我们的注意力全都集中在占据这一空间的十个人物。从左边看起，先是煅炉由两个人照看：一个在风箱那边，从风箱后面笨拙地瞄过来；另一个负责调整煤块，头上戴着铁匠的尖顶锥形帽（pilos）。煅炉一侧悬浮着一系列祭典用辟邪符咒，包括各种许愿还愿小饰板（pinakes）、面具和号角等。一名肌肉发达的青年放下打铁工作准备小憩一会儿，这时靠在自己的工具上，眼睛向下盯着脚下一小堆余火未尽的煤块。他这站姿跟一名裹着缠腰布的男子形成对称的镜像，后者正在敲打一尊青铜雕像，雕像的头部尚未连接，依然放在旁边。杯子图案的另一半画了两名衣着考究的男人，他们一左一右站着，都拄着手杖，凝视中间一尊比真人还大的青铜战士。两名手艺人正在用当时人们洗澡用的刮身板仔细擦亮这尊雕像，他们的衣着跟前述另一侧画面的工人一样。

这一画面存在很多不同的解读方式。那缺了脑袋的运动员正准备起跑或起跳，佐证了一种差点就要失传的古代后期雕像类型。[27]我们还可以对当时的铸造技术有所了解。马图什（Carol C. Mattusch）

---

① 因绘有铸造场景且由柏林的博物馆收藏而得名。

图 2.4 雅典红陶图案双柄杯,"柏林青铜作坊画家"绘制,显示了两座青铜雕像的制作过程。出自意大利弗尔奇(Vulci),制作时间约为公元前 490 年—公元前 480 年。藏于德国柏林国立博物院希腊罗马古物博物馆(Antikensammlung, Staatliche Museen),编号 inv. F 2294。

来源:bpk Bildagentur / Staatliche Museen / Johannes Laurentius / Art Resource, New York。

认出正在休息的那名青年身后那双脚其实是"间接失蜡铸造法"使用的模具，这在当时的希腊属于一种相对较新的技术。[28]我们还可以收集到有关青铜锻造的一些信息，这些信息在众多例子里有一致的表现。尽管如此，这名"青铜作坊画家（Foundry Painter①）"并不需要特别熟悉这一流程。比如前述运动员的双脚以及尚未连接的头部，属于任何一名有机会参观一座雕塑铸造作坊的手艺人都有可能记住的好奇点。

学者们一直在琢磨，那两名闲来无事的公民到底是业主、负责为正在铸造的雕像提供黏土模型的雕塑家又或是买家？画家似乎没有精确地说明他们的具体角色。从构图上看，这一对人物再现的是作为观众的位置，从那儿向现场内部看进去，欣赏这一幕激动人心的场景。这俩人暗示了"我们"，也就是目标受众，属于日常会去体育场进行锻炼的类型（由两人身边的两个图标表示，分别是洗澡用的刮身板和油壶）。他们与那名铁匠形成鲜明对比，铁匠的地位低下，特点在于他那顶铁匠锥形帽、扭曲的五官（从正在擦亮雕像那位可以看得更明显）以及尴尬的姿势，就像前面提到出自卡尔塔尼塞塔的赫菲斯托斯一样，暴露自己的生殖器。[29]可见，这一场景的目标受众应该乐于认同"五金工人的社会地位低于在健身房而非青铜锻造作坊进行锻炼的公民"这一想法。总的来说，在五金工人出现的15幅作品里，大约有一半采用类似方式反映他们卑微的名声。[30]

余下部分都把五金工人表现为富有吸引力的健美年轻人。以"柏

---

① 又称柏林青铜作坊画家，因绘制这个柏林青铜作坊杯而得名。

林青铜作坊杯"为例,在那两位公民对面,正在小憩的年轻铁匠有着跟运动员不相上下的体格,只有他倚靠的那把锤子提示了他的真实身份(图2.4)。另一个同一时期出品、同为锻造主题的黑图瓶画也表现了一名同样淡定的裸体青年在休息,一看就是常年在铁砧上承担繁重体力劳动的健壮体格。【31】上面用铭文提出以下问题并自行做了回答:"米斯(Mys)是不是富有吸引力?是的。"位于图案中心的锻炉可能是故意采用男性生殖器的造型。另外还有至少五名年轻英俊的铁匠和军械匠,有的裸体,有的将身上穿的长披风直接拉到臀部以下,一起出现在杯子的圆形底盘上。【32】还有一行铭文强调了作者的用意,写的是"这男生真可爱(ho pais kalos)",指的就是"交替圣咏画家(Antiphon Painter①)"描绘的盔甲制造者,前面提到的那位裸体青年。虽然这位米斯可能是当时住在希腊城市而享有部分公民特权的外邦人(metic②)或奴隶,但在这个红图陶瓶上出现的其他年轻人看不出来到底属于哪个阶层。他们是在一个得到神化的高大舞台出场,跟制造阿喀琉斯的装备的神话背景堪称旗鼓相当,并且全都具有迷人的体格。这些年轻工匠与前面提到的木匠和雕塑家一道全都画在杯子内面,成为一大杯酒喝到最后才逐渐揭晓的具诱惑力的图像,这一出场方式像极了古代后期也是在红图陶杯底出现的许多或微妙、或直白示意的色情画面。这些作品提示了体力劳动可以成为另一种路径,用于培养

---

① 活跃于公元前五世纪初期,因留有表达赞美的问答式铭文而得名。交替圣咏(Antiphone)是教会咏唱的一种方式,特点是在诗篇前后加叠句,然后交替歌唱。
② 当时希腊城邦除斯巴达以外都有这种群体,其公民权利与义务介于外国访客与本国公民之间。到公元前五世纪雅典的外邦人数目最多,成为劳动力重要来源。

像运动员一般的理想体格，还可以同时打造精英公民必需的重装步兵盔甲。类似这样的画面挑战了关于手艺工匠的工作可能导致人们身材走样的传统观念，尽管没有走得更远，直至干脆将五金工人也提升到古典时期希腊最著名雕塑家享有的崇高地位。【33】

出现在陶器上的其他制造场景与陶器生产本身有关。【34】其中，有10个展现了陶工在学徒或奴隶协助下进行拉坯操作，5个展现了绘画过程，其余的展示了类似陶器销售等相关活动。比如"忒修斯画家（Theseus painter①）"绘制的一只双耳大饮杯（Skyphos），画面上展示的黏土库存可能是用于制作比带图案装饰陶瓶更大的器具：如果不是水罐，也许是泥砖、屋顶瓦片或赤土陶俑。【35】表现陶工拉坯或销售陶瓶的场景一定属于还愿奉献物性质，因为绝大部分都出现在雅典卫城（Athenian Acropolis②）发现的陶罐和祭祀用的许愿还愿小饰板上，当地出土的其他陶瓶也都带有明确的奉献铭文。由于这很可能是陶工出于自用或奉献目的而创作的作品，目的是向雅典娜表示感恩，因此，从理论上看，陶工在制造这类器具时就没有必要在意怎样才能使自己的作品更吸引（富有的）买家。但他们依然将正在从事拉坯操作的人物描绘成带有表示来自低下阶层的标记，跟其他的生产者一样：他们可能是全裸或半裸，比例失调，秃顶，或站或坐，但姿势一概有点尴尬。【36】从技术层面分析，我们可以看出这些陶工没有学过脚踩拉坯

---

① 活跃于公元前510年—公元前490年间，擅长黑图瓶画，因描绘希腊神话里的雅典国王忒修斯而得名，后者最受古代创作者欢迎的业绩可能是自告奋勇除掉克里特岛迷宫里的怪物米诺陶，免去雅典每年（也有说每九年）不得不献祭七对雅典少男少女的负担。

② 始建于公元前十三世纪，公元前五世纪进行大规模扩建。

机（见第五章《技能与技术》，"技术与陶艺"）。并且画家们在作坊里也要仔细分出高下等级：负责转动陶轮的小男孩带有表示较低地位的标记，比如将生殖器暴露在观众眼前；搬运工和窑工的地位低于更有尊严的陶工，同时他们全都低于任何一名来访的客户或业主，后者可不会让黏土弄脏自己。

与陶工不同，陶瓶画家在任何类别的工人群体中都受到最一致的正面评价。归于"交替圣咏画家"名下的一个标志性杯底圆形底盘画展示了一名青年正在画一个杯子。[37]只见他坐在一把地夫罗斯凳（*diphros*①）上，穿着长长的束腰长袍（chiton；虽然是缠在腰间），还有手杖，这都属于典型的公民标志。他的体格可能不是源于重体力劳动，而是从体育场里锻炼出来的，这从他身边挂的小油瓶和刮身板可见一斑。在"卡普提 — 哈德里亚（Caputi Hydria②，图 2.5）"双耳大身细嘴提水罐可以看到一个更讨人喜欢且富有想象力的画面，显示四名手艺人正在装饰双耳细颈椭圆陶罐和双耳大口罐（*krater*，又称巨爵）。[38]这些器具跻身最大、最负盛名的形状之列，画家的非凡技艺得到雅典娜本人外加两名尼卡（*nikai*③）的嘉勉，她们正准备为这些画家戴上桂冠。这里隐含了一种等级制度，凸显了端坐王座之上那名青年的崇高地位，他的造型最大，而且衣着考究，此刻静待女神雅典娜走近。这只双耳瓶也是目前看到唯一一件描绘到陶艺作坊出现一名女性的例外。此人的身份难以捉摸。一方面，她所在的位置是一个高起的台面，

---

① 希腊古代常见折叠坐具，类似马扎。
② 以首位收藏者姓氏命名。
③ 根据希腊神话，她们是胜利女神尼刻（*Nike*）的下属。

在她面前是一个巨大的涡旋形双耳大口罐,这一切都在表明她具有熟练的技巧,而且在生产现场具有一定程度的重要性,目前猜测的方向包括她是主管,或是那位主创画家的亲属,但在另一方面,带来花环的神祇偏偏好像全都没有看到她。

作为手艺工匠的守护神,在陶器画面上还能看到雅典娜拜访一名技艺精湛而又上了年纪的陶工,并且,在雅典卫城举行的一次奉献礼上,她站在了一名陶工、一名铁匠以及一名可能是雕塑家的人物身边。【39】与赫菲斯托斯不同,雅典娜没有遭到嘲笑,即使在描绘她正制作某样东西的时候也不会,比如她在雕刻一匹马的场景。【40】在这一小组画面上,我们看到画家放弃了典型的消极或者说被动的表现手法,转而彰显自己所在的职业以及其他富有技巧的艺术。这一积极态度与过去几十年里积累的证据是一致的,表明当时的陶工已经积累起足够的财富,有能力在雅典卫城敬献大型的献祭作品,以及通过制作早期的红图陶瓶使他们的画家得以扬名于酒会的精英参与者之间。【41】

图 2.5 卡普提双耳提水罐瓶肩上的陶瓶画家,属于阿提卡红图陶瓶,归于"列宁格勒画家(Leningrad Painter①)"名下,制作时间约为公元前 470 年—公元前 460 年。意大利联合圣保罗银行系列(Intesa Sanpaolo Collection),编号 inv. F.G-00002A-E/IS。

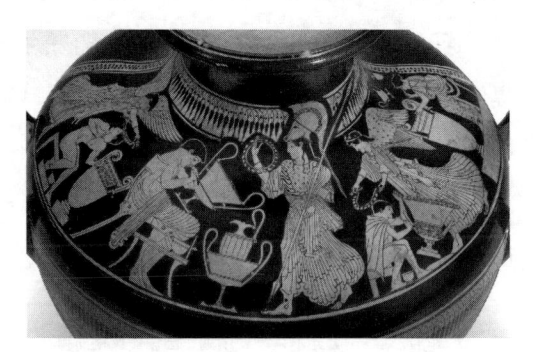

---

① 以发现他作品的城市名字命名,今名圣彼得堡。

食品的生产与销售

在制作者这边观察到的上述模式也广泛再现于农业场景。耕作、收割、放牧以及捕鱼作业可以合并考虑，除去"羊神"萨梯酿酒这类情节之后大约还有五十件作品。其中，大多数描述农业耕作的作品，其制作时间可以追溯到公元前550年—公元前510年左右，明显早于那些带手艺工匠的作品。[42]比如用阉牛拉犁耕地这一活动出现在五个黑图陶瓶上。在"复古画家（Vintage Painter①）"绘制的一只西阿纳杯（Siana cup②）上，劳动者的地位看上去很卑微，全都身型小小的，或是在搬运葡萄，或是用脚踩葡萄，又或是在一名衣着考究且看上去闲来无事的男人面前将葡萄酒倒入一口大锅里。[43]后人称为"安提米内斯画家（Antimenes Painter③）"绘制的两幅橄榄收获图堪称无与伦比，通过再现成年男性工人监督裸体男孩敏捷爬上树枝的场面为观众提供了有关这些人之间的相对等级的线索。[44]这些场景还传递出丰收盛况洋溢的纯粹的悦目之美，这在一只双柄酒杯上也有很明显的表达，在那上面可以看到身材魁梧的男人将自己整个儿压在巨大的橄榄压榨机的横梁上。[45]但到了公元前五世纪，农民就从黑图陶瓶上消

---

① 可能活跃于公元前六世纪中期，因创作风格而得名。
② 希腊古代一种黑陶杯，后人以其中一个发现地、希腊罗德斯岛（Rhodes）同名古城命名。
③ 因留下赞美同名人物的铭文而得名，活跃于公元前530年—公元前510年，擅长黑图瓶画。

失了，取而代之的是红图陶瓶上帅气的乡村男孩。年轻人捕捞或运输鱼类是其中一种类型，比如在一只杯子的圆形底盘画了一名男孩拿着一根鱼竿和一张网，早早放下一个篮子以备从海里捕捉各种生物。牧羊人往往作为浪漫想象的主角出现在画面上，但都戴着粗糙的锥形帽，表示他们处于依附地位。【46】

此外，商人是反复出现超过25次的常备人物类型。早期的一个例子描绘了货物的称重操作，这可能是大田庄农业丰收的一种象征。【47】但整个公元前五世纪最流行的款式还是描绘销售者坐在一罐一罐待售的液体之间，这些液体通常是橄榄油，也有葡萄酒和香水。【48】这些画面恰恰用来点缀与这现场交易相关的具体形式，比如广口陶罐和双耳细颈椭圆陶罐，也许还是特别为罐子上描绘的那些商人制作的器具类型。"富贵画家"还让他笔下的商人发出了声音。【49】只见两人中的一个一边用漏斗在一个罐里装满要卖的橄榄油，一边说，"哦，宙斯爸爸，要是我能发大财就好了！"这一祷词显示了商人们也是雄心万丈，但可能没有多大机会最终跻身有闲的精英阶层。画家还会巧妙打趣画面上其他的橄榄油卖家，比如把他们画成正从自己的商品里把流浪狗赶出去。【50】

| 工作中的雅典女性

女性比男性更频繁地以工作状态出现。前面汇总的粗略统计数据符合当时雅典精英社会的规范，也就是鼓励贵族男子避免以牟利为激励的体力劳动，同时鼓励他们的妻子从事刺绣和编织。这些陶瓶绘画与古代关于女性德行的观念保持一致，后者包括美丽与勤奋。[51]相关画面反映的是一种男性中心视角，有时甚至可以说是带一点窥淫癖的视角。

在公元前六世纪中叶之后变得常见的一类画面，是年轻女性排成一列，将水罐装满水并用头顶着回家。这一主题得以流行，一直被认为是庇西特拉图家族（Peisistratid①）下令修建喷泉屋②的结果，但要在装饰一个用来取水的双耳大身细嘴提水罐时选用这个器具的使用场景，也是一种很自然的想法。[52]作为技术标记附带说明，这些场景记录了那种喷泉建筑以及其他失传装置的好几个要素，这些装置包括像汲水吊杆一样通过配重进行操作的泵机。[53]与此同时，尽管这些女性可能是家务佣工和奴隶，但跟同样处于这类地位的男性不同，画家并没有刻意凸显她们如何地位低下。相反，她们在家宅外面劳动这一事实已经使她们落入某种不得已的妥协境地。在水井边强奸女性的故事被神化为传说，其中又以希腊神话里的海神波塞冬（Poseidon）与外出找水的阿密摩涅（Amymone③）结合这一段尤为引人注目。在这些画面里，面对男性公民或色狼萨梯明显

---

① 公元前546年—公元前510年雅典僭主，从庇西特拉图（Peisistratus）第三次掌权到他去世后由他的两个儿子继任，直至政敌联手斯巴达攻入雅典将他们赶走。
② 当时向公众提供清洁饮用水的场所。
③ 根据希腊神话，她是欧罗巴的女儿，因大旱而外出找水，不幸遭萨梯骚扰，波塞冬赶来相救。

不受欢迎的骚扰，年轻女性都在进行抗争。[54]由于当时女性普遍属于家庭户里仰仗供养的依附者，并没有自立能力，因此，这组描绘她们遭到性骚扰和性侵犯的陶器暗示其目标受众可能是那些感到这一主题有意思的男性，又或是当时受到禁令限制不得外出的女性。

纺纱织布是已出土雅典陶瓶上描绘最多的女性劳动项目。跟采摘水果（统计上排在远远落后的第三位）一样，在家宅里面专为女性设置的空间（*gynaikônitis*）从事纺织工作不会受到明显的谴责。纺织场景是在同一时期与男性制造场景一道变得越来越受欢迎的，不过，到了公元前460年，这类场景不但没有逐渐变少，反而在古典时期继续增多，因为有关"尽职妻子"的保守的刻板印象变得风行一时。[55]从双耳大身细嘴提水罐、细颈油瓶（lekythoi）与带盖储物盒（pyxis）的最常见外形可以猜测这其中有许多应该是由女性挑选供自己使用的。另有大约六分之一是卖给男性用于参加精英阶层交际酒会的杯子，上面绘有一名年轻女性，可能是在纺织或整理羊毛。这些出现在仅限男性参加的聚会场合附近的女性画面引起过所谓"纺织交际花（spinning hetaira）"的猜测，认为她们在画面上从事的可能不是家务型经济活动，而是一名高级妓女通过纺织羊毛获取额外的收入。[56]不过，从这些作品整体看来，尽管有少数几个羊毛织工可能代表妓女，但绝大多数的女性纺织案例代表的肯定是勤劳的家庭主妇，这在当时属于完美典范。[57]

在最早且最雄心勃勃的描绘羊毛加工工作的画作里有一幅跟家里的生产活动有关。在纽约大都会博物馆（Metropolitan Museum）收藏

图 2.6 黑图细颈油瓶上的女子纺织场景，归于"阿玛西斯画家"名下，制作时间约为公元前 550 年—公元前 530 年。藏于纽约大都会博物馆，弗莱彻基金（Fletcher Fund），编号 1931，31.11.10。

的一只细颈油瓶上，后人命名的"阿玛西斯画家（Amasis Painter[①]）"画了足足 11 个人物，外加琳琅满目的装置，包括一台立式织布机（图 2.6）。[58]

由于工作过程有好几个阶段都需要两人结对完成，这时就有一名

---

① 活跃于公元前 550 年—公元前 510 年，擅长黑图瓶画，因与"阿玛西斯陶工（Amasis Potter）"合作而得名，后者因在作品上留有意为"阿玛西斯使我做成"的铭文而得名，这种铭文在当时属于标准的签名方式。

独自站立的女子在右边打着手势，好像是一边指点、一边观赏，又或是在指导生产。在织布机的右边，羊毛从一只柳条编织篮子里取出并在秤上称重。在左边，两对女子将梳理好的羊毛拉成股线，用线棒、纺锤和轮子进行纺织。在她们中间，另一对女子将织出来的布折叠起来。由最后一对女子担当的织布机操作环节经过仔细的渲染，以展示纬纱如何借助梭子穿过经纱。这只细颈油瓶在瓶肩处还有一组画面，描绘了新娘的婚礼行进场景，一般假设这两者都是为了说明妻子的职责而绘制，即使关于生产的不同阶段的描绘更具分析性，超过后来变成业界标准的程度。

希腊罗德斯岛出自古典时期早期的一只经典哈德里亚水罐上，展示了四名羊毛工人的一次聚会。[59]从构图上看这一设计有点类似前面提到的卡普提双耳提水罐上描绘的陶艺作坊，画面上的几名陶瓶画家即将戴上雅典娜准备的桂冠，两个作品都出自"列宁格勒画家"之手。画面外围是两名年轻人，他们的步行杖表明他们是从外面进来的。其中一名拿出一个袋子，刚刚倒出来一堆羊毛原毛。一名女子从中收拢一团羊毛球，跟其他三名女子合作，正在填满一只柳条编织羊毛篮子，三人都朝篮子看去。其中，那两名坐着的女子，任何一名都可能被解读为负责人，也许得到了女仆们的协助。这么一来"列宁格勒画家"就给我们留下了第二种作坊场景，勤劳的男女在这里紧密合作。虽然有一名青年似乎闲来无事，正盯着坐在他旁边那名女子，但没有任何迹象表明她们是妓女性质的羊毛工。这一场景似乎显示了有组织的劳动，也许是富裕人家雇佣或奴役的女子，此刻在家里特设的女性限定空间工作。

希腊式工作表征

有必要对工人以及他们的环境的描述做两点补充说明。首先，前文已经解释了男性裸体是一个复杂的标志，可能表示人物地位低下，也可能表示理想的运动员体格。[60]由于铁匠开火、木匠砍柴或农民犁地这类操作在（除了一顶锥形帽以外）没有一丝半缕衣物蔽体的情况下进行的可能性非常小，因此，出土陶瓶上蔚然成风的裸体画法反倒让人开始怀疑，当真出现在这些陶瓶上的服装，不管采取哪一种形式，到底是不是出于写实的目的。

其次，"阿玛西斯画家""列宁格勒画家""柏林青铜作坊画家"以及其他几位画家都给我们留下了大规模合作生产的画面，现场工人数目从4人到11人不等。这固然证实了以描述性人种学方式为基础构建的雅典作坊模型，每个作坊最多配备五名专业工人，但这些画作都没有假装自己是要呈现任何一个真实作坊的工人。一方面，画家可能会在集体场景里依实际绘画空间大小以悦目的方式填充尽可能多的人物，同时将过多的工人从相当受限的空间（比如哈德里亚双耳提水罐肩部位置）剔除。另一方面，我们不能假设"阿玛西斯画家"描绘的就是一家纺织厂，并且员工由10名不同的女子组成，由一名管理者领导（图 2.6）。画家固然在大多数女子的衣服图案上做了区分，就好像她们是不同的独立个体。但这里出现了五个独立的生产阶段,观众转动陶瓶的时候一次只能感受到其中两个阶段。因此,也许可以想象,这幅作品其实是要表现区区两名织布工在无休止地重复着即将贯穿一名已婚女性一生的不同任务。

图 2.7 出自底比斯(Thebes①)的古风时期后期赤土陶俑。几名女子在一名长笛演奏者陪伴下揉面团,准备烤面包。藏于巴黎卢浮宫(Louvre),编号 CA 804。
来源:Manuel Queimadelos Alonso / Getty Images。

工人形象很少出现在雅典陶罐之外的其他地方。在科林斯(Corinth②)出土了一组不同寻常的物件。在当地一个叫彭特斯科菲亚

---

① 又译忒拜,皮奥夏地区主要城邦。
② 又作 Corinthia,科林斯地峡一带最早出现僭主的城邦之一,时为公元前 650 年左右。彭特斯科菲亚位于城邦西南部,因发现大批带有陶工工作场景的小饰板而闻名,像是古代的自拍照。

(Penteskouphia)的小村庄发现了数百枚古风时期的许愿还愿小饰板，上面绘有几十幅与陶器生产相关的场景（图 4.3）。[61]因为在其中许多块小饰板上面都能看到窑炉的影子，所以这批粗糙绘制的、准备献给海神波塞冬的许愿还愿奉献物可能是要用作窑工的辟邪符咒，保佑他们从事陶器烧制工作都能顺顺利利、平平安安。在希腊和意大利广泛分布的另一类型，是公元前六世纪和公元前五世纪期间的小型手工赤土陶俑，集中展示了与烘焙相关的各种活动（图 2.7）。[62]

雅典出现了一些更引人注目的例子。在恩多俄斯（Endoios①）签名的一件古风时期后期雅典卫城浮雕上，可以看到有一个人坐着，手里拿着一个杯子。这若是由潘菲俄斯（Pamphaios②）奉献，就会成为雅典卫城大型献祭作品里唯一采用纪念形式表现陶工的例外，跟绘有热火朝天陶艺作坊小插图的小型陶瓶和祭典用许愿还愿小饰板不一样。[63]雅典的鞋匠在古典后期三件浮雕上得到了特别的表彰。第一件是公元前五世纪后期的葬礼石碑，被纪念者叫桑西巴斯（Xanthippos），此人的职业可以从他右手握着的一只鞋楦进行识别。[64]公元前四世纪由某位狄俄尼修斯（Dionysios）在露天集市奉献的一件大理石石碑展示了一个活跃的作坊，里面有五名工人。[65]狄俄尼修斯还具体指出自己的父亲是一名鞋匠，叫西蒙（Simon）或西隆（Silon）。对这可能被解读为卑微的出身，狄俄尼修斯不仅没有表示感到丢脸，还出钱请人做了一件浮雕彰显这一职业。还有一位雅典人，叫西隆（Silon），在

---

① 雅典雕塑家，活跃于公元前六世纪中期。
② 雅典雕塑家，活跃于公元前510年—公元前480年。

狄俄尼索斯剧场（Theatre of Dionysus①）附近献上另一件作品，主角是一名带胡子的男人，仔细雕刻在浮雕上一只凉鞋的鞋跟里。【66】这样一些罕见的发现，尽管数量非常有限，还是让我们看到了有人愿以毫无疑问的积极方式展示制鞋工作。

尽管如此，大多数的绘制图像继续反映当时精英群体的偏见，认为手工艺属于有节制但非常次要的兴趣，手艺人自身地位微不足道。陶瓶画家在极少数的情况下会以自己和一些五金工人为荣，但在绝大多数的绘画场景里，具体的生产活动都被忽略得一干二净。万一遇到多位手艺人一起出现的画面，如何区分工人之间的相对地位就常常造成问题，比如为陶工服务、负责转动陶轮的小男孩，又或是图2.2里鞋匠的学徒。若有一名并不参与工作的公民在场，那么，与此人形成对比，所有的劳动者都会被列为社会地位较低下者。再往后的十几处手艺人陵墓表明，直到希腊化时期结束之际，这一情况几乎没有发生任何变化。【67】

图说古代罗马社会的工作

在民主雅典之外，大多数愿意赞助艺术作品的希腊人似乎觉得奴役角色令人反感或无趣。罗马人更倾向于在公共和私人艺术作品里表

---

① 又称酒神剧场，希腊古代剧院原型，位于雅典卫城。

现自己正在工作，又或是在这些作品上描绘劳动。这可能始于伊特鲁里亚人（Etruscan[①]），他们似乎没有明确给出精英群体与制造业界之间的分界线。进入希腊化时期后期，罗马人已经熟练掌握多种视觉表达方式。贵族赞助人可以委托制作具有"新古典希腊风格（neoclassical Greek style）"的纪念碑、雕塑与绘画作品，这是在奥古斯都统治期间逐步完善起来的一种视觉语言，很快就要在帝国时期中部地区出品的艺术项目中占统治地位。在其他一些场合，另有所谓的"平民（plebeian）"艺术作为一类非经典表现方式与之平行共存，其特点是从意识形态上看更容易让较低级别的罗马人接受，并且他们更有机会得到，这一群体包括生产者在内。[68]

当时，罗马社会的最高阶层都在回避带有劳动者的画面，并且，不管怎样，偏爱古典模式的做法也没几个模型流传下来（古代雅典的陶瓶早已退出流通）。但是，一些富有的赞助人确实选择将工人作为描绘对象。一些最著名的例子出现在"维第宅邸（House of the Vettii[②]）"遗址，这是庞贝（Pompeii[③]）城里最精致的城区住宅之一。其中，命名为"伊克西翁（Ixion）"的房间里有一块面板，上面绘制的场景正是代达罗斯向帕西法厄（Pasiphae[④]）展示他制作的那头空心木牛，

---

① 意大利半岛古老民族，又译伊达拉里亚，定居意大利中部的伊特鲁里亚（Etruria），至公元前七世纪已形成文明，公元前396年败于罗马，最终并入罗马意大利。
② 以主人姓氏命名。
③ 79年毁于维苏威（Mount Vesvius）火山爆发。
④ 希腊神话人物，克诺索斯国王米诺斯之妻，因国王不肯按约定将一头俊美的白色公牛献祭海神波塞冬，波塞冬大怒，让王后疯狂爱上白牛，代达罗斯设计空心木牛使她得以跟白牛私通，生下人身牛头的米诺陶。

这一故事迄今为止尚未见于任何一个阿提卡陶瓶，却已经找到几个幸存至今的罗马版本。[69]从画面上看，尽管代达罗斯已经完成自己的工作，但他的儿子伊卡洛斯还在那儿敲打一张木工凳。这一做法让人联想到前面提到的帮达娜厄制作逃命木箱的木匠，但伊卡洛斯在庞贝这个故事里才是更不可或缺的人物，壁画画家对他使用的工具做了更多的视觉强调。至少有几十个类似的例子表明，跟希腊人相比，罗马人更乐于将劳动者及其工具作为神话场景的次要元素一并描绘进来。

在这所房子的主要接待空间，等待贵族恩主出现的门客可以先打量墙壁底部的一组共十三幅面板，上面表现了小爱神阿莫里（amores）与普赛克（psyches）忙忙碌碌的一系列场景。[70]这对带翅膀的青少年制造和销售不同的产品（花环、香水、黄金器皿、面包、葡萄酒）；在其他地方，他们还会担任漂洗工、驾驶羚羊拉的双轮敞篷马车一决高下或是畅饮葡萄酒来庆祝（图2.8）。这种类型在庞贝和赫库兰尼姆（Herculaneum①）并不少见，恰恰相反，在那里小爱神还会被描绘为正在滑稽地模仿木匠和鞋匠。[71]虽然上述场景属于异想天开，但这些小画对现场工具和装置的勾勒如此细致，超出了单是表明特定工作项目这一目标所需要的程度。在这房间原有的主要画作失传以后，我们也许再也没有办法达成全面的系统理解，但这些位于祭坛台座上的小画还是展示了当时普通人的许多谋生方式。只是这具体演绎的俏皮性质在观众与劳动之间拉开了距离。就画作而言对生产技术的描绘是足够令人信服的，但真正的工人就被略去，取而代之的是神话里的孩子。

---

① 以希腊神话里的大力士赫拉克勒斯命名，公元79年与庞贝一道毁于维苏威火山爆发。

图2.8 细节，铁匠与金工，制作时间约为公元一世纪，出自庞贝的维第宅邸。
来源：De Agostini / Getty Images。

从富人的坟墓可以看到，工人在世时的社会地位低于他们的贵族恩主。在罗马面包师尤里萨西斯（Eurysaces[①]）的墓碑上，他身穿罗马古代特色的宽大长袍，称为托袈（toga），与紧挨着他的妻子一同站在主要一侧；另外一组较小的浮雕显示了一家大型面包店，其中包含多个专业的生产阶段，由不带个人色彩方式描绘的多位下属合力完成（图5.1）。[72]从罗马的哈特里（Haterii）家族墓碑浮雕可以识别出弗拉维王朝（Flavian Dynasty[②]）时期多处纪念性建筑，在那上面，在他们家族的墓碑旁边，出现了一台类似起重机的大型装置，表明他们

[①] 全名维吉留斯·尤里萨西斯（Vergilius Eurysaces），亦见第五章《技能与技术》。
[②] 罗马帝国第二个世袭王朝，自公元69年至公元96年，由韦斯帕芗和他的两个儿子提图斯（79年—81年在位）、图密善（81年—96年在位）组成。

是成功的建筑承包商（图5.2）。[73]这台机器本身在视觉上就相当引人注目，下面还有微小的人物转动踏轮以演示其操作方式，但这一面的主角是一座巨大的、如神庙般的坟墓，庄严供奉这一整个家族的回忆。三个世纪后，另一位罗马建筑工人特里比乌斯·贾斯特斯(Trebius Justus)对他的奴隶工人给予了更多的视觉关注。[74]在他的陵墓有一幅湿壁画(fresco①)表现了由四名泥瓦匠组成的一个团队，他们正在搅拌砂浆，将材料拖上梯子，在多层建筑的墙壁上铺设砖块。在另一面墙上列出了这些奴隶的名字，还把他们的工头表现为带着泥刀和测量杆的模样。

不过，与普通建筑工人相比，这一家人可是在贵族装饰环绕下出现在主墙上。仆人们打开精美的金属盘子，展示从家族土地收获的成堆的农产品。在庞贝，一家活跃的羊毛漂洗缩呢作坊在列柱围廊里面留下的图画细腻描绘了漂洗工的工作情形，但这种对劳动者的个性化描绘很少见。[75]

这些图像传达了一种感觉，即"工作是由他人完成的事情"，并且后者的地位低于委托这项工作的人。尽管如此，但这些委托人自己并没有特别高的社会地位。维第和尤里萨西斯可能很富有，但他们都是以奴隶身份出生而后赢得自由，比如特里比乌斯·贾斯特斯陵墓表现的故事就显示他们家的财富有很大一部分是通过建筑工作而不是继承土地得来的。对工人做这样一些不同的描绘，使委托人自己有机会跟某些情况下可能持续到最近且充满辛酸回忆的个人奴

---

① 在墙壁灰泥未干时绘制壁画的技巧。

役生活往事拉开一点距离。这些新晋暴发户渴望得到超越自己当前社会地位的贵族资格，这份心声通过艺术作品做了一定程度的展示，描绘出他们自己难以完全拥有，但至少可能由他们作为自由民出生的后代享有的前程。

帝国层面的艺术作品通常避免与这些底层和奴役的收入手段发生任何瓜葛，"图拉真记功柱（Trajan's column①）"是一个引人注目的例外。[76]在这个作品上，图拉真皇帝本人经常以发表演讲和指挥部队的实干形象出现，有几个场景显示他们正为达契亚战役（Dacian campaign②）修造堡垒、搭建桥梁。其他表现主人以委托人身份居高临下的画面还可见于罗马一些田庄的马赛克镶嵌画。比如突尼斯的阿利耶（El Alia③）出土了一组更壮观的案例，其中一幅宛如周边一带的全景画，看着像尼罗河畔的风景，仔细看却是附近的滨海潟湖（图2.9）。[77]一边是用鱼叉捕鱼的渔民坐船成群结队拖着围网出海，忙于开采潟湖的丰富水生生物，另一边是岸上的农民埋头于自己的活计。主人们正在岸边乐享奢华生活，与工人们同在一个画面。但他们完全脱离现场工作，一边喝着仆人带来的葡萄酒，一边交谈（图2.10）。相比之下，维第家族那些后来获得自由的人们（也就是获释奴）更愿意专注描绘在一个刻意美化过的环境进行的生产工作，阿利耶这个反映大型乡村田庄的画面更接近一个历史悠久贵族家庭的理想。

---

① 位于罗马图拉真广场的大理石圆柱，沿柱身以螺旋上升方式雕刻200米叙事长卷，用100多个场景表现图拉真的两次达契亚远征，始建于106年。
② 图拉真两次亲征达契亚分别在101年—102年、105年—106年，直至将其变成殖民地。
③ 原名尤萨利斯（Uzalis），罗马帝国时期属于阿非利加行省。今名改自中世纪。

图 2.9 在乡间工作图，马赛克镶嵌画，出自突尼斯阿利耶，制作时间约为公元二世纪。藏于突尼斯巴尔多博物馆（Bardo Museum），编号 inv. no. 56。
来源：De Agostini / Getty Images。

图 2.10 享受空闲时间的地主，出自图 2.9 突尼斯阿利耶同一镶嵌画。
来源：De Agostini / Getty Images。

古代罗马工人的自我表征

在古代,跟希腊人不一样,许多罗马工人会请人制作自己的画像和雕像。其中一个重要的类别是一种广告:在商业机构外面绘制的壁画和马赛克镶嵌画。在通往庞贝一家商店的街道入口旁边,一面墙上展示了一场木匠游行(图 2.11)。[78]从技术上讲,这上面没有发生任何的劳动,相反,最大的一队人物其实抬着一架神龛(*ferculum*)。从保存下来的左角上可以认出一面盾牌,属于全体手艺人的保护神密涅瓦(Minerva①)所有。至于她俯视的目标,应该理解为一组木匠肖像:其中有一位在刨木板,另有两位正合力锯一块木板,这块木板支在一根细得令人感到难以置信的棍子上。在他们前面,代达罗斯站在一具尸体旁,那是他的外甥珀尔狄克斯(Perdix),因为发明了锯子和指南针而被心生妒意的代达罗斯杀害。从这个作品可以看到神话与手艺巧妙地结合在一起:木匠用密涅瓦和代达罗斯宣传自己的技能,又用后者富有创造力的侄子遭谋杀一事暗示存在一个保护商业机密的行会。

同在庞贝的另一座房子,现在称为"维里昆都斯宅邸(the house of Verecundus②)",出现了更明确的关于工作的画作,沿着门廊通往

---

① 罗马神话里的智慧女神。
② 以屋主家族姓氏命名。

图 2.11 描绘木匠巡游的湿壁画，出自庞贝的"木匠作坊（Carpenter's Workshop①）"，制作时间约为公元一世纪。
来源：DEA / L. Pedicini / De Agostini / Getty Images。

街道的一侧。其中一幅表现了维纳斯坐在一群大象上，正在参加巡游；下面有一幅小画，画的是几个羊毛漂洗缩呢工在工作；旁边一幅的主角是墨丘利（Mercury②），位于室内的上方，还有一名女性在柜台后

---

① 因留有木匠主题壁画而得名。
② 罗马神话里商人与旅行者的保护神，也是罗马的保护神。

面，一名客户正在仔细打量放了一桌的器具。[79]羊毛的漂洗缩呢工作可能发生在别处，但这后一个画面宣传了一家服装店，可能就在这屋里，并且将画面最显眼的位置留给了作为保护神的墨丘利。在奥斯提亚·安提卡（Ostia Antica①）作为市区最主要商贸中心的"行会广场（Forum of the Corporations）"遗址，从一组马赛克镶嵌画可以识别出"谷物称量员（mensor）"这一专业群体，因为画面上有一位谷物称量员正摆平放在一只斗（modius②）里的谷物。其中一幅还连带描绘了五名助手，他们分别负责拿来谷物、记录数量和其他相关活动，这些事情当时可能是由一个巡回农业称量员团队执行（图2.12）。[80]跟其他描绘有多人在场的雅典作坊工作场景一样，出现在这里的工作人员，其内部等级也通过人物的着装和年龄加以明确区分。

但总体而言这类广告画作的传世数量也寥寥无几，可能因为有很多都是画上去的，即使是用更耐用材料制成的浮雕，由于安装在建筑物外面，也很容易遭到损坏。[81]更多描绘罗马手艺人和商人的画作主要还是靠藏身陵墓才能幸存至今。

这些视觉证据，最起码是从意大利半岛，也就是这类作品的发源地出土的视觉证据，格哈德·齐默（Gerhard Zimmer）做过汇编和分析，在1985年结集出版。[82]虽然这组目录并不完整，还是可以表明类似这样的场景在当时有多普遍：有大约四百个例子来自罗马帝国，

---

① 当时罗马的主要海港之一，远达非洲的货物包括谷物和动物也在这里登陆交割。"行会广场"中心建有神庙，四周建有多个房间，不同行会在这里做生意，还在门口装饰表现行业特色的马赛克镶嵌画，方便各地商人找到自己的组织。

② 亦为古代罗马谷物计量单位，约合8.70公升。

图 2.12 描绘谷物称量员及其助手的中央画面，见于奥斯提亚·安提卡行会广场的地面马赛克镶嵌画。
来源：Philip Sapirstein。

其中一半来自意大利。【83】在齐默收集的例子里，只有十几个属于商店设置的户外广告，其余绝大多数全都来自古墓。其中最常见的又数建在独立陵墓的浮雕，包括石碑，也有作为公墓标记的祭坛和其他类型。绘有劳动者的雕刻石棺比较少见。

从给出职业称谓的罗马墓志铭证据看，目前已知有 1500 多个例子，可以跟明确绘有工人的墓碑形成对照解读【84】。具体给出职称的往往是没有自立能力的家庭户成员，去世后一并葬在由委托人出资建造的墓里，但这些奴隶通常不是以正在工作的形象出现在画面上的人。齐默汇编了接近 80 个视觉例子，上面都有铭文确定死者的身份：主要是由获释奴委托建造，另有不到一半是作为自由民出生的，只有一人仍然是奴隶。【85】这些都是更富裕、更成功的手艺人，都有足够的能力为自己和亲属建造一座坟墓，又或是最起码可以在一座预先建好的坟墓为自己安排好一块浮雕牌匾。

墓志铭和其他一些视觉证据都表明，获释奴往往会对自己借以赢取自由的行业产生认同感。不过，许多以自由民身份出生的工人也选择将自己标记为富有效率的工人，这表明他们所在的职业受到尊重。最常得到描绘的类别是金属加工和贸易，在齐默的目录里可以看到各有大约 40 个例子，接下来是屠夫、面包师、纺织生产、皮革加工、木工、造船和石材加工，数量都不及前两者的一半。像侍女或厨师这样的奴役职位基本上看不到，大家更愿意选择铭记可以独立完成且富有经济回报的制造业或商业职位。

成功的劳动者不一定全都渴望展示自己在工作中的模样。比如前面提到的某位有钱人尤里萨西斯，他曾经当过奴隶，后来获释，尽管他在担任面包师的职业生涯里肯定有过某个阶段要亲自动手烤面包，但他并没有在他那座令人印象深刻的豪华陵墓上承认这一点。植根于共和后期传统的一种更常见做法是将死者的肖像安放在陵墓立面上。其中一例见于某位 C. 尤里乌斯·赫利乌斯（C. Iulius Helius）的石碑，他是从王室家庭获释的自由人（*libertus*）。【86】他那袒露上身的姿态充满英雄气概，脸上带有皱纹，一副成熟模样，这采用的当时罗马较高阶层公民偏爱的写实模式。但这墓志铭上同时列出一个职业称谓，还用山墙上的一双鞋匠用鞋楦在视觉上做了强调。显然，与文学作品里塑造的谦卑鞋匠刻板印象相反，赫利乌斯更愿意将自己描绘成拥有特权地位。

尽管我们可以从罗马陵墓数出好几百个带有可识别为手艺工匠的人物形象的画面，但像 C. 尤里乌斯·赫利乌斯这种高贵写照才算标准做法。只有工具或特殊机械才能在视觉上明确标记一个行业，有时也会通过墓志铭加以强调。这类作品根本不需要包含手艺工匠主角的肖像。单凭一组工具就足够让我们确定主人公的职业。基本上，只要有了这些标志性的工具，即使观众是文盲也能清楚了解死者的工作。与此同时，哪怕只有这些工具，尤其是只要有了测量工具，也能暗示主人公的技艺精湛程度，从而宣传了技能和专业培训。【87】

墓碑上的罗马工人

在齐默编辑整理的包括手艺人在内的陵墓画面目录上，只有三分之一描绘了进行中的劳动。某位普布利乌斯·朗吉迪厄奴斯·卡米卢斯（Publius Longidienus Camillus）的墓碑显眼地展示了他的半身像，跟他妻子（以前是他的奴隶）以及另外两名同为后来获得自由者（libertini）的半身像放在一处，后面这两位出资建造了这座纪念碑。【88】纪念碑下方还有一格画面描绘了一名穿着当时流行的束腰紧身短袍（tunic）、脚蹬靴子的男人，他正埋头用一把斧头打造一艘船的船头曲梁（图 2.13）。铭文将他标记为一名造船工人，正"急于完成自己的工作（ad onusproperat；CIL XI 139 =ILS 7725）"。由于类似"阿尔戈号

图 2.13 罗马造船工人普布利乌斯·朗吉迪厄奴斯·卡米卢斯墓碑，制作时间约公元一世纪。藏于意大利拉文纳（Ravenna）国家博物馆（Museo Nazionale）。
来源：DEA / G. Nimatallah / De Agostini / Getty Images。

（Argo①）"的船只经常见于神话背景的画面，偶尔也会看到由普尔图诺斯（Portunus②）照看的港口，一派熙熙攘攘，因此，受托为朗吉迪厄奴斯设计墓碑的雕塑家很可能也是参考复古式样进行创作。【89】

相反，从经典画面里略去其他主题的做法似乎发源于意大利北部

---

① 根据希腊神话，这是伊阿宋（Jason）等一众英雄取金羊毛时乘坐的快船，因造船工匠阿尔戈斯（Argus）是在智慧女神雅典娜指点下建造而得名。
② 罗马神话里的港口保护神。

图 2.14 罗马陵墓浮雕，绘有一名屠夫和他的妻子。藏于德国德累斯顿雕刻馆（Skulpturensammlung）。

来源：CM Dixon / Print Collector / Getty Images。

的视觉传统。在公元一世纪和二世纪这段时间，许多工人都表现过自己积极从事劳动的情形。位于德国德累斯顿（Dresden）的一幅公元二世纪中叶浮雕描绘了一家肉店（图 2.14）。[90]画面上的屠夫穿着束腰紧身短袍，脚下穿着鞋子，正在切一块排骨，旁边放了一个盆子。肉店的室内设计只用一个示意性的框架表现，上面挂着一些切好的猪肉。屠夫身后有一个架子，支着一杆称肉用的秤。在这套设备对面，画面的左边，有一位衣着考究的女士端坐在一把高背椅上，正在一块板上写着什么。从她的束腰紧身短袍和帕拉（palla，古代罗马女性礼服外套）来看她应该是屠夫的妻子，正给他当会计。尽管雕刻得当，而且这对夫妇的衣着均属公民式样，但雕塑家并没有援引经典的比例或标准做法。这对看上去矮墩墩、脑袋很大的夫妇住在一个浅浅的、几乎可以说是二维的空间里，上面布满了易于识别的符号，分别用于代表工具、产品和利润。

集体场景并不常见，目前已知可以看到集体场景的行业包括面包师、建筑工人、五金工人和水手这几种，因为对大批工人进行指导是这些行业的工作一个重要组成部分。布料卖家跟其他商人一样，更愿

图2.15 大理石浮雕，描绘一座铁匠铺，可能来自庞贝，制作时间约公元一世纪。见于意大利那不勒斯国家考古博物馆（Museo Archeologico Nazionale）法尔内赛系列（Farnese collection[①]）。
来源：DEA / L. Pedicini/De Agostini / Getty Images。

---

① 以意大利收藏者家族命名，他们在1545年—1731年间作为帕尔马（Parma）与皮亚琴察（Piacenza）公爵领地的统治者，资助制作并收藏了大量艺术品。

意把自己描绘成跟客人和助手在一起，从而传达一种繁荣的商业成功感。意大利那不勒斯出土的一座匿名浮雕就属于这一类型，上面描绘了五名铁匠在一个作坊里（图 2.15）。【91】居中的一组用雅典陶瓶上常见的标志性物件锤子和铁砧把这一幕的背景交代得一清二楚。一名身穿短袖束腰短袍、留着胡子的铁匠在铁砧上拿着一个物件；另有一名比他年轻一点的男人挥动锤子，他的穿着不仅符合他从事的强体力劳动，也符合他在作坊等级体系里处于的较低位置。在画面左边，一名留着胡须的手艺人正在称店里的一件产品，用的是从天花板悬挂下来的一架特别醒目的天平。他并不是在为客人提供服务，相反，他身边跟了一个小孩，拉着他的外衣。画面右边一名工人正在一张桌子上擦亮一个大的平底锅。画面上方的空间从左到右分别是那架天平、带防护门的一堵砖墙以及展示了好几样器具的搁架，这些器具包括水桶和蚌壳盘，用来表示这是一座窑炉。还有一条狗蹲在右边那位工人上方。

这座浮雕比德累斯顿那座肉店雕刻得更深刻、更专业，但矮墩墩的比例明显还是跟经典式样不符。从前景看过去的视角被背景打断，标志性的锻炉和其他设备以不可能的姿态飘浮在工人上方。雕塑家煞费苦心地将每一个人物的年龄、着装和姿势都做了个性化表现，就像图 2.12 上的谷物称量员团队一样，我们可以从中留意到随着年龄增长而社会等级逐步提高的迹象。我们大概可以想象，左边那位年轻学徒逐渐成熟，准备承担挥动锤子那位的蛮力角色，并将最终上升到那几位较年长且留胡子的男人的职位，他们的工作对技能有更高的要求。店主可能是天平边上那位手艺人，他穿着得体，在构图上居于最高的位置。

工作中的女性形象只是偶尔出现在罗马的墓碑画面上。在大多数情况下女性不是以雇员身份出现，而是作为客户拜访诸如布匹销售商等人。除了那位跟丈夫一起在德累斯顿肉店工作的会计师之外，希腊维尔吉纳（Virginia）[①]有一座陵墓用浮雕表现了一对已婚夫妇坐在一起，忙于塑造和描绘陶器；奥斯提亚也有一座陵墓用浮雕表现了一名女鞋匠拿着一只鞋楦。[92]有些女性作为店主和专业技术人士出现，尤以助产士为多（图 4.7），但其他女性就是负责伺候女公民的家奴。[93]在丧葬相关作品以外，工作中的女性稍微更常见一点，比如在壁画上可以看到她们以羊毛漂洗缩呢工、羊毛纺织工、商人和女酒保等身份出现，尽管例子还是寥寥无几。[94]总的来说我们可以得出以下结论：古代罗马的女性刻意避免让人看到自己正在从事任何形式的生产劳动。即使是地位低下的女性，也很少看到她们为他人服务的画面。无论他们的生活真相到底是怎样，我们可以总结，当时罗马的男性比女性更有可能凭自己的职业表明身份。

作为群体而言，罗马的手艺人和商人都得到了讨人喜欢的描绘。他们当中的大多数也像 C. 尤里乌斯·赫利乌斯一样，并不会显示自己正在工作的模样，而更多地借助标志性的工具间接提示各自职业可能涉及的技能和技术。通过淡化实际工作过程对体力要求高且可能令人感到不快等方面，这些劳动者没有直接挑战文献里流露的精英群体对

[①] 又作 Vergina，古城艾加伊（Aigai）所在地。艾加伊是马其顿王国第一座都城，公元前四世纪腓力二世在位期间建成。公元前336年腓力二世在一次盛大剧场演出期间遇刺身亡，他的儿子、未来的亚历山大大帝为他修建了豪华王陵。

待工作的态度。尽管如此，数量可观的少数人还是描绘了积极的劳动，让人觉得这些手艺人是以完全正面的眼光看待自己的工作。[95]这些手艺人全都穿着得体，作为公民出现，如图 2.15 所示，可能同时包括下属在场，以强调他们作为主人的相对重要性。更普遍而言，我们可以看到，商人正在进行成功的销售，木匠生产价值很高的家具，甚至还有一名普通的屠夫，身边是他那认字的妻子负责统计销售额。这些场景有很多是相对匿名的，因此不能确定这些浮雕是假装在展示主人公本人，还是只作为描绘一组工具的一个精心制作的版本，用以表现一种特定职业。至于朗吉迪厄奴斯在图 2.13 的画面自我表现为造船工人，这或许可以归因于他的工艺高超，还有他参与建造的船舶的重要性。

结论

罗马时期的欧洲在前面提到的两个多世纪跨度里陆续涌现的成千上百片陵墓浮雕，不能直接跟一段只有 50 年的时间里制作完成的雅典陶瓶相提并论，因为那 50 年里流行的恰是描绘劳动者的画面。但我们可以推测，在某种程度上，古代罗马人更愿意表现自己正在工作的情形。公元一世纪和二世纪手艺人的陵墓浮雕集中涌现，可能跟罗马帝国早期的政治和经济环境有关，当时以勤奋和技能著称的奴隶有机会获得自由作为回报。地位较低、作为自由民出生的手艺人也愿意直接认同自己的行业，仿佛专业技能、经济独立以及管理他人都是他们可以引以为荣的理由。这些画面与罗马进入最繁荣时期有关，那时商品在整个帝国范围内正以前所未有的水平进行生产和分配。

这种对劳动的明确重视态度在古代希腊可能显得格格不入，那里的工人往往避免在自己的墓葬提到行业。大多数描绘劳动者的雅典陶瓶画家都受雇于陶工，由于后者希望在某一类型的市场上销售商品，因此画家们可能没有像他们的目标常客那样尽情传达自己对劳动的看法。有那么少数几个例子，比如"卡普提双耳提水罐"上获得桂冠的画家（图 2.5），可能表示即使是在古典时期，雅典的生产商也有机会对自己的专业技能感到非常自豪，哪怕可以宣传这一点的机会相对很有限。

古代描绘工作的画面一概以男性为主。取水女子或纺纱妻子的描绘在雅典的陶瓶上比较常见，但性骚扰者闯入井边以及一些纺织工人与卖淫有联系的细节暴露出一种男性视角。至于勤劳的纺织工人，更多的是要表达对理想的雅典妻子的期待，而不是给纺织品生产这工作做一种精确的描绘。罗马人看上去对职业女性持更为保守的态度，不愿描绘她们正在从事任何一种生产工作，哪怕确实存在少数几个例外作品，显示女性参与过轻体力劳动。但尽管如此，从墓葬遗址看到的证据表明许多女性在现实生活里也是成功的专业人士，哪怕目前只有屈指可数那么几名社会地位相对较低者选择要在自己的墓志铭中记下这一点。

古代希腊人和罗马人表现工作的手法明确体现出当时的文化态

度。这些描绘劳动的标志不能直接用作古代历史的人种学图例。但若能仔细排除潜在的扭曲因素再来做判断,我们依然可以从中收集到大量有关古代生产技术与生产组织富有价值的信息。

第三章
工作与工作场所

米克·弗洛

(Miko Flohr)

米克·弗洛(Miko Flohr),荷兰莱顿大学古代史讲师,研究方向包括罗马世界的城市化、经济生活与织物生产。近作包括《羊毛漂洗缩呢工的世界:罗马意大利时期的工作、经济与社会》(*The World of the Fullo: Work, Economy, and Society in Roman Italy*)(2013年),以及一部关于古代罗马商铺(*taberna*)的专著。

回顾古典古代,就像在许多前现代社会一样,日常工作有很大一部分其实可以在任何地方完成:比如基本的生产活动,包括木工、骨雕、陶罐拉坯成型、纺纱或编织等,不仅可以在室内完成,还能在用于其他实践和社交目的的房间中进行,也可以在户外进行,敞开式环境,只要提供合适的光照或遮阴即可。与此同时,这些环节有许多从原则上看也是相对易于移动的,工人们可以根据当时天气、季节或其他情况轻松更改自己的工作地点。在许多前现代社会,关键的生产流程往往就是在没有任何正式工作场所的情况下进行的,比如布尔迪厄(Pierre Bourdieu)在1970年发表的论文提到,在非洲北部柏柏尔人(Berber[①])的房子里,织布机就放在主起居室,正对房子的正门,纺织工作与其他家庭活动同时进行;在非洲和亚洲一些传统社区,直到进入二十世纪很久以后,使用便携式陶轮的做法依然非常普遍,纺织工作也可以并且实际上经常就是在任何地方进行,只要有人想做就可以开工。[1]

正式且专用的工作环境并非人类史上的天然现象,而是一种历史特征。日常工作集中到这类地方的程度,取决于一个社会的经济结构与表现,尤其要看日用消费品在多大程度上是由专门从事这些商品的生产或分销的专业人士进行生产或销售,并且他们由此获得收入。某些特定活动每天都在重复进行,于是为这些活动特别留出一处固定地点并投资使其变成符合日常作业需要的工作环境也会变得更加切实可行。这一点随着专业生产流程在技术上变得更复杂,而且需要用到特

---

① 泛指非洲北部地区阿拉伯人抵达以前的原住民。

定的非便携式设备,又或是渐渐转为更大规模的生产之际,变得尤其显而易见。反过来,类似这样的职业化与专业化发展进程,往往得益于城市的出现及其发展的推动,原因在于消费市场规模扩大以及城市经济发生内部整合。

显然,从很长的时间看,说到古代世界的城市化,其历史特征恰恰在于城市社区逐渐成形以及随之而来的发展:这一过程从希腊的黑铁时代(Iron Age①)早期一直持续到深入罗马帝国时期,跟经济的复杂程度日益提高可以说是相伴而行,哪怕在古代希腊—罗马世界不同地区之间可能存在巨大的差异。不出所料的是,在城市里,伴随这些变化而来的是生产和零售的空间场景变得越来越丰富,在某些地方甚至出现了可以称为"商用建筑"的事物。这是古代工作史上一大进展,现代学术研究至今还没能充分认识到它的重要意义。

本章的目的是要粗略勾勒这种日益变得正式或者说正规化的商用建筑怎样从古代希腊世界一路发展进入罗马帝国时期,以及怎样在古代地中海沿岸各地遍地开花并且辐射更远。许多学者传统上一直满足于"古代希腊—罗马世界大多数商铺和作坊都很小"这一观点。【2】从某种程度上看这是一个不可否认的事实:虽然目前还没有看到可靠的定量分析,但任何人只要熟悉部分或全面挖掘出土的古代希腊—罗马世界的城市遗址就会留意到,从绝大多数可以辨认的商业设施看,它们的规模全都非常有节制,这在接下来的篇幅也会看得很清晰。但

---

① 人类早期历史从石器、青铜到黑铁分为三个阶段,黑铁时代在希腊始于公元前1200年左右,当时从地中海一带到东部小亚细亚半岛一带多个繁荣的文明相继崩溃,包括希腊的迈锡尼文明。

同时应该强调指出，这一看似不言而喻的说法掩盖了两个更具历史重要意义的问题：第一，**存在**一些可以识别为具有一种主要商业用途的空间，并且数量不少；第二，并非所有商铺和作坊都那么小，有一些按前产业化标准衡量其实已经大得不得了。换句话说，本章将强调古代工作史上两项最重要的发展，一是商业设施在数量上出现激增；二是商业发生规模的上限得到大幅提高。正如接下来将要论证显示的，这两项进展都对"工作"在城市空间与城市社区的地位产生了重大影响。

证据与方法

为什么说考察商业与生产作业的日常流程所在物理与空间背景具有历史相关性，这有几个理由。首先，这是人们要度过大量时间的环境，对参与在里面工作的人来说这也是他们作为个人和群体的身份的构成因素。如果说古典世界见证了公共职业身份在西方首次出现，那么这些身份在相当程度上可以说就是在日常工作发生地形成的。[3]第二，如果不去考察商铺、作坊和其他工作环境究竟通过什么方式嵌入古代希腊和罗马的城市空间中的，就没有办法理解工作在当时的社会与文化景观里的位置。以建筑领域为例，建筑商用词汇表从希腊古典时期到罗马帝国时期的扩展进度，对参与这项工作的人的社会经济地位产生了决定性的影响。

很明显，每当讨论这些问题的时候，考古记录，尤其是比较大型的城市区块遗址的考古记录，都会得到特别的重视。这些遗址在整个古代地中海沿岸地区都很常见，但在证据的质量和数量以及对商铺和作坊遗迹的研究程度这几方面还是存在重大差异。考古学家对某些地区给予了比其他地区更多的关照，这通常是受到西方从十九到二十世纪早期的政治现实与文化优先事项的影响，并不是基于这些地区对我们理解古代城市化历史具有不一样的内在重要性。实践表明，大多数具有较大数量商铺和作坊的考古遗址集中在以下这三个地区：希腊爱琴海及其沿岸平原，意大利中部和南部（包括西西里岛），以及粗略而言罗马帝国在非洲北部建立的阿非利加行省（Africa Proconsularis[①]）。毫不意外，大多数的早期证据一定会在这些地区率先找到，而非洲又为研究罗马帝国时期提供了特别重要的线索。至于意大利，主要是在某种程度上提供了沧海桑田的历时性图景。很明显，在这些地区之外还有一些重要的考古遗址，但它们往往或多或少显得有点孤立，并且多半不太好理解，罗马时期的欧洲算是一定程度的例外情形。因此本章将特别关注提供了最佳证据的三个地区，也对来自罗马时期欧洲的一些证据做简要讨论。

当然，在考古记录之外，还存在另外一些证据，只不过看上去都是零散且碎片化的。最重要的是在好几种媒介上对工作进行描述的语料库：其中一些场景揭示了工作发生地点的基本属性，尽管通常都只限于非常片面和间接的方式。[4]有一些文学文本，全都来自古代

---

① 始于公元前146年，当时罗马在第三次布匿战争中击败迦太基，随后建立行省。

希腊和罗马时期,让我们有机会一窥当时城市环境里的工作的空间位置,但普遍看来都过于模糊或不够精确,终究没能形成多大用处(见下文)。有一些重要的例外情形,具体而言,比如一些直接提及商铺和作坊空间环境的古代罗马法律文本,但这些文本主要关注的情况属于例外性质,因为这些情况更有可能引起法律上的冲突。[5]与此相仿,在莎草纸文稿研究记录里面也有一些有意思的信息片段,只是要将这些数据与埃及以外的证据关联起来就变得非常困难。至于铭文记录,显然提供了跟古代希腊—罗马世界工作历史其他方面相关的关键证据,但若说日常工作的空间背景,在这里面保存的相关信息就相对较少。总而言之,商铺和作坊的物质遗迹构成了唯一的一套证据,具有宽广的地理和时序覆盖范围,足以成为这篇概述的起点。

这倒不是说理解考古证据的工作总是那么直截了当。说到理论上的概念和启发式模型,关于古代工作与工作场所的历史学可以说是夹在两个极端之间。一方面,文化人类学具有研究日常工作的学术传统,但人类学家一般倾向优先考虑的社会与社区,其运行的经济复杂性水平大大低于我们应该假设古代希腊—罗马世界大部分地区具有的水平。[6]另一方面,社会学也有自己一套完整的传统,从马克思和法国社会学家涂尔干(Durkheim)开始,已经发展起来多种方式,用于思考工作在现代产业世界的意义。不过,就古代希腊—罗马世界绝大部分地区的情况而言这两种做法都只能算是一定程度相关而已。[7]在某些方面,现代早期世界若是存在相似之处可能会有助于我们的理解,但说到工作场所就不完全是这样,因为现代早期的相似之处难得以跟古代证据趋同的方式出现在学者的议程上。[8]

在一定程度上，古代罗马城市化研究的发展对这个问题有了改善。进入1990年代，考古学家开始探索从现代城市研究里发展起来的可能性、方法和概念。按照现在所说的"空间转向（spatial turn①）"，学者们正在使用不同程度形式化的策略，试图以一种更综合的方式理解罗马时期各城市的市区环境，特别是研究已建成环境怎样调整人们的认知、移动和交流。[9]这就把古代罗马城市研究的重点从建设者转到使用者，从建筑意图转到城市体验。近年来，这也催生了将感官分析用于研究城市的做法，强调了诸如气味、声音和光照强度等题目。[10]虽然在这一范式工作的大多数学者都倾向把重点放在街道层面的城市公共景观分析，但也有人探索了建筑和空间的内在空间逻辑。所有这些研究方法的基础都基于这样一种观念：人是通过互动来定义的，这里说的互动包括与他人的互动，以及与自己的生活环境互动。

毫无疑问，这些做法跟理解古代希腊—罗马世界的工作具有相关性：假如我们要将商铺和作坊视为社会环境，人们通过在这里发生互动并且跟外界发生互动来定义自己，那么，这一切发生的空间条件就会具有关键意义。在某种程度上可以说，近期研究古代罗马世界工作环境的做法已经开始认可这一理论模型，着手借助古代罗马商铺和作坊的空间属性来评估当时参与工作的人们的日常工作生活。除了本文作者关于庞贝和奥斯提亚两地羊毛漂洗缩呢作坊（*fullonicae*）的研究，还有乔施尔（Sandra R. Joshel）与哈克华斯-彼特森（Lauren Hackworth-Petersen）关于古代罗马奴隶工作环境的合作研究，以及

---

① 将空间要素嵌入社会理论研究的做法。

伊丽莎白·墨菲（Elizabeth Murphy）对陶器生产场所空间配置的探索。[11]从本文可以看到几个跟理解商铺和作坊空间配置相关的问题。首先，在作坊现场存在交流的可能性，这基本上取决于工作空间的大小、工作团队的大小与性质，以及工作设备的空间布置。其次，工作场所与外部市区环境之间的关系，基本上取决于是否存在直接的交通线路以及（这两者之间）是否彼此可见。因此，接下来讨论的重点主要放在可以识别为"工作间（workroom）"的场所的大小和背景上，以及这些空间与外部世界的关系。我们的讨论将从希腊古典时期延伸到罗马帝国时期，地点从地中海东部到地中海西部，再回到罗马欧洲。

古典时期希腊与希腊化爱琴海地区

最早一处可以比较详细了解古代城市工作场所的地方，是位于希腊北部一个叫奥林索斯（Olynthus①）的城邦。这座城市所在地区通过考古挖掘得到了最完善的研究，基本上可以将它的扩建时间追溯到公元前432年后，当地绝大多数结构都建于公元前430年代后期以

---

① 又译欧伦托斯，位于希腊哈尔基迪基（Chalkidike）半岛西南部，因与雅典签订和约而与马其顿交恶，公元前349年战争爆发。雅典德摩斯梯尼发表一组三篇演说《论奥林索斯》(the "Olynthiacs")呼吁雅典驰援，奈何雅典反应迟缓且力度不足，马其顿腓力二世于次年攻入奥林索斯，直逼雅典。

及公元前420年代之间。【12】这高度一致的原因出在这座城市不幸于公元前348年遭北方来的马其顿人摧毁而从此再未重建,等于侵略者在这里强行画上新的精确终点(*terminus ante quem*)。这座古典时期城市是按网格方式建设的,目前挖掘出土的房屋以街区形式排列,位于阿哥拉(Agora)露天集市广场北侧,大部分位于通往城市北门的主要道路西边。由于这座城市属于突遭废弃的情形,加上二十世纪考古挖掘工作具有更高的质量,从而形成了异常丰富的考古数据,包括一系列文物,可以用于确定当时人们如何使用建筑物及其内部空间。

奥林索斯城里的房屋看上去全都方方正正,像希腊古代许多其他房屋一样,围绕一个中央庭院组织布局。通常以一个长方形房间为主,暂且称为前堂(*pastas*①),其中一侧向庭院方向敞开,构成半开放的空间。正如尼古拉斯·卡希尔(Nicholas Cahill)在他的专著中展示的那样,在奥林索斯的房屋遗址找到了一些证据,可以证明那儿存在以市场为导向的生产工作,但这些证据主要限于可移动的人工制品,到目前为止还没有识别出永久性设置的工作装置。从某种程度看这可能跟证据的性质有关:毕竟,在奥林索斯,能放在地面以上而又一路流传至今的东西简直屈指可数。相关文物的分布,尤其是较小规模的房子里的分布,普遍都在表明当时的工作在空间上几乎完全跟家居生活的日常融为一体。虽然在一些房子里似乎设有专用的工作房间,但那往往是家里核心区域的一部分。比如编号Av9的房子留出了三个专用的

---

① 位于起居空间与庭园之间的空间。

纺织间，它们围绕一个小小的庭园排列，于是这庭园就变成纺织工人的采光井；不过，一般情况，同样从庭院采光的前堂也会放有一台织布机。【13】在其他的房子里，也在类似这样工作与生活融为一体的环境里发现了石材加工和陶俑塑造作业的证据。【14】有些房间因为直接把门开在主干道上就被解读为商铺，但应该指出这样的房间从数量上看是很少的，并且这一解读也不能算是特别可靠。因为这些空间多数很小，入口也相对狭窄，这就意味着室内照明一定非常糟糕，跟外界的联系也谈不上畅通。也许，这些房间的主要目的在于储物，并不是零售或开工生产。

值得注意的是在奥林索斯几乎没有或根本就没有找到五金加工作业的证据，也没有找到一座窑炉，这凸显了我们其实尚未把握整体情况的现状。但尽管如此，现有证据依然表明，存在一种围绕小规模家族业务及其仅由少数几个人组成的工作团队组织起来的经济。通常情况，这也意味着手工艺品在这座城市可能不太常见：奥林索斯那些带前厅的房子都是向内规划安排的，并且，找到曾经开工生产的证据的房间多半不在靠近房子入口的位置。虽然有证据表明当时在外面街上确实发生过一些零售交易，尤以靠近露天集市的地方更为集中，但那些可能是商铺或作坊的房子向外面主干道开出的入口是那么窄，以至于当时从街上路过的人们应该多半搞不清楚那里面到底做的是什么。

我们对古代希腊时期大多数其他城市的了解，都没有我们对奥林索斯的了解那么全面透彻，但我们目前已经拥有的外地证据，比如洛克里·艾菲泽菲里（Locri Ephizephyrii①）、阿洛斯（Halos②）和普里埃内（Priene③）等地的遗址现场，总体看来都符合我们从奥林索斯得出的这一印象。曾经开工生产的证据往往是在住家环境下发现，并且，在专用于开工生产的空间和以家庭起居功能为主的空间之间几乎就没有留出任何的正式区隔。【15】陶艺工作似乎成为一定程度上的例外情况：虽然窑炉已经证实就安置在这些房子里面，但从已经确认的陶艺作坊看来，大多数作坊似乎都没有跟起居空间联在一起。【16】与此同时，一般而言，为留出地方安置作坊而开工的建筑活动可以说是寥寥无几。当时的通行做法，就是直接把自家房子里面作为传统家宅核心区域的已有空间利用起来。

雅典的情况在一定程度上可能有所不同，但上述这种住家模式在这里也很普遍。【17】比如战神山（Areopagus④）与普尼克斯山（Pnyx⑤）之间山谷里的阿哥拉集市广场，西南侧有一套房子，现在称为"麦奇安与梅农宅邸（house of Mykion and Menon⑥）"，从公元前五世纪初

---

① 又作 Locri Epizephyrii，简称洛克里，位于意大利半岛"脚趾"部分东部。公元前680年左右希腊人在此建立定居点，用这名字与希腊本土洛克里（Locri）形成区分。公元前205年遭罗马征服。

② 又作 Alos，位于希腊东南部色萨利地区，是当地主要港口。公元前346年遭马其顿腓力二世征服。

③ 位于小亚细亚半岛西岸中部，希腊人建立的定居点之一。今属土耳其。

④ 或音译为阿勒奥帕格斯山，以希腊神话里的战神阿瑞斯（Ares）命名。因雅典城邦时期最高法院设在此地，后来成为最高法院和最高裁判机关代名词。

⑤ 意为人们紧密聚集处，因雅典城邦时期公民大会（Ecclesia）就在这里召开而得名。

⑥ 因现场发现的两件器具分别带有这两个姓名的铭文而得名。

到公元前三世纪整个存续期间，家庭起居功能与商业功能一直结合在一起，这一点从房子中央庭院两个蓄水池里发现的沉积物就能看得很清楚；在它存在的某个时段里，这座建筑里面最起码有过一位雕塑家的住所和他的作坊。尽管目前找到的这些证据还不够用来讨论房间的用途，但还是看得出来，当时他们的生活起居与专业工作是紧密结合在一处，而且作坊的面积很小。【18】位于同一区块、现在称为"产业区 (Industrial District)"的两套房子属于略有不同的情况，它们在公元前四世纪合二为一，其中较小的一套也被改作五金作坊。在这个案例上，工作和生活起居就有了稍微更明显一点的区域间隔。

不过，至关重要的一点在于，就雅典而言还有其他一些场景证据，尽管都是文字证据而非考古证据。比如，埃斯基涅斯（Aeschines[①]）在他的演说《诉提马尔霍斯》（*Timarchos*）中特别提到沿着各条大街存在的作坊（*ergastêria*），可以（并且曾经）用于不同类型的商业目的，这就表明专门建造的商用设施是广泛存在的。【19】还有证据表明曾经存在规模较大的作坊。其中一个众所周知的例子，是吕西亚斯（Lysias[②]）所在家族拥有的一座盾牌厂，宣称雇请了120名奴隶，尽管传统上认为这一数字可能有水分。【20】埃斯基涅斯在前面提到的那篇演说中介绍了提马尔霍斯从一处作坊（*ergastêrion*）获得收入的情况，那个作坊有

[①] 雅典演员、政治家（约公元前390年—公元前314年）。公元前346年雅典就如何对待进逼的马其顿腓力二世展开辩论，因他主张议和，主战的德摩斯梯尼与提马尔霍斯准备起诉他叛国，他用这篇演说反诉提马尔霍斯早年有道德作风问题，不适合担任公职参与公共事务。

[②] 希腊演说家（约公元前445年—公元前380年）。

九名技术熟练的鞋匠，全是奴隶，在一名老板的监督下工作；这足以表明他们是在一处相当大的地方一起工作，尽管那不一定是专门建造的设施。[21]德摩斯梯尼从他父亲那儿继承的两处作坊更有可能属于这后一种专用于生产作业的情形：这些作坊用德摩斯梯尼自己的话说就是"非同小可"，包括一家寝具厂，雇了20名奴隶，还有一家利润丰厚的刀剑厂，雇了32或33名技术熟练的奴隶。[22]可以认为人数在二十或更大数目的工作团队在当时对一套正常规模的住宅来说可能有点太大了。因此，尽管在现有考古记录中仍然没有找到证据，但至少在雅典很可能存在一些更大规模且专门建造的工作场所。

进入希腊化时期，位于住家环境的小型作坊继续属于整个希腊语通行地区的常态。在卡索普（Kassope①）城，建于公元前三世纪的一套房子附设了一个小型陶艺作坊。有证据表明，在西西里岛的摩根提纳（Morgantina②），公元前一世纪也有类似的安排。[23]一般说来，由于当时绝大多数城市继续以向内设计铺开的家居综合体为主，结果，即使是在目前仍然难以辨认出生产作坊的地方，古代的手艺工匠除了可以在自己家里工作，实际上也很少有其他的工作地点可供选择。但到了希腊化时期后期，比如提洛岛（Delos③）的情况已经大不相同。的确，居家环境里也存在生产作坊。以建在阿波罗（Apollo）神殿旁、现在称为"科顿宅邸（House of Kerdon）"的遗址为例，就附设了一个大理石生产作坊，带有多层看台的体育场所在区域也有

---

① 又作Cassope，希腊西北部伊庇鲁斯（Epirus）地区主要城市，公元前四世纪建成。
② 该岛原住民村庄，先成为希腊的殖民地，公元前211年由罗马征服。
③ 根据希腊神话，这是光明神阿波罗的出生地。

一套房子，里面已经确认存在过一个香水作坊。[24]但关键在于现在已经找到显著的证据，表明这里存在过专门定制的商用设施：纵观整个城市，许多房子都附带多功能的商用空间，这些空间可以直接（或只能）从街道上进入，其中一些空间显示出曾经放置过工作装置的痕迹。[25]更重要的是，就在公元前二世纪这段时间里，这座泛希腊神殿北边的圣湖一带，现在称为"湖区（Quartier du Lac）"，已经逐步演变形成一个巨大的商业区，主角是好几座大型综合体，里面包含许多从事零售和生产的小型单元，比如现在称为"意大利阿哥拉集市广场（Agora of the Italians，约6000平方米）"以及"花岗岩纪念碑（Monument of Granite）"这两处，大到基本上可以说具有街区规模，里面全是小商铺（图3.1）。城里还有一些神殿也参与投资了小规模的设施。[26]

提洛岛城市景观的商业化特色在爱琴海地区看上去属于一种新现象，必须跟提洛岛在公元前166年由罗马人确立为自治性质的"自由港（free port）"以后发生的事情关联起来进行考察。事实上，当地湖区以及南部港口码头一带的商业化进程可能跟提洛岛对罗马意大利在共和后期的国家供应系统发挥关键作用一事直接相关。至于城里其他地方的商业设施出现数量上的激增，跟这一点的联系就不是那么明显，其中有很多可能主要是为地方民众服务。这些设施可能与雅典文学文本提到的生产作坊相似，但也有一些带商铺的房子，其临街的正面结构往往环绕一个或多或少具有某种纪念性建筑意味的入口走廊，看上去更像意大利中部地区那些带有中庭（atrium）的房子。

意大利，从共和到帝国

在意大利，出现了一种专用于商用设施的建筑语言，并且表现得越来越明确，也得到最普遍的应用，其历史可以回溯到更久远的时期，超过了希腊语通行世界其他地区。说到罗马时期意大利城市里面的商业景观，其中一个关键元素是商铺（*taberna*），这是一种大型的长方形房间，对外敞开大门，可用于一系列不同的商业用途，包括零售和生产。它是从罗马共和时期[①]出现，成为罗马意大利最常见的工作环境，对城市景观产生了决定性的影响。与古代希腊和希腊化世界几乎所有其他城市形成对比的是，在罗马意大利，大量工作的完成场所不仅有直接的进入通道，而且过路的行人从街道上也能看得清清楚楚里面在做什么。

罗马人这种商铺的早期历史目前还难以准确回溯，尚未得到深入研究。比如卡兰第尼（Andrea Carandini）认为帕拉蒂尼山（the Palatine[②]）上那座公元前六世纪的宅邸（*domus*）在正门四周就有商铺分布，但这证据并不足以形成结论。【27】同样，李维（Livy[③]）关于塔

---

① 公元前509年 — 公元前27年。
② "罗马七丘"之一。根据罗马神话，罗马城最早就是建在这座山上。
③ 罗马帝国时期历史学家（约公元前64年 — 公元17年）。

图 3.1 提洛岛,向北鸟瞰,左下是一座商业建筑,名为"花岗岩纪念碑"。
来源:Alamy。

克文 · 普里斯库斯（Tarquinius Priscus[①]）用许多商铺把古罗马广场（*Forum Romanum*[②]）围在里面的轶事也是无从证实。[28]但很显然从共和中期某个时间点开始，商铺成为罗马城市居民生活方式的一种共同特征，并且有一部分原因在于罗马从国家层面推波助澜，包括政府大力投资，在各殖民地的市集广场（*fora*）上建造一排一排的商铺：比如公元前 273 年帕埃斯图姆（Paestum[③]）成为罗马殖民地，可能随即开始在当地的新广场四周建造不少于 60 个商铺。[29]从共和后期开始，在每一座已知城市里都出现了一次明显的商铺数量激增现象，尤以城市大道一线表现最为明显，并且商铺也开始出现在更广泛的一系列背景下，比如围绕公共建筑四周以及在专门建造的商用综合体里面，都可以看到包括了一排一排的商铺。

如雨后春笋般涌现的商铺使日常工作变成城市公共环境的一部分，不过，尽管跟希腊和希腊化地区的同类设施相比这些商铺往往拥有更大的规模以及更好的照明条件，但对运营规模较大的作坊来说还是太小了。接着，在庞贝城里，这种更大规模的生产作坊终于出现了，并且主要就是开在家宅里。跟古典时期和希腊化时期在奥林索斯、雅典或希腊其他地方的小型家庭作坊相比，建造这些作坊需要投入更大的资本，有时还要同步对房子进行重大的结构调整。这在庞贝留下的一些大型面包烘焙作坊表现得更明显。比如编号为 VI 3.27–8 的面包房（图 3.2），其建造工作就包括要在原来的后院上方加建一个屋顶，

[①] 罗马王政时期国王，在位时间约公元前 616 年 — 公元前 578 年。

[②] 又译罗曼努姆广场、古罗马集市广场等。

[③] 位于意大利那不勒斯南面。

可能还要缩小原本连接中庭、两侧开门的门厅（*tablinum*；图上标记为g）及其南面房间的大小。【30】这套房子并没有失去原有的起居功能，而是进行了全面的重组，以便腾出足够地方变成生产作坊。这些大型作坊由于可用空间相对有限，必须事先做好详细的规划，结果才能看上去布局相当合理妥帖。比如，在面包烘焙作坊里通常都有一个基本的操作序列，使面粉、面团和面包以或多或少符合逻辑的顺序从一个房间移动到另一个房间。【31】在庞贝，中等规模的羊毛漂洗缩呢作坊也是按一种线性顺序从缩呢池到漂洗盆再到最后的精整设备依次排布。这些空间合理化做法尽管很原始，但它们留下的蛛丝马迹还是可以显示出劳动分工正在这里变得越来越正规化，哪怕工作团队的规模依然相对较小，而且看上去是由同属一个家庭户的成员组成。【32】

不幸的是目前确认的大型家庭作坊只见于庞贝这一个地方。究其原因，可能在一定程度上跟庞贝城里出土的证据质量普遍很高有关，但也许庞贝当时的经济规模以及城市化的范围也起了作用。但尽管如此，可以肯定的是到了罗马帝国初期，沿城市街道涌现许多商铺似乎已经在意大利成为常态。一个很好的例子出在萨莫尼姆（Samnium[①]），那儿有一个很小的小城市，叫塞皮诺（Saepinum），可能是罗马时期意大利著名城市定居点里最小的一个。塞皮诺在两条街道的两旁也布满了商铺，但这些商铺所在的房子跟别处相比可是小太多了，以至于绝大多数只够设一个商铺，没办法安排两个或更多。从规模上看它们

[①] 意大利中部古国，由萨莫奈人建立。

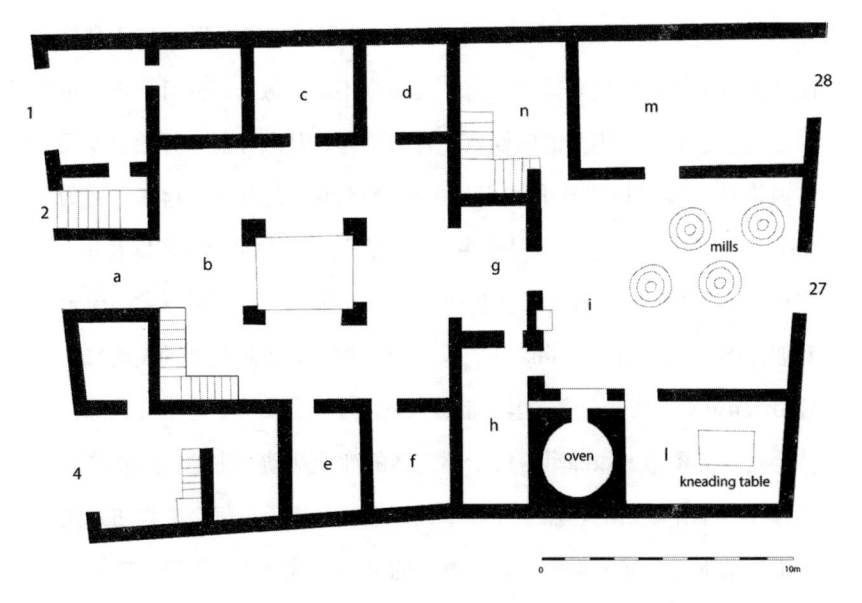

图3.2 编号 VI 3.27-8 房子的平面图,带有面包房,位于庞贝。
来源:Miko Flohr。

类似罗马时期欧洲常见的沿街建筑(图 3.3)。【33】能跟庞贝城里那些大型家庭作坊相提并论的唯一例外是一家皮革厂,它开在一套小型带中庭的房屋里面,主工作间直接与中庭相连。遗憾的是这套房子目前尚未完全挖掘出土,有关生产流程框架的基本信息至今还是空白,但总的来说这套房子的规模看上去比庞贝的标准还是要小很多。不过,就像在庞贝一样,工作在这里也是城市生活里一个非常重要且人人可以看见的组成部分。换句话说,进入罗马帝国早期,在意大利,即使是在非常非常小的城市,用于工作的空间环境也跟希腊各地在古典时期和希腊化时期风行一时的版本存在本质的区别。

跟罗马时期意大利任何一个其他地方相比，奥斯提亚和罗马这两个地方的城市化规划设计另有一套完全不同的做法，并且，在一定程度上，它们从相当早的时候就一直是这样。从共和后期开始，罗马在海港区以及奥斯提亚的城市外围已经修建了大型公共仓库，称为 *horrea*（原意为"粮仓"），虽然主要用于存储，却也是贸易商以及（一定程度上）零售商的日常工作场所。像公元前二世纪罗马巨大的埃米利亚柱廊（Porticus Aemilia[①]），又或是帝国早期奥斯提亚的霍腾修斯（Hortensius[②]）公共仓库，里面带有大量的小型储藏室，这类建筑综合体全是熙熙攘攘、如蜂巢一般全年无休的商业活动发生地，尽管这些地方作为工作场所的特点主要在于人来人往，而不是静态的作坊式团队工作情形。公元一世纪后期，罗马的港口系统升级，引发奥斯提亚这类建筑的数量成倍增加，同时扩大了规模。重点在于，从皇帝图拉真到哈德良在位这段时期[③]掀起的一波建筑热潮带来了大型商业投资项目，在地中海沿岸地区留下许多从规模到复杂性都在产业革命之前一直傲视群雄的生产作坊。举例，在帝国时期的奥斯提亚，大型羊毛漂洗缩呢作坊和面包烘焙作坊可以容纳30人到100人不等，大家每天都在远离街道的大型生产间里忙碌。【34】这些专门修建的建筑物具

---

① 公元前193年沿台伯河岸建成的大型仓储与物流中心，以当时主持修建的两位同名执政官名字命名。

② 最早可能建于共和时期的公元前一世纪，因现场一座神庙留有铭文显示这是由罗马海军舰队指挥官霍腾修斯修建而得名，当时罗马常把舰队部署在诸如奥斯提亚这样一些重要港口协助维持秩序，承担消防工作。

③ 98年—138年。

图3.3 塞皮诺的一套小房子，带中庭以及开在街道上的商铺。
来源：Miko Flohr。

有组织合理的结构，大厅里面设有不同的分区，一一对应日常生产流程的各个环节或阶段。比如奥斯提亚的羊毛漂洗缩呢作坊（图3.4）就采用了相对先进的水处理技术，以保证工作流程的效率：在包括了多个池子的漂洗流程的建筑综合体内，需要漂洗的衣服从房间一侧一步一步转向另一侧，跟水流的方向相反，从而确保衣物一路从较脏的污水转向更清洁的淡水。基本的精整设施集中设在供水口的四周；至于用化学品浸泡清洗衣物的人力踩踏摊位就排成长列，设在漂洗综合体的另外三边，目的是确保这些摊位非常靠近那"最脏"的一个池子。[35]这些大型作坊的生产区看上去具有一种跟工厂相似的社交氛围，与古代世界大多数其他的工作环境形成了鲜明对比：在这里，大多数人都在从事简单而又必须不断重复的任务；而且看上去跟他们正在参与生产的产品没有什么联系；他们的日常工作有一大半内容是外面过路的城市社区居民完全看不到的。同时，由于这些作坊没有留出生活起居空间，这些庞大的工作团队很可能是从很多不同的地方招募过来，而不是出自同一个家庭。他们的工作环境昏暗嘈杂，不可能发生轻松愉快的社交互动。马克思和涂尔干为产业世界开发的一些模型似乎很容易就能套用在这些生产间上。【36】

这些大型生产作坊的意义在于，突出了罗马帝国时期生产作坊从投资上限到复杂性都在增加的变化程度。但与此同时这种规模的生产作坊似乎没有在罗马和奥斯提亚以外看到过显著的扩张，尽管在佛罗

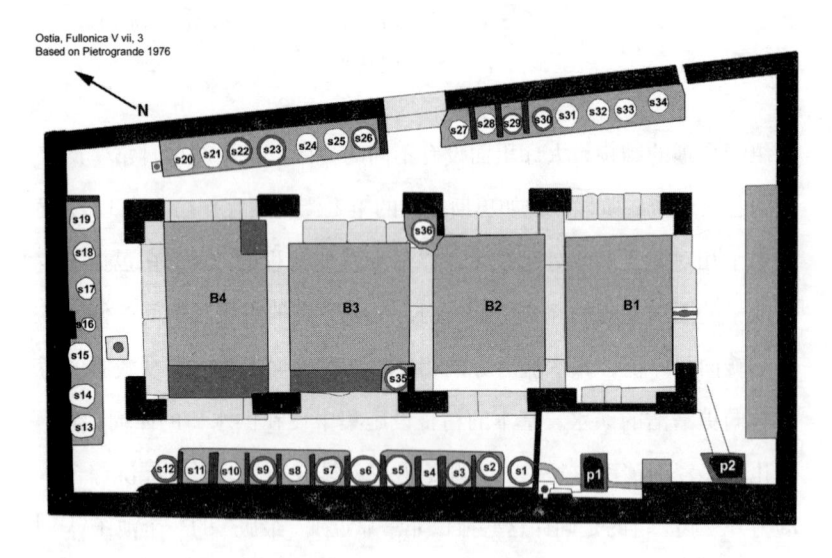

图 3.4 罗马奥斯提亚，奥古斯塔利街（Via degli Augustali）上的羊毛漂洗缩呢作坊平面图。
来源：Miko Flohr.

伦萨的领主广场（Piazza della Signoria）下方发现了一个相对较大的奥斯提亚式羊毛漂洗缩呢作坊。【37】在帝国时期，其他大城市可能也有过更多的"生产间"，但我们还没有证据可以证明这一点，无论在意大利还是在帝国其他地方都没有；总的来说，关于这些城市的建筑和城市化规划设计，还没有找到证据表明有人投资进行规模达到这种程度的生产。这倒不一定会让人感到惊讶。相反，它证实了罗马这大都会确实从那时就与众不同。

帝国时期的罗马非洲

此外，若说有什么规律可以用来概括罗马，那大概也可以概括整个罗马意大利，只是程度可能不一样。出自罗马非洲（Roman Africa①）的证据提供了一个恰当的例子。尽管阿非利加行省和毛里塔尼亚（Mauretania②）的城市并没有按照庞贝和奥斯提亚那样的标准进行挖掘或发表论文（当地一些不那么具有纪念性的遗迹更是如此），但也有好几个城市已经挖掘到古代的层面；同时，尽管记录和报告的质量还有一些问题需要解答，我们对这些城市的架构的一些基本特征也还是有所了解。因此，就大多数的这些城市来说，我们已经可以非常

---

① 始于公元前146年罗马在非洲北部设立阿非利加行省。
② 非洲北部古代地区名，公元44年成为罗马帝国行省，今分属摩洛哥、阿尔及利亚。

笼统地讨论一下它们的商业景观，其中有一些似乎跟罗马意大利的城市截然不同。

目前记录最完善的案例之一出自古城萨布拉塔（Sabratha[①]），从1911年开始由意大利考古学家发掘，第二次世界大战后由一个英国团队进行研究。后来，考古学家安德鲁·威尔逊（Andrew Wilson）对这座古城的商业景观进行分析，重点放在可识别为盐渍腌鱼用途的场所，这些场所很多，遍布市区。他在编号为"*insula*（原意为'环岛'）II.10"、由多座多层公寓楼组成的建筑区块这一案例研究中恰如其分地强调了这些生产作坊的有限尺寸以及它们相对隐蔽的本质：它们是可以进入的，但从街面上并不容易看出来。[38]此外，从这个公寓区的平面图上看，值得注意的是建筑环境的近乎随意性：这些作坊不在结构整齐的家庭住宅里面，也不是精心设计的商业综合体的一部分，或多或少可以说是由一些小型的、绝大多数都很不起眼的单元有机生长起来而形成的某种集群。这些作坊的年代依然存疑，但它们留下的遗迹清晰表明，尽管萨布拉塔的纪念性公共景观在帝国时期出现过显著的数量增长，但这座城市的商业景观规模并没有跟着相应扩大，而是落在了后面。[39]

特别值得注意的是，在罗马非洲许多已经挖掘出土的城市里，类似商铺的设施相对较少。与意大利不同，罗马非洲并不存在由长长的一排一排商铺包围的广场。虽然这有时会被解释为可以体现出非洲与罗马西方（Roman West）其他地区之间在"广场（*forum*）"这一

[①] 又作 Sabrata，最早由迦太基人自公元前四世纪建成贸易港，今属利比亚。

事物上存在本质的差异，但更有可能反映了非洲城市的公共景观从总体上看就是商业特征没有那么明显。[40]一个很好的例子出在奎库尔（Cuicul①）的朝圣大道（Grande Rue），它连接了市区两个集市广场（fora），可以说是城里最繁忙的道路[41]。这条街道由于两边均有圆柱支撑的门廊环绕，本身极具纪念性质，对任何一种形式的商业来说都是一处非常有吸引力的地点。但再看位于街道东北侧的两套房子，只有称为"卡斯托里乌斯宅邸（House of Castorius②）"那一套带有一个可能是商铺的结构，另一套"鸭子宅邸（House of the Duck）"中就干脆完全不见踪影。[42]广场南边，在母神庙（Temple of Genetrix③）附近，街上没有看到建有任何商铺的迹象，在广场北边倒是有一座市场建筑，但它完全是向内设计展开的，从街面上也看不到任何商铺。沿着街道再往前走，现在称为"欧罗巴宅邸（House of Europa）"的房子包含多个浴室，这些浴室的正门周围有三个商铺，但它们在整个建筑群长长的临街一面只占了很小一部分。在街道对面，景象也是大致如此，并且这种相对缺乏商铺的情况也没能从这城里其他的街道得到弥补。在图加（Thugga④），通往该市具有纪念性质的广场的主要道路，

---

① 今称杰米拉（Djemila）。罗马帝国于二世纪初在这里成立殖民地，位于古国努米底亚西部，今属阿尔及利亚。

② 后人按主人姓氏冠名。与此相仿，后面提到的"鸭子宅邸"和"欧罗巴宅邸"分别按残存装饰主题和神话题材壁画冠名。

③ 供奉罗马神话里的维纳斯，罗马帝国第一个王朝（公元前27年—公元68年，从奥古斯都到尼禄共五位皇帝）自称为她的后人，将她奉为母神维纳斯（Venus Genetrix）。

④ 又作 Dougga，非洲北部古镇，今属突尼斯。

两旁环绕的是封闭的围墙，并不是商铺。这些城市都没有任何类似生产间或较大型家庭作坊的地方，尽管不可否认当地市区大部分地区依然有待挖掘，图加城里尤其是这样。[43]

总括而言，在我们已经知道的罗马非洲城市，工作场所的性质可以用一种风险有限且投资水平较低的模型来做出最好的解释，从这一模型可以引出"生产作坊经营规模非常小"的结论。另一个突尼斯城市提姆加德（Timgad）的情况也是如此，这是罗马帝国皇帝图拉真在公元100年左右建立的一个军事殖民地，以在城市东北部集中了大量疑似羊毛漂洗缩呢作坊而闻名（图3.5）。这些作坊通常位于一个商铺大小的房间里，从工作装置的布局痕迹可以看到这里最多由不超过五个人的小型工作团队运营，如果不是还要更小一点的话。[44]这些作坊聚集在城里相对偏远的地方，那里的地价可能相对较低，因此这些商铺并不容易看到。但与此同时，商铺在提姆加德城里可比前面讨论过的其他非洲城市都要来得更常见，并且，尽管提姆加德的商铺开口通常要比意大利的同类商铺更窄更小，但其中一些街道看上去还是形成了相当密集的商业化。特别引人注目的是跟奎库尔相比出现了不同之处，毕竟这两个城市有着相似的起源，都是作为老兵定居点，成为罗马帝国的军事殖民地。也许，这些商铺能在提姆加德出现，主要原因就是当时当地拥有更大规模的消费市场。

说到罗马非洲的总体情况，一个引人注目的例外出在毛里塔尼亚——廷吉塔纳（Mauretania Tingitana）行省西南边陲的古城沃卢比利

图 3.5 图拉真时期殖民地、今阿尔及利亚提姆加德鸟瞰图。
来源：Brian Brake / Gamma-Rapho via Getty Images。

斯（Volubilis①），那里不仅拥有规模远超阿非利加行省和努米底亚所辖各城市的私人建筑，而且在城市的南北走向的主干道上出现了长长的一排一排商铺，其中大部分都属于当地住宅建筑的一部分。【45】此外，道路两侧的列柱围廊式房屋有许多都包含作坊在内，主要是榨油坊和面包店（图 3.6）。这些家庭作坊绝大多数都很小，但也另有少数作坊从规模到复杂性都可以跟庞贝的例子相提并论。例如，因留有多个圆柱而得名的"圆柱宅邸（House of the Columns）"，其橄榄油榨

---

① 在古国努米底亚与毛里塔尼亚国王裘巴二世（Juba II，约公元前 25 年 — 公元 24 年在位）治下成为希腊化后期文化中心之一，国王本人也是多产作家。公元 44 年左右由罗马占领，是毛里塔尼亚 — 廷吉塔纳行省主要城市。今属摩洛哥。

油坊由不少于四个房间组成。同样因建筑特色而得名的"青铜方柱宅邸（House of the Bronze Herms）"在房子北边有一个大型榨油坊，西边有一个面包店，由两个房间组成。目前还不清楚为什么沃卢比利斯城里的情况会跟其他地方存在天壤之别，但我们也许可以猜测，这么多房子带有跟食品加工相关的作坊，表明这些房屋主人的财富主要建立在土地所有权之上，此刻要将他们在城里的房子用于加工自家地里收获的农作物。

图3.6 罗马毛里塔尼亚—廷吉塔纳行省（今摩洛哥沃卢比利斯）一座橄榄油榨油坊复原图。
来源：Juergen Ritterback / Getty Images。

罗马时期的欧洲

在罗马欧洲（Roman Europe），除去地中海沿岸地区，无论在城市还是在较小的定居点，小规模的工作场所看上去继续属于标准做法。当然，罗马欧洲与罗马地中海沿岸地区分属两个不同的世界，以非常不同的方式进入我们的视野。在罗马欧洲，城市往往比较小，数量也比较少，城里通常以相对较小规模的住宅建筑为主。不仅大规模的挖掘出土遗址寥寥无几，并且现场几乎看不到任何遗迹。不过，跟地中海沿岸地区相比，罗马欧洲这一劣势在很大程度上，可以从当地遗址更高标准的记录和报告，以及我们对手工艺与贸易相关证据抱有更持久的传统兴趣这几方面得到弥补。总而言之，我们非常了解罗马欧洲的作坊大概长什么样，也很清楚它们在城市环境中的具体定位。

有那么好几个地方，我们可以特别清楚地了解工作在城市环境的位置，以及工作具体在什么样的情况下进行。先说较大的城市，奥古斯塔·劳里卡（Augusta Raurica[①]）可能最广为人知。在那里有好几个地方的住宅街区都揭示了存在过五金制造和玻璃加工作业的证据。大多数的生产作坊似乎都只有一个房间，通常作为中小型建筑的一个组成部分，尽管作坊和住宅之间没有直接的联系，跟庞贝城里的情形一

---

① 公元前44年罗马人在此设立殖民地，今属瑞士凯瑟劳格斯特（Kaiseraugst）。

样。举例，靠近广场的多层平民公寓区，现在分别编号为30号和31号公寓区（insula），里面的青铜作坊就设在位于一个住宅区块一角的中等规模商用房间里，大概是为了更好地利用外面街上的光线和新鲜空气，结果也将日常工作大大方方地显露在公共空间的外人面前。[46]此外，在30号公寓区的青铜作坊旁边，后来又建了一座雄伟的周柱中庭，表明这作坊并不会造成太大的麻烦，阻碍后续的加建项目正常开展。在这些作坊以及城市其他地方的玻璃作坊里，工作装置的规模都很一般，显示它们是由很小的工作团队操作，并且这些团队各自围绕一名手艺工匠大师开展工作。[47]在罗马欧洲和罗马非洲这两个地区的大城市之间有一项重要区别，那就是类似商铺的设施在罗马欧洲要普遍得多，不仅广场周围尤其如此，在市区其他地方也一样。奥古斯塔·劳里卡也是这样，在市区广场的两条长边都有长长的一排一排的商铺，沿着城市的主要街道还建有一排商铺，属于一般所说的"公共温泉浴场女士分部"。[48]

再看较小一些的定居点，情况在很大程度上是相似的。举例，在高卢地区，阿莱西亚（Alésia①）的（临时）广场在北侧有一排商铺，在东边的手艺人区域是由非常小的建筑组成的，这些建筑结合了生活起居和手工加工作业的功能，尤以五金加工作业为多。[49]在上温特图尔（Oberwinterthur②），可以看到已经完善挖掘出土的街区（vicus）主要由沿街建筑组成，这些建筑将临街的小商铺或作坊与后部的生活

---

① 今瑞士城市。
② 今瑞士城市。

起居区结合起来，有时后部还带有一个作坊。【50】从麦克马洪（Ardle MacMahon）的工作可以看到在维鲁拉米恩（Verulamium）、锡尔切斯特（Silchester）、卡尔文特（Caerwent）等地出现了类似的商铺和商铺场景，显示零售和制造业在罗马不列颠（Roman Britain①）的城市景观里居于非常重要的位置。【51】总的来说，在整个罗马欧洲范围的城市和定居点，专用的工作场所似乎非常普遍，而且生活起居和工作之间存在更加严格的区分，但在城市环境中还没有找到证据表明这里也出现过在意大利发现的那种大型工作场所。

结论

本章就古代工作场所的历史发展做了粗略概述。并非所有地区都能得到同等篇幅的报道，罗马东部尤其如此，这也同时反映出与这话题相关的争论和证据的当前状态。关于罗马小亚细亚（Roman Asia Minor②），除去陶器生产这一项，我们依然知之甚少，而且目前只有有限的那么几处遗址可供探讨。【52】至于希腊化时期和罗马时期的埃及，我们已经知道莎草纸文献包含了有关作坊位置和背景的相关信息，但很少具体到日常工作的空间设置。【53】不过，我们从这寥寥无

---

① 始于公元43年罗马帝国皇帝克劳狄一世（Claudius，41年—54年在位）征服不列颠并建立行省，至410年罗马军团全面撤出止。

② 源于公元前133年罗马征服小亚细亚半岛并建立行省。

几的惊鸿一瞥依然可以看到，情况似乎与本文勾勒的整体图景并不矛盾。通过浏览这些证据，有两个趋势值得强调。一方面，似乎存在一种趋势，表明工作场所的形式结构变得越来越正式，用于商用空间的建筑词汇表越来越丰富。在这方面，关键是商铺这一新事物（很可能）在罗马意大利出现，以及随后在罗马世界的大部分地区遍地开花，尽管商铺在罗马非洲依然不如在罗马欧洲那么普遍，而且在罗马东部的扩散情况基本上还是未知的。另一方面，在家居生活背景下，工作环境的规模看上去正变得越来越大，同时也具备了专用生产间的外形，里面的作业顺序相对得到了优化。总体而言，这第二点发展趋势从地理和时间顺序上看都比第一点更加受限：除去古典时期的雅典，几乎没有直接证据表明，在罗马意大利以外存在过大中型规模的城市作坊。

  当然，我们在这里要提的问题是，这一事实对牵涉其中的人们以及这些人在社会上的地位意味着什么。首先，不要低估商铺对罗马时期城市社会景观的影响，这一点很重要。由于商铺位于房子的临街一侧，并且带有宽敞的开口，这不仅显然促进了专业人士与他们的潜在客户之间的商业互动，也为手艺工匠和零售商提供了一个非常强大的社交平台，他们可以在这上面公开协商自己在社区里的地位。设在商铺里的许多小型生产作坊，从街道外面就可以**看到**手艺工匠在里面工作，因此手艺工匠跟外界路人一样，可以把自己和自己擅长的手艺与专业技能联系起来。此外，即使是依然看不见的东西，也可以在建筑物外墙上做可视化呈现，庞贝和它那同样毁于火山的邻近姐妹城市赫库兰尼姆保存下来的一些临街立面绘画已经表明人们积极把握并充分利用了这一机会。在罗马世界的大部分地区，公共职业身份可以并且经常是在生产区谈判出来的。至于古典时期和希腊化时期的希腊语通行地区，要做到这一点就困难得多，因为工作过程通常是外界看不到的。

同样重要的是，要注意大多数案例都在表明古代工作团队的规模一直很小，在大城市以外更是如此。在较小的遗址现场通过考古手段识别出来的作坊，若其规模明确显示属于人数在十人或更大数目的工作团队，就算是特殊情况了。当时许多作坊的空间布局只限于一两个房间而已，这意味着生产区的交通线路依然很短。这有利于培养一种具有社会凝聚力的交流氛围，不仅让工作团队很容易作为一个群体发挥社交功能，还能以一名优秀手艺工匠为中心人物，围绕此人轻松组织起团队内部的等级体系，方便他直接管理日常工作流程，并不需要配备更复杂的生产区专用等级体系，尽管这不等于这类等级制度不存在或不可能存在。因此，在一定程度上可以认为目前文本证据显示的这些优秀手艺工匠具有的中心地位，牢牢扎根于工作实际发生的空间环境里。

总括而言，这让罗马和奥斯提亚的大型生产间，可能还有雅典的大型生产作坊，处于非常不同寻常的位置，但这不会让它们变得跟古代工作史没有关系。恰恰相反，这些作坊凸显了在特定的经济环境下，即使是在明显属于前产业化时期的古代世界，依然有机会在规模、合理化以及情境化等项目上形成与产业时期初期的工厂不相上下的工作安排，哪怕普遍看来这些作坊除了可以用到人的肌肉力量之外再没有使用任何其他的能量来源。有理由认为这凸显了古代工作的历史归根结底还是主要取决于投资策略，由于所在特定地区的经济面临不同的需求、挑战与机遇，这些策略各有差别；哪怕文化价值观和社会结构确实影响了经济的发展成型，这系统本身作为一个整体显然还是足够灵活，从而在条件具备时让变化与创新得以发生。

第四章
工作场所的文化

科恩拉德·韦博文
(*Koenraad Verboven*)

科恩拉德·韦博文(Koenraad Verboven),比利时根特大学古代史教授。围绕社会与经济史多有著述,近来与克里斯琴·雷斯(Christian Laes)联合主编三卷关于罗马经济史著作,包括《罗马世界的工作、劳动力与职业》(*Work, Labour, and Professions in the Roman World*)(2016年)。

本章讨论工作场所（workplaces）的社会文化。很明显，这涉及一个物理因素。时间和空间都会制约工作的具体执行方式：在什么时候进行，要花多长时间完成，是在城市、村庄、小村庄还是带土地的田庄？是在住宅、作坊还是在工厂？不过，若将"工作场所"这一概念简化为仅仅（甚至是从根本上）限于具有物理空间的特征，那恐怕就搞错了。对工作场所的最佳解读，应该是作为导师、同事、客户以及监管机构相遇的社交空间。定义这些社交空间的特征，首先要定义上述人群的社会角色，以及确定这些人之间应该怎么互动的法律与社会注意事项，明确什么可以做而什么不能做。参加工作意味着要找到办法，使自己的努力、技能与个性可以适应由社会施加的框架。工作从来就不仅仅是 *poiēsis* 这个单词所说的一种"制造事物"或"交付服务"的过程而已，它同时也是实践，是人与人之间的一种社会互动。

不过，工作场所也是充满矛盾的空间。关于什么是合宜举止的道德要求（取决于具体背景、社会地位与性别）会影响到工作的具体执行和组织方式。因此工作可以强化社会等级体系与个人职责。与此同时，工作作为一种由需求和欲望驱动、以目标为导向的活动，也有机会形成实践上的约束，与社会施加的那套限制背道而驰。这一矛盾可能形成社会不和谐音：比如才华横溢的奴隶与笨手笨脚的自由民，精明干练的女商人和她那脑子不太好使的丈夫。这就导致了由工作场所创造出来的亚文化有一部分的确反映了这些工作场所所在的社会的文化，但也有一部分出于必要性或个人利益等原因，实际上偏离了这套社会文化。本章主要考察以下几方面的相互作用：工作的急迫性，如何行使权威与组织合作，以及当时主流的社会惯例和价值观。

就存在于古代希腊与罗马超过一千年时间跨度里各社会的工作场所之多样性而言,要做出恰如其分的公正评价是不可能的。但过分关注单单某一种类型可能是同样的不明智。因此,接下来我们首先关注农业和开采业,再转向手工业、工业和零售贸易。虽然乡村和非乡村这两类地方并没有严格进行区分(砖瓦行业主要位于乡村地带,陶器生产也是如此),但可以说头两个案例研究主要发生在非城市地区,后两个主要在城市。本章最后一节将重点讨论自成一体的家庭户,将其视为影响工作文化的最重要社会单元,还要讨论女性成员的参与。我们将更具体地看到工作场所的文化在当时怎样赋予女性社会职责,而这些社会职责往往跟整个社会施加给她们的职责有所不同。

| 农业

在古代希腊—罗马世界,大多数人作为中小型农场的小持有农或佃户,从事农业或相关活动并以此度日。这通常依赖于一般所说的"农民生产方式",其目的是通过利用自家土地和劳动力资源,最大限度生产生活必需品。农民从事农业耕作跟家庭的社会化组织以及一家人的生命周期密切相关。劳动分工取决于每个人的性别、年龄与家庭地位。对一户人家的劳动力潜力来说,儿童是一个有机组成部分,正如瓦罗对罗马农业所做的断言一样:"大多数更穷的农民必须在自家小朋友的帮助下耕种他们的土地。(*Rust.* 1.17.2)"人种学上的相似案例研究表明，儿童从大约十岁起就可以在农场创造出足够弥补自身生活成本的劳动产出（前提是要有足够的生产用地可用）。

在古代希腊和罗马社会，理想的婚姻模式叫"从新居（neo-local）"，新婚夫妇从各自父母家里搬出来，在一个新的地点组建自己的小家庭。从新居这一做法在许多前现代文化中都得到青睐。但对农民家庭来说就未必永远那么方便可行。如果难以获得额外的土地和资源，也没有替代收入来源，那么从新居就不可能成为一个选项。即使是在从新居做法盛行之地，这一做法也可能仅仅意味着新婚夫妇在双方父母家附近不远处找一个地方安下自己的新家，同时继续作为（一般情况下）新郎父母家的成员参加工作。举例，在罗马时期的埃及，43.2%的村庄家庭都很复杂，要么有共同居住的亲属（17.9%），要么由多对夫妻组成（25.3%）。当时记录在案的全部家庭成员，有近67%的人就生活在这样的人家里。[1]我们没有办法用这些数字进行推断（比如有关中世纪的相似案例研究就表明复杂家庭或核心家庭的盛行程度在不同地区之间存在很大差异，主要取决于社会经济条件以及文化偏好），但这些数字依然足以警告我们，不能高估从新居社会理想的实现程度。

与此同时，这些人家并不会跟他们居住的村庄形成区隔。在古代，农民从事农业耕作很大程度需要用上自己的亲属或婚姻关系，要跟这些人家合作，一起分享并交换资源。可分割继承规则意味着兄弟姐妹要么分割父母留下的财产进行分配，要么共享，这后一种选择通常也更明智。兄弟姐妹或姻亲之间的关系构成了深入交换服务的基础。比如农民家庭经常会把年幼的孩子托付给亲戚，有时一托就是好多年，借以缓解由于气候变化无常、家庭性别失衡或人生各种不测事件而对自家可用劳动力或土地资源造成的压力。进入古代后期，罗马帝国两位皇帝霍诺留（Honorius[①]）和狄奥多西一世（Theodosius[②]）曾经下令禁止将孩子托付给牧羊人，这禁令等于确认了托付孩子给他人抚养作为一种古老做法在除此以外其他所有情况下是存在的（*Cod. Theod.* 9.31.1）。

互相送礼的做法在农民社区里很普遍。通过送礼积累自己的社会资本，往往也是农民唯一的可用策略，使他们得以将资源"储备"起来，为自己创造在日后获得援助的资格。除了交换实物产品，这做法还包括交换劳动服务，比如参与收割农作物或帮忙建造存储设施等。婚姻作为"一揽子交易"关系的终极版，将物质利益与情感和道德上的承诺结合起来，巩固了不同家庭之间的送礼关系。比如赫西俄德在《工作与时日》里对亲属关系似乎没想到还有什么可说的，但说起邻居的互惠义务就变得滔滔不绝："家有芳邻如有一宝……邻居对你有多好，你就应该对他有多好；或者，只要有可能就应该对他更好。这样万一日后你需要帮助，你就一定能从他那儿得到。（*Op.* 346–351）"此外，他还认为通过借出自家富余物资而从对方那儿获取利润是不明智的做法，因为这么做一定会破坏睦邻关系："不要拿不义之财：不义之财就是祸害……没有人愿意给予，也不会施以援手，假如对方本身并不是一名'施与者'。（*Hes. Op.* 352, 355）"

[①] 西罗马帝国皇帝（395年—423年在位）。
[②] 罗马帝国皇帝（379年—395年在位）。

当时农民从事农业耕作的目的固然是要努力做到自给自足，但这并不意味着农民就一定过着捉襟见肘的困窘生活。"金嘴"狄奥这样描述过一名（理想化的）农民 — 猎人：他和他的连襟一起耕种了一小块土地。这上面包括一个菜园和一些葡萄。他们有八只山羊，还有一头母牛，母牛带着一头小牛。更多的肉和毛皮是在几条狗的帮助下通过打猎获得（*Or.* 7.42–9）。

赫西俄德自己的家庭户就是由他和他的妻子、儿子以及四到七名奴隶（*oiketai*）组成。每到最繁忙的农作物收割时节还要另雇帮工以获得更多的劳动力。[2]在古典时期的雅典，赫西俄德可能会投入他家大部分的土地和劳动力资源用于种植经济作物。这在公元前七世纪他出生的皮奥夏就是不存在的选项，因为从那个地方看来市场远在外围，一年到头只有那么很有限的一段适合出航的时间可以乘船抵达。农民手里一旦有了余粮就得设法储存起来以备日后之用，包括运出去换回从本地无法获得的商品，又或是用于送礼以增加自家的社会资本。

随着城市化与货币化程度不断加深，这一情况在公元前六世纪后期渐渐起了变化。农民从事农业耕作开始跟市场交换结合起来，因为原本只求足够养家糊口的农民现在也越来越多地出售自家部分产品，以便采购他们没有其他办法获得的物品，比如铁器，又或是用于支付租金和税收。出自希腊化与罗马埃及的莎草纸文献展示了小农户播种经济作物的场景。[3]另一方面，进入罗马时期，在田庄或村里也组织起更多的乡村市场（图 4.1）。

当时，对绝大多数拥有或租种很小一块土地的小持有农来说，种

图 4.1 农夫纪念柱：描绘水果市场和两位农夫在地里劳作的浮雕。藏于卢森堡考古博物馆（Musée archéologique luxembourgeois），地点在比利时阿尔隆（Arlon）。

来源：DEA Picture Library / De Agostini / Getty Images。

植经济作物以备出售挣钱依然只能算作一种辅助做法,他们继续主要依靠"生存式农作"达成养家糊口的目标。我们很少听到小持有农的家庭户有"企业式农作①"的说法,试图通过种植经济作物挣钱,不仅满足一家人的基本需求,还要赚到一点点利润。在阿里斯托芬的喜剧《公民大会妇女》(*Ekklêsiazousai*)里有一个人物抱怨说,在他能用卖葡萄挣来的钱去买大麦之前居然来了一位传令官,宣布铜币从今失效了(*Eccl.* 815–22)。只有傻子才会靠卖葡萄来买大麦。

不过,即使是作为辅助策略,种植经济作物依然有可能造成相当大的影响,因为种植经济作物有助于减少农民自身对邻里之间的礼物交换与社会支持的依赖性。尤其值得注意的是,阿普列乌斯(Apuleius②)在二世纪发表的小说《变形记》(*Metamorphoses*)里面描述的乡村社区完全看不到礼物交换的做法,反倒是商品和服务的销售显得相当普遍。

小规模土地持有农的市场策略并不仅仅限于播种经济作物这一项。出租家里的劳动力资源通常就是一个更有吸引力的选项。正如赫西俄德家里的农奴已经证明的那样,雇请临时劳动力的做法自古风时期已经存在,只不过后来随着企业式农作在大地主群体中逐步流行,其重要性也水涨船高。这一做法在农作物收割季节创造出可预测的、一年一度的劳动力需求,同时刺激了第二产业的增长,比如生产双耳细颈椭圆陶罐和双耳陶瓮(*dolia*)等适用容器。在罗马时期,城市化进

---

① 通常始于组建农场,形成更大生产规模。
② 罗马帝国时期哲学家、学者(约124年—170年后)。该小说又名《金驴》(*The Golden Ass*),写的是一名年轻男子遭魔法变成一头驴的故事。

程催生了砖瓦业，雇佣了数量巨大的低技能工人。开在城市中心附近的建设项目创造了另外一个劳动力市场。这些新的劳动力市场不仅为农户们提供了机会，也为年轻男性提供了脱离父辈而独立谋生的机会。

许多（可能是大多数）小持有农从大地主那儿租用了（部分）土地。同时，大地主要想最大限度提高经济作物的产量，也可以选择直接开发（或出租开发）大到任何一家农户都难以独力承担耕种的土地。多亏了当时农学家们留下的著作，我们对罗马时期的田庄管理也算了如指掌。不过，大地主从事企业式农作比这还要久远得多。根据普鲁塔克的说法，伯里克利组织自家田庄的方式就是要确保获得收入而又不必费心考虑如何管理储存或富余物资。他"将他一年的产品全部放在一起"出售，"再根据需要从市场上（采买）每一件物品，以满足维持日常生活的需求"（*Vit. Per.* 16.3—4）。假托为出自亚里士多德手笔的《家政学》（*Oeconomica*）的作者在书中将伯里克利这一策略描述为 *oikonomia attikê*，即"产品一售出就去采买……（从而确保）自己手上没有任何东西是闲置的"（1344b33）。加图在公元前160年代写的论文至少有一部分以迦太基的马戈（Mago of Carthage[①]）的28卷农业论著为基础，马戈自己又引用了更古老的希腊例子。瓦罗在公元前一世纪写作时也提到了超过50位前辈作者（*Rust.* 1.1.8）。

古代罗马专注农业耕作的田庄（*villae rusticae*）的"企业文化"是高度等级化的。奴隶制成为当时的标准化解决方案，目的是确保获

---

① 可能生活在公元前350年前后，因留有28卷农业论著而被古代希腊人和罗马人尊为农业之父。罗马在公元前146年征服迦太基之后由元老院下令翻译全书为拉丁语，原作失传。

得劳动力资源，从而实现对田庄的直接管理。打头的是一名奴隶管家（vilicus）和他的妻子（vilica），他们负责田庄的日常管理。这包括每天的买卖，但不包括产品的营销。老加图在《农业志》中建议，拥有约60公顷橄榄树的田庄应该配备13名工人，占地约25公顷的葡萄园应该配备18名工人（Agr. 10）。公元一世纪，科鲁迈拉在《论农业》里设想过更大规模的田庄，提议将劳动力人口划分为最多10人一队的团队（Rust. 1.9.7）。如何激励奴隶劳动力人口可能是一个问题。科鲁迈拉建议，假如主人不能经常到场检查，就不要依靠奴隶来管理田园，因为奴隶粗心且不可靠（Rust. 1.7.6）。大地主可以想办法绕开这一难题，做法之一是出租整个田庄，包括奴隶在内，作为农场设备（instrumentum fundi）的一部分。另一个可选做法是没法亲临现场的地主找代理人（procurators）帮忙，后者可能是值得信赖的获释奴，也可能是朋友，本身也是地主。

乡村田庄的奴隶员工组成了包括妇女和儿童在内的小社区。科鲁迈拉鼓励他的奴隶结成夫妻。并且，生有三个儿子的母亲将免于劳作；若能生更多小孩，还可以获得释放证书（Rust. 1.8.19）。至于女性奴隶到底在多大程度上担当了古代罗马田庄核心劳动力人口一个组成部分，又或是仅仅构成"辅助人员"而已，学者们到目前依然存在分歧。[4]科鲁迈拉指示奴隶管家的妻子为她自己和其他女奴准备好羊毛，以便在下雨天也能继续工作，但除此之外其他时候女性都在户外工作（Rust. 12.3.6）。瓦罗在《论农业》称赞伊利里亚（Illyria[①]）女

[①] 位于巴尔干半岛西部、亚得里亚海东岸地区，曾于公元前三世纪后期建立国家。

性只在生孩子的时候才退出田野劳作,之后再带着她们的小宝宝回来(*Rust.* 2.10.9)。他声称,在某些地区,牧羊人带上妻子一起在野外工作(2.10.7)。孩子们从很小的时候就被安排了工作,比如照料体型较小的牲畜和家禽。青少年往往直接被派到山林小径上去当牧羊人(2.10.1)。

按照科鲁迈拉在《论农业》中的说法,农业奴隶的生活可以说是"无止境的辛劳(Columella;*Rust.* 1.8.15)"。老加图在《农业志》中谈到分配口粮的时候一般都会分为管家(*vilicus*)、工头(*epistata*)和戴锁链的奴隶(*conpediti*)这几大类,最后一类从事真正繁重的体力劳动(*Agr.* 56.1.3)。小普林尼在公元二世纪初的书简里写道,他可以断言,在台伯里诺(Tiberinum[①])一带并没有使用戴锁链奴隶的习惯,尽管这种做法在其他地方很常见(*Ep.* 3.19.7)。科鲁迈拉只把锁链当作一种惩罚形式,但他确实认为配备一座地下监狱是必不可少的(*Rust.* 1.7.1;8.17;11.1.22)。公元前70年代,在斯巴达克斯(Spartacus[②])不幸战败之后,再没有大规模的奴隶起义得到过证实,但奴隶企图逃跑的例子屡见不鲜。在琉善(Lucian[③])版本的小说《卢

[①] 小普林尼一处田庄的名字,位于台伯河沿岸。
[②] 早期生平不详,可能曾在罗马军队服役,后因故被卖为奴隶。公元前73年从卡普亚(Capua)一所角斗士学校逃跑并领导起义,很快演变为第三次反抗罗马共和国的奴隶战争(Third Servile War),也是唯一一次直接对罗马腹地意大利形成威胁。公元前71年被罗马政治家、将领克拉苏(Crassus,约公元前115年—公元前53年)击败而牺牲。普鲁塔克在《克拉苏传》(*Life of Crassus*)将此役称为"斯巴达克斯战争(War of Spartacus)"。
[③] 又译卢奇安,罗马帝国时期雄辩家、讽刺作家(约120年—180年)。该小说创意跟同时期阿普列乌斯的《变形记》有相似之处。

修斯或驴子》(Lucius or the Ass)里，一户田庄的奴隶员工利用主人去世之机洗劫了田庄，然后逃去无踪(34)。

以奴隶为基础的田庄管理直到古代后期依然属于精英群体财产管理的核心特征。【5】公元五世纪，小梅拉尼娅（Melania the Younger①）一度拥有数千名奴隶。她在坎帕尼亚（Campania②）的财产包括60个乡村田庄，每个田庄均有40名奴隶组成团队负责打理（Gerontius；*Vit. Mel.* 18.3-4）。小梅拉尼娅的财产可说琳琅满目、非同凡响，相比之下管理方式就显得乏善可陈。到了公元五六世纪后期，随着城市步入衰落，农产品市场急剧萎缩，以奴隶为基础的田庄管理做法才在西方逐渐退场。

但奴隶劳动力并不是田庄管理过程使用的主要劳动力类型。农学家们一致认为，如果遇到监管变得困难又或是一时难以找到奴隶的情况，租佃方式就会变得更受青睐。每到农忙时节，田庄总是急需补充更多人手，佃户们就成为农村劳动力的又一个来源。加图估计，需要50名工人在60公顷的种植园负责采摘和收集橄榄（*Agr.* 144）。成年男性更受欢迎（Varro；*Rust.* 1.17.2），但女性和儿童也有用武之地。比如埃及城市法尤姆一个农场，在公元105年左右的账目里列出了向季节性工人支付的款项，其中就包括好几个孩子（*P. Fay.* 102）。

农村劳动力的季节性需求为承包商（redemptores）创造了机会。这

---

① 出身贵族的基督教信徒（约383年—439年），于410年前开始过苦修生活，离开罗马经西西里岛前往耶路撒冷，沿途建立多座修道院。

② 意大利西南部地区，濒临地中海的第勒尼安海（Tyrrenian Sea）。

种做法在公元前二世纪初就已经充分建立起来。老加图甚至提供了一份示范合同（*Agr.* 144）。罗马帝国皇帝韦斯帕芗的祖父①一直是一名活跃的承包商，将劳动力从意大利的翁布里亚带到萨宾努（Sabinum；*Suet. Vesp.* 1.4）。我们对这些临时劳动力的工作条件知之甚少，但这项业务很可能是有利可图的。在非洲马克塔有一座非同凡响的纪念碑，可能出自公元三世纪后期，讲述了一位农作物收割者的生活故事。他在努米底亚的田里工作，担当一个工作团队的工头（*dux*），最终挣下一份田产，也在地方元老院有了一席之地（*CIL* VIII 11824）。

很显然，为临时性的工作买或养一批奴隶是没有意义的。但即使是长期的劳动，奴隶制在当时也并非总是首选。只要考虑到非技术熟练工的工资勉强高于刚够养家糊口的水平，就会看到一名自由劳动力的成本不一定大大高于安排一名奴隶吃、穿和住的全部成本，并且奴隶还代表一种资本投资。由于存在疟疾和其他疾病，瓦罗认为，在死亡率居高不下之地，使用受薪劳动者比使用奴隶更划算（*Rust.* 1.17.2）。此外，若是在人口密集、劳动力市场密集的地区，这类挣工资的雇佣劳动者也能对奴隶制形成有力的竞争。现有史料已充分证实埃及的田庄存在受薪长工。举例，三世纪，在历史学家阿庇安家族的田庄，大多数的常规工作就是由挣工资的工人完成的，他们当中有些人住在农舍里，有些人住在附近的独立住处。【6】四世纪的人口普查铭文表明爱琴海诸岛与小亚细亚半岛沿海地区使用一种混合型的劳动力人口，由奴隶和自由民工人（*paroikoi*）组成。前者构成确保经营连

---

① 萨宾人的领地之一。《导论》提到这位祖父的父亲也有类似经历。

续性的核心劳动力（可能占比20%或更低），但他们与自由民工人合作密切，并且似乎拥有相当现实的赢得一份释放证书的机会。【7】人们会对奴隶进行培训，确保田庄随时都有专业工人可用，但根据瓦罗的说法，一些主人更喜欢签年度合同的自由手艺人，因为受过训练的奴隶太贵，他们一旦去世就会造成重大资本损失（*Rust.* 1.16.4）。

开采业：矿山与采石场

采矿业和采石业可以说是名声狼藉。工作既辛苦又危险。 判决 *ad metallas*（意为到矿场去）在古代罗马法律上是一种近乎死刑的刑罚。公元前一世纪，在本都（Pontus①）王国桑德拉库吉姆山（Mt. Sandaracurgium）租用雄黄矿进行开采的公共项目承包商雇佣了超过200名奴隶，他们被卖为奴的原因是有过犯罪行为。不过，尽管为这些奴隶支付的价格很低，但他们的预期寿命实在太低，依然使这桩业务变得无利可图，经常导致开采工作意外中断（Strabo 12.3.40）。

阿提卡的劳里昂矿场以全靠奴隶劳动力运作而闻名。此地的开采作业全部转租给特许经营者，他们当中有些人从富有的雅典人那里租用奴隶。一座矿山需要大约 30 名地下工人，与地面工人数量大致相

---

① 小亚细亚半岛黑海沿岸古地区名，意为海，公元前四世纪末年建立同名王国，公元前一世纪国王米斯拉达提六世（Mithradates VI）先后三次对罗马宣战，试图挑战其霸权，不幸均遭遇罗马名将，终于公元前63/62年被庞培所灭。

同,后者负责粉碎、研磨和清洗矿石,可能还有10名工人操作熔炉。

儿童的工作是在地面上运送矿石,也可能要在地下运送。他们的工作和生活条件都很恶劣,预期寿命很低。一个矿工的工作日时长是由他的油灯带有的燃料决定的:约为十小时。

根据阿伽撒尔基德斯(Agatharchides[①])留下的一段残篇,托勒密王朝(Ptolemies[②])曾经调集囚犯和战俘开采努比亚(Nubia[③])的金矿。有时,整个家庭,包括男人、女人和小朋友,全都派往矿山工作(*GGM* I, frs. 23–9)。狄奥多罗斯·西库鲁斯(Diodorus Siculus[④])依据这同一段记述描写了孩子们如何在矿井里跟随成年工人一起将矿石运到外面的情形:在那儿,成年男子将这些矿石先粉碎成较小的碎片,再由女人和老年男人接力将其完全磨碎。这一切工作都是在监督者的打骂下完成的。最后是技术熟练的劳动者接手,开始提纯并熔化这些矿石(3.12–13)。

但并非所有的矿工和采石工都是奴隶或罪犯。毕竟从奴隶主的角度看,只有在奴隶价格低廉且供应充足的情况下,让奴隶工作到累死为止才能算是一种划算的选择。强迫性劳作的成本很高,每一名奴隶的死亡都意味着一份资本损失。从经济上讲更合理的做法可能是改用挣工资的劳动者。这可能比我们有时以为的还要常见。出自公元160

[①] 希腊历史学家、地理学家(约公元前二世纪)。

[②] 始于公元前305年马其顿亚历山大大帝旧部之一、埃及总督托勒密自称法老,成为托勒密一世"拯救者"(Ptolemy I Soter,约公元前367年—公元前282年),托勒密王朝统治埃及至公元前30年。

[③] 非洲东北部古国,今分属埃及、苏丹。

[④] 希腊历史学家(活跃于公元前一世纪),著有一部世界史,传世只有公元前五世纪和公元前四世纪这一小部分。

年代阿尔伯努斯·马约尔（Alburnus Maior①）金矿的两块石板，其记载内容就包含了劳动合同在内（CIL III pp. 948-9, nos. 10-11）。另外，在罗马埃及东部沙漠里忙碌的采石工主要就是挣工资的工人，他们不仅拿到金钱收入，还能获得粮食配给，有时还有服装津贴。工人们平时吃住在采石场，他们的家人就住在尼罗河附近。每个月都有一群采石工前往尼罗河那边采买物资。公元二世纪，一处条纹大理岩采石场的工人举行罢工，因为当时有一群新的（可能是罪犯？）劳动力被带了进来（PSI 7.822）。

在维帕斯卡（Vipasca②）的卢西塔尼亚（Lusitania）矿区，日常生活受到严格监管。这里的矿山属于公共财产，但里面的开采作业就被出租给小规模的私人承包商。这些人使用奴隶或自由民的程度现在还难以确定。在伊比利亚（Iberia③）的矿井里，一些竖井看上去非常狭窄，看上去只有小朋友的身材才能勉强通过（图 4.2）。【8】奴隶肯定是要用到的，但维帕斯卡或附近地区还住了许多自由民，其中大多数人也在那儿从事采矿业。哈德良皇帝在位期间（公元 117 年—138 年），罗马帝国法规表明，当局非常在意激活采矿村庄的社区生活。许多公共浴池陆续建成并出租，附带条件就是让当地矿工可以免费使用。垄断特权引来了修鞋匠、理发师、漂洗工和拍卖师，甚至连教师也能获得免税待遇（FIRA I, 105）。【9】很明显，采矿是一项艰苦且缺乏吸引力的工作，但这并不妨碍有些自由民就是愿意以此为业。

---

① 今属罗马尼亚，名列史料最完备罗马行省乡村社区案例之一。
② 今属葡萄牙。
③ 今分属西班牙、葡萄牙。

图 4.2 墓葬浮雕,上面绘有四岁小矿工昆塔斯·阿图卢斯(Quintus Artulus),他于公元一世纪在安达卢西亚(Andalusia①)的巴诺思·德·拉·恩希尼亚(Banos de la Encinia)当矿工。藏于西班牙马德里国家考古博物馆(Museo Arqueológico Nacional)。

---

① 今属西班牙。

手工艺与产业：家庭、作坊和工厂

传统上，手工艺是在家宅里进行的。奥德修斯用一棵树的树干雕刻了一张婚床，又在它的周围建起自己的家。他的忠实妻子佩内洛普（Penelope）每天都在里面纺织。在色诺芬的《经济论》里，为家庭成员缝制和修补衣物属于妻子的职责和美德。将近四个世纪过后，奥古斯都皇帝也声称他只穿由自家女性成员缝制的衣服（*Suet. Aug.* 74）。围绕"家庭户生产"形成的意识形态显然不会以市场为导向。但纺织工作可以为贫困家庭提供重要的额外收入。格罗恩－瓦林加（Groen-Vallinga）用"适应性家庭经济（adaptive family economy）"这一概念描述家庭可能怎样灵活应对跟家庭成员生命周期和外部条件相关的变化，以及这些家庭通常怎样调整部分家计生产的定位，转向为当地市场服务。【10】在阿普列乌斯的小说《变形记》里有一名按日结算工资的临时工，他的妻子与他人私通，却怪丈夫找不到工作，她不得不日夜不停忙于纺织羊毛以备拿到市场去卖（*Met.* 9.5–7）。色诺芬在《回忆录》[①]里记载，听说阿里斯托哈斯（Aristarchos）因为突遇十四名女性亲属从别处逃难前来寄居而发愁，苏格拉底也是建议他让这些人缝制衣服拿到市场出售，以免陷入困窘境地（Xen. *Mem.* 7.2; 11–12）。

---

① 中译本又称《回忆苏格拉底》。

家庭生产与家庭作坊之间的界限是模糊的。比如庞贝城里有40%以上的作坊位于家庭住宅里面；其中包括23家面包店里的12家，以及三家最大的羊毛漂洗缩呢作坊。【11】这跟艾米迪奥·梅乌里（Amedeo Maiuri①）设想的不同，并不是由公元62年地震造成的危机迹象之一，而是古代希腊和罗马世界手工生产组织方式的一种结构性特征。典型的古代手艺工匠往往运营一个小型的工作单元，由他的儿子（可能不止一个）、一到两名技术熟练的奴隶助理、学徒以及有时还会加上他的妻子帮忙打下手。举例，可能制作于公元前四世纪的一块雅典式小铅板刻有一段求神降祸于一名头盔制造商和他的妻子的内容，其中提到那名妻子为丈夫的产品镀金（*Syll.*3 1177）。【12】另有两段出自公元二世纪的罗马铭文对几对夫妇表示纪念，他们都是珠宝商（*CIL* VI 6939；9211）。

不过，其他一些生产作坊，以罗马时期为主，都是独立的房子，面向街道。有些附带小小的生活起居或睡眠的空间，但全都是专门建造的工作空间。这些空间大多数附属于精英人士的住宅、公寓区或公共建筑，也有一些是作为大型的、专门建造的"市场"结构或仓库的一部分【见下文关于市场（*macella*）的讨论】。在那儿工作的手艺工匠可能是有自主权的奴隶，也可能是独立手艺工匠租用这里作为工作场所，但不管具体是哪种身份，全都是外面路过的公众可以看得清清楚楚的。他们的技能以及他们在助手和学徒面前行使权威的情形得以持续地表现出来，这提高了他们在同行以及非技术熟练人员群体中的社会地位。

---

① 意大利考古学家（1886年—1963年），以庞贝古城的考古挖掘工作而闻名。

工作间或工厂非常少见。在古典时期的雅典，我们从两部作品留意到有两家盾牌厂分别雇佣了 120 名工人（Lys. 12.19；14.6）和至少 60 名奴隶【Dem. 36.11，每人每年的收入是 1 塔兰特（talent①）】。古雅典政治家德摩斯梯尼的父亲经营一家兵工厂，雇佣了 32 名或 33 名奴隶，还有一家床铺厂，雇佣了 20 名奴隶（Dem., 27.9）。在罗马某位合约面包师（*pistor redemptor*）维吉留斯·尤里萨西斯（Vergilius Eurysaces）的纪念碑上，用浮雕描绘了 39 名工人正在执行各种不同的任务的画面（图 5.1）。

显然，这些项目的规模太大，没办法借由家庭关系进行管理。但其他集中生产的案例就不是那么清楚了。保萨尼亚斯（Pausanias②）写道，公元二世纪，女性在帕特雷（Patrae③）的人数远远超过男性。她们主要从事细麻纺织工作（7.21.14）。遗憾的是我们没办法确定她们具体是受雇于类似后世企业家的项目主管而在集中的生产单元工作，还是在众多小型的纺织作坊工作，然后这些作坊每一个都另外雇了少量工人。再早些时候，奥古斯都时期（Augustan Period④），在阿雷佐（Arezzo⑤），总数为 105 位擅长制作红精陶器（*terra sigillata*）的陶艺大师当中，有 42 位领导着至少 630 名奴隶或获释奴家属。其中最大的

---

① 源于希腊的货币单位。
② 罗马帝国时期希腊地理学家、旅行家（活跃于143年—176年），引文出自他的《希腊纪行》(*Descriptions of Greece*)。
③ 又作 Pátrai，伯罗奔尼撒半岛主要港口。根据希腊神话，由该半岛北部亚该亚（Achaea，又译阿开亚）英雄帕特雷乌斯（Patreus）创建并因此得名。
④ 约公元前43年—公元18年。
⑤ 今意大利中部小镇。

一家"公司"雇佣了58名奴隶。但富勒（Gunnar Fülle）认为这每一名家属其实都在经营自己的小型生产单元。【13】位于台伯河谷的斯科皮埃托（Scoppieto①），还有法国南部的安芙拉利斯（Amphoralis②），陶工都在大型的生产间工作。但斯科皮埃托的一些陶工也在阿雷佐工作，可见他们也有可能是独立的手艺工匠，在不同的生产地点之间来回奔波，并不是在工头的权威和命令下工作的那种类型。在安芙拉利斯，工人们和他们的家人一起住在临时工房里。在这里跟同属法国南部的拉格罗菲桑克（La Graufesenque③）一样，都发现了埋葬在工地现场的婴儿。因此，尽管这两处遗址都存在集中的"企业式"协调，但生产流程的等级体系可能很有限。【14】

到了古代后期，罗马已经建起大型国有工厂（*fabricae*④），专门生产兵器和制服。这些工厂设有生产作坊和仓库，运作起来就跟军营一样。工厂雇佣自由民打工者，把他们编成职业团体（*corpora*），但也将他们绑定在各自岗位上，不允许搬家。【15】虽然这些工厂属于典型的古代后期现象，但其实早从罗马帝国初建时期开始，国家铸币厂就以类似方式运作，只不过那里以奴隶为主，并且用人规模有时也达到数以百计（在罗马城里就是如此）。【16】

---

① 又称阿雷蒂姆（Arretium），伊特鲁里亚重镇，位于意大利中北部托斯卡纳地区，罗马帝国时期以红精陶器闻名。
② 以陶器制作闻名。
③ 古代红精陶器生产中心之一。
④ 从三世纪戴克里先在位时期渐渐变成包括生产作坊、仓库和营房等设施的综合社区。

劳资关系

在古代希腊与罗马的手艺人工作单元里,技术熟练的奴隶(或是正在受训的奴隶)属于正式成员。这么做可不便宜,这些人代表了一笔数量可观的资本投资,但只要担任作坊主人的手艺工匠有需要,他们就会可靠地出现在现场,如果发生行为不当或工作不合格的现象,还会受到严厉的惩罚。希腊科林斯地区出土的一片赤陶牌匾,产于公元前 580 年前后,上面画了两名成年男子在黏土矿坑里工作,还有两名年轻同事负责将黏土收集在篮子里再运送出去(图 4.3)。其中一名年轻男子那显然过大的生殖器表明他要么是奴隶,要么是下层雇工。这两名男孩可能有一位是陶工的学徒或儿子,另一位是年轻奴隶。

与主人一起工作或在主人附近工作都意味着这些奴隶持续受到监视。在阿普列乌斯的小说里,我们看到奴隶被罚在一家面包店里拉其中一台石磨,在那里他们全都拖着锁链,还会遭到殴打(Met. 9.12)。在洛克里斯(Locris①)的阿拜(Abai)发现了一只制作于公元前五世纪的杯子,上面描绘了一名奴隶遭鞭打的情形。在陶工作坊里被五花大

---

① 位于希腊中部,希腊神话里的英雄埃阿斯(Ajax)和阿喀琉斯好友帕特罗克洛斯等人就来自这里。

绑吊起来，脖子上还绕着一根绳子，还有一条绳子把他的生殖器绑在地板上（图4.4）。[17]

但这一幕出现在阿拜陶杯上的酷刑场景显然太过怪诞，不能当真。[18] 手艺工匠不能单靠惩罚来刺激自己的奴隶助手。工艺密集型任务必须维持一份最低限度的内在动机，而这更容易通过积极的激励措施达成，比如提供公平的待遇和物质的奖励，其效果都要胜过消极

图 4.3 黏土矿坑里的工人们，见于科林斯古城附近小村庄彭特斯科菲亚一处神殿的赤陶还愿小饰板，制作时间约为公元前七世纪后期。藏于柏林国立博物院希腊罗马古物博物馆。

来源：bpk Bildagentur / Staatliche Museen / Jürgen Liepe/Art Resource, New York。

的反馈。[19]若论终极奖励当然要数一份释放证书，无论这是免费授予还是奴隶用自己的个人积蓄买的都一样富有吸引力。按照当时希腊的法律，释放证书切断了前主人与他的奴隶之间所有的法律关系，但可以制定一份特别合同，称为 *paramonê*，要求获释奴继续提供服务。罗马的法律也允许奴隶的主人要求他的前奴隶、也就是获释奴继续提供服务，称为 *operae libertorum*。这两种做法都能保证手艺工匠得以继续期待自家的获释奴以技术熟练工身份给自己打下手。与此同时，罗

图 4.4 一名奴隶在一名陶工的作坊受罚。见于洛克里斯阿拜的一组双耳大饮杯，制作时间约为公元前五世纪后期。藏于雅典国立博物馆，编号 inv. 442。

马的法学家强调，要求获释奴提供服务的主人不能禁止获释奴从事在主人作坊里学到的工作，但可以规定这些获释奴此后继续只为这同一名主人工作。查士丁尼《学说汇纂》就记录了一个案例，关于一位医生要求他的获释奴继续给自己提供协助（*Dig.* 38.1.26）。这一安排在法律上是有效的，前提是指派给获释奴的工作必须适合一名自由民完成，同时获释奴应该有时间休息，以便照料自己和他自己的事务。有趣的是，法学家涅拉茨（Neratius①）具体指出，对于任何一个愿意出租自己劳动力的自由民来说，情况就应该是这样。这一问题并不仅仅出在学术领域。劳动合同通常没有明确的规定。比如在佩特罗尼乌斯（Petronius②）的小说《萨蒂利孔》（*Satyricon*③）里，一位据称是自由民的理发师被聘为衣衫褴褛的诗人埃乌莫尔波（Eumolpus）的仆人。接着，因为被指派搬运难以负荷的重物，他就大声抗议："你雇来为你效劳的是一个人，不是一匹马。我和你是一样的自由，哪怕我的父亲让我落得身无分文。"（117.11）

古代希腊和罗马意大利的手艺工匠经常需要他们的奴隶助手帮忙打下手，但哪怕是按古代标准看，这两个社会也是非同寻常。不错，奴隶制在古代可说是无处不在，但在大多数地区，奴隶担当的主要是仆人，而不是富有生产效率的工人。[20]居高不下的死亡率、不可预测的又或是季节性波动的额外劳动力需求，加上非技术熟练工作的实

---

① 活跃于一至二世纪。
② 罗马帝国时期作家（约27年—66年），贵族出身，一度深得当时皇帝尼禄宠信，后因得罪尼禄而自杀。
③ 又称《萨梯式历险之书》（*Satyricon liber*），只有部分章节传世。

际工资很低，导致在有自由劳动力可用的情况下，再去投资培养奴隶劳工队伍从经济上看变得不合理。从希腊化时期和罗马时期的埃及留下的莎草纸文献可以看到，当地大多数的工作都是由独立的工人或雇佣工人完成。对于并不需要特殊技能的工作，即使是在奴隶数量很多的地区，在雇主看来也还是领工资的劳动者更受欢迎。

长期的工资合同很少见，但非技术熟练劳动者往往可以很有规律地通过短期雇请的做法获得，通常是按天或按具体工作安排。遇到大型的建筑项目就会外包给技术熟练的手艺工匠，由他们再去雇请没有技术或技术水平较低的工人打下手。比如雅典卫城有两处著名的建筑项目，分别是帕特农神庙（Parthenon①）和伊瑞克提翁神庙（Erechtheion②），由其留下的建筑账目可以看到，监工和建筑师按月领取工资，低技术水平工人就按天支付报酬。[21]珍妮特·德莱恩（Janet DeLaine）做过一番计算，发现参与建造罗马卡拉卡拉公共浴场（Baths of Caracalla）的工人有近27%属于没有技术或技术水平较低性质。他们当中绝大部分是以自由民身份受雇的，[22]余下部分主要是自立门户的独立工人，自带一支由奴隶和获释奴组成的小团队。在古典时期和希腊化时期，瓷砖和建筑用陶瓷的生产通常跟具体的建筑项目有关，并且主要限于屋顶瓦片与装饰用途。但自奥古斯都时期以来，

---

① 雅典卫城核心建筑，因献给希腊神话里的处女神雅典娜（Athena Parthenos）而得名，始建于公元前447/6年，作为伯里克利重建计划的一部分，此前雅典卫城在希波战争遭波斯人洗劫。该重建计划包括伊瑞克提翁神庙在内。

② 始建于公元前421年。根据希腊神话，伊瑞克提翁是古代雅典国王。赫菲斯托斯企图强奸雅典娜未遂，种子直接撒在阿提卡大地上，伊瑞克提翁因此从土壤里诞生。

方砖（通常与混凝土结合）也渐渐用于砌墙。这一操作在整个帝国迅速流行，为砖瓦这种只要低技能，甚至没有技能的劳动力也能生产的物品开创出一个常规市场。砖瓦的生产是季节性的，工作地点往往位于黏土层附近，通常与农业田庄相连。

我们对这些自由受雇工人的生活或工作条件知之甚少。目前可以推测的是他们当中大多数人试图跟承包商建立私下的联系，希望对方可以继续雇请自己。比如阿普列乌斯小说《变形记》里那位被妻子戴绿帽子的丈夫，可能从事的就是建筑工作（*fabriles operas*）。他在跟妻子争论时提到"我们的承包商（*officinator noster*）"，由于他必须出庭，这位承包商就让他们放假（*ferias*，Met. 9.5–7）。

除了受过训练的奴隶以及临时聘用的非技术熟练工人，手艺人还有自己的学徒。手艺工匠作为师父，通常先传授基本的技能，只分派准备性质的工作。随着徒弟渐渐掌握越来越复杂的技能，就可以委托他们做一些更精细的工作。在阿芙洛狄西亚（Aphrodisias①）一名雕刻家的作坊遗址发现了一组共28件大理石做的手脚，从中可以看出学徒们大概怎样刻苦打磨自己的本事。[23]学徒合同通常持续一到三年，这在埃及莎草纸文献里很常见。一般情况，学徒住在手艺工匠师父的家庭户里，里面可能住了不止一个家庭。一开始学徒拿不到报酬。有时师父甚至收取一份教学费用。但只要完成初步培训，担任师父的手艺工匠通常（但并不总是）就会向学徒的父母或主人（可能不止一位）

---

① 以希腊神话里的女神阿芙洛狄忒（Aphrodite）命名，罗马帝国时期雕塑生产中心之一。今属土耳其。

支付一笔费用。

　　拥有多名熟练学徒可以大大提高一名手艺工匠师父的社会地位。【24】好些铭文显示之前的学生会把他们的指导者尊称为"导师（*magistri*）"。比如公元三世纪初在塔拉科（Tarraco①）有一名金匠叫尤里乌斯·斯塔图图斯（Iulius Statutus），去世后得到一块巨大的墓碑，上面刻有精心制作的诗句。这是他的第一个学徒菲利西斯姆斯（Felicissimus）设立的，用以纪念自己这位老师，铭文称他"拥有最负盛名且最高超的手工技艺（*nomine summo artificioque*；*AE* 2000，802）"。希腊化时期和罗马时期表现更为明显，手艺人越来越普遍地对同行里面有能力兼任技能教师者抱以尊重，这实际上反映的是公众已经认同，手工技艺对维护城市社会具有至关重要的作用。在埃及（可能其他省份也有同样情况），从托勒密时期到后来的罗马时期，所有的匠师级手艺人都要为自己的学徒办注册手续并纳税。但作为回报，他们可以申请豁免出席公共礼拜仪式（*P. Oxy.* 22.2340）。这种有助于进一步提高手艺工匠社会地位的公众认可，在公元337年通过君士坦丁一世（Constantine I②）颁布的一道帝国法令加以全面确认，该法令免除了手艺人的体力公役（*munera*③），理由是"他们的休闲时间应该用于学习这些技能，使他们更有积极性精进自己的本事并指导他们的孩子们

---

① 罗马人在这里建立了他们在伊比利亚半岛（Iberian Peninsula）第一个定居点，公元前45年变成殖民地。今属西班牙。
② 324年—337年在位。
③ 拉丁语 *munera* 的含义包括强制劳役负担，又称公役，且形式多样，比如体力公役，包括参建道路和桥梁等项目。

(Cod. Theod. 13.4.2)"。

不过，要当一名学徒可不轻松。体罚在古代教育里属于正常现象。一块出自古典时期雅典的铅板保存了一封信，由铁匠铺一名年轻学徒写给他的母亲以及（可能是）一位年长男性亲戚，信中恳请对方将他从他那残酷的"匠师（*despotai*）"手里解救出来，因为那些人殴打他，还把他捆绑起来。后来成为作家的琉善也讲过他的父母怎样在他小小年纪的时候就托付给他的叔叔，此人是一位雕刻大师。入门第一天，琉善就要按指导用凿子凿一块大理石，不幸的是他把那块大理石打破了，这可激怒了他的叔叔，狠狠揍了他一顿。小琉善哭着跑回家向母亲寻求安慰（*Somn.* 3）。公元二世纪，法学家尤里安（Julian the Jurist[①]）讨论过一名鞋匠的案例，当时这名鞋匠用一只鞋楦打了自己的学徒并且导致对方失明，理由是学徒男孩没有正确进行指定的任务。尤里安最终得出结论，认为鞋匠要负责"赔偿损害"，但不构成"不法害（*iniuria*）"，因为当时鞋匠打人的意图是要警告和教导自己的学生（*Dig.* 9.2.5.3）。

古代的行业社团（*collegia*）从来没有像后来中世纪的版本（guild[②]）那样设法一手把持学徒制。当时，跟琉善的经历相仿，父母或师父往往先私下在自己的家人、朋友或邻居里面寻访合适的手艺人。但埃及（可能还有其他地方）的行会参与了组织一种结业考试。出自公元前13年的一份莎草纸文献提到，某个行会为这种学徒考试支付了600德

---

① 约110年—170年。
② 与古代相比，中世纪行会的成员级别体系进一步分为学徒（apprentice）、满师学工（journeyman）和具有独立创业资格的匠师（master）这三个层级，其中满师学工阶段特指外出到其他城镇给其他匠师打工。详见《工作文化史：中世纪卷》。

拉克马的费用(*P.Carlsb.* 54)。这套体系直到古代后期仍然存在。【25】

古代的手工技艺以横向专业化著称(Xen. *Cyr.* 8.2.5)。专业人士之间存在的这种横向劳动分工,与后世经济学家亚当·斯密描述的纵向分工大不相同。两者包含的同事与主管之间的工作关系大不相同。"斯密式"的劳动分工作为一种机制,通过将生产过程分解为一系列的简单步骤,从而降低每个工作岗位的技能要求。这一做法从古代就已经存在,但当时在大多数的情况下,手艺人们在同一套生产流程的劳动分工往往意味着专业人士进行合作,又或是由担当主导角色的手艺工匠将简单任务分派给技能水平较低的合作者。在斯科皮埃托的陶艺作坊,技艺精湛的陶工们肩并肩地在各自的陶轮上工作,把准备工作一概安排给其他人。在拉格罗菲桑克,陶工们在小作坊里工作,但他们的作品都会送到连片展开的大型窑炉烧制,这些窑炉由一名烧制作业主管操控,称为 *maître-fournier*。【26】

如果遇到较大规模的项目,由于缺乏"垂直整合[①]",承包商偶尔也要跟大量手艺工匠进行谈判。这在一定程度上可以说是由以下事实促成的:许多手艺工匠同属一个社团,他们在这社团里聚会,膜拜他们偏爱的神祇,也会在同伴去世之后帮忙安葬和纪念。【27】一些行业社团还会管理公共资源。比如,在埃斯奎利诺(Esquiline[②])山上,一个羊毛漂洗缩呢工行会负责管理一口圣井。作为回报,他们无需为自己的专业活动用水付费(*CIL* VI 267;268)。公元一世纪后期到二

---

① 在一个采用单一等级制项目里组织一套生产流程的做法。
② "罗马七丘"之一。

世纪,从贝鲁特(Beirut)移居普泰奥利(Puteoli[①])的居民,由他们组成的社团拥有占地近两公顷的领地,里面带有一座蓄水池和一些作坊(CIL X 1579)。到了古代后期,专业协会变得更加重要,当时专业活动的税收通常就是通过行业社团征收。至于直接为国家工作的行会,特别是为国家粮食供应体系工作的行会,成员资格变成强制性质,而且可以世袭。[28]公元400年,霍诺留和他的兄长阿卡狄乌斯(Arcadius[②])发布一道敕令,明确批示从原来城市移居离开的手艺工匠社团成员(collegiati)必须返回原地,因为他们的城市在被他们这些手艺工匠抛弃之后失去了昔日的辉煌(Cod. Theod. 12.19.1)。

手艺工匠协会在很大程度上是罗马帝国的一种现象,尽管已经确认有些协会早在共和后期和希腊化时期已经存在。比正式协会更加古老的是手艺工匠在街道和住宅区形成的空间集聚,古典时期雅典的凯拉米克斯(Kerameikos[③])就是一例。可以推测,主要在帝国时期引起注意的行业协会,就是从非正式的邻里关系网络以及集体崇拜活动发展而来。

零售业

希罗多德认定吕底亚人最早开始铸造硬币,并且第一个组织起零

---

① 公元前194年成为罗马殖民地,今属意大利。
② 东罗马帝国首任皇帝(395年—408年在位)。
③ 位于雅典卫城西北部,当时陶艺作坊林立。

售市场（1.94）。这种联系从历史上看是不准确的，但希罗多德这一信念表明零售贸易在古代希腊社会居于中心地位，并且跟铸币存在密切的联系。与传统农民社区的一大核心特征也就是礼物交换行为相反，市场交换并不是植根于持久的社会关系。从基本层面看，市场往往是城市化的附带现象。原初城市中心（proto-urban center）就是作为当地居民、附近农村人口以及流动小贩彼此进行不牵涉感情色彩的交流的场所出现。推行硬币的做法标志希腊各城邦想要规范市场。音译为阿哥拉的露天集市广场渐渐变成农民、沿街叫卖者、做小买卖者以及手艺工匠出售少量消费品换取小银币和（后来的）小铜币之地。

城里的市场看上去熙熙攘攘、人声鼎沸且多样化，却也是有规则的。比如，立法者梭伦只允许公民在市中心的广场做生意（Dem. 57.34–5）。雅典在公元四世纪的一道法律规定，做买卖必须使用雅典的货币，任何人不得拒收。[29]价格不是固定的，但市政官作为市场监管者（agoranomoi, aediles）特别关注粮食价格。在阿普列乌斯的小说《变形记》里，主人公花 20 第纳里（denarii）买了一条鱼，这条鱼最初的开价是 25 第纳里（1.24–5，这价格不仅是虚构的，而且太高了）。小说人物卢修斯（Lucius）的一名老友恰好就是市政官，得知此事之后严厉斥责了小贩。直到古代后期，定期的街头集市仍然是古代城市的中心特征之一。这些集市给时间加上了"每周一次"的节奏。古城庞贝的一幅涂鸦显示，当地的市场经过刻意安排，让小贩可以很方便地从一个市场赶到另一个市场，由此表明他们都是全职专业人士，不是偶尔出售剩余产品的农民。[30]罗马亚细亚行省有几个城镇都辟出地方设置摊位，其中一些是通过行会分配的。举例，两份出自 200 年左右的以弗所铭文就有捐赠四个柱廊（*distyla*①）给皮包销售者（*askomisthoi*）行会与帐篷幕布织造者（*kannabarioi*）行会的记录（*SEG* 4.539-40）。

绝大多数的商铺都属于手艺工匠，他们在那儿直接出售自己制作的产品，也有一些商铺出售从批发商或生产商采买的产品。但古代希腊—罗马的城镇一个最引人注目的进展，是建造独立的市场建筑物（*macella*），通常由围绕一座带柱廊庭院排列的商铺组成。最早的例子见于罗马。公元前 210 年，发生在罗马广场的一场火灾烧毁了水产市场（*macellum piscatorium*；Livy，26.27.2 与 27.11.16）。后来人们建了更多的其他市场。[31]尼禄（Nero②）甚至在他的硬币上宣传他那新建于西里欧山（Caelian Hill③）的大市场（*Macellum Magnum*）（图 4.5）。在帝国时期早期，无论东部还是西部，较大的城镇绝大多数建有市场。多数（但不是全部）都是食品市场。店主是独立的工人，他们可能有或没有家属，在这里租下房子开店。有时，他们会自行组建行业组织，目的是要分担成本。公元前一世纪中叶过后不久，在某个快乐广场（Foro Felice④），当地墨丘利祭司（*Magistri Mercuriales*⑤）买了三个商铺、一个前厅外加一个开放空间的开发权，可能属于当地市场的一部分。[32]

---

① 由圆柱加顶盖构成的空间。

② 罗马帝国皇帝（54年—68年在位）。

③ "罗马七丘"之一。

④ 位于意大利半岛南部阿普利亚与卡拉布里亚（Apulia et Calabria），奥古斯都时期在罗马以外划分的省份之一。

⑤ 墨丘利作为罗马神话诸神之一，在主要供奉他的地方也配有专门的祭司组织崇拜活动，通常不止一位。

图 4.5 尼禄的铜币，在其反面为新建的大市场做了广告，该市场由这位皇帝于公元 59 年在西里欧山建造。BMC 185-RIC 109。直径 29 毫米。
来源：Numismatica Ars Classica NAC AG，Auction 98，Lot 1078。

家庭与女性职责

从上述讨论可以清楚看到，在古代希腊—罗马地区，主要经济单位是家庭户，称为 *oikos* 或 *domus*。[33] 许多案例显示它担当了最基本的工作单位，但最重要的一点是它作为最主要的协调单位存在。除去父母和小孩，这里说的古代家庭户可能还包括一同居住的亲属，以及作为同事或仆人的奴隶和获释奴。寄养儿童（*alumni*，*threptoi*）现象很常见。这些孩子有很多是不幸变成孤儿的亲属，也有很多是弃儿，现在被收养为奴隶。在铭文或莎草纸文献里记录的寄养儿童，超过四分之一带有奴役身份。[34]这是贫困（或相对贫困）的家庭户获取额外劳动力的一种简易方式。如果弃婴是作为自由民出生的，那么，严格按照法律来说（Stricto iure），这种将他们用作奴隶的行为就触犯了法律。直到四世纪初，君士坦丁一世才废除了被寄养奴隶要求获得生而自由身份的权利，这等于正式鼓励家庭抚养弃儿（*Cod. Theod.* 5.9.1）。不过，查士丁尼一世在公元六世纪后期恢复了这一权利（*Cod. Iust.* 8.51）。

古代希腊和罗马的社会都严格遵从父权制。家主（*kurios*，希腊语）或统领核心家庭的家父（*pater-familias*，拉丁语）就是"家宅主人"。从法律上讲，他一个人行使全权，将单独的任务（比如去市场上出售余粮）分配给一些家庭成员，或将他们"分离"出去，在家宅之外从事挣工资的劳动。但古代希腊和罗马在法律上也存在显著的差异。根据希腊法律，父亲对已成年的儿子没有任何权力，但罗马的"家父"终生保留对他们的子孙的父权（*patria potestas*）。这些子孙不能以他们自己的名义合法拥有任何事物，也没有权利、义务或责任，除非他们先做到法律上的独立，成为"自权人（*sui iuris*①）"，途径是脱离父权，称为 *emancipati*，或等到他们的（祖）父亲去世。

按照当时雅典的法律，父亲（或其他担当家主角色者，如果新娘的父亲已经去世的话）将自己对女儿的法律权力转交给女婿，让女婿

---

① 意为不处于任何家父权之下的人，通常包括家父自己、没有亲属的男子和女子。与之相对的是他权人。

从此成为妻子新的家主。但在克里特岛的格尔蒂（Gortyn①），一份出自古风时期的法律铭文表明，丈夫对自己妻子的个人财产没有任何权力，这可能反映了"多利亚式（Doric②）"城邦更普遍存在的法律传统。【35】在古代的罗马，婚姻（manu）有两种形式，一是传统婚姻"有夫权（cum manu③）婚"，将已婚女性置于她们的丈夫控制下。但这种婚姻到了共和后期已经过时。取而代之的是第二种形式，即"无夫权（sine manu④）婚"，丈夫对自己妻子的财产没有任何控制权。妻子的财产或是继续属于她自己，或是属于她的父亲，如果她依然受控于父权管辖（in patria potestate）的话。

即使是由一名家主或家父担当首脑的家庭，我们也不应该将法定权力与社会现实混为一谈。工作关系由于内嵌于家庭户关系而受到家庭关系的制约，但家庭户成员之间的关系也会受到工作紧迫性的约束。一名家庭户首脑行使权力的有效性更多地取决于个人品格外加是否子女孝顺、夫妻和睦、奴隶忠诚以及获释奴服从（obsequium）等项目的实际情况。

一方面是法律权威与意识形态，另一方面是由家庭而非个人作

---

① 因留有公元前五世纪铭刻的一份法典而闻名，可能是欧洲最早的同类文件。公元一世纪成为罗马克里特—昔兰尼加（Crete-Cyrenaica）行省首府。根据希腊神话，这是宙斯的出生地，后变成白牛诱拐腓尼基公主欧罗巴（Europa）来到这里。欧罗巴之后与克里特国王成婚，后者收养了她与宙斯的三个儿子。
② 源于多利亚人（Dorian）。根据希腊神话，他们是大力士赫拉克勒斯后人，后被迈锡尼国王赶走而暂避希腊中部多利斯（Doris），因此得名。
③ cum 有附属之意，夫权为 *manus*。
④ sine 表示无。

为社会生活最基本离散单元的经济制约塑造成型的社会现实，这两者之间的对比，从女性的位置看得最为明显。性别是一个贯穿其他地位标准的概念，深刻影响着人与人、人与物质对象乃至人与整个世界的（潜在）关系。工作通过什么方式达成"性别化"区分将影响到从个体工人到整个社会的生活。允许男性从事的工作可能不允许女性从事。对比男性和女性，他们对资源的控制以及获得劳动力的机会可能存在很大差异。[36]此外，性别化是一种文化现象。古代希腊（或者说至少古代雅典是这样）文化对女性的限制比同期的罗马文化严格多了。当时，体面的雅典女性必须足不出户。她们可以开始从事家庭手工艺品（特别是纺织品）的工作，但有关体面的行为准则继续要求她们终日留在家里，不得抛头露面。

色诺芬在他的《经济论》一书中阐述了丈夫与妻子之间的理想分工方式。他认为，丈夫的职责是提供一份收入，妻子的职责是存储资源、监管开销并指导所有留在家里工作的成员。她负责所有跟照顾与养育相关的任务，比如准备食物、照顾孩子以及患病或年老的家庭成员（包括奴隶在内）。纺纱、织布和修补衣服属于以上任务一种自然的延伸。她要向经验丰富的年长女仆学习，但培养年轻女仆却是她的责任。

色诺芬将妻子当作"家宅管理者"的理想作为总体设想得以流传下来。比如，在庞贝古城保存至今的一幅著名湿壁画上绘有特伦提乌斯·尼奥（Terentius Neo）和他的妻子，从画面可以看到，丈夫拿着卷轴，暗示他受过高等教育，他的妻子拿着一块书写板，表明她的职责是帮忙记账（图4.6）。

但这幅画同时暗示了一种可能更重要的职责。首先，尼奥这套房子有一半以上的空间已经改造成一座大型的商业面包店。这幅画出现在连接面包店与家庭起居生活区的走廊对面，这意味着任何人只要从工作区来到客厅就能一眼看到它。【37】不难看出，尼奥的妻子参与了这户人家的生意。

但管理家族财富这一工作可不能局限于在家督导家务工作的范畴，还可能包括外出、谈判、承担或要求履行合同义务、雇用劳动力等需求。古典时期的雅典法律使女性很难独立管理自己的财产。只有她的"家主"才能代表女性接受或要求履行合同义务。女性即使是从事现货销售的工作，也只能限于最多一个干量单位（*medimnos*[①]，Isae. 10.10）的水平。这显然严重限制了女性在直接监督家务工作之外做出经济决策的能力。实际上，由于女性（或她的家人）可以提出离婚，因此，带来巨额嫁妆的妻子可能会迫使丈夫征求她们的意见。虽然嫁妆由丈夫控制和管理，但不会成为他的财产，在离婚或丈夫去世后必须退还给妻子。这就促使欧里庇得斯怜悯那"为得到一份嫁妆而出卖自己身体"（Fr. 775 Nauck）的男人。戴维·沙普斯（David Schaps）指出，数量巨大的希腊古代铭文显示女性从事商业活动、释放奴隶以及代表自己的孩子行事。法律要求女性必须先征得"家主"同意，在这之后她们采取的行动才会被视为有效，这并没有作废，但到了公元前三世纪，"所谓女性无能的看法已退化为律法主义"。女性（再也）不会被认为天生就"没有能力管理"产业【38】。一份出自公元前三世纪埃里斯莱

[①] 源于希腊的古代容积单位，约50公升左右。引文出自公元前四世纪雅典职业演说作者伊萨尤斯（Isaeus）作品。

图 4.6 绘有特伦提乌斯·尼奥夫妇的湿壁画。见于庞贝一所连接一座面包店的宅邸（VII，2，6）。藏于那不勒斯国家考古博物馆。
来源：C. M. Dixon / Print Collector / Getty Images。

(Erythrai①) 的铭文甚至记载了一名女性担任（可能是）她儿子的监护人，并且此举得到她自己的监护人或"家主"的同意（$Syll.^3$ 1014）。

---

① 公元前453年左右以及伯罗奔尼撒战争期间（公元前412年）两次退出雅典的提洛同盟，公元前334年由马其顿亚历山大大帝从波斯人手里解放，之后转投由其旧部开创的安提柯王朝（Antigonids，公元前306年—公元前168年统治马其顿）。今属土耳其，名为艾尔底里（Ildiri）。

第四章 工作场所的文化

同样，按照当时罗马的法律，女性要想自己的行为具有法律效力，需要先得到一名"监护人（tutor，拉丁语）"授权，但这一要求到了罗马共和后期也变得流于形式。二世纪中叶左右，法学家盖尤斯（Gaius①）指出，他找不到合适的理由，证明成熟女性需要一名监护人（*Inst.* 1.191）。【39】

相比之下，当时大家普遍认同的理由是女性往往由于难以认真对待严肃事务而变得容易上当受骗，因此要求她们接受导师的权威管制是正确做法，这看似合理，却不符合事实。实际上成年女性都在自行打理商业交易，在某些特定的情况下，她们的导师可能出于形式合法的目的而使用自己的权威加以干预；通常他可能遭到甚至是来自当地司法官（praetor）的压力，不得不违背自己的意愿而动用这种权威。

根据奥古斯都时期的婚姻法，有三个孩子的女性（若是获释奴，这一门槛将提高到四个孩子）完全不受这一规定的约束。263年，一名埃及女子给当时的埃及总督写过一封信，请求正式登记这项权利，以便她在日后有必要时能用上它（*P.Oxy.* 12.1467）。

当时，尽管女性不能拥有父权（*patria potestas*），但她们确实对自

---

① 又作 Caius（公元130年—180年），生平不详，罗马帝国后期将其奉为法学权威，东罗马帝国狄奥多西二世（Theodosius II，公元408年—450年在位）在425年下令将他与乌尔比安等另外四位法学家的学说列为判案依据，查士丁尼一世组织编纂民法大全时也以他的《法学阶梯》（*Instituiones*）为基础做了新版的同名篇目。

己的奴隶拥有权力（*potestas*），同样可以要求获释奴向自己这位前主人提供法律规定的服务（*operae libertorum*）。与此同时，掌管商业项目的罗马女商人可能在数量上没有男性那么多，但也不算十分罕见。一份出自罗马的墓志铭就记载了一名女商人的遗嘱，要将三个纺织作坊遗赠给她的父母和兄弟。她的母亲是一名羊毛精梳工（*tonstrix*），她的兄弟是一名羊毛经销商（*lanarius*；*CIL* VI 9493）。另外，从"萨皮奇文档（archives of Sulpicii①）"可以看到普泰奥利的一群银行家向异地商人提供贷款和中介贷款，我们甚至从中发现米洛斯岛（Melos②）一名希腊女子使用罗马法合同从一名罗马女子那儿借入钱款。她的罗马式监护人（*tutor*）也是希腊人，来自雅典（*T.Sulpicii* 60-2）。

　　就像二十世纪之前几乎所有的文化一样，与工作相关的任务若要按性别进行划分，做法在很大程度上与家务事和非家务事之间的划分是一致的。并且贯穿于其他的地位划分。比如，按当时的定义，女奴并不会得到尊重，但即便是这样，分派给她们的主要还是典型的女性任务：比如准备食物，照顾儿童、老人和生病的家庭成员，以及纺纱织布等。

　　萨勒认为，我们在文学文本里看到的刻板印象，即女性在很大程度上被排除在户外工作之外，是"对现实的某种简化，却不是完全的扭曲"。【40】在前产业社会里，基本家务工作相当花时间。在一个允许男性有更多机会参与家外活动的世界，将家务工作一概委派给女性是

---

① 1959年在庞贝附近发现的一组书写板，上面记载了在普泰奥利发生的财务往来。

② 今称 Milos，当地最早的定居点可以追溯到青铜时代后期。1820年出土了著名的断臂维纳斯／阿芙洛狄忒像，制作时间约为公元前二世纪。

有道理的。特雷贾里（Susan Treggiari）指出，在罗马城，女性从事户外工作的例子在铭文里几乎一无所见。[41]

不过，并非所有的家庭生产全都仅以供应自家消费为目的。没有几户人家有能力弃用自家的女性劳动力。正如我们已经看到的那样，若家里的女性可以和奴隶一样从事纺纱织布的工作，就能为许多非精英人群家庭带来一笔数目可能很可观的额外收入。至少在罗马埃及，家庭生产的纺织品为纺织品市场做出了重要贡献。[42]在家庭农场，女性也是劳动力的一个组成部分。比如亚里士多德就曾实事求是地指出，"没有奴隶的穷人被迫把自家的女性和儿童用作仆人"（*Pol.* 2.1323a5）。

并且在家庭和家庭农场环境以外也有女性以独立打工者的身份出现。按照希罗多德的说法，在古典时期的雅典，受人尊敬的体面女性对市场都是避之则吉，跟甚至会在那儿出售物品的埃及女性截然相反（2.35）。但实际上许多希腊家庭和单身女性根本别无选择，只能到市场上出售产品或手工艺品。阿里斯托芬嘲笑过同行作家欧里庇得斯，说对方母亲是卖菜的（*Thesm.* 383—8）。[43]雅典人欧克西塞奥斯（Euxitheus）的雅典公民资格遭检察官怀疑，就是因为他母亲曾在市场卖丝带。德摩斯梯尼的回应是引用一项法律，对"以在市场做买卖为由谴责任何一名男性或女性公民者"处以罚款（57.30）。

由于女性通常比男性更早结婚，因此当时寡妇的数目比鳏夫多得多。根据埃及出土的证据，萨勒估计，那儿三十多岁的女性估计只有一半仍然处于已婚状态而没有变成寡妇[44]。寡妇如果没有丰厚的财产、农场、房屋或商店，就没什么机会再度成为具有吸引力的新娘，若还带有前一段婚姻所生的孩子，她们的地位只怕还要更逊一筹。因此，由女性从事男性工作的情况并不少见。一份出自公元99年的莎草纸文献包含了一份劳动合同，说的是雇请一名26岁的女子操作一台橄榄油榨油石磨，这样她就可以偿还她从雇主那儿收到的一笔贷款（*P.Fay.* 91）。【45】

女性自由民几乎没有机会成为学徒，但她们可以从父母那儿学到一门手艺，就像出生于公元前五世纪雅典的女画家提马雷特（Timarete①）以及公元前七世纪西居昂（Sikyon②）的女雕塑家科拉（Kora）一样（Plin. *HN* 35.12）。克孜克斯（Kyzikos③）女肖像画家雷亚（Laia④）的作品卖出了比她那些最著名的男同行还要高的价钱。这些女艺术家至少有一些领导了自己的工作室，甚至在那里教年轻的男子画画（Plin. *HN* 35.148）。公元前86年，某位苏格拉底（Socrates）的女儿、底比斯的竖琴演奏家波利诺塔（Polygnota）由于在皮提亚运

---

① 又称塔米里斯（Thamyris），活跃时期在公元前四世纪，可能是希腊最早有记载的女画家，老普林尼在《自然史》（*Natural History*，又称《博物志》）里提到的六位女艺术家之一，后面提到的科拉和雷亚也在其中。

② 又译西库昂（又作 Sicyon 或 Secyon，现代希腊语为 Sikión），位于伯罗奔尼撒半岛科林斯西北面，公元前六世纪达到全盛时期，加入伯罗奔尼撒联盟成为斯巴达的忠实盟友。公元前四世纪以自成一派的绘画和雕塑作品闻名，杰出代表包括后文提到的雕塑家利西普斯。

③ 小亚细亚半岛西北部马尔马拉海（Sea of Marmara）沿岸古城，因位于连接黑海与爱琴海的贸易要道上，自公元前六世纪成为重要商业中心，今属土耳其。

④ 罗马帝国时期希腊画家（活跃于公元前一世纪），老普林尼记载，她画得很快，作品多为女性画像，包括自画像，这在当时相当不同寻常。

动会（Pythian Games①）临时取消时做了出色的免费表演，受到德尔斐（Delphi②）表彰并以政令形式记录在案（*Syll.*³ 738）。

　　留给女性的特定工作可以说是屈指可数。最明显的一项是卖淫，被认为属于有失体面之事，在阴暗的、通常也很肮脏的地方进行，只有奢华的妓女和著名的"女伴（hetairai③）"除外。【46】也有一些值得尊敬的户外职业留给女性。比如助产士，实际上就是当时的妇科医生，享有良好的声誉。以弗所的索兰努斯（Soranus of Ephesus④）在一世纪末或二世纪初留下的文字包括建议这些人应该识字、通晓医学文献、聪明、记忆力好且具有极佳的名声。作为助产士，他认为，从业者必须有能力激发信任，谨慎行事。同时还要留意避免从事任何有可能使自己双手变得僵硬的体力劳动（*Gyn.* 1）。当然，并非所有的助产士都能符合索兰努斯归纳的这套理想要求，但这显然是一项光荣的职业选择。我们从文学文本和铭文已经认识好几位受人尊敬的助产士（图 4.7）。苏格拉底的母亲就是一名助产士（Pl. *Tht.* 149a–50a），欧克西塞奥斯的母亲也一样，德摩斯梯尼还为她写过一篇演说辞（57.34–5）。

---

① 纪念希腊神话人物光明神阿波罗的竞技会，自公元前582年起举行。文中提到的这一届因战事而取消。
② 根据荷马史诗，当地又名皮托（Pytho），设有女祭司，称为皮提亚（Pythia），阿波罗让奥德修斯到那儿寻找神谕。公元前八世纪迈锡尼带来了阿波罗崇拜活动。
③ 普鲁塔克认为这是阿提卡地区对"交际花"的委婉称谓。
④ 罗马帝国时期希腊妇产科与儿科医生（98年—138年），著有《妇科学》（*Gynaikeia*）等。

奶妈是另一项值得赞赏的女性服务项目。有几十份埃及莎草纸文献记载了雇用奶妈的合同。根据家庭状况不同,奶妈居住(以及工作)在需要照顾的孩子家里,又或是把孩子带到自己家里。在罗马,可以在蔬菜市场(*Forum Holitorium*)的"乳柱(*Columna Lactaria*)"下雇请奶妈给婴儿喂奶(Festus, *Gloss. Lat.* 105)。前面提到的索兰努斯还强调了正直合德与自控能力的重要性,包括禁欲,因为"照顾婴儿从本质上看已经变得跟护士工作差不多"(*Gyn.* 2.19)。我们听到的关于奶

图 4.7 赤陶浮雕,描绘了孩子出生的情景,出自二世纪罗马萨克拉岛(Isola Sacra)墓地一名助产士斯克利波尼亚·阿提卡(Scribonia Attica)之墓。藏于希腊奥斯提亚考古博物馆(Museo Archeologico Ostiense)。
来源:DEA / G. Dagli Orti / De Agostini / Getty Images。

妈行为不端的抱怨，都是说她们怎样辜负了孩子的亲生父母对这些女性的道德期望。

但这一切并不是说当时女性就跟男性一样拥有很多机会，又或是说她们可以自由参与到市场里去。她们不能。只不过与此同时从社会实践里见证的性别多样性，确实远远大于社会意识形态圈定的性别多样性。

结论

古代希腊和罗马的主流文化都明确将天生或至少是从社交上看难以回避的品质归因于个人自身，认为从理论上说这些品质规定了人们应该怎样跟他人相处。比如，他们认为奴隶是会说话的工具，没有任何积极的作用；女性需要保护，一旦放任她们独立做决定，就有可能对她们自己、她们的家庭乃至所在的社区构成危险；农民健康纯洁，但缺乏教养且愚蠢。西塞罗在他的《论义务》一文中写道："底层（*sordidi*）被认为是那些人……他们从商人那儿购买打算立即转售的物品，因为除非他们使劲撒谎，否则他们不可能从中获利。所有的手艺工匠都在从事底层职业，因为没有任何一个生产作坊拿得出任何（适合一名）生而自由者从事的事。(1.150)"

但是，工作场所的社交文化严重偏离了这些受意识形态启发而来的信念。从五世纪一直到古代后期，雅典的小持有农将自己的部分土地和劳动力资源用于生产和销售经济作物以及其他物品（纺织品、木材、芦苇、篮子等），还为大地主、二级生产商（比如生产方砖、瓷砖、储存容器等）和城市承包商（比如承建建筑或道路建设项目）提供雇佣劳动力。大型农村田庄的劳动力包括奴隶和自由民工人这两大类。前者有时会被锁链连在一起工作，但也常常比外来的自由民工人得到更多的信任和权威。手艺工匠大师作为学徒的导师（*magistri*）受到尊重，在自己的作坊对受过训练的奴隶助手行使权威。再由这些奴隶助手去指导技术不熟练的外雇工人，这些奴隶常常在得到释放证书之后获得独立。在罗马帝国，技术熟练手艺工匠服务公众利益（*utilitas publica*）这一点日益得到认可。通过他们自己的专业协会，手艺人、零售商和批发商得以被接纳到公民社区的公共典礼和仪式里去。家庭是当时最基本、最常见的工作单元。从法律上讲，家主或家父是他所在这个家庭户的"主人（master）"，但在实际操作中，更重要的是面对面的关系以及真正意义上的相互依赖关系。没有几个家庭具备足够的经济实力，可以闲置自家女性成员参与工作的潜力不用。相反，许多家庭还面临他们的家主或家父英年早逝，留下女儿和妻子不得不担起责任的现实。在希腊化时期，希腊语通行地区对女性的监护变得越来越停留在法律要求的层面，而不是成为一种社会现实。进入罗马共和后期以及帝国时期，对女性的监护进一步弱化为一道法律手续。女性作为管理者，不仅要对奴隶行使权力，也要作为手艺人工作，可能是独立工作，又或是与她们的先生合作，身份都是挣工资的工人。

但最后还是有必要来一点提醒。我一直认为，古代工作场所产生了偏离主流精英话语的亚文化。这些亚文化是流动的，为突破社会习俗留出了相当大的空间。但在另一方面，对于大多数工人来说人生依旧艰难、困苦，而且短暂。虐待行为、不公正待遇以及剥削现象构成了奴隶和下层自由民工人必须面对的日常现实。女性也从未拥有跟男性一样的机会；与此同时，尽管离婚在法律上是有可能做到的，但许多人对虐待行为或家庭暴力几乎毫无防御之力。工作场所的文化是由可能打破文化约束的经济约束来决定的。在某些情况下这是一种上下颠倒的文化，可能发生诸如奴隶凌驾于自由工人之上、妻子凌驾于丈夫之上的情形，但从来都谈不上现代意义上的"自由"。

第五章
技能与技术

菲利普·萨皮尔斯坦
(*Philip Sapirstein*)

菲利普·萨皮尔斯坦(Philip Sapirstein),美国内布拉斯加大学艺术史副教授,作为专业考古学者,主要研究领域集中在希腊建筑、古陶制作、古代劳动力经济学以及将新数码技术用于考古分析与可视化。

西方古代关于技能的概念，包含治国方略、军事战术和娱乐活动，其中要数应用在生产过程的技能和技术这两点与工作的文化史关系最为密切。因此，本章将聚焦于技能的具体方面，考察技能在物质产品生产与生产管理中的应用。主要讨论三个普遍主题。首先，就当时人们对待技能与技术的态度，从文学和铭文证据做一番概览，由于绝大多数手艺人自己的说法是缺失的，因此目前看到的这些证据往往带有负面态度。第二，围绕铺盖屋顶的技术与材料这一案例，回顾古代建筑工程的组织与技术。第三，对精细陶器生产做一次比较研究。这后两者表明，尽管发明与技术变革在古代没能得到持续的推动，但在生产技术这边确实有机会不断见证重大的实验与创新涌现。

古代精英对待技能的态度

表示技能（skill）和技术（technology）的两个英语单词在希腊语和拉丁语里找不到精确对应的词，其中，*technê*（技能，还表示艺术、手艺等）、*ars*（艺术，还表示技能、手艺等）及其变体包含了一系列广泛的意义。现代关于技术的设想——不仅包括生产设备，还有这些设备背后的理论与科学知识——经由产业社会塑造而来，但古代关于*technê*的看法却同时包括了诗歌艺术、军事战术以及其他类似内容。诚然，前产业化世界用到的动力主要由人类和动物提供，因此，要在技能与辅助人类施展创造性专长的特定机器之间进行概念区分的需求可以说是微乎其微。英语关于技能和技术的设想，缺少了古代所说的 *technê* 的具体层面，后者不仅可以描述用于生产某种物品的技能，还可以描述精心制造完成的这个物品本身。与此相仿，至少在较为早期的希腊文本里，*mêtis*① 或 *sophia*② 这两个单词同样包含广泛的含义，就技能而言不仅有英语所说的（智识领域的）智慧，还有工艺（生产过程包含的"智慧"）。

这种见于早期希腊的含义上的灵活性与许多流传至今的古代文献字里行间显示的偏见可以说背道而驰，这些偏见常常以非常消极的眼光看待作为本章主题的实用技能。柏拉图、色诺芬和亚里士多德属于首批精英阶层作家，率先要在智力技能（intellectual skills，比如战术与纯粹科学知识）跟仅以赚钱糊口为目的的实用手工技能（banausic skills，基本上就把体力劳动相关技能全部包括在内，只有农业耕作除外）之间标出明确的分界线。他们还将 *sophia* 和另一个希腊语单词 *epistêmê*（确定的知识、学识）细化为类似英语里更狭义的 intellectual wisdom（智力智慧，学问）概念，与早期关于"智慧"也可能用于描述技术熟练的生产制造工作这一设想一刀两断。

至于手工技能在当时为什么不受欢迎，古典时期雅典的作者们为我们留下了多种理由，全都涉及两个重点：他们认为手工生产不仅会导致手艺人的身材走样，更重要的是心智也会走样，因为手工生产迫使她或他要靠销售商品为生，而这容易诱发不诚实行为，并且需要为他人服务。如此一来，精英群体对仰仗他人的依赖性的蔑视态度还

---

① 源于希腊神话里司职纺织的同名女神，智慧女神雅典娜之母。
② 源于希腊神话里另一位同名女神，意为智慧。

有可能波及其他并非从事体力劳动的专业人士，比如税务人员或商人（Cicero, *Off.* 150-1）。像建筑师或医生这样的高技能工作显然属于"嫌犯"，除非这些工作的从业者不再拿工资作为报酬，这甚至促使盖伦——罗马帝国时期的希腊名医，也是一名建筑师的富有儿子——拿起笔来为自己的工作辩护，认为行医对精英阶层人士而言也是非常得体的职业（Protr.; *Anim. Pass.* 1.8）。传记作家普鲁塔克将反对技能的偏见推向了极端：他坚持认为，贵族不得培养任何可能跟"仆人"扯上关系的才艺，比如雕刻或竖琴演奏（*Vit. Per.* 1.4-2.2）。

更普遍而言，针对技能的怀疑态度反映了古代世界的阶层斗争，当时贵族地主想方设法希望保持自己对政治事务说一不二的统治地位。精英群体依靠自己的大田庄，以此为基础产生超出自用水平的财富（尽管他们可能会将一部分的农业所得利润再投资于贸易与制造业）。因此，对于四世纪的雅典哲学家、他们的前辈西塞罗以及其他许多著书立说者来说，农业耕作是唯一符合他们理想的体力劳动形式，不仅因为生产食物这一工作能让人有机会摆脱对他人的具腐化性质的依赖性，而且因为当时将土地理解为继承而来的权力的基础。比如李维抨击时任执政官铁伦提乌斯·瓦罗（C. Terentius Varro[①]），说他有一个出身卑微的屠夫父亲（22.25），就是作为诋毁对手的一种策略的实例，现已证明最起码从雅典审判时期（Athenian trials[②]）已经存

[①] 公元前216年在位。

[②] 与本卷有关的可供参考时间节点包括德拉古（Draco）在公元前621年左右立法、梭伦在公元前594年出任雅典执政官（共九人）后订立新法，至公元前五世纪雅典已具备成文法和正式法庭体系。

在，到罗马时期变成司空见惯。一个精辟的例子见于佩特罗尼乌斯的小说《萨蒂利孔》，里面对暴发户获释奴做了怪诞的描绘。与此相仿，尤文纳尔与马提亚尔都在他们的作品里谴责过趋炎附势者的贪婪与粗鲁行为，其中包括像鞋匠这样的暴发户手艺人，说他们凭使用皮革锥子的手艺变得如此富有，甚至有能力赞助角斗比赛（Mart. 3.16）。那富有的鞋匠的情节肯定属于某种夸大其词，但这里的重点在于精英阶层强化了自己得以继承其实不劳而获的财富与政治特权的权利，这在一定程度上是通过否定通过生产作业赚取的收入，以及一切不在管理农场、治国方略与纯粹智识追求范畴的技能而达到此目的的。

这样一种态度并不能说是所有的古代社会固有的，比如希腊人从更早以前在使用 technê、sophia 等词汇之际一度将智慧与手工艺合二为一的事实表明，到公元前 500 年，精英们对他们认为仅以实用为目的的技能的蔑视情绪尚未完全形成。以荷马史诗为例，"崇高"与"卑下"的技能之间的分界线还不算明确：比如，久别重逢之际，奥德修斯要说服妻子佩涅洛佩相信自己的身份，就想到了跟她描述当初他是怎样用自己的双手打造他俩的豪华婚床（*Il.* 23.185–201）。另一个具启发性的例子是埃佩厄斯的英雄形象，他在《伊利亚特》里一度短暂地作为获胜的拳击手出现，也是受智慧女神雅典娜启发而动手建造特洛伊木马的木匠。但是，从柏拉图（*Resp.* 10.620c）开始，这位以手工技巧和技术伪装手法赢得特洛伊战争的埃佩厄斯，其形象就带上了负面属性。再后来，到了希腊化时期和罗马时期后期的作家笔下，埃佩厄斯已被塑造改写为一名卑微而又不光彩的懦夫。[1]

显然，这类史料读起来必须非常谨慎，因为作者看不起技术熟练工人，于是这些材料也不会站在他们的角度说话。本文试图从非常有限的传世史料中还原古代手艺人对自己掌握的技能的看法。这由三个相互关联的技能维度组成：从业者的天赋才能；技术知识（或作为技术基础的理论装备）；以及经验（通过培训和专业实践获得）。这些维度是从皮埃尔·莱蒙里尔（Pierre Lemonnier）在1980年代提出的富有影响力的技术定义简化而来，做了必要的调整，以适配本章的目的以及希腊—罗马古代出土证据的性质。[2]

│ 古代技能与才能评估

人类天赋或能力倾向（aptitude）存在天然区别，从古代开始人们早就心里有数，但在文学史料里很少看到直接提及。柏拉图就在《普罗泰戈拉篇》（*Prt.* 327b–328a）中描述过一个城市，在那里，每一位公民都接受过全面的长笛演奏培训，由此而来的结果是实际技能（skill）如果出现差异，那么原因一定出在公民个人的天赋才能（talent）上。此外，一名技术高超的长笛演奏者的孩子并不一定就能继承这种能力（ability）。尽管天赋才能的观念在别的地方很明显（举例，Hippoc. *Lex* 2；Arist. *Eth. Nic.* 2.1；Xen. *Mem.* 1.7；Cic. *Brut.* 257），但将这一点考虑在内的案例可以说是少得出奇。也许可以将这种相对沉默归因于精英们一生下来就享有特权的事实。毕竟，如果天资或能力倾向并不一定可以从前辈那儿继承，那么，一套旨在奖励那些碰巧带有天赋才能的人的普遍政策，就有可能跟先天性质的贵族特权形成竞争并对这一特权造成损害。

陵墓铭文与出自手艺人的奉献作品提供了文学史料以外的另一个宝贵画面。铭文往往都很简短，没有告诉我们很多关于奉献者对技能的态度，但最起码呈现出一种更积极的对待劳动的态度。比如，古典时期雅典就有几位鞋匠对自己这份经常被打入最卑微行业之列的工作感到自豪。[3]公元前四世纪后期，陶工巴奇奥斯（Bacchios）在雅典去世后得到一份不寻常的、几乎可以说是自吹自擂的墓志铭（$IG\ II^2$ 6320）："全希腊一致判定巴奇奥斯在城里举办的比赛排名第一，他凭自己与生俱来的手工技艺，与他的同行手艺工匠较量将土、水与火混合在一起的技艺。他夺得所有的桂冠。"这里提到的比赛可能是指当时雅典城邦授予生产"泛雅典人节（Panathenaea①）"奖品专用双耳细颈椭圆陶罐的合同，价值很高；事实上，在这份墓志铭出现前，有大约半个世纪的时间，分别叫巴奇奥斯和基托斯（Kittos）的两名陶工就分享过这么一份合同。[4]类似的自豪表达还见于一名木匠、多名矿工、一名鞋匠以及多名纺织工人，他们都具体宣传了自己的天赋才能。[5]但这类说法总体而言非常少见，也许可以跟古典时期雅典制造商集中程度相对较高有关。[6]要从这有限的雅典证据概括得出手艺人在整个古代希腊世界的地位恐怕是有风险的。[7]

明确标记墓主所在行业的墓志铭在罗马帝国的前两个世纪更为常

---

① 古代雅典一年一度祭祀其城邦守护神雅典娜的节日，后来加上四年一度的大泛雅典人节，似乎要跟奥林匹克竞技会平起平坐。

见。乔施尔在1992年对 *CIL* 里近1500份给出职业称谓的墓志铭例子进行了分析，发现340多种与男性或女性劳动者相关的不同职业。奴隶与获释奴在这整个语料库中占到六成以上，他们宣传的职位名称包括收入低微与技术熟练这两类。对奴隶来说，哪怕是一份地位低下的工作，由此而来的职业认同也等于铺垫了通往自由或与一户权贵人家攀上关系的路径。不过，即使到了表彰逝者个人能力的时候，铭文的用词依然很可能非常谦虚。比如某位 M . 卡努雷乌斯·佐思姆斯（M. Canuleius Zosimus）是一名获释奴，由他的主人安排葬在主人给自己留好的墓里，主人还给他写下这样一段铭文（*CIL* VI 9222）："在他这一生里，从来没有说过任何人的坏话，也没有违背过他主人的意愿……他一直都有获得大量金银的机会，但从来没想过索取。至于技能，他的克洛迪风格（Clodian）雕刻技术堪称傲视群伦。"可见主人首先要赞美的还是这名奴隶的顺从，然后才是他在雕刻方面的才华。

展示手艺人的工作情形或工具的浮雕在罗马帝国各地陵墓上都能看到，反映出一种更直接的自豪感。[8]一个堪称惊世骇俗的例子见于罗马的面包师尤里萨西斯之墓，作为一名获释奴，他那建于公元前一世纪末的陵墓非常独特，将做面包要用到的物料混合盆也整合进去，贯穿陵墓的整个结构（图5.1）。[9]此处要高调彰显的技能更多地在于管理、重商主义以及（间接提到）跻身上流社会的做法。

另一个同样著名的陵墓出自一世纪后期，属于哈特里一家，这是一个建筑承包商家族（图5.2，图5.3①）。从上面的浮雕可以看到一

---

① 亦见第二章《图说工作》。

台类似起重机的巨大装置，用于建造这户富有人家具有纪念碑意义的陵墓，连带还有他们在罗马承建的一系列同样具有纪念性建筑项目。选用这些画面可以传递出他们借以成功拿下这些合约项目并投用这些先进技术的财力以及由此而来的自豪感。固然吹嘘自家荣誉头衔和财富比宣扬自己拥有一份特殊才能的做法更常见，但当时很多罗马人在表达职业自豪感之际还不至于如此铺张。【10】

除去陵墓上的装饰图文，手艺人在自己的作品上留下的签名也是表明他们对自己的技艺感到自豪。这类制造者铭文通常跟通用动词

图 5.1 富有的面包师尤里萨西斯之墓，位于罗马的马焦雷门前面，时为公元前一世纪后期。
来源：Werner Forman / Universal Images Group / Getty Images。

图 5.2 一世纪末或二世纪初,哈特里家族陵墓的浮雕描绘了一台巨大的类似起重机的装置,旁边是堪比神庙规模的大型陵墓。

来源:DEA / G. Nimatallah / De Agostini / Getty Images。

图 5.3 哈特里家族陵墓的浮雕，描绘了弗拉维时期几座重要的纪念性建筑正面，表明这个家族在一世纪末或二世纪初拿到了令人艳羡的建筑合同。
来源：Leemage/Getty Images。

epoiêsen（表示某某"制作了这件东西"）配对，在公元前八世纪和公元前七世纪出品的陶器和雕塑中已经得到证实。[11] 公元前六世纪，制造者铭文在这两种媒介上出现的频率达到最高峰，在古典时期初期过后渐渐变得不那么常见。作品的具体制造者与奉献这件作品的赞助人不同，前者姓名的写法既没有自夸，也不能表明当时希腊人对手艺人的看法就可以跟现代关于艺术家的观念相提并论。但它确实可以揭示这位手艺人具有一种普遍价值，有能力通过技术熟练的工作创造出精美的工艺品。[12]

偶尔可见的出自手艺人的奉献可以表明他们在经济上取得了成功，大概是通过超越同行来实现的。比如，雅典卫城吸引了许多人前来奉献，捐出自己的一部分利润，这些人从事的工作有一些在当时属于地位相对较低之列，包括卖面包的小贩、洗衣女工与皮革厂工人。[13] 大多数的奉献看上去并不是特别昂贵，但有一群陶工特别引人注目。[14] "安提诺少女像（Antenor kore①）"属于造价高昂的雕像，

---

① 因可能由古风时期雅典雕塑家安提诺（活跃于公元前540年—公元前500年）完成而得名。Kore 是希腊语，指独立的少女像，与之对应的是 Kuoros（青年立像）。

通常都跟精英阶层资助者有关，这一次就由雅典著名陶工（kerameus）尼尔乔斯（Nearchos[①]）奉献，时间约为公元前520年前后。另外，现已不见踪影的一尊雕像有一根柱子是由明尼斯西阿德思（Mnesiades）与安多基德斯（Andokides[②]）两人共同树立的，后者名字属于一位喜欢以制作者身份留下铭文并因此闻名的陶工。其他几位奉献者的名字包括以弗罗尼奥斯（Euphronios）和欧尼西莫斯（Onesimos），很可能都是活跃在古风时期后期雅典陶器产业且德高望重的手艺人。该团体一直被孤立，直到公元前四世纪某位基托斯（Kittos）做了一项奉献才有改善（*IG* II² 4921a），这是另一个与陶器制作有关的名字。[15]又过了很久，罗马一些手艺人有了足够的财富可以在神殿里承担维修工作并做出奉献，但这种证据几乎还没有在古典时期的雅典之外找到过。[16]在雅典，八位奉献者当中只有两位明确了自己所在的一个行业。其他人会被认为也是手艺人，原因是像安多基德斯这样的名字也由于在陶罐上留有签名而变得广为人知。也许我们永远没有办法确定其他成功的雅典手艺人的身份，因为他们在奉献里略去了自己的职业称谓。

这些奉献固然并不便宜，但也不一定需要巨额财富作为支持。当时陶工的收入目前尚未得出可靠的评估，但铭文记录里面确实包括了支付给个别雕塑家的一些款项。古城埃皮达鲁斯（Epidaurus[③]）的阿斯

---

① 活跃于公元前570年—公元前555年。
② 活跃于公元前530年—公元前510年，他俩在雅典卫城奉献过一尊青铜雕像并一道留下签名。
③ 希腊神话里医药之神的出生地。

克勒庇俄斯神庙（Asclepius Temple①）记录了其山墙和雕像底座的一次性付款。【17】其中，某位赫克托里达斯（Hektoridas）获得3210德拉克马，负责在东山墙上雕刻十几个真人大小的雕像，这相当于每座雕像大约250德拉克马；某位提莫西奥斯（Timotheos）获得2240德拉克马，负责为三个大型雕像准备基座，另外获得900德拉克马，在六个墙面进行雕刻；西边的同样工作也得到了差不多数目的报酬。由于原材料看上去都是委托人提供的，因此这里说的就是为技术熟练工作支付的报酬，但铭文里提到的大师们可能会从自己得到的报酬拿出一部分聘请助手。根据作品的复杂程度，在伊瑞克提翁神庙完成雕塑的手艺人得到的报酬为60到240德拉克马不等，并且由于规模较小，大致与在埃皮达鲁斯的报酬是一样的。【18】我们并不知道当时要求在多少个星期或月份的时间内完成每一尊雕像，只能估计这些雕塑家的日薪应该会比非技术熟练劳动者的工资高一些，但一名中等成功的陶工也许还是有能力凭自己工作一辈子积攒的利润，请这样一名雕刻家雕刻一个作品。

克里斯托菲·费耶尔（Christophe Feyel）对雅典、提洛岛、德尔斐、厄琉西斯（Eleusis②）和埃皮达鲁斯等地的建筑合同做过综合分析，提供了更多的见解。【19】就目前可以确定的情况看，当时泥瓦匠和木匠的报酬是其他领域劳动力的"市场价格"：比如，被分配到非技术

---

① 献给希腊神话里的同名医药之神。
② 又译伊洛西斯，雅典以西小镇，主要供奉希腊神话里象征农业、谷物与丰收的女神德墨忒尔，以纪念她和她的女儿珀耳塞福涅（Persephone）的年度秘仪（Eleusianian Mysteries）而闻名。

熟练任务的外邦人（metic）、公民和奴隶，每天约为1德拉克马。按技能划分等级的做法是显而易见的：按件计酬的石匠、油漆工以及专门给石柱雕刻线脚凹槽的石匠，完全可以通过比其他人更快完成工作而拿到更好的收入。雕刻家的薪酬最高，但还没有找到任何记录在案的工资数据足以表明雕刻家有能力积累巨额的财富。尽管如此，老普林尼（Pliny the Elder[①]）依然在《自然史》里暗示，亚历山大大帝的宫廷手艺人获得过丰厚的报酬（*HN* 34.37, 35.92）：据说画家阿佩雷斯（Apelles[②]）的一幅作品换来了相当于20塔兰特的黄金，同时期雕塑家利西波斯（Lysippus[③]）工作一辈子的收入加起来大概只有1塔兰特的黄金。但这些巨额款项反映的也可能是普林尼时期富有的罗马收藏家为收购更早期希腊艺术品支付的数目（举例，参见 *HN* 33.147、34.37–40、34.55、35.24–6、35.70），而不是日常生活中为新作支付的数目。当然，哪怕真是这样，最著名的雕塑家依然有可能要求获得超过建筑项目账目里记录水平的薪水。

还有一种可能是一些画家和雕塑家生来就是贵族，现在为社会的利益从事无偿（gratis）工作。比如，按照传记作家普鲁塔克（*Vit.*

[①] 罗马帝国时期学者、作家（23年—79年），留有百科全书式作品《自然史》37卷。
[②] 希腊科斯（Cos）岛画家（活跃于公元前四世纪），马其顿亚历山大大帝公元前336年占领该岛。
[③] 希腊西居昂（Sicyon）自学成才的雕塑家（活跃于公元前370年—公元前300年），以修长俊美的自然主义人物风格著称，马其顿腓力二世在位期间成为西居昂流派领军人物，据说亚历山大大帝只许他为自己塑像。

Cim. 4.5-6）的说法，画家波吕格诺托斯（Polygnotus①）就属于这种情况。绘画至少在亚里士多德时期就是精英教育的一个组成部分（*Pol.* 8.1337b）。雕塑可能被鄙视为一项相当混乱的业务（Luc. *Somn.*），但当时希腊雕塑家发表的众多论文（见下文）表明，他们往往受益于精英教育，对自己的学问感到自命不凡。建筑师同样可能出自贵族家庭。比如建筑师维特鲁威声称这就是希腊过往的情况（*De arch.* 6 pr. 6），至少厄琉西斯的费隆（Philon of Eleusis②）就有本事在公元前340年获任命为三桨座战舰指挥官（*IG* II² 1622）。另外，在古典时期各种建筑项目的账目里被指名为"建筑师"、每天收到1至4个德拉克马工资的人可能不是那位来自精英阶层的总设计师，而是某种临时性质的主管，在建筑现场代表委托人的利益。如此一来，记录里出现的低工资可能是给一名本来就有经济独立能力的贵族建筑师支付的象征性付款，又或是给一名官僚文员的适当工资。

│ 技术知识的传播

说到技能的第二个组成部分，也就是技术知识，从古代流传至今

---

① 希腊画家（约公元前500年—公元前440年），以绘制壮观大型壁画而闻名，作品失传。罗马帝国时期希腊旅行家保萨尼亚斯提到他在德尔斐留下的两处壁画，主题分别为荷马史诗记载的特洛伊城陷落与奥德修斯拜访冥王哈迪斯。

② 雅典建筑师（公元前四世纪），他规划的重要项目包括雅典位于比雷埃夫斯的军械库。

的文献的特点可以归纳为强调一般理论，而不是更具实用性的关于如何将科学原理应用于生产实践的描述。但这类文本流传下来的数量相对较少，并且里面描述的一些技术，比如齿轮、螺杆、滑轮与绞盘以及各种军事技术，都找到了复杂高深的实际应用。比如克特西比乌斯（Ctesibius[①]）和后来的一些文本都描述过的压力泵，已经应用于从船舶舱底抽取水、从矿山抽取废水以及用于城里的消防设备。

维特鲁威的《建筑十书》（*Ten Books on Architecture*[②]）是侥幸传世的主要技术书籍之一。虽然从名义上看这是要介绍公元前一世纪最后几十年的建筑实践，但维特鲁威还谈到许多理论主题，从文明生活的起源一直谈到理想的城市规划，他并且主张建筑师应该掌握所有知识领域的基本技能。[20]他讨论了多种机械的设计原则，这些机械在建筑、灌溉和战争中都会有用武之地（*De arch.* 10），尽管由于插图已经失传，现在很难单从文本看明白这些设备到底是怎么制造的。维特鲁威似乎认为，必然存在一个拥有实践经验的群体，有能力执行他的读者计划，该群体包括精英建筑师、工程师以及城市规划师。他们为项目提供总体设计，对各种相关机械都有基本的了解，并且熟悉力学和建筑设计的理论与出版史。

透过维特鲁威等人的引用，我们对罗马帝国早期的技术文献有了一些了解。比如建筑师伽尔瑟夫农（Chersiphron）和梅塔格纳

---

① 又称亚历山大里亚的克特西比乌斯（Ctesibius of Alexandria，活跃于公元前270年前后），希腊物理学家、发明家，据说率先发现压缩气体具有弹性，发明了一些气压器械，最著名的作品包括改进了水钟以及发明了水力风琴。

② 即第一章所说《论建筑》。

斯（Metagenes）父子[1]描述过他们发明的装置，曾在公元前六世纪的以弗所用于运输和提升神庙的巨大拱门组件（Vitr. *De arch.* 7 pr. 12; 10.2.11–15; Plin. *HN* 36.21），还有公元前一世纪帕格尼乌斯（Paconius）也写过自己遭到失败的装置，尽管这些论文现已失传，却表明建筑师们继续在试验哪些做法可行、哪些做法没有用，并且将结果广而告之。这些文稿多半都关注设计而不是实践，特别在意描述在特定建筑物里使用的比例系统，目的是要达成一种数学上的和谐。但维特鲁威引用的其中一篇论文的原文，也就是厄琉西斯的费隆关于他承建设计的雅典海军军械库的论文，可能通过一份包含建筑合同在内的著名铭文保存下来（*IG* II^2 1668）。不过，尽管这份传世文本列出了该结构每一部分的数据规格，文中并没有看到就设计原则或建筑技术做任何的解释。

总体而言，与其他领域的专业人士相比，当时的建筑师们似乎更加惜墨如金。以维特鲁威（*De arch.* 7 pr. 11–7）为例，列出了十一名写过论文的建筑师（包括费隆），四五名设计建筑物的雕塑家，还有十名讨论过对称性的雕塑家和画家，以及十二名写过机械与防御工事的工程师。[21]维特鲁威也对希腊的建筑犯过基本的事实性错误，这表明在他那个年代，没有任何关于建筑史的全面描述资料可以供他参考。倒是二世纪的罗马旅行家保萨尼亚斯为我们提供了大部分目前已挖掘希腊古迹的具体名目，尽管建筑对他来说只不过是一时兴起而

---

[1] 来自希腊克里特岛的建筑师，据说他们父子俩建造或参与建造了以弗所著名的阿尔忒弥斯神庙（Temple of Artemis，维特鲁威按罗马神话的说法称为狄安娜神庙），成为古代世界七大奇迹之一。

已。古代罗马留下的文献对他们的纪念性建筑提供了更有条理的记录，但这些记录往往更在意留下赞助者的名字而不是具体建筑师的名字【比如李维的《罗马帝王传》(*Historia Augusta*)，以及普罗科比乌斯 (Procopius①) 对查士丁尼一世时期的建筑项目的记录】。后来，建筑师在帝国变得很抢手，但他们似乎都没有写过像维特鲁威那么全面的文本。【22】

相比之下，出自雕塑家和画家的文献显得更为丰富。希腊许多雕塑家也设计过纪念性建筑，阿尔戈斯的波利克里托斯 (Polykleitos of Argos②) 写过一篇著名的论文，现已失传，里面描述了古代广泛引用的理想比例，甚至被盖伦视为医学史料之一。【23】公元前四世纪，几位雕塑家和画家先后发表理论作品；进入希腊化时期初期，萨摩斯岛 (Samos) 的杜里斯 (Douris)、西居昂的色诺克拉底 (Xenokrates) 和卡里斯托斯 (Karystos) 的安提戈诺斯 (Antigonos) 等多位雕塑家都在汇编以前的作品并加入自己的观点。中世纪的基督徒和穆斯林抄写员不会保存关于在他们那个年代里遭到猛烈摧毁的古代艺术品的文献，这一点也不出奇。但在西塞罗 (*Orat.* 74)、昆体良 (Quintilian③; *Inst.* 12.10) 和普林尼 (*HN* 33–6) 等人流传至今的著作里，他们提到的

---

① 拜占庭时期历史学家 (约490年—565年)，他留下的著作包括《论建筑》(*De aedificiis*) 六卷，记下查士丁尼一世时期主要公共建筑项目。

② 古希腊雕塑家、美学家 (又作 Polyclitus，活跃于公元前五世纪后期)，以青年运动员青铜雕像而闻名，作品失传。阿尔戈斯位于伯罗奔尼撒半岛东北部。

③ 罗马帝国时期拉丁语教师、作家 (约35年—96年后)，引文出自他的修辞理论与实践教科书《演说学》(*Institutio of Oratoria*)，全书共12卷。

信息还是可以勾勒出失传那部分"技术"文献的一个丰富分支。换句话说，今天称为"艺术理论、批评与历史"的学术科目，在古代跟军事战术、机械、建筑、农耕、医学、数学、哲学、政治学和自然科学等领域相提并论，同样属于一种意义重大的智识追求。杰里米·坦纳（Jeremy Tanner）和其他人已经证明，古典时期雅典的雕塑家和画家试图通过自己的写作使知识分子身份合法化。但建筑师们写得相对较少，他们需要的技术知识和实践技能超过了那些精细艺术家需要的范畴。其他重要的古代手工艺，比如陶艺，在文献史料里几乎完全看不到。【24】

教学法

至于技能的第三个组成部分，要发展一种原生的能力倾向，必须加上实践经验。现有文学史料强调了在专家监督下进行长期培训的价值。柏拉图和色诺芬进一步指出，若要全面发展任何一种技能，实践的重要意义远在这类培训之上（Pl. *Leg.* 1.643 b–c; Xen. *Mem.* 3.1）；科鲁迈拉对农业耕作产生了类似的影响（*Rust.* 1.7–16），至于埃及的手艺工匠，狄奥多罗斯也有同样的影响（1.74）。在查士丁尼一世时期汇编的许多罗马法律案例显示，一名奴隶的身价会在他们掌握一项专门技能之后得到提高，同时，一名手艺人如果不能拿出预期的胜任工作的表现而导致损失，就会受到惩罚。【25】

由于古代的教学法在本卷其他地方也有讨论，因此这里的讨论可以尽量简短。【26】一个有经济实力的家庭可以为他们的孩子聘请家庭教师，但目的不是为了学习当时认为仅以实用为目的的手工艺相关技能。比如，建筑师维特鲁威曾经抱怨说，许多有经验的建筑工人（builder）也被错误地称为建筑师（architect），其实他们缺乏他认为建筑师所应必备的高等教育（De arch. 6 pr. 7），但他说的这种高等教育不太可能包括任何建筑上的实践经验。现存文献和铭文证据清楚表明，当时社会普遍预期地位较低的家庭会在自家为孩子们提供手工艺方面的培训，比如关于父亲如何教儿子从事家族业务的格言就很常见。雕塑家和画家们留下的制作者签名也证明存在许多从父亲到儿子再到孙子的家族内部传承实例，另外维特鲁威自己也说过，建筑也是一种在家族里代代相传的技能。比如作家琉善小时候就由他叔叔带去当了一名石匠学徒，他却从那里逃跑出来，走上了文学创作道路（Somn.）。

学徒制在当时一定是青少年学习专业技能的常见制度之一。直接证据很少见，而且涉及的地理范围也很有限，主要是来自罗马埃及的几十份莎草纸文献保存了当时的学徒合同。【27】在这其中，大多数学徒都是签约学习编织技术，而且，乍看起来，虽然纺织工人的孩子往往继续留在自家作坊干活，但也经常会被送去其他作坊学习，而不是留在自己家里学习。这些合同没有解释为什么一个纺织工人家庭要把孩子送到别处担当同一工艺的学徒，但有一个原因可能在于，至少是那些几乎难以为自家小孩提供基本衣食的贫困手艺人家庭，估计才有动力要把孩子送出去，改放在一个有能力养活这些孩子的更大型作坊接受培训，师从另一位工匠学习这门其实也是自家专长的手艺。

古代技术与创新

古代精英群体对手工技能抱有偏见，缺乏精确的技术文献，以及教学法存在明显的局限性，这全都有可能成为限制技术创新的因素。正如摩西·芬利在1965年已经强有力地论证过的那样，二十世纪大部分学术研究都把古代希腊—罗马的技术归纳为"停滞不前"这一个特点。在希腊—罗马古代这超过一千年的时间跨度上，堪称重大的新技术或技术改进相对较少：除去前面提到的机器（见"技术知识的传播"一节），还出现了各种扭力机、纵帆（又称三角帆）、玻璃吹制术、水力与蒸汽动力装置等，不一而足。在芬利看来，古代经济嵌合于社会活动这一特点对增长和创新构成重大制约。精英群体对非农业生产工作的持久鄙视，以及对奴隶劳动力的高度依赖，会打击人们投资开发生产用机械的积极性，并且，由于当时普遍对实验和实际应用不感兴趣，也对科学研究构成了阻碍。换句话说，如果身边全是可能已经等得很焦躁的奴隶，都在等主人下命令以便开始干活，为什么还要费心考虑部署什么水力机械？[28]

自1980年代以来，凯文·格林（Kevin Greene）等学者陆续批评了这种对古代技术的负面看法，认为芬利低估了技术变革、经济增长与投资等方面的考古证据，尤其是低估了罗马帝国早期这段时间

的相关考古证据,当时水力研磨和压榨装置分别推出或得到了再设计。【29】

芬利还指出,最重要的创新发生在青铜时代(Bronze Age①)后期,为后来的古典时期提供了相当发达的技术,结果是没有留下多少改进的余地。关于这一点,我们也许可以有两种方式解读。芬利的负面评价认为,到公元前五世纪,当地技术创新几乎停滞不前。换用积极一点的观点来说就是许多技术已经优化到几乎难以设想任何有意义的改进的程度——如此一来,考虑到新技术都会面临来自成熟的前辈替代品的竞争压力,于是任何一点创新都堪称意味深长。以我们生活的这个当代世界为例,罗伯特·J.戈登(Robert J. Gordon)就留意到,二十一世纪从开始到现在,确定可以跟前一个世纪带来革命性社会经济效益的技术比如电气化、制冷技术、内燃机以及飞行技术等相提并论的新技术还不见踪影。【30】因此,面对"古代"这段长达超过一千年的时间,为了从一般性的笼统概括再推进一步,接下来准备回顾两个案例研究,分别是建筑技术和精细器具生产。

| 建筑业:屋顶铺盖技术

对古代建筑技术做全面考察大大超出本章的讨论范围,因此,我

---

① 以人类首次使用金属工具为标志,在希腊史上约公元前3200年—公元前1150年。

们会把重点放在相对狭窄一点的屋顶铺盖技术领域。到公元前500年，希腊人已经完善了两种屋顶铺盖技术，分别是茅草屋顶和赤土陶瓦屋顶。[31]后者在公元前七世纪开发出来，经过一代又一代人不断的完善，可以说，由此形成的地中海式瓦片铺盖系统生产技术直到二十世纪才迎来重大变化。并且这一说法可以用于描述多种建筑技术。比如，公元前500年，希腊人可能是世界上最优秀的泥瓦匠，但他们掌握基本石材加工技术这一点其实从更早的青铜时代就已经广为人知。

不过，带跨度的屋顶倒是在这几百年间就发生了变化。最初，希腊人用的是抬梁式结构，因此建筑业从业者都会避免开建超过5米的无支撑跨度。虽然（支撑屋顶用的）桁架似乎早在古风时期的西西里岛已经得到运用，但也仅限于当地而已，这种情况直到希腊化时期早期才发生改变。在普里埃内（Priene①）和米利都（Miletus）的议事厅都出现了分别长达14.5米和15米的无支撑跨度，这一定是凭借桁架的强大抗拉强度实现的。[32]建筑论文稀缺固然可能导致技术传播变得缓慢，建筑行业从业者只能通过他们所在区域的社交圈层进行面对面的交流，但也有可能是在进入希腊化时期之前，希腊当地对具有纪念碑性质的建筑根本就没有出现多大的需求，没有必要获得大型的内部空间。

石制桶形拱顶（stone barrel vault）是屋顶铺盖技术的一项重大创新。尽管叠涩拱（corbelled vault）自青铜时代以来早已闻名于地中海

---

① 与米利都分别位于小亚细亚半岛西南部和西部，今均属土耳其。

沿岸地区，但在古典时期的希腊并不常见，这种由楔形拱石（voussoir）形成的"真"拱门代表了一项重大的概念性转变，从原有的抬梁式结构摆脱出来。这真正的拱门需要一套复杂的建造程序作为支撑。如果没有拱顶石，下面较低层的楔形拱石就没有办法站稳，这意味着整个建筑必须用临时的木拱架居中支撑，直到拱顶石顺利插入为止。至于希腊具体在什么时候出现拱形圆顶技术，这一问题引起了激烈争论，但目前人们一致认为，最早得到证实的例子出自公元前350年至公元前320年间的马其顿陵墓。【33】阿布德拉的德谟克利特（Democritus of Abdera①）可能写过一篇论文，描述这种拱门的原理，但他是一位杰出的哲学家，并不是建筑师。还要等到德谟克利特去世后又过了至少二十年，前面提到的第一个流传至今的例子才建成，目前我们可以得知这一传统做法是因为塞涅卡（Seneca②）在抨击波西多尼（Posidonius③）时引用对方的话④留下了三手报道（*Ep.* 90.32）。不管具体情况属于哪一种，近东地区留下的砖拱顶表明这一概念在当地更早得到运用，在公元前七世纪就为埃及人建造陵墓开发出带有楔形拱石的切割石拱顶。

---

① 希腊原子论学派哲学家（公元前460年—公元前370年）。当时阿布德拉是雅典领导的提洛同盟成员。

② 罗马帝国时期斯多葛派哲学家、政治家（公元前4年—公元65年）。

③ 希腊斯多葛派哲学家（约公元前135年—公元前51年）。

④ 原文以照录波西多尼原话的形式，指后者认为这种拱形设计据说是德谟克利特发现的，但塞涅卡紧接着写道自己并不相信，认为早在德谟克利特之前就应该出现了桥梁和门廊，带有这种"从中间最高点开始向下弯曲"的拱形结构。

可以设想，只要马其顿时期①的希腊人从一名埃及建筑师那里了解到这一原理，他们就会意识到石拱技术具有更广泛的潜力，并且要将它用在纪念碑式陵墓以外的各种新环境。截至公元前三世纪上半叶，在希腊和安纳托利亚一带，成千上百座石拱陆续出现在隧道、剧场通道和防御工事等建筑项目里。希腊的设计师已经清楚地知道，该系统具备承受巨大载荷的潜力，前提是拱顶底部要由大量泥土或砖石水平压紧。经典抬梁式系统是地上建筑的首选，希腊化时期的建筑师将他们设计的地下拱顶限制在狭窄的跨度上，并且，在极少数的情况下，若要给一处大型地面空间加屋顶，同时里面不能出现任何的立柱，这时他们可能会选木制桁架。

到公元前三世纪初，罗马人也在纪念碑式陵墓、防御工事、桥梁和带拱顶地下结构上建造了石拱顶，这表明他们跟马其顿的建筑业者存在一些交流。[34]罗马人的重大创新是把拱顶与水泥墙（*opus caementicium*，又称罗马混凝土）结合使用，后者是在意大利半岛独立开发出来的技术。[35]当时有人可能觉得混凝土墙的吸引力比不上希腊的由长方形石块构成的石砌体（ashlar masonry），但混凝土墙其实同样坚固，并且重量较轻，建造效率更高，还能由多个团队合作完成。这一系统还降低了对个体劳动者的必需技能要求，因为混凝土施工程序各步骤有利于进行横向专业分工。不同的团队可以分别专门生产生石灰、在现场将材料与火山灰（pozzolana，又称火山砂）和其他混凝

---

① 马其顿原为希腊北部小王国，公元前359年—公元前323年发展成为希腊霸主，马其顿亚历山大大帝去世后分裂形成多个王国，公元前146年马其顿王国成为罗马行省，公元前30年罗马击败最后一个马其顿人统治王国——托勒密埃及，马其顿时期结束。

料混合、在木制脚手架上建造作为工程主体的墙，又或是安装护墙。混凝土的饰面材料也可以改变，在罗马帝国早期，石材饰面越来越多地由烧结砖取代，这种材料重量更轻，可以在其他地方由运营一座乡村砖厂的另一支专业队伍进行生产，成本更低。混凝土成为整个地中海西部地区建造公共纪念碑和住房的标准。地中海东部地区没有全面采用这种新方法，可能是因为比较缺乏水和相似的混凝料，也可能是在采用石砌体已久之地遭遇到阻力。不过，到了古代后期，即使是在东部地区，砂浆施工也成为标准做法。

至于罗马的建筑业从业者具体在什么时候意识到可以用混凝土拱顶取代沉重的切割楔形石，这一问题继续存在争议，但到了公元前一世纪上半叶，涌现出许多杰出的实例，包括罗马的国家档案馆（Tabularium，公元前 65 年之前）和庞培（Pompey①）的剧场（公元前 52 年）。庞贝古城的公共浴场也在圆形底座上建起混凝土拱，形成一个半球形的圆顶。【36】进入共和后期，随着内战停火，建筑师们再度推动拱顶技术继续向前发展，建成首批大跨度混凝土结构【奥古斯都在位时期，拜亚（Baia②）一些浴场的拱顶，最大跨度已达 21.5 米】。新的技术直到帝国后期依然继续涌现。【37】这类创新大部分发生在帝国赞助兴建的项目，比如万神殿（Pantheon）或马克森提乌斯

---

① 罗马将领、政治家（公元前106年—公元前48年）。
② 意大利坎帕尼亚地区古城，从罗马共和国后期开始即因气候宜人且有硫黄温泉而深得达官贵人喜爱，恺撒、尼禄等人均在此建有庄园，另有带大型穹顶的浴场多座，后人一度误将其遗址视为神殿，此处所指即为后人错误命名的"墨丘利神殿（Temple of Mercury）"。

(Maxentius[①])的巴西利卡（Basilica[②]），在这些项目上，赞助者想要超越前人辉煌纪念碑式建筑的愿望显然激发出必须建造具备大型悬跨长度（又称自由跨度）屋顶的万丈雄心。比如，查士丁尼一世下令建造圣索菲亚大教堂（Hagia Sophia），他对建筑师们提出的要求，就形成了堪称古代纪念碑式建筑物里最大的室内空间之一（约31×67米的悬跨幅度；图5.4）。[38]该项目具有实验性质，包括大胆地将穹隅（pendentive，又称方墙四角圆穹顶支承拱）用在前所未有的巨大规模上。历史学家普罗科比乌斯描述过建筑师们在施工进行到关键时刻一度非常担心可能会发生倒塌事件，与此同时他们把这圆顶的解决方案归功于查士丁尼一世本人，说他的灵感来自神的出手干预（*Aed.* 1.1.68-98）。不过，这个屋顶之后先后在公元550年、869年、989年和1344年的多次地震中遭到严重损坏，其结构不得不进行调整并多次进行更换。

  本文对屋顶技术做了非常简要的回顾，重点放在建筑技术在古代这一时期发生转变的一个领域。桁架和拱顶在公元前300年前后的几十年间如同雨后春笋一般涌现，属于技术创新的一大重要时期。这两者似乎都不是从头开始发明的（*de novo*），但这些屋顶铺盖系统正好适合当时马其顿统治者乐意赞助兴建的新建筑形式，到了希腊化时期更是在罗马帝国范围迅速蔓延开来，极大地扩展了流动建筑业从业者可以用得上的区域交流网络。这一进程在罗马帝国早期加速，跟罗马混

---

① 罗马帝国皇帝（278年—312年在位）。
② 罗马古代大型公共建筑。此处提到的巴西利卡是古罗马广场最大建筑，由马克森提乌斯在308年开建，到312年君士坦丁一世击败他并继位称帝才接手完成。

凝土不期而遇的结合更是打开了马其顿石拱顶在技术上原本并不支持的新的可能性，这逐渐改变了古典时期的建筑美学。

就这一案例而言，精英群体的赞助一定是推动创新的主要力量。希腊化时期的统治者资助了建筑项目，往往就是从他们自己的拱形陵墓做起，并且远在查士丁尼一世之前许多罗马贵族就试图通过赞助创新的拱形建筑来超越自己的前辈。一名理论知识渊博的建筑师（比如维特鲁威）如果受命负责一个资金充足的帝国赞助项目，完全可以将自己的设计图转交给具有实践经验和人脉关系的承包商（比如哈特里），由他们获取物料、找到用于移动和抬升的设备，以及招募大量低技能体力劳动者和驮运动物，从而将自己的设计一步一步变成现实。与古代希腊采用石砌体的系统相比，使用混凝土可以大大"降低"建

图 5.4 圣索菲亚大教堂圆顶，尽管自六世纪以来天花板上有好几处曾经重建，但仍基本保持完好。
来源：Philip Sapirstein。

筑工作所需的技能门槛，同时我们可以推测，许多劳动者在年轻时就学过木工和建筑相关的基本技能。有很大一部分人口（通常有成千上万人）可以在短时间里调动起来，投入从事大型项目的中等技能要求的工作，另有一支规模较小的团队由专业的主管和泥瓦匠组成，负责从事技能需求更高的任务，比如建成装饰性外墙。与此同时，固然精英赞助的项目可能刺激了建筑上的创新，但任何一种新技术都要先由建筑工地现场的承包商和劳动者学会了才能投入使用，而他们又有机会继续将自己的本领用在其他也是私人赞助的项目上。可以推测，在帝国赞助的项目之外，人们在其他的建筑项目上肯定也在尝试新的想法。比如，混凝土结构可能是在精英赞助项目以外的环境中开发出来，后来在精英项目里经过不断完善，得到了更广泛的应用。至于新技术对非精英项目的影响，可以在比如奥斯提亚（图 5.5）等城市人口稠密的市中心那些罗马式砖房得到生动的见证，它们看上去更像是十九世纪的欧洲公寓建筑，而不是来自遥远希腊化时期的产物。

技术与陶艺

与此形成对比，陶器生产被视为一门不起眼且收入微薄的手艺，不太可能吸引精英人群光顾赞助。到公元前 500 年，许多希腊中心城市已经建起自己的陶器产业，生产出独特的精美器具，在其他希腊和外国中心城市之间广泛出口。但是，尽管这些陶器风格多样，陶工们使用的却是自青铜时代以来就为人所知的技术，包括可以在氧化 — 还原 — 氧化烧制顺序中烧成黑色的带光泽的红色泥浆（作为颜料），或用添加剂烧出其他颜色。大约在公元前 530 年代，在雅典，陶工们尝试了新的颜料和技术，其中，带有红色人物和白色背景的画作最为成功。到古典时期早期，雅典陶工生产和出口的可销售陶瓶数量达到一个世纪前的数倍之多，在公元前 500 年左右的几十年中，该行业的增长速度达到最高峰。[39]这段高速增长时期恰好见证了前述陶工在雅典卫城做出造价昂贵的奉献。

图 5.5 "狄安娜之家（House of Diana①）"仅存的较低楼层，这是古城奥斯提亚·安提卡一座多层公寓楼，建于公元二世纪。
来源：Dennis Jarvis。

① 罗马神话里的月亮与狩猎女神。

尽管陶器生产需要用上相当复杂的手工技能，但当时雅典的技术并不比它的竞争对手复杂很多。举例而言，有几个陶瓶描绘了陶工在使用简单的陶轮：一个固定在低处的小圆盘，或是一个利用一根主轴提高的平台，这两种类型都需要一名助手在旁帮忙转动陶轮。[40] 显然脚踩拉坯机还不为他们所知，尽管这种设备效率更高、更稳定，可以形成更高速的旋转，并且不需要再安排一名工人在旁转动圆盘。目前所见，埃及的浮雕最迟在公元前六世纪描绘过脚踩拉坯机，也许早在公元前十三世纪就已经开始，但这种设备在埃及以外投入使用的时间，目前最早的证据出自公元前一世纪（图 5.6）。[41] 来自斯科皮埃托作坊遗址的石制插口和圆盘显示，公元前一世纪后期，脚踩拉坯机在意大利已经投入使用。[42] 但由于在已出土陶艺作坊保存至今的拉坯机数量太少，现在还很难说这种节省劳力的装置是在什么时候以怎样的频率出现在埃及以外地区。

装饰技术发生的一种变化得到了更仔细的记录。公元前三世纪下半叶，半球形、模具制作的浮雕碗被引入雅典，最初直接从白银制品（可能出自亚历山大里亚人之手）复制而来。[43] 这项技术证明是成功的。到公元前一世纪，整个罗马世界都在广泛用于装饰陶罐，那时古典时期陶瓶上的大师手绘画已被弃用。陶工需要一种新工具：一个可以重复使用的黏土模具，内部印有浮雕。自青铜时代以来，黏土模具在其他类型的生产过程早已广为人知，但模具制碗与拉坯技术生产的陶瓶并不一样。模具要以轮子为中心，制碗的黏土装在里面，可能需要借助一种特殊的工具，当然也需要一些练习，才能将碗壁磨到厚度均匀的程度。此外，陶工还要等容器干透才能将碗提取出来。要想实现碗的连续生产，先要投资几套模具，这也使花色设计有机会引入一些新的变化。陶工可能依次"填充"一些模具，让它们先晾一段时间，

图 5.6 埃及菲莱（Philae①）的奥西里斯（Osiris②）教堂浮雕，描绘了克努姆（Khnum③）正在使用脚踩拉坯机的情形，制作时间约为托勒密王朝时期。见于柏林—勃兰登堡科学院（Berlin-Brandenburgische Akademie der Wissenschaften），编号 Philae Photo no. 1153。

① 尼罗河岛屿，位于埃及南部，在1902年阿斯旺水坝（Aswan Dam）建成前一直安居高于尼罗河洪水历史最高水位，从古代以来吸引人们在此建起许多朝圣场所。
② 埃及神话里的地狱判官。
③ 埃及神话里的公羊神。

自己在此期间先忙于其他任务。其他一些借助模具的装饰技术也在这同一时期出现，包括印章和点线压制机，用于在器具内部留下重复出现的图案。

制陶业由于转向使用这些形式的模具成型技术，希腊化时期的陶工可以购买一些模型，然后反复进行复制。这一方面减少了以前手工绘制陶器所需的技术熟练劳动力，另一方面也提出了新要求，这就是学习使用和制造模具、点线压制机和印章等新工具。这种借助模具的制品从做工看比不上古典时期雅典最好的上漆陶瓶那么精细，但胜在出品质量更稳定。并且，总体而言，技术熟练的人手可以减少。罗马的陶工制作过许多不同形状的复杂浮雕模具，在公元二世纪广泛流传，当时模具正被贴花（appliqué）及其相关装饰技术抢去风头，后者进一步降低了生产过程的复杂度。[44]

装饰技术的另一项重大创新在于引入铅釉上色。最常见的用途是借助模具制作的双耳平底陶杯（skyphoi），这一类型是在公元前一世纪上半叶从安纳托利亚或叙利亚北部发明，公元前一世纪后期获意大利和高卢等地生产者采用。[45]釉彩属于新想法，可能源于当地一项实验，那里还发明了玻璃吹制技术。但在公元50年后，东部地区不再生产铅釉器皿，凯文·格林认为原因出在当时人们偏爱玻璃器具。[46]欧洲的铅釉器具生产一直持续到古代后期，但产量较低，比不上红精陶器。如此一来，施釉陶器作为重大创新，要到古代结束很久以后才有机会逐步取代源远流长的光泽涂料技术。

帝国时期具纪念碑性质的建筑项目动辄需要好几十名工人参与，如果遇到重大级别的项目甚至可能需要组织多达数千名工人，与之形成鲜明对比，一般认为当时的陶艺作坊相对较小，这判断有一部分源于人种学比较结果。典型情况是最多五人的团队，一起运营一个作坊，领队是一名技术娴熟的陶工，另有几名技术水平较低的员工在一旁协助，包括准备黏土、转动陶轮且在整个烧制过程担任副手。随着古风时期进入尾声，带有精美彩绘的陶瓶在雅典日益流行，从考古学和金石学铭文证据可以识别出一类新的专业画家。[47]陶工聘请最有才华的画家来装饰自己制作的陶瓶，这些画家根据市场需求而在各个不同的陶艺作坊之间奔忙。尽管古典时期雅典陶器在考古学上具有很高的可见度，但在巅峰时期的劳动力规模可能也就相当于大约二百名全职手艺人。[48]我们大概可以在雅典地区活跃的五十个陶艺作坊一带还原这一情形，有点类似人种学学者在地中海地区观察到的前产业化时期微晶陶瓷业。比如目前雅典考古发掘现场所见可识别为手工作坊的遗址里规模最大的一个命名为"彭忒西勒亚小队（Penthesilean① group）"，在公元前440年左右达到顶峰，最多时有十几名手艺人，其中至少一半是全职画家。

现已证明罗马时期从很早的时候就出现了规模明显更大的项目。在斯科皮埃托出土了奥古斯都时期的一个作坊，里面有一个大房间，保存有多达二十六台脚踩拉坯机，在那儿塑型与拉坯这两个环节可能是并行进行的。该作坊的产量一定很大，也许多达每年数十万件器具。可能需要另外的员工给陶工提供黏土。阿雷蒂姆（Arretium）和高卢地

---

① 希腊神话里阿玛宗（Amazon）女性部落的女王，战神阿瑞斯的女儿，在特洛伊战争期间带领十二名精锐女将加入特洛伊阵营助战。

区的窑炉也提示了不相上下的大规模生产。在拉格罗菲桑克出土的窑炉可以根据订单要求立即投入烧制大约三万件器具，比当时希腊大多数窑炉的能力还要高出一个数量级。[49]精心设计的会计系统记录了数十个可能参与每一炉生产的陶工和陶艺作坊的工作情况。不仅他们制作的陶罐都用个性化印章进行区分，还会对每一炉的产量进行计数，从而记下每一位陶工的具体贡献。[50]如此一来，与更简单的小型窑炉相比，大型窑炉的经营者由于雇用的工人具有新的专业化水平，在建造和维护窑炉方面可以获得明显的成本优势，但具体到每件器具也会消耗更多的燃料。

我们可能可以还原在罗马这些制陶业中心地区数十名劳动者一起工作的情形。一份出自罗马埃及时期的莎草纸文献带有陶罐制作合同，记载了一种模式，包括独立的陶工租用由土地所有者维护的黏土资源与作坊设施。[51]阿雷蒂姆和高卢地区的陶工很可能就是在类似的安排下开展工作的。与古代希腊独立手艺工匠更愿意沿用的相对较小规模形成对比，到公元前一世纪一种新的组织形式在拥有优质黏土资源的郊区和乡村田庄发展起来。这些地方有条件形成高度集中的生产设施，容纳数十名工人同场工作，但按短期租约工作的陶工和他们的助手只要愿意也可以从一个中心转去另一个中心。后人可能难免遐想，假如不是伯罗奔尼撒战争打断了古典时期雅典制陶业的蓬勃发展，雅典会不会也转向这种生产模式。正如希腊化时期后期以及罗马时期早期的进展情况表明的那样，集中化只能在采用更简单装饰技术之后达成，这类技术需要划分更多的生产步骤，但对技能的要求降低，有可能形成一种更接近标准化的生产方式，再让大量工人学习把握，变成可互换劳动力。一旦整个行业完成转型，即使是类似铅釉等创新技术，用起来也无需手艺人先拥有其他特殊才能（只要一份配方足矣）。

回顾历史，制陶手艺是另一种在公元前500年以前已经得到充分优化但在关键阶段继续发生变化的技术。对古风时期后期雅典精美器具上的装饰进行过有限的实验之后，在公元前200年左右，制陶业向印花方式转变，提高了生产效率。到罗马时期已经用上脚踩拉坯机和大型窑炉，这有一部分原因可以归结为经济上的决策，以帝国早期可预计的市场规模为依据来扩充生产设施，但这两种技术都不是新的。相比之下这些行业的组织方式似乎更具创新性。最起码，关于罗马时期在意大利北部、法国、西班牙和埃及的一些较大规模的陶器生产中心（砖厂也是类似情况），我们可以设想农村生产工场怎样逐步兴起，这源于手握优质黏土资源的土地所有者投入了大量的资本投资。那些有能力建造和维护大规模黏土开采、灌封与烧制设施的田庄，可能有机会雇用奴隶以及承包商带来的可互换岗位的专业劳动力人口。古典时期雅典的前辈陶工可能需要精通整个生产制作流程，从黏土开采到烧制陶瓶无所不包，与他们相比，此时的个体劳动者需要学会的技能较少。罗马时期以田庄为中心的基础设施一定在生产力方面实现了显著的提升。

结论

　　古代经济有许多部门已经证明存在创新和生产力增长，尽管速度往往比较迟缓。建筑业和制陶业见证了技术从沉寂、缓慢变化到快速创新的多个不同时期。新的技术体系最终取代了从公元前500年以来就广为人知并得到优化的技术，尽管这些"创新"有很大一部分可能要算是来自其他地区（比如埃及）的技术转移，并不是独立做出的发明。这两大行业也都改变了策略，以更有效的方式利用低技能劳动力，这在希腊化时期后期表现尤其明显。日益扩大的统一城邦促成了更大规模的技术交流，使建筑业（特别是拱顶结构）和制陶业（脚踩拉坯机和釉料）受益匪浅。很显然，来自精英阶层的赞助刺激了建筑上的创新，同时，拥有大田庄的人们一定也在类似斯科皮埃托等优势地区投资兴建适合联手合作的生产设施，设法吸引半独立的陶工前来效劳。陶工和土地拥有者一样，都能依托横跨地中海地区的巨大潜在市场来推广自己制作的陶器。最后一点，随着专业化程度提高、生产步骤简化，加上精巧的管理方案，必然提高了劳动生产率。

　　尽管芬利淡化了这些细节以及其他许多技术上的进展，但很明显，总的来说古代希腊人和罗马人都对创新持开放态度。古代作家不仅表达自己对新技术感兴趣，还对有关原材料和机械的各种知识进行分类编目。一些具有明显优势的技术大获成功，一些技术取代了旧方法。

与此同时，古代精英群体看待体力劳动以及奴隶制盛行的态度带来的压制效应，尽管芬利可能有夸大，却肯定会对实验研究与创新发明构成阻力。古代关于发明的记载大多把灵感归功于大自然或偶然的灵机一动，目前还没有什么证据表明古代存在过系统的科学调研计划。在本章回顾的这段大约一千年的时间跨度上，很难说新技术本身一直受到重视。但创新依然发生了，而且，许多新技术和改进得到了大家热切的采纳。

第六章
工作与流动性

本·艾克里
(*Ben Akrigg*)

本·艾克里(Ben Akrigg),加拿大多伦多大学古典学副教授,主要研究领域为古风和古典时代希腊的历史人口学与经济史。

从我们目前掌握的最早的文学作品可以看到，流动性（mobility）是古代社会一大显著特征：人们常有各种原因带着自己的物品和想法四处奔波，荷马与赫西俄德的诗作就是那样一个世界的产物。后来的文本，从古风时期的琴歌到古代后期基督教作家的著作，都在进一步强化这一特征。这些文本不仅是一个严格限定的社会经济精英群体的产物，也是特别只为这些人创作的，给我们留下的印象在绝大多数情况下属于定性而非定量。因此，如果我们只有这样一些文本作为参考，我们就很难评估，在古代希腊与罗马的世界，大多数居民的流动性究竟处于什么规模、实际上具有怎样的重要性。幸而我们可以借鉴的其他流动性指标还有很多。

近年来，古代史学者越来越关注流动性的问题。这背后有很多原因。在很多国家的政治语篇里，流动性与移民（migration）一直属于突出的政治议题。尤其是随着人们对经济史定量方法的热情不断增长，连带古代世界的历史人口统计学（包括移民）也再度成为热点题目。自从霍登（Horden）与珀塞尔（Purcell）合著的《堕落之海：地中海历史研究》（*The Corrupting Sea: A Study of Mediterranean History*）在2000年出版以来，有关"连结性（connectivity[①]）"的概念（以及这类说法）在古典学范围得到广泛接纳，即使大家并未照单全收这两位作者的论点，而是存在一些批评意见。[1]

流动性是人类大多数社会的核心，如果不能说是全部社会的核心的话。流动性本身并不是古代世界的特有现象，也谈不上在那时候出

[①] 又称连通性。

现过特别不一样的版本。但是，在那个世界里，除去工作与流动性的结合，还有一些独特层面是我们现在感到难以理解的。其中两点显得特别突出：一是高水平的城市化，二是无处不在的奴隶制。在接下来的篇幅，我准备首先概述关于定义的一些问题，以及我们所说的流动性到底是什么意思。接着，在转入特别关注城市化与奴隶制之前，我会概述古代世界流动性研究在证据上存在的一些问题。在本章余下的篇幅，我会讨论引发流动性的一些主要工作领域，结尾还会讨论用以维持这种流动性的必要工作。这些工作倒不一定需要工人跟着搬家。

定义与分类流动性

"流动性"一词显然包括相当广泛的一系列现象，即使我们的讨论仅限于工作领域也一样。可以说，你会把它用在古代世界的方方面面，从通过移动一个火盆或一台织布机来重新配置单一房屋里面的工作空间，到事关征服大战的大规模部队移动，无所不包。

从实践上看，跟"移民"存在本质重叠的那部分流动性，往往更能激起古代史学者的兴趣。但糟糕的是这无济于事。移民也是一样的难以定义，甚至要跟流动性进行区分也有难度，有时还存在争议。移民理论本身是一个成熟领域，已经有一些古代史学者直接参与其中的研究。不过，尽管由此产生了重要的见解，这一进程却被古代世界流传下来的各种证据搞得有点复杂,因为这些证据并不总能提供符合移民理论的数据,跟用于这理论研究更晚近时期和现代世界遇到的情况还不一样。[2]

本文并不打算试图提供任何的新定义,甚至不会为古代史学者目前使用的那些定义做一份全面的摘要。相反,值得勾勒一些不同的方式,用于区分不同类型的流动性。一个明显的起点在于**空间**和**时间**:人们移动了多远,多久移动一次,移动的时间有多长?

从时间顺序看,在永久性移动和暂时性移动之间似乎存在明确而又重要的区别。永久性移动看起来很直白。此类移动可能发生在很长一段距离上,并且包括"移民"一词日常用法的一个重要组成部分。

在"暂时性"移动和移民这里存在更多的可变性,因为移动可以根据持续时间(从只过一晚的旅行到一去很多年不等)、发生频率(从一生一次的大事件到一年好几次的旅行)以及规律性(从定期发生到不可预测)等指标进行区分。特别重要的一点在于必须注意到古代多种工作存在"季节性"结构。农业生产年度的节律(根据具体种植的作物以及采用的策略,在不同的地区也会有所不同)固然具有根本性,但季节性的变化对经济的其他部门也很重要。有时,这些变化与农业生产的季节密切相关,以战争或建筑项目为例,可以用上的牲畜(它们当时无须用于犁地或运输收割下来的农产品)数目就是一项制约因素。但还有其他一些因素也是相关的。比如古代罗马的建筑项目通常都会避开一年里最冷的时间,部分原因就出在砂浆和混凝土的凝固特性,最热的时间也要避开。许多海运航线只在一年里某一段时间开放,但确切开航日期依然受到许多变数的影响。对我们这里的研究来说,航海季节的相关性同样（或更大程度）在于港口装卸船舶所需人力以及招募这些人力的工作。

与此类似，距离可以用于区分以不同方式进行的各种移动。比如，将移动先分为本地、区域或长途这三种类型可能会有帮助。但这些定义又会因当前的研究主题不同而发生变化，历史学家对它们的使用几乎谈不上有什么一贯性。一旦说到具体某段距离是长还是短，这在很大程度上就要由上下文来确定。一天时间就能轻松步行完成的旅程通常会被视为"本地"范畴，但若回到希腊古代，这可能已经意味着从一个城邦（polis）的中心来到另一个城邦的领土上。与此形成对比，在罗马帝国的记载里，"本地"有时可能指的是"在同一行省"。同样，旅行的便利性也可能比直线距离来得更重要。空间维度也可以做定性而非定量的理解。这在城市化背景下表现尤为明显，人们从乡村位置迁移到城里位置常常引发我们的兴趣。假如主要焦点恰是城镇和城市本身正在发生什么，这么做可能是有帮助的，但复杂性也会立即攀升。跟农村向城市方向进行的迁移一样，还存在城市向农村的迁移，同时，人们也会在乡下各地之间进行迁移，或是从一个城市搬到另一个城市。无论具体属于哪一种情况，都会发现乡村和城市并不总是那么易于区分。不仅许多城镇居民可能根本就在从事农业工作，而且即使在乡下也有很多地方，比如矿山和采石场、精英阶层的住宅、军事设施与神殿圣所等等，都深具城市特色。

空间和时间条件主要用在搬迁的**类型**（types）。但我们可能会选择关注进行迁移的**人**（people），询问诸如"为什么"以及"怎样进行"的问题，而不会问"什么时候"或"在哪里"发生。至于进行迁移的动机，可以汇集在一般性的条目下。显而易见的动机包括经济、政治、环境以及社会相关,这最后一项跟人们与家人和朋友的关系、他们与社区的联系以及身份有关。在这些因素里,任何一项都有可能对人们施加推力,可能是积极的,也可能是消极的,并且有机会被对应描述为"拉过来"或"推出去"的因素。像这样归纳特点可能相当粗糙,跟我们今天区分"经济移民"(被什么机会吸引)和"难民"(必须逃离什么情况)差不多。但在实践中,大多数的迁移在当下(并且回到古代大概也是差不多)似乎是由一组不同的因素合并驱动:大多数的迁移是在多重推拉的影响下发生,不同的人会对这些影响赋予不同的权重。[3]

古代史学者还要面对以下事实:许多人对自己的迁移其实没有选择权,很重要的一点往往就是先区分自愿的迁移与被迫或非自愿的迁移。属于后者的明显例子,以及本章绝大多数的重要例子,都跟奴隶制有关。不过,即便存在明显的极端情况,包括奴隶的极端情况,要在自愿与非自愿这两大类别之间进行明确的划分还是具有难度。因此,举例而言,经济移民通常会被视为根本就是自愿的,但有时人们其实是别无选择,必须转到别处找工作,不然就活不下去了。还有一些边缘情况,可能可以通过增加一个新的类别,作为第三类的"由国家组织"的流动性加以涵盖,其中包括一些殖民运动和一些军事流动性。不过军事流动性讨论起来也特别容易出问题,因为服从命令的士兵有时会被视为"非自愿"的迁移者,但古代的公民军队、正规专业部队以及雇佣兵并不总能如此简单归类。此时引入这第三类流动性就等于绕开了这一问题。

这么做还代表了改为考察迁移"模式"的趋势,讨论在实践中人们是如何进行迁移的？士兵和殖民者可能是由某种中央当局组织他们进行迁移。在另一个极端，有些人可能是单枪匹马就出发了。还有一些人可能沿着业已存在的家族或社会的网络进行迁移。这最后一种进程可能引发连锁移民，即，人们迁移到另一个地方，是因为他们听说自己认识的人已经到了那儿【当代世界对这一情况的常见描述，可以参见诸如"小意大利（Little Italies）""唐人街（Chinatowns）"等社区的创建故事】。这也提高了信息与交流在理解迁移一事上的重要性。最后，我们可能会注意到，关于"谁在迁移"这个问题存在一种明显的重叠：具体说的是男人还是女人？是个人、家庭户还是团体？这有时会具体进行探讨，通常是在试图确定女性和/或家庭迁移的框架下。此时现有证据可能变得特别具有挑战性。【4】

在实践中，古代史学者经常使用这些条件的组合。因此，举例而言，近期曾经讨论的元首制时期（Principate①）向罗马进行的移民，由劳伦斯·塔科马（Laurens Tacoma）确认的与这课题相关的移民就有至少10个类型。即便如此，正如塔科马指出那样，"如此这般进行分类，结果是有些类型可能被放在某一个单一条目下，但也可以视为单独的不同形式。"【5】这其中绝大多数的例子都涉及迁移的动机，并且这种动机通常跟工作具有某种关系。但就所涉及的人数而言，最大的类别之一（进口的奴隶）单凭这是"非自愿（involuntary）"这一点事实就被定义了；另一大类（季节性和临时性迁移）就由迁移的时间和持续的时

---

① 罗马帝国第一阶段，约公元前27年至公元305年，源于奥古斯都似乎更喜欢带有共和渊源的非正式头衔Princeps Civitates（意为"第一公民"，简称Princeps，因此一直沿用到戴克里先（284年—305年在位），之后称为君主制时期（Dominante）。

间来决定。军事移民（在元首制时期从数量上看对罗马而言还不是那么重要，但找到了充分的证据）是由它的模式定义的。

这是一个非常简略的描述，但即便如此，情况看上去依然很复杂。这有一部分是由可用资源的性质决定的，还有一部分源于明确区分各种流动性这一操作存在名副其实的难题。制定类别可能相对容易一些，但要在我们现有的历史文献里找出这些类别之间的差别，并不总是轻而易举。

记录流动性

所有调查古代流动性的方法都存在很大的局限性。即使是在我们目前最了解情况的地方和时间，我们也有可能继续由于毫无头绪而感到沮丧。举例而言，我们不知道，在古典时期的雅典，在某一个时刻到底有多少自由的非公民居民（*metoikoi*，享有部分公民权的外侨，字面意思是"变更住所者"）生活居住在这座城市。至于他们在这期间做了什么，相关证据更是寥若晨星。说到这一点，其实我们也难以确定，住在阿提卡地区较边远处的居民通常多久来市中心一趟。

我们用以开始这项研究的文献文本不仅提供了很大一部分古代史叙事框架，还提供了对流动性重要性的普遍看法。举例，我们通常是从叙事体历史对军事上的迁移规模形成一定的了解。其他文本可能在当时人们的旅行经历与动机这几方面带来启发。尽管如此，希腊语和拉丁语的历史文献能给我们的帮助依然是有限的。在这方面，丰富的铭文与考古记录（在埃及还得到莎草纸文献的宝贵补充）提供了更多有用的材料。与古代许多其他方面的研究一样，金石学铭文证据的重要性大概怎么说也不过分。[6]从古代希腊和罗马（表现更明显）世界幸存下来的最常见的铭文形式是墓志铭，这些铭文有时会包含有关死者流动性的信息。

显然，墓志铭定格的信息，是人们永远"停止（stop）"迁移的时间。这对历史学家有好处，但也存在解释上的问题。有时是很明显的，确定一个人并不是本地人；但通常情况就不是那么清楚，比如，他们原本"打算（intend）"在后来不幸去世之地停留多久。但有些铭文对死者的流动性给予了积极的肯定：某位奥勒留·盖尤斯（Aurelius Gaius）的墓碑就是一份叫人叹为观止的例证，他是一名士兵，生活在公元三世纪后期，他的墓志铭详细介绍了他这份职业怎样带他走遍了整个罗马帝国。[7]

其他类型的铭文也可以直接或间接地证明个人的流动性。目前已经找到几乎数不胜数的变化形式。从幸存至今的公共铭文看，荣誉政令（honorific decrees）构成了陵墓铭文以外的另一个重要部分。在公元前283年至公元前282年间，雅典这座城市就为新喜剧诗人斐里庇得斯（Philippides）通过了这样一项政令，表彰他对所在社区做出的多项贡献。这份铭文不仅介绍了斐里庇得斯怎样为这座城市担当大使，还提到了他的数百名（至少如此）同胞公民作为雇佣兵跟随国王出国作战。[8]又过了很久，并且是在罗马港口城市奥斯提亚那更加和平的环境里，流传下来一份（可能是）造船木工（*fabri navales*）专业协会的成员名单，我们在那上面依然可以读出大约 90 个名字。像这样的姓名列表可能看起来并不起眼，但通常都证明可以提供丰富的数据。在这个例子里，其中七个名字表明它们的主人**必然**是来自意大利以外的移民（一个可能是第二代移民；其他名字有些可能是来自意大利其他地区的移民）。他们肯定全都属于技术熟练工匠，为了继续从事木工工作，搬到这一行业更发达的中心之一。[9]

　　研究死亡与丧葬的考古学另有一些方面与墓志铭的使用形成互补。陵墓本身可以提供一些（有限的）提示，关于在安葬死者的现场举行过什么仪式。这些仪式可能是非常具体的，可以用作解读死者身份的标志。因此陵墓有时会被用来识别古代社区的移民。但这些数据的解读往往相当曲折。比如，以特定方式安放死者，或是陪葬特定的器物，很可能是要清楚表明死者的身份，但现在看来并不一定可以就流动性这一点提供合格的提示。比如，可能是移民想要融入当地社区、接受当地习俗，又或是当地人想尝试模仿外地人。此外，来源地可不能作为身份和地位的唯一标志，这太不可靠，反而大概可以用于解释丧葬仪式与安葬实践之间为什么会存在差异。[10]

　　近年来，通过引入体质人类学（physical anthropology）方法研究古代世界流传下来的人类遗骸，为更直接地识别移民提供了新的可能性。最重要的方法一直是稳定同位素分析，尤以使用锶和氧同位素为主。这都是有益的补充。氧同位素分析更适合用于识别长距离迁移，锶更适合用于确认较短距离的迁移。[11]这些方法只在规模依然很有限的不同遗址发现的少量骨骼用过。尽管目前得到的结果已经相当具有启发性，但日后若能进行更广大范围的调查，其结果必然可以极大丰富我们的知识。不过，值得强调一点：最有用的结果一定是出自这多种技术的综合运用，不仅包括不同技术之间的结合，还包括跟其他的科学分析结合，再加上其他历史研究和考古的调查方法，特别是铭文史料，但不限于此。[12]

其他的考古材料也对流动性有所反映，即使看起来并不总是那么直白明确。易于辨别的材料与人工制品类型的分布佐证了交易活动存在，这是由携带货物迁移的个人完成的。要确定一件特定的人工制品可能经过多少个阶段、多少次交易才来到它的最终位置，并不总是那么容易。虽然没有人会怀疑，有很大一部分交换就发生在近距离范围，但也有一些明显的案例，表明存在大规模且远距离的贸易：阿提卡的彩绘陶器或阿非利加的红图陶器在各地分布，又或是罗马的陶片山（Monte Testaccio[①]），一座由无数双耳细颈椭圆陶罐堆积而成的人造山丘，这只不过是从最为人熟知的例子里试举几例而已。罗马时期留在地中海一带的沉船数量庞大，很容易就会让人联想到影响深远的经济流动性，即使对其深远程度的详细解释依然存在问题。与此相仿，古代陆上交通的基础设施，也以港口设施和道路系统的形式（图6.1），留下了令人大开眼界的物质记录。

如果我们感兴趣的现象的数据有缺陷甚至完全缺失，那么，沿时间和地点这两个线索查找留下更完备记录的类似现象，这做法不仅很诱人，而且通常很有帮助。为流动性和迁徙选择合适的比较模型很有难度，因为可能相关的变量实在有点太多。这在研究朝向罗马的移民

---

① 或音译为泰斯塔修山。

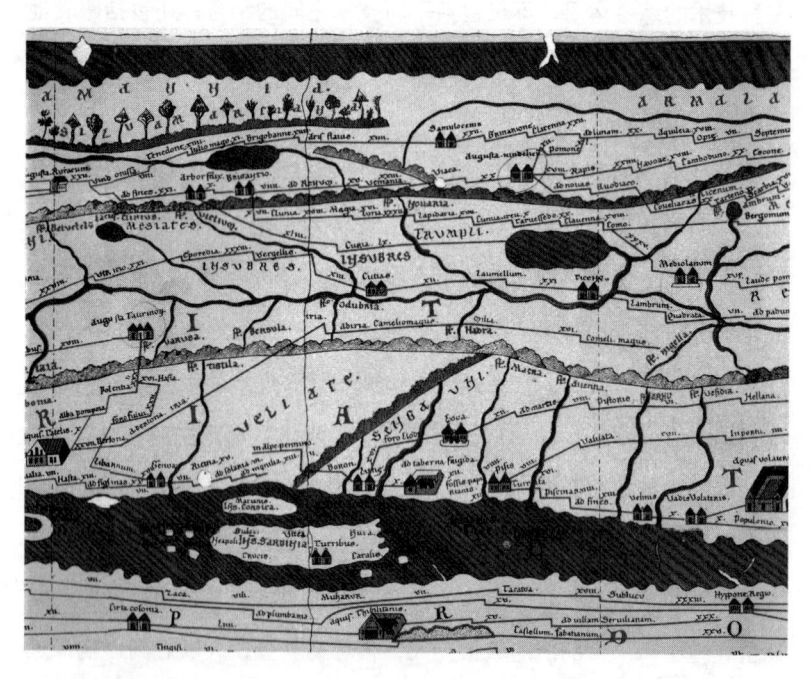

图 6.1 《波伊廷格地图》(*Peutinger Table*①) 局部,这是该古代地图在十三世纪的副本,描绘了罗马帝国的公共驿道网络(*cursus publicus*)。本局部为意大利半岛。
来源:Agostini / Getty Images。

① 以德国学者康拉德·波伊廷格(Konrad Peutinger,1465 年—1547 年)姓氏命名,他收藏并出版了这份地图。

时表现尤为明显,一个重要的比较来源是伦敦的发展,伦敦在现代早期崛起,成为欧洲第一个城市,在规模上达到与鼎盛时期的帝都罗马不相上下的水平。作为一种预测或推理模型,这一比较最近受到持续的抨击。罗马和伦敦在社会背景(比如奴隶制的重要程度)和环境(比如家用燃料的需求与可以得到的数量)这两方面都存在重要的差异。不过,这一点本身并不会使比较两者的做法变得毫无价值,因为若能确定存在什么差异、为什么会发生这些情况以及具体产生了什么差异,将有助于我们进一步厘清我们对这两大城市的看法,但也确实提醒我们必须谨慎行事。【13】

古典流动性

当古代史学者说古代世界已经城市化,我们实际上是在提出许多不同但又密切相关的主张:首先,只不过就是指出,与更早和更晚的历史时期相比,当时确实存在很多城市;第二,指出当时的人们有很大一部分没有作为主要粮食生产者参与从事农业生产;第三,指出城市是重要的政治和经济活动中心。这每一个主张得到的强调程度都跟具体的上下文有关,可能都有不同。前两者适用于定量处理,并且在近年来证明古代希腊和罗马时期城市化程度的研究工作里一直居于核心地位。例如,莫根斯·汉森(Mogens Hansen)依托哥本哈根

（Copenhagen）希腊城邦研究中心①具有深远意义的调查清点项目得出的结果指出，公元前四世纪，当地存在大约一千或更多个希腊城邦，其人口规模大部分超过1000人；至少有10%的城邦超过10000人；并且，在古代希腊的世界，约有超过三分之一到接近一半的人口住在"市中心"。[14]至于罗马帝国，安德鲁·威尔逊认为，在公元二世纪，至少有730万人住在人口规模不低于5000人的城市，大约1030万人住在人口规模不少于1000人的多种业务中心地区。[15]

显然，城市化在古代世界的历史人口学和经济史更广泛的辩论中都具有重要意义。关于城市化和人口规模的问题是直接相关的，因为古代世界的人口估计数字通常部分取决于观察人们定居的城市地区的规模，计算或估计其中包含的住宅和/或其中包含的居民数量。大城小镇本身固然是静止的，但可以视为流动性的"外在迹象或表现"。这在新的根据地（包括但不限于正式的殖民地）表现最为明显，因为人们必须搬家才能来到这里开始新生活。建立新的定居点本身可能表明人口体系正在发生变化。城镇也是进一步加速移民行为和提高流动性的驱动力，因为城镇是贸易的中心和移民的目标。城市人口的变化，尤其是一些具有中心地位的主要城市（包括公元前五世纪的雅典以及公元前最后两个世纪的罗马）的人口快速增长，通常都是整体人口结构的重要组成部分。这可以部分归因于移民行为具有直接的重要意义，但还有其他一些相关因素。

---

① 该中心（Copenhagen Polis Centre）由汉森发起，目标是调查古代史料里提到的希腊城邦记载，设法回答"希腊城邦到底是什么"。

由于城市"市中心"从定义来说代表人口高度密集之地，因此那里的死亡率可能跟农村地区不一样，这既是因为有些疾病与人口密度有关，也是因为大量人口居住在一起就带来了卫生方面的新挑战。这反过来又跟流动性直接相关：如果城市的死亡率很高，那么这个城市就**需要**源源不断吸纳外来移民以维持自己的规模。如果外来移民来到城市以后，因为对流行疾病缺乏任何必需的后天免疫力，导致他们的死亡率甚至**高于**原来的居民，那么这种效应还会加剧。这反过来也意味着这些城市吸引外来移民的能力。简言之，如果城市的吸引力之一在于提供经济机会，那么，上升的死亡率只会进一步增加此类机会的数量。

近年来，古代城市在多大程度上确实具有"人口洼地（population sink①）"的作用，一直是一个持续争论的领域。一些学者认为，古代希腊、罗马城市可能不像以前认为的那么不健康，或至少不像后来中世纪和现代早期的欧洲那样不健康（更不用说产业革命产生的贫民窟，这再次引发了关于什么样的对比才算合适的讨论）。在一些学者看来，古代希腊和罗马的城市居住条件相对宽敞舒适一些，并且至少对公共供水甚至废物处理给予了一定的重视。不过，尽管如此，在这方面持乐观态度的理由似乎还是很有限。【16】

但也有可能是历史学家过分关注城镇对"死亡率（mortality）"的影响。（基于碑文记录以及从奴隶担当的职责推断）当时城市为自愿移民提供的大部分经济机会都被男性占有，从而导致外来移民人口出现

---

① 常有大量外来移民补充人口之地。

性别失衡，这情况看上去是有可能存在的。那"多出来"的男人要么不得不接受他们找不到结婚对象的事实，要么干脆离开城市去找结婚对象。无论选哪一项都会影响这个城市的人口结构。性别失衡可能抑制生育率；另外，如果男人离开城市去找结婚对象，就容易使乡村地区也接触到来自城市的疾病，从而有可能拉平城市与穷乡僻壤之间的死亡率差异。不管具体属于这其中的哪一种情况，城市依然需要得到更多外来移民才能维持自己的规模（工作机会也会继续增加），但不一定都会变成前面提到的死亡陷阱。【17】

　　从经济上看，城市既是流动性的表现，也是流动性的原因。说城市是表现，是因为一个定居点一旦发展到超出其紧邻乡村地区产出可以支持的程度，它能不能继续存在就直接取决于日常必需品（最重要的是食物）向它运输而来的程度。消费者集中聚居容易造成需求变得集中，这种集中可能发展到超越主食范围，因为其他商品同样更容易在成熟市场进行交易，无论对外来访客还是本地居民而言都一样。大型港口提供各种商品的能力很快就成为古代文献的一个传统主题。手里有货的交易商由于此类市场的存在而过上了更轻松的日子；在某些情况下，这可能引发一种自我强化的模式，因为越是发达的大市场越能吸引更多的外地访客。【18】人口向固定的地点集中，加上已经建成的交通网络，这极大简化了思想和新闻的交流，这本身又是一个重要的刺激因素，激励大家进一步移民。城市单单提供工作机会还不够：潜在的外来移民还想要了解城市。【19】

　　这时古代城市的"政治"和法律地位也变成一个相关因素。由于人口集聚，城市成为精英展才、政治角逐以及安家落户的重要选址，这导致包括食物在内的多种需求增加。城市由于自身结构的特殊性，尤其是在精英人群纷纷决定树碑立传之际，就决定了需要更多的劳动力，技术熟练和非技术熟练这两种都要，用以完成建设与日常维护的工作。当然了，当地的人越多，那么进行专业分工的潜力也越大。随着雅典和罗马的职业清单陆续编制完成，我们对这种专业化在当时已经走到什么地步有了一定了解。这些清单比现代早期伦敦的清单要短；但在另一方面，必须注意这清单是基于更加零碎而不完整的出土数据制作的。[20]

诚然，这一切都先假定进入城市的移民至少有一部分是自愿的（至少在某种程度上是这样），是要来这里寻找经济机会。但同样很明显的是，情况并非总是如此：所有的古代城市，在它们的人口当中都包括了"非自愿"的移民，其中一种就是奴隶。考虑到这一背景，奴隶制的重要影响大概怎么说都不过分。动产奴隶制是古代希腊和罗马文化里一个不可分割、无处不在且几乎无可置疑的组成部分。奴隶是与工作相关的非自愿工作流动性一大重要来源。

无论任何时间、任何地点，想要量化那时当地奴隶的数量都是难比登天，评估奴隶数量比评估自由民人口的数量还要困难得多。（因此，再次以古典时期的雅典为例，目前对奴隶数量所做的不同估计之间仍然存在很大差异。[21]）但与此同时奴隶非常普遍这一判断看上去毫无疑问，在古代城镇就是这样，拥有奴隶在自由民群体属于正常现象，尽管在农业上使用动产奴隶的规模问题上继续存在更大的争议。[22]

古代奴隶的来源可以说多种多样。希腊人和罗马人得到奴隶的方式包括在战争中俘虏、从外人那儿购买，在某种程度上让奴隶生儿育女也是一个方式。希腊人一般不愿意奴役自己的同胞,尽管这种不情愿也不是绝对的。在古代希腊和罗马文化里,在"文明"中心地带(该地区本身很显然也会面临变化与扩张)之外有好几个地区,都想得到该文明中心的产品(最抢手的可能是葡萄酒),但自己手上**除了**奴隶之外几乎就拿不出其他产品可以用来交换。大规模的战争可能产生数目巨大的奴隶,古代史学者通常只是轻描淡写地提到这一点。罗马帝国在公元前最后两个世纪令人惊叹的大规模扩张,一次就把数以万计的奴隶带到了意大利,这本身就是罗马这座城市发展壮大的一大重要因素。当然,在古代希腊和罗马世界的边缘被奴隶贩子购买的奴隶往往也是战争的后果。[23]值得注意的是,很少看到表明奴隶短缺的直接证据。不过,有多少奴隶可以得到,又或是得不到,以及这对整个劳动力市场可能产生什么后果,是另一个只有非常微不足道的证据支撑而继续存在意见分歧的课题。

当时,几乎在每一个经济部门,甚至在私人和公共生活的大多数领域,都可以看到奴隶们的身影,哪怕我们掌握的文献史料几乎不会让人注意到他们。在许多不同的部门,奴隶与自由的人们一起在相似(如果不是完全相同)的条件下工作,古典时期雅典的例子包括担任新型战舰的划桨手以及加入令人肃然起敬的大型建筑项目。有些奴隶显然是在自己从事的职业上达到了最高水平的技能,因此变得很有价值;这些奴隶很可能也是获得释放的最佳人选。至少对于某些类别的奴隶来说,获得释放是相当普遍的合理期望(至少要等奴隶达到一定年龄),即使还谈不上成为例行做法。但在古代希腊和罗马,获释奴往往还要继续对前主人承担义务,并且很可能因此发现自己从被奴役社区搬出去的选择受到了限制。

由自由民或奴隶劳动力这两者之一独占主导地位的经济部门可以说是寥寥可数。一个重要的例外可能是家政服务，这实际上变成了奴隶的专属领域。这一点很重要，因为对自由移民尤其是自由女性而言意味着市中心少了一种潜在就业机会，这是后期欧洲城市城市化进程和劳动力市场的一大因素。还有一个例外情形就是异常令人不快且高度危险的工作看上去都由奴隶承担了，这并不出人意料。采掘业提供了一些最明显的例子，尽管这里也为技术熟练工人提供就业岗位，对一些自由民来说显然也是具有吸引力的机会。

工作的流动性

在古代，有相当多的职业都要求从业者具备流动性。军事流动性对我们来说通常是看得最明显的。这是由多种原因造成的。一个原因是士兵的移动有特别大的机会被认真记录在案。军事叙事是历史作家的主要关注点，与此同时，士兵作为一个群体往往特别热衷于通过铭文纪念自己和相互纪念。另一个原因可能是，军事力量的移动，以及与军事力量有关的移动，无论是移动本身还是移动的后果，实际上都是相当重要，具有显著的深远影响。大型军队的行动直接涉及大规模的流动性（图 6.2）。古典时期的雅典和斯巴达通常一次就向战场部署好几千名重装步兵（如遇紧急情况还能一次部署超过一万人之多）。

后来，军队的人数很容易就能达到好几万人（尽管这么大规模的集中兵力不一定能维持很长时间）。但即使是如此高调宣传的战斗士兵数目，实际上还是写小了这一现象背后的人力动员规模，因为士兵们还会得到大量非战斗人员的照顾支持（举例，每一名希腊重装步兵在参战期间均可预计得到至少一名奴隶的协助），更不用说动物了。任何一支军队在移动的时候都需要大量的驮畜和役畜来运载设备和补给。【24】

图 6.2 罗马士兵在河边港口装载武器和补给，见于公元二世纪罗马树立的图拉真纪功柱浮雕。
来源：De Agostini / Getty Images。

大型军队在战场上的动向总能吸引偏爱故事的历史学者注意，但其实历代帝国也有必要在各种战略要地设立永久驻军。维持这些驻军可能涉及创建新的公民定居点，也可能涉及部署全职士兵。这两种情况都等效于创造出新的城市人口来源（或扩大了现有的人口规模）。如果士兵是全职的专业人员，就得从别处寻求后勤支持，这意味着有更多的人必须跟着移动，哪怕士兵本身没有继续移动。在罗马帝国的军队里，许多单位都有机会发现自己实际上承担了当地驻军的工作。这项任务在古代希腊经常派给雇佣兵。从传世铭文可以看到希腊化时期各王国的雇佣兵驻军是怎样的五花八门，含蓄显示亚历山大大帝的历次远征留下多么深远的影响。雇佣兵们当然也会为波斯的国王们效劳。希腊化时期看上去有所不同的一点在于希腊士兵有更大的机会要在新的疆域永久定居，作为对比，反方向的流动就以非希腊人居多。[25]为全职军队（比如希腊化时期各王国的军队以及罗马元首制时期的军队）招募人手本身就是流动性一股潜在的主要驱动力，无论这种流动事后表明是永久的还是暂时的（比如老兵退伍返回各自的家乡社区，在某些情况下他们显然就是这样做的）。[26]

　　古代士兵经常会被要求做打仗以外的其他工作。罗马元首制时期的军队可能对此感受尤其明显，士兵经常发现自己参与大量的工程项目。更普遍而言，罗马的军队通常在驻地现场就是帝国的缩影，只少了大量的文职官僚机构。这对罗马军队的士兵提出了更高的流动性要求。举例而言，公元100年前后，作为罗马辅助部队驻守英格兰北部文多兰达（Vindolanda①）堡的通厄伦人第一大队（The First Cohort of Tungrians②）就在军力报告里对这种要求的潜在力度做了提示。报告显示有一个单位由752名士兵组成，其中456人外出执行其他任务；尽管这其中大多数人其实就在驻地附近不远处，但也有一些人的目的地远达伦敦，另有一些人在听候派驻当地总督差遣（因此可能要在一段时间里保持流动性）。【27】

　　与军事流动性密切相关的是帝国行政管理造成的流动性。古代的国家通常不会为此建起特别广泛的官僚机构。但官僚制度的明显缺失只会加大对流动性的需求。人员的流动可能会变得更频繁。比如管理雅典帝国（Athenian empire③）需要好几百名基本人手，而且他们只能任职一年。罗马官员的任职时间更加富于变化，但职位依旧是临时的；此外，总督们一旦上任往往发现自己经常需要在行省范围不断流动。与军事移动相仿，那明确记录在案的数目意味着后面一定还有更多的人（奴隶、其他家庭户成员以及随行人员等）跟着流动，以备提供各种

---

① 因位于哈德良城墙（Hadrian's Wall）南端而闻名。122年罗马帝国皇帝哈德良首次登陆不列颠就决定在英格兰北方建一道城墙以抵御更北方外族入侵，全长约120公里，由罗马驻军在外国辅助部队协助下历时约6年建成。

② 因来自比利时最古老的同名小镇（Tongeren）而得名。以下信息出自《文多兰达书写板》（Vindolanda Tablets），又称《文多兰达书简》（Vindolanda Letters），目前已找到超过1000片，材质多为树木薄片，尺寸与现代明信片相仿，由罗马在当地驻军及其亲友用拉丁语书写或收到，包括向上级请示以及恳求宽恕，还有亲友之间的书信，时为85年—130年左右。

③ 公元前478年雅典为反抗波斯入侵希腊而牵头组建提洛同盟（Delian league），金库和总部设在提洛岛，其他成员向雅典纳贡，公元前472年开始进入全盛时期，又称雅典帝国，公元前404年在伯罗奔尼撒战争中败于斯巴达后联盟解体。

后勤支持。【28】

与这一要求以及传递信息与情报的需求相关,是帝国时期(一些)国家努力要在自己的领土范围建起可靠的交通体系。古代希腊人对波斯历代国王逐步建立的道路体系一定是印象深刻,但他们自己并没有那么广阔的领土,足以使开建这样大规模的陆上交通工程变得具有吸引力。埃及的托勒密王朝倒是在自己的王国沿用了邮驿服务并做了适应性的调整。罗马共和国(Roman Republic①)用过一种更具临时性质的信使系统,但屋大维作为罗马帝国首位奥古斯都开创了另一套系统,后来演变成为公共驿道网络。

但就绝对数字看,因行政理由而迁移的人其实数目很小。大多数人都要把大部分的时间花在农业上。罗宾·奥斯本(Robin Osborne)早在至少四分之一个世纪前已经指出,乡村的农业社区不一定就是静态的,也有可能发生大量的永久性移入与迁出。【29】关于此类社区及其流动程度,我们明确掌握的直接证据还不够丰富,但如果有充分理由相信即使是罗马时期的意大利或古典时期的爱琴海地区也不一定拥有像现代早期英格兰那样规模的流动人口,那么我们至少同样值得记住,古代世界有一些农业社区有机会存在发生过类似情况的**可能性**。

另外,从较短的时间范围看,地中海地区景观高度多样性的本质以及霍登与珀塞尔强调的连结性可能在乡村地区定居者与农民之间激发出一定程度的流动性。遗产分割继承制度加上小持有农偏爱将风险

---

① 公元前509年—公元前27年。

最小化的农业策略，导致的结果之一就是分散的土地持有模式似乎在许多地方反复占据主导地位。即使是大地主也可能在各地拥有多处地产，而不是单一的大型田庄，这就需要从一个地方搬到另一个地方。与此同时，即使是相当普通（只要达到小康水平）的雅典公民，至少在自己的一部分土地以外另有一套住所似乎也很寻常。因此，农民将在不同地块之间移动就变得不可避免。没有人能做到完全的自给自足：即使是符合赫西俄德《工作与时日》里描写的那种完美典范小农户，也要从事多种商业交易。这其中有很大一部分会在当地进行，但为了寻找有利可图的市场也需要进行长途旅行。[30] 将自家的盈余物资设法推销出去是小农户生存策略一个重要的组成部分，重要程度就跟精英地主设法筹集更多现金不相上下。

乡村地区的聚居模式以及将牲畜纳入农业耕作策略的做法一直是学术界关注和争论的两大重要领域。对这一状况进行概括的最安全方式，可能是提出复杂性和多样性在这里占据了主导地位，原因不仅出在不同的景观，也出在不同的经济和社会背景。这里举一个例子：在意大利，显然最迟从公元前一世纪就存在远距离迁移放牧（简称移牧）的操作，但可能直到公元前二世纪才逐渐流行，因为那时意大利半岛已经整个纳入罗马统治之下，安全得到保障。若是换了更加割据的政治景观，移牧可就谈不上一个现实或具吸引力的选择。[31]

古代世界的农民作为更广泛的经济景观的一个组成部分，对其中的交易网络也有所参与。但有些人将这些网络作为自己工作的主要焦点。发生在古代世界的交易的累积证据包括文献、碑文和考古证据，等等，给人留下了深刻印象。所有这一切也是人在流动的证据。某些商品的具体贸易路线可以并且已经在做追踪研究。一旦研究工作完成，就会留意到有好几点相当引人注目。其一，此类路线是如何随时间发生变化。其二，在一条供应链上可能存在多少个环节。当时显然属于这种情况，只要我们想到保留给本国的国内航行权（*cabotage*）正在发生，但也同样适用于研究看起来可能非常简单直接的常规供应路线。[32]

这里有几点值得注意。一是交易者不一定**一直**都在移动。像雅典、罗马以及它们的港口城镇比雷埃夫斯（Piraeus①）和奥斯提亚这样的城市不断会有外国人前来定居，这些人哪怕自己的成员身份发生变化，也会通过组成外籍人士社区以维系自己的身份和组织。这种流动并非一直是单向的，共和后期发生在希腊东部的大量罗马人移居现象表明了这一点。[33]但令人感到难以理解的是，在帝国时期的罗马，商人社区似乎没有包括从罗马帝国**以外**来的人。业已确认来自印度和更遥远东方地区或是必须穿越撒哈拉（Sahara②）而来的货物显然经过了许多中间商，出售这些货物得到的收入或换取的其他货物还得原路返回才能送到主人手上；目前的印象是在帝国边界上存在广泛的移动，但从帝国以外一路来到中心地带的直接移动案例几乎没有发现。

各种开采产业本身也值得我们关注；就其性质而言，金属和石材

---

① 位于希腊东南部。公元前493年左右，地米斯托克利说服雅典将此地用作新的海军港口并在两地之间建立长墙以确保遭遇围攻时仍能通行。
② 世界最大沙漠，面积约860万平方公里，西连大西洋，北接地中海，东临红海，覆盖几乎整个非洲北部地区，包括本卷提及的摩洛哥、阿尔及利亚、突尼斯、埃及、利比亚等国。

资源只能在它们出现的地方进行加工，无论这些地区提供和维持劳动力人口起居生活的条件是不是足够便利，又或是这些地区离产品的目的地是不是很近。开矿工作同时需要扛得住艰苦危险体力活的劳动者以及拥有高技能的专业人士。前一种工作通常由奴隶从事，后一种工作很显然可以为自由民工人提供颇具吸引力的机会，这些人的动向我们有时可以追踪出来。[34] 古代世界一些最重要的矿区留下了重要的碑文记录，还有已经发生了急剧变化的景观。像驻军一样，采矿社区必须一直得到后勤保障；采石业提供了一些引人注目的例子，显示出当时人们的流动性以及克服了怎样的后勤挑战，这其中大概要数埃及的克劳迪安山最为突出。

古代世界的矿山和采石场留下了发生巨大变化的景观，谁也不能否认它们从规模上看已经具有产业本质。另一个肯定配得上"产业"一词的部门是海军造船厂，在那里建造并维护的桨帆并用大帆船（galley）舰队可说横扫地中海无敌手。从中世纪后期到现代早期，欧洲的这类设施，尤以威尼斯（Venice）①、哥本哈根② 和查塔姆（Chatham）③ 最为突出，通常称为首批产业中心，在经济和劳工史上发挥重要作用。这些地方的古代版本肯定至少也有过同样的规模，但

---

① 七世纪后期发展为威尼斯共和国（Republic of Venice），建有海军与大型造船厂，中世纪后期成为欧洲最大海港。

② 埃里克六世（Erik VI，1286年—1319年在位）时期首次成为舰队港口，但海军正式成立是在1510年。

③ 英格兰东南部港口城市，亨利八世（Henry VIII，1509年—1549年在位）时期成为海军首批永久性造船厂选址，1570年建成。第一艘战舰可能在1579年下水，参与了1588年迎战西班牙无敌舰队入侵的战斗。

关于这些古城当时的运作，我们对其主要实践依然知之甚少。举例而言，我们对比雷埃夫斯的船棚了解很多，也有一些与公元前四世纪雅典舰队管理相关的无价铭文；我们还知道，移民在公元前五世纪被认为对舰队的运作具有非常重要的作用；但我们目前还不知道雅典舰队的舰船具体在哪里建造，也不知道由谁建造。同时，透过沉船残骸可以看到古典时期在地中海一带存在规模庞大的商船货运活动，这也意味着存在大规模的私人商船建造业（我们已经从前面"记录流动性"提到的奥斯提亚的**造船木工**那一节略知一二）。但这确实提出了具有潜在重要性的一点：存在一些必须完成的工作，目的就是维持流动性，但这种流动性并不涉及工人本身的移动。

流动性的工作

本文到这里为止都在强调古人在地中海一带乃至更大范围实际进行迁移的程度。但重要的是不能以偏概全：要记得还有很多人可能终其一生**从未**远离过自己的出生地。不过，这可不是说流动性无关紧要【35】。许多"留守者（stayers）"的**工作**（*work*）还是会受到迁移者的流动性影响。那些有能力留下关于流动性的文献证词的人往往占有较高的社会地位，他们要进行迁移离不开一定的后勤基础设施，这是其中一种影响，还有其他一些影响。我们已经讨论过长途贸易怎样使大城市崛起变成可能，以及从事这类贸易的人的流动性又是怎样被视为原型。但这其中交易的产品是由并未搬家离开过自己农场的人生产的，这些农场可能远在埃及或博斯普鲁斯王国（Bosporan kingdom①）。还有，在码头装卸船只，从码头运输到市中心的仓库和市场，这些工作需要用到成百上千的人和动物。并且，从事这类工作的劳动者不能住得很远，哪怕他们确实会按季节反复进城或出城居住。这可能更像是帝国时期类似雅典和罗马等都城的一大特征，在那里，公民有机会得到国家出资的工作机会（比如雅典的陪审团工作或罗马的粮食供应体系相关工作）。这类工作之所以成为可能，也是因为存在必要的基础设施，既有码头、道路和船舶形式的有形基础设施，也有银行和金融家提供的无形服务。建设和维护这些基础设施需要其他人付出大量的持续劳动，而且他们还不是这些基础设施的用户。

通信问题在这里变得很重要。尽管很明显但仍然值得一提的是，古代世界**所有**的交流都需要有人**亲自**将消息从发送者那儿带到指定的接收者手上。很容易就能看出来，这在实践中并不是什么难以逾越的交流障碍，即使是远低于精英阶层的人也能克服。但要维持这种交流就不仅需要信使们有所行动这么简单。我们可以在罗马的公共驿站系统中特别清楚地看到这一点。关于这套系统的运营，我们从目前掌握的证据看到一大惊人之处在于从沿线各个社区调用了多大数量的动物和其他物资。【36】并且，对沿线社区的需求只会随时间推移而不断增加；一开始大家都**以为**他们最起码可以得到经济补偿，但在以后的岁月里

---

① 希腊古国，位于连接黑海与亚速海（Sea of Azov）的刻赤海峡（Kerch Strait），公元前四世纪成为贸易重镇，雅典是其主要客户。公元前一世纪由本都王国征服。

完全没了这回事。说得更直白一点，在古典时期，连接各地的陆路网络维护起来需要付出巨大的人力物力，但这往往没有记录下来。尽管建设或改善主要道路的最初动力通常来自某个中央当局，但持久的维护与维修责任往往落在沿途社区肩上。【37】

结论

纵观整个古典古代，流动性可以说是一个常数。这有一部分是由自然景观的本质促成的。但随着政治景观改写，也会发生事过境迁的重大变化。军队的移动在这里变得很重要，尤以亚历山大大帝的远征与罗马帝国的扩张为最。在这些征服行动过后发生的经济和行政上的改变也深刻改写了流动性的范围，从奴隶俘获与交易、军队征兵到经济机会等各方面尽皆如此。意大利的远距离移牧和罗马帝国的石材贸易给我们提供了特别清晰的例子，表明这些机会是怎样高度取决于政治景观上的改变。经济上的改变，包括农业生产力和贸易网络的改善，也使大城市的继续发展成为可能。这些城市的存在反过来又引起更多人开始迁移，不管他们这么做到底是不是出于自愿。

第七章
工作与社会

莎拉·E.邦德

(Sarah E. Bond)

莎拉·E.邦德(Sarah E. Bond),美国艾奥瓦大学古典学助理教授,专研罗马法、古代后期金石学铭文以及行业协会。著有《行业与禁忌:罗马地中海地区的不体面职业》(*Trade and Taboo: Disreputable Professions in the Roman Mediterranean*)(2016年)。

一个行省的总督习惯于制定工资法,但也就是自由艺术教师的工资法而已。我们认为希腊人称为自由(eleutheria)的学科属于自由艺术:修辞学家、语法学家和土地测量师全都包括在内。

乌尔比安,《学说汇纂》,50.13.1 pr. [1]

这部《学说汇纂》对 liberalia studia(意为自由探究)的解释,将罗马人当时关于自由艺术(liberal arts①)的想法与较早的希腊化时期关于 eleutheria(自由)意义的想法联系起来。在古代希腊—罗马世界,"自由"的定义跟人们对工作与报酬的认知紧密相关。但这定义在我们这里讨论的"古代"那无比宽广的时间和空间里既不是静态的,也谈不上前后一致。多米提乌斯·乌尔比安(Domitius Ulpian②)出生于希腊城市泰尔,在罗马是公认的法学权威,写作时间集中在罗马帝国的塞韦鲁王朝时期(Severan period③)。即使在他去世三百年后,查士丁尼《学说汇纂》的编纂者们依然唯他独尊,超越几乎所有其他的法学家。[2]在乌尔比安众多观点里有一个观点不断被摘录、多次再版并且

---

① 因包含七种科目而又称自由七艺,分别是语法、修辞、逻辑、算术、几何、音乐和天文。
② 罗马帝国时期法学家、官员(生年不详—228年)。
③ 从193年到235年。始于罗马帝国将军塞韦鲁(Severus)在193年内乱中称帝,198年让其长子卡拉卡拉继位形成共治,209年再让幼子盖塔(Geta)即位,211年塞韦鲁去世,卡拉卡拉派人暗杀盖塔,自己也在217年遇刺身亡,之后再有三位皇帝同样死于非命,罗马帝国进入"公元三世纪危机"时期。法学家乌尔比安先后辅佐过卡拉卡拉和该王朝末代皇帝塞韦鲁·亚历山大(Severus Alexander,222年—235年在位)。

很可能被公元六世纪的《学说汇纂》编纂者大量引用，其主要内容就是给"自由艺术"从业者阐明了一个特殊的法律类别。[3]这么一种划分其实算不上什么新鲜事。罗马人一直希望可以将地位较低的用劳动换取报酬者（mercenarius①，他们得到的报酬称为 merces）与自由艺术从业者进行区分，后者为社会履行义务（officium），但也有可能得到一份谢仪（honorarium），表明他们地位崇高。毕竟，由另一个人定期支付薪水给自己，这在当时罗马的精英群体看来意味着自己的地位遭到了贬低。至于个人为获得报酬而提起诉讼的能力，罗马的法律似乎分别为合同工（operae）与提供智力服务者准备了不同的法律类别。[4]当时继续认为哲学家和法律倡导者应该免费工作，但到了古代后期，某些医生、助产士、校长、图书馆馆员、会计师甚至行省总督的随行人员都得到了特殊的豁免——如此定义"自由艺术"，其范围可比希腊化时期或罗马共和国时期的版本宽泛多了。本章要做的就是聚焦从罗马共和国后期到古代后期（公元前44年—公元565年）这段时间，论证对罗马文学、法律与教会人士在这期间关于工作的看法进行一番仔细分析，从而有利于我们更好地追溯这些工作哲学的修辞、演化以及对当时就在罗马地中海沿岸地区生活和劳动的工人的日常生活产生了什么影响，后者也是最重要的一点。

乌尔比安的看法不仅揭示出当时罗马的精英群体看不上直接支付的工资，他对自由艺术从业者的观点还反映了希腊文化对罗马社会的强大影响。如此一来就有必要先搞清楚当时罗马的法律、哲学甚至文

---

① 特指按习俗不应或不便定价和收费时提供的报酬，与 merces 型报酬形成区分。

学领域的一些先行者具体通过怎样的路径进入希腊化世界，才有机会达成完整的理解。回到古风时期和古典时期，对于生活在雅典的大多数民众来说，实现古代希腊理想版本的自由（*eleutheria*）意味着免受他人奴役，这里说的奴役包括动产奴隶制（*douleia*）和债务这两种形式，并不是完全免于劳动那种自由。【5】这术语当时的流行定义将雅典成千上万的小零售商、手艺人、银行家和农民归类在自由的名目下，尽管并非每一个人都同意这种分类法。柏拉图和亚里士多德等理论哲学家精心定制了他们自己的、实际上也只为他们自己考虑的关于自由的想法。他们假定，投身抽象思考（*theoria*）属于最自由的活动，与需要调用体力劳动的不自由且"仅以赚钱糊口为目的"的工作形成对立。同时必须看到，自给自足的农民（有时称为 *autourgoi*）独立在自己的土地上工作，这在当时的希腊是得到尊敬的，而且这也包括亚里士多德（*Rh.* 2.4.9–10）在内，他在这方面表现尤其明显。【6】这许多想法奠定了古代希腊人关于 *paideia*（教育、教化）理念的基础，一直延用到后来的帝国时期。从哲学上把体力劳动贬低为一种粗俗（就是说平平无奇）、机械且肮脏的事务，建起了一对经久不灭的二元对立关系，将自由艺术与非自由艺术对立起来。这种二分法也影响到后来罗马关于工作的意识形态，这一事实在共和主义哲学家、演说家和政治家西塞罗的著作里看得最为明显。在古代希腊社会强调的自由与不自由的框架之外，罗马的精英作家还强调了事务（*negotium*）、苦干（*toil*）与休闲（*otium*）之间的区别。【7】与他们的希腊哲学家前辈不同，罗马的精英阶层更倾向认为，与闲来无事的空想相比，公民效用与演讲本领更有价值；此外，工作时间和休闲时间的目的，以及在这两段时间得出的成果，他们视为一面镜子，可以反映出一个人在尊严等级体系的位置。正如亚里士多德的自由理念与同期雅典一位皮革厂工人的自由理念应该存在脱节一样，通过文学和法律阐述的罗马精英阶层关于工作的哲学也跟流传下来的物质文化证据（比如考古遗迹、铭文、莎草纸文献和涂鸦等）反映的工作亲历体验存在明显的脱节。

共和时期与帝国早期的自由、休闲与有价值的追求

关于当时罗马人的工作理念，在评估塑造这一理念的上述跨文化影响之外还有一个题目，这就是"劳动"或"辛劳"概念到底是怎样在古代希腊—罗马地中海世界构思成型。古代希腊文本里经常用到 ponos、kopos 和 mochthos① 等单词，但它们并不能直接对应常用的英语单词 labor（劳动）和 toil（苦干）乃至拉丁语单词 labor。保罗·韦恩（Paul Veyne）和摩西·芬利有一个著名的论点，认为事实上英语单词 labor 在古代根本就没有准确对应的术语。当时希腊人和罗马人都将时间划分为休闲时段和事务时段这两大类：在古代希腊人看来就是表示休闲的 scholê 和它的反义词 ascholia，对同期罗马人来说就是 otium

---

① 这三个单词均有多重意义，包括劳动、不同难度的劳动（比如苦干）以及劳动的成果或后果（比如患病或疲劳）等。

和它的否定式 *negotium*。后者就是在拉丁语表示休闲的 *otium* 加上表示否定的 *nec* 前缀这么简单。韦恩尤其认为，当时评价每一种工作更多地依据工人的社会地位：尽管贵族并不从事任何一种形式的劳动（不管他们可能怎样挥汗如雨），那一无所有的穷人还是只能通过为各自职业付出的汗水分量加以识别。摩西·芬利认为，"无论在希腊语还是拉丁语里都没有一个词可以表达'劳动'的一般概念，或'作为一种普遍社会功能'的劳动概念。"【8】韦恩和芬利这番断言对评估古代罗马社会的工作价值产生了重要的影响。比如劳工史领域学者近期继续特别附和芬利这番话，评论说"古代希腊人和罗马人一定会认为劳动尊严概念是非常荒谬的想法"。【9】但事实并非如此。因为我们已经看到，为手艺人和农民制作的铭文残片在字里行间表达出对他们自己的职业感到自豪。【10】

要理解精英阶层对"工作"在古代罗马社会的作用所做的抽象化概括、希腊化时期关于"自由"的哲学的影响以及古代罗马人如何精确阐明劳动的概念，我们必须首先求助于马库斯·图利乌斯·西塞罗的著作。尽管他可能是来自意大利城市阿尔皮努姆（Arpinum①）的"新人（*novus homo*②）"，但他对古代希腊哲学的信条并不陌生。他在精通罗马的宫廷情况之后，于公元前 79 年至公元前 77 年在希腊学习。他一直热爱希腊哲学，也就希腊化时期的哲学写过文章，但他对这个主题著述最多的时期，还是日薄西山的晚年，从公元前 46 年到公元前

---

① 今称阿皮诺（Arpino），原为意大利古老民族沃尔西奇（Volsci）重镇，公元前四世纪一度由萨莫奈人占据，公元前 305 年被罗马征服。
② 指没有名门望族背景而最终得以跻身元老院。

43 年期间。在公元前 44 年末那段恨不得以星期计算的动荡时间里，也就是三月初尤利乌斯·恺撒（Julius Caesar①）遇刺后没几个月，西塞罗写下了他的论著《论义务》。从表面看这是以希腊化时期哲学信件的方式从父亲传给儿子。这一封写给西塞罗当时二十一岁的儿子马库斯（Marcus），他一直在雅典学习（*Off.* 1.1）。演说家西塞罗不仅勾勒出工作中在自由与不自由之间存在的对立关系，还颂扬了对国家公共利益有贡献的活动的尊严，与此形成对比的是那些自私的、只求享乐与利润的活动。其中一个关键部分讨论了各种行业（*artificia*）的名声，以及它们是否适合理想的自由民（*liberalis*）从事。[11]征税者和借钱收利息的放高利贷者由于对人民不怀好意而得到负面的评价。此外，西塞罗建议，作为有偿工人从事体力劳动以获利（*quaestus*）的行为应该被视为不自由（*illiberalis*），这个单词也自此带上"不光彩"的意味，提示这一行为不适合生而自由者。 跟希腊化时期的前辈一样，西塞罗在讨论有偿职业时也用到奴隶制的语言，暗示生产作坊（*officina*）里的工人以及为消费者提供奢侈品或娱乐的人，他们从事的工作并不值得自由民效仿。有趣的是西塞罗的哲学阐述同时考虑到业务运作的规模，认为小范围进行的行业（*mercatura*）比大规模的行业肮脏得多（*Off.* 1.151）。最终，这位演说家得出了传统的罗马式结论：如果一个人想要真正获得自由，那么，农业加上通过土地所有权实现的自主就是最值得称道且解放最彻底的活动。尽管亚里士多德和柏拉图很可能不同意西塞罗对 freedom（自主决定的自由）的定义，但西塞罗还是选用

---

① 罗马政治家、将领（公元前100年—公元前44年）。

他熟悉的、从希腊化时期哲学建立的关于 liberty（免于受迫的自由）的词汇表，为年轻的马库斯提出一套罗马化的工作哲学，同时清晰阐明用以观察当时罗马社会的理想职业等级体系。

说到显示罗马共和国时期对某些职业存在的罗马式偏见，西塞罗的著作不是唯一的特例。有闲暇时间撰写哲学专著的罗马精英往往同时拥有公民权力以及塑造社会、法律、经济和物理边界的资本，后者也是最重要的一点，正是这样一套内容定义了一个罗马社区。这就意味着某些行业在不同程度上被贴上了肮脏、不光彩，甚至在法律上属于不名誉（*infamis*①）的标签，从业者称为耻民。【12】当时人们相信一个人生前从事的工作将决定这个人去世后遗体安放的位置，公元前一世纪，意大利城市萨尔西纳（Sarsina）的一份铭文证明了这一信念的影响："霍雷修斯·巴尔布斯（Horatius Balbus）……自费为他所在市里的公民和其他居民提供墓地，但这不包括那些受雇担任角斗士、亲手给自己套上绞索而送命或从事一门肮脏手艺牟利的人。"【13】说到埋葬角斗士，当时对某些专业人士的态度也体现在物质记录上。【14】不过，尽管当时某些职业从法律和社会上都遭到边缘化是不争的事实，但那些所谓由于自己从事的工作而成为法律所说不名誉（*infamia*）的人们，包括角斗士和男女演员、一些音乐家、妓女、皮条客，甚至还有殡葬工人，还是继续被较上层人士视为不可或缺的劳动者。虽然他们在法律上不被视为可以跟更有尊严的罗马人平起平坐，但在确保社区正常

---

① 拉丁语形容词，名词形式为后面所说 *infamia*。因特定轻罪而遭判罚或因其他特定不名誉行为而遭谴责就会导致这种情况，后果包括不能提起诉讼或担任特定公职等。

运作的更宽泛劳动等级体系里继续保有存在的必要性。

进入帝国初期，塞涅卡等哲学家继续延续传统的自由艺术思想。这位斯多葛派哲学家在信里指出："于是您就明白为什么自由艺术会得到以下这样的描述：因为它们是值得一个生而自由者从事的研究（*quare libero studio dicta sint, vides; quia homine libero digna sunt*；*Ep* 88.2）。"然而只要我们脱离哲学反思这一文学类型，更广泛地深入研究罗马帝国全盛时期（high empire①）关于工作与社会的文学想象，就会开始看到新的、具启发性的文学作品类型全都涉及且描写了行业，哪怕不一定都能更精确地反映当时大多数从事手工艺或农业相关体力劳动的罗马人的真实情况。举例，达尔迪斯的阿特米多鲁斯（Artemidorus of Daldis②）写的《解梦》（*Oneirocritica*）是西方唯一一部完整从古典古代流传至今的同类手册。该书的写作时间大约在公元二世纪或三世纪初，当时阿特米鲁罗斯将梦的解释视为一种经验主义实践，要有专属的科学方法和特定的操作顺序。跟古代希腊和罗马社会对工作的更普遍解释一样，阿特米多鲁斯解梦的标准也具有高度结构化和等级化的特点。他的解读建基于六个分析要素（*stoicheia*），其中两大最主要要素分别是自然（*physis*）和习俗（*nomos*），其次是习惯、职业、姓名和时间。借用现代数据库设计的术语，我们可以称这些为阿特米多鲁斯的元数据

---

① 公元前31年—公元305年。

② 又称以弗所的阿特米多鲁斯（Artemidorus of Ephesus；吕底亚边境小镇达尔迪斯是他母亲的家乡，可能因历史上至少还有一位以弗所同名学者而有时也用达尔迪斯作区分），活跃于三世纪。《解梦》主要以多位前辈作者作品为基础，成为研究当地古代神话、宗教仪式与迷信的宝贵资料。

(metadata)。为正确解读梦中出现的画面,每个类别的元数据都必须由做梦者正确填写,并且职业名称在这个用于预测未来的模型里有机会发挥相当大的作用。首先,做梦者必须先确定梦中的行为或幻象是 *kata* 还是 *para*,也就是说跟每个分析要素比对的结果是一致还是相反。阿特米多鲁斯在他的解梦手册里提到了264种不同的职业;但他的许多反应似乎建基于某些行业(比如皮革厂的工人或其他体力劳动者)长期背负的偏见,并且这些偏见往往包含精英群体对技术熟练工人的恶言谩骂,把他们描述为肮脏、卑鄙或散发恶臭。【15】尽管这本解梦手册的写作目的是让更广泛的大众都能用得上,却也依然带有偏见,看不起那些从传统上就会被视为完全出于挣钱糊口实用目的工人序列的一部分职业。

正如古代文学关于小零售商的看法一样,尽管小零售商在古代希腊—罗马时期许多城市的经济中发挥了举足轻重的作用,但他们常常被塑造成古代社会里的卑微小人物。公元二世纪,历史学家和传记作家普鲁塔克在《伯里克利传》(1.4)里就意识到自己这一悖论:

> 在其他情况下,对事迹的钦佩不会立即引发跟进照做的冲动。不,恰恰相反,很多时候我们虽然喜欢工作的成果,但我们鄙视为大家工作的、具有熟练技术的手艺工匠(*dêmiourgos*),比如香水和染料就是其中两个例子;我们喜欢这些东西,但我们都把染工和调香师视为下流粗俗之人。

这一悖论在早期的基督教文本提及小零售商的时候也出现过。比如《圣经·箴言》(*Proverbs*)提到,在城市的大门里面,理想的妻子为她的家人提供精美的紫色服饰；但是，在腓立比（Philippi①）招待使徒保罗（Paul②）的东道主、独立经营的女商人吕底亚（Lydia），她的紫色漂染业务很可能是在城门外面进行的（《箴言》31.22；《使徒行传》16.13）。【16】书中特别指出她是一位紫色布料卖家，不是紫色布料染工，因此算是某种商业中介。这一事实隐含辛辣的讽刺：就像现代开采钻石或油田的工人一样，当时的紫色布料漂染工人也是生产一种备受重视、令人艳羡且精妙难得的商品，自己却被视为低等工人。如果吕底亚确实是一名女商人，她很可能是把自己的业务搬到腓立比，在那儿出售用自己采购的紫色染料染成的紫色布料。出自马其顿行省（province of Macedonia③）的多份铭文提到了提亚提拉（Thyatira④）作为染色织物生产中心的重要性。帖撒罗尼迦（Thessalonica⑤）的一份希腊铭文提到了"第十八街紫色布料染工协会"（*IG* X.2.1 291）。紫色布料染工的社会地位与工作之间的反差往往非常明显，任何人都能看出来，但这也跟试图控制一种极其珍贵产品有关。

---

① 今称腓力波（Filippoi）。原名克里尼德斯（Crenides），希腊萨索斯（Thasos）岛上一个定居点。公元前365年，马其顿国王腓力二世为保护他在不远处发现的大片金矿和银矿，在这里设防并以自己的名字命名，但允许当地以自治性质的"自由城市（free city）"身份沿用原有的希腊规矩。

② 按《圣经·使徒行传》记载，保罗是耶稣的门徒之一，一世纪上半叶开始旅行布道。

③ 公元前148年罗马经第四次马其顿战争（Macedonia Wars）最终击败马其顿，公元前146年建立行省，也是未来罗马帝国第一个省份。

④ 又译推雅推喇。今土耳其阿克希萨尔（Akhisar）。

⑤ 公元前316年由马其顿亚历山大大帝建立并命名，公元前146年成为罗马马其顿行省首府，今称塞萨罗尼基（Thessaloniki）。

图 7.1 一位卖布的小贩正在展示布料。意大利托斯卡纳（Tuscany）出土的公元一世纪浮雕细节。藏于罗马文明博物馆（Museo Della Civiltà Romana）。
来源：De Agostini / Getty Images。

除了语义学、目标受众和文本体裁等方面的考虑,考古遗迹表明,地理背景跟铭文遗迹一样对我们正确理解从古代流传至今的关于工作和社会的文学描述具有同样重要的作用。居住在中央公路沿线一带或靠近港口地区这一细节可能会对当地精英群体关于贸易的认知产生重大影响。举例,古城腓立比与使徒保罗访问过的许多其他城市一样位于传说中贯穿马其顿行省的埃格纳提亚大道(*Via Egnatia*①)上。该地区拥有历史悠久的贸易网络,由意大利和希腊大商贩作为具有中介性质的商人(*negotiatore*)维护。在这座城市的市场(*macellum*)发现了罗马帝国早年一座纪念碑,甚至就是献给福尔图娜(Fortuna②)与这市场的守护神(*genius*③)。从这座纪念碑可以看出,在腓立比以及罗马地中海沿岸地区的许多其他城市,贸易在社区里全都占有中心地位,不管精英作者们到底写过什么都改变不了这一事实(*AE* 1935, 51)。当时在罗马主要道路沿线分布的许多城镇就是男女商人和手艺工匠密集聚居的城市。因此,要想理解据说是出自使徒保罗手笔的著作或是关于使徒保罗的著作,我们还必须对他做宣讲之地的当地经济有所了解。只要把博学的古代作者们笔下关于贸易的文学地形图汇集起来,与莎草纸文献、铭文、涂鸦、陶片文献、绘画作品和其他考古证据等物质文化为我们提供的替代证据进行复核,当地商人的个人生活就会变得

---

① 公元前140年代后期在征服不久的马其顿行省由拥有地方总督权力的罗马官员下令建造并以其姓氏命名,公元前120年建成,从亚得里亚海直抵君士坦丁堡,途经今天的阿尔巴尼亚、马其顿、希腊、保加利亚和土耳其等国。
② 罗马神话里的幸运女神。拉丁语 fortuna 兼有幸运和不幸这两个义项。
③ 同样出自罗马神话。

跃然眼前。与此相仿，只要仔细观察古城庞贝和赫库兰尼姆的城墙，就会留意到蚀刻技法留下的画面，描绘当年曾经有过成千上百位自豪的商人生活和工作在这两座城市，就像罗马时期的腓立比一样。来到腓立比的游客可能已经看到献给幸运女神福尔图娜以及该市场守护神的纪念碑；也许他们甚至在一位名叫约翰（John）的屠夫刻印的游戏格子上玩过跳房子游戏，又或是读到一个角斗士协会捐献一座纪念碑的事迹（*Philippi* II，247，142）。这类铭文足以显示许多商人在日常生活里对自己所在的行业充满了自豪，尽管他们工作的环境，他们需要依循的制度，包括当时的军队、市政议事会和法律等，其结构继续受到罗马精英群体关于工作的哲学思想的影响。

应用哲学：将工作和地位的理念制度化

在 1957 年上映的电影《桂河大桥》（*The Bridge on the River Kwai*）里，日军强迫被俘的英军战俘在 1942 年至 1943 年间为缅甸铁路（Burma Railway）建造一座铁路桥。由亚历克·吉尼斯（Alec Guinness[①]）饰演的英军上校尼科尔森（Nicholson）根据《日内瓦公约》（*Geneva Convention*）拒绝让自己或他手下的任何一名军官为日本人从

[①] 英国演员（1914年—2000年），从莎士比亚戏剧成功转为好莱坞电影演员，因《桂河大桥》成为1958年美国电影学院奖（又称奥斯卡金像奖）最佳男主角，该片还获最佳影片、最佳导演以及最佳改编剧本等奖项。

事体力劳动。这里援引的1929年7月版《日内瓦公约》实际上是神化了长久以来关于体力劳动与个人社会地位关系的看法。该公约第27条和第34条具体提到使用战俘从事体力劳动的问题,指出,分配工作时应注意跟战俘的地位相称。比如军官或"同等地位者"可以要求安排"合适的工作",若对方是军士,只能迫使他们以监督之类职位的形式从事非体力劳动。【17】

类似这样看待工作的社会态度早就渗透到古代罗马那一度由公民士兵组成的军队,尽管这说的不是对待战俘。平时担任手艺工匠的专业士兵可得豁免某些粗重工作和公役(munera①),百夫长们(centurions)似乎也是免于体力劳动。【18】如此一来罗马的军官都在助力推动这种对待工作的态度在军队内部变成法令并一直延续下来,从根本上在罗马体制的关键部门将这种针对体力劳动的偏见变得根深蒂固。一个人从事的工作类型应该与这个人的社会地位相称这一想法不仅过去是而且现在依然是一种经久不衰的观点。

罗马当时的公民和法律制度作为另一种方式,同样有助于在某些城镇将商人排除在重要的公民职位之外。比如法学家卡利斯特拉图斯(Callistratus②)在公元三世纪这样提到地方议会的理想构成【19】:

> 将那些经商和销售商品的人视为底层人士而加以排除并不合适,尽管市政官(aedile)还是得到允许可以打他们……

---

① 较低阶层通常承担的公役包括参建道路和桥梁等工作。
② 罗马帝国时期法学家(二世纪后期—三世纪初期),作品多半失传,查士丁尼《学说汇纂》引用了一些片段。

但我不认为将这类人纳入这一安排（ordo）有多么体面，具体说就是那些可能要受鞭笞的人，这在那些杰出人物辈出的城镇更是如此。

但是，就罗马帝国而言，我们在这里可不能一概而论，毕竟在罗马东部大多数城市，从法律上排除商人进入地方议会（decurial council）任职看上去是一项并不起什么作用的政策。这些城镇经常将企业主和商人视为自己的公民领袖以及实质上的地方议事会议员（decurione，又称地方元老）。如此一来，摘自查士丁尼《学说汇纂》的这一观点再一次提醒我们，法学观点不一定就能反映罗马帝国幅员辽阔多元化构成的整体看法之精髓。这类法律意见充其量只能表明在一位德高望重法学人士看来"最佳实践"究竟应该长什么样，同时，在这一案例中，卡利斯特拉图斯之所以会对允许商人进入地方议会一事持谨慎态度，主要还是基于以下事实：这些人有机会受到市政官作为市场监管者施加的体罚。换句话说，他认为他们的身体其实受制于另一个人。说到系统地将所有商人全部排除在地方议会之外的做法，我们现在掌握的最佳证据实际上仅仅来自共和时期的意大利和西西里岛这两个地方而已，那里的城市开始通过条例，明确规定所有的商人或特定职业者都没有资格进入当地议会。[20]这种针对商人的负面立场在罗马帝国时期逐渐软化，到帝国后期已经大幅削弱，当时许多社区正努力找人填补议会的各种空缺，使其还能继续运作。

享乐、食物与地位在古代罗马社会的联系

如前所述，西塞罗在他的《论义务》一书中表达了一系列态度，与古代希腊哲学家早期关于体力劳动与服从主人之间存在联系的判断形成遥相呼应。但古代希腊的影响并不总是如此广为人知，这在引进奢侈品和服务的方面更为明显。在罗马，公元前100年至公元180年这段时间，一个新的商人社会阶层开始成长，即将在意大利半岛的多个罗马社区获得政治影响力。西塞罗在自己的哲学著作里不仅强调了自由艺术与非自由艺术之间的差异，也强调了在所有行业中最没有尊严的是那些只求迎合感官享受（*voluptas*）的行业。在他看来，这些手艺人包括了"鱼贩、屠夫、厨师、家禽饲养者和渔民"（*Off.* 1.150）。以上这些职业全都跟奢侈的食物以及奢侈给一个社会带来的道德堕落有关，来自东部地区的表现更加明显。事实上，跟古代希腊许多社区一样，当时罗马人也非常着迷于通过食物来标记社会地位和种族。我们立即就会想到荷马的《伊利亚特》，里面提到因为喝马奶而被单独点名的斯基泰部落（Scythian tribes①），把他们称为挤马奶者（*hippomolgoi*）与喝牛奶者（*galaktophagoi*）（Hom. *Il.* 13.5–6）。若说在

---

① 游牧民族，源于中亚，公元前八、七世纪一度建立强大帝国，自公元前四世纪起渐由同样来自中亚的萨马提亚人（Sarmatian）征服。

罗马人看来单是喝奶这一个细节就有可能使人变得与众不同，其实其他饮料也有同样的作用。比如，葡萄酒一度被吹捧为文明的罗马人和希腊人的首选饮品，在古代希腊—罗马时期留下的文献里，葡萄酒的二元对立面就是啤酒。

若就当时啤酒与葡萄酒之争进行修辞学上的剖析，可以带来古代罗马文学建构里关于"我们"和"他们"的一种更广泛见解。罗马的精英阶层更愿意谴责啤酒是属于未开化的他者或外族的饮料，因此这些产品的制造商也一并打入这同一类别。普林尼和塔西佗等作家强化了这种明显的文化二分法，但令人感到惊讶的是日耳曼人自己可能早就由于过分把葡萄酒视为一种缓解疼痛的治标药物而不肯饮用。恺撒在他的《高卢战记》（*Bellum Gallicum*）指出，尽管各部落允许商人（*mercatores*）在高卢地区从事商业活动，但"他们绝对禁止进口葡萄酒，因为他们认为这会使人变得软弱，难以承受艰苦的辛劳"（4.2）。正如这些文献史料表明那样，无论文化如何，与食物和饮料有关联的工人都有可能代表了一个社会的重要分界线，精英群体对某些产品的偏见往往也会波及生产或销售这些产品的男女商人。使用食物来标记异类或未开化本质的做法在古代史料里非常普遍，就好比指出一个地区缺乏贸易也可以用来表明当地居民文明程度低下一样。【21】因此，日耳曼"外族"不仅被描绘成把黄油用于佐餐和滋润头发，也被表述为缺乏贸易的群体。这一切都是为了跟"文明"的罗马人形成对比，后者更喜欢橄榄油，还定期交换各种商品。在那时，交换行为的存在可以被视为文明社会的特征。正如彼得·加恩西（Peter Garnsey）指出，"这建构是意识形态上的，细节是不准确或虚构的，这么做的目的是要强调占主导地位的希腊和罗马文化在各种'外族'面前享有的身份、独特性和优越性。"[22]于是从这类文学建构看到的往往更多的是作者怎样的自命不凡，而不是所谓"外族"身份的真实情况。

但这并不是说来自北方各行省的"外族"商人对自己的身份或产品就能继续保持同样的自信，压根儿就没打算模仿罗马精英阶层的习惯。像酿酒师（拉丁语称为 *cervesarii*）这样的手艺人固然是自己动手制作和销售一种"外族"饮料，但他们也会动脑筋，看能不能跟更受尊敬的葡萄酒销售商拉上关系沾点光。为这些啤酒酿酒师制作的许多铭文都带有一看就是罗马做派的商业行为和铭文习惯。比如这些啤酒酿酒商可能选择模仿南部地区葡萄酒销售商的铭文词汇，用以宣传酿酒行业一种业已得到提高的自我认知。即使远在拉丁世界西部边陲的啤酒行业，也是一派装腔作势，试图套用精英们的做法。比如啤酒酿酒商可能以一名罗马商人的传统姿态出现在铭文上，他们当中还有很多人通过有组织的志愿社团不仅为当地社区，事实表明也为罗马人驻扎的城堡，一样提供丰盛的饮料（*AE* 1928, 183；*AE* 1998, 954）。

只要更广泛地观察罗马帝国统称为 *negotiatore* 的商人留下的语料库，就会看到大量碑文显示这些人可能同时销售多种产品，比如奥斯提亚的一份铭文提到一名商人既卖铁又卖葡萄酒，但还有其他铭文显示商人们很可能还是他们随后销售的产品的生产者（*CIL* X 1931）。以铭刻碑文的方式提及一门技能（*ars*），不仅传达了他们要推销的产品质量很高，也传达了完成一种活动所需的指定专业或技术知识相当

图 7.2 浮雕,描绘了一座酒馆的内景以及酒桶的运输,出自公元二世纪法国圣马克西曼(Saint-Maximin)一座葬礼纪念碑。藏于德国特里维里(Treviri)主教坐堂与教区博物馆(Bischöfliches Dom-Und Diözesanmuseum)。

来源:De Agostini / Getty Images。

高明。【23】相比之下我们看到来自特里尔（Trier①）的另一位商人吹嘘他是如何熟悉酿造技巧（*ars cervesariae*），还有一位名叫霍思迪亚·玛特纳（Hosidia Materna）的女士自诩为懂酿酒的啤酒商（*negotians artis cervesariae sive cereariae*；*CIL* XIII 450）。她指出，她已经掌握制作啤酒（*cervesa*，啤酒的典型名称）的专门技术，看上去像是通常与西班牙和葡萄牙地区关联的啤酒类型。她这份铭文的重要性首先在于表明啤酒商铭文里存在自豪地使用"技能"一词的现象，但也同时表明并非所有的酿酒商或手艺人都是男性。它还显示了尽管像西塞罗这样的精英作者在各种文学文本里用来谈论贸易的语言很重要（这是毫无疑问的），但商人们用以提及自己工作的大白话也有同等的分量。当年生活在高卢比利时（Gallia Belgica②）和不列颠尼亚（Britannia③）行省的啤酒商留下的这些物证描绘了一个以自己精通职业为荣的商人群体，就像古城庞贝和腓立比的商人一样。他们的铭文里谈到业务（*negotium*）的语言很容易让人联想到其他商人的铭文，特别是在日耳曼尼亚、高卢、不列颠和马其顿等地区的铭文。如此一来，从铭文、莎草纸文献和涂鸦透露的手艺人和商业中介的声音就为后人了解当时罗马商人的日常生活提供了宝贵资源，也可以用于质疑诸如西塞罗或乌尔比安等人留下的叙事文本。

---

① 位于德国西南部，公元前15年前后由奥古斯都建城，因此拉丁语名字带有奥古斯都字样（Augusta Treverorum）。
② 恺撒规划的高卢三行省之一，公元前27年由奥古斯都建立。
③ 拉丁语，始于43年罗马征服不列颠并建立行省，也是不列颠的拟人化称谓。

古代后期的工作、社会与非自愿协会

随着帝国进入后期阶段,罗马社会最顶尖精英阶层继续对贸易和商业抱有根深蒂固的偏见;但另一种认识也在日益增长,这就是国家有必要组织并控制被认为对帝国维持正常运作不可或缺的某些特定行业。从公元三世纪开始更是这样,当时罗马帝国越发依赖商业化商人的工作,尤以渔民、牧猪人与面包师最为重要,以便为罗马和君士坦丁堡(Constantinople①)这两大都城提供罗马式日常饮食的主食。不过,正如我们现在准备讨论的一样,尽管上述行业与国家的关系发生了变化,对比帝国早期和此刻所在的后期,精英群体用来谈论这些行业的文学修辞手法几乎就没有什么变化。在帝国后期,许多跟食品生产有关的行业成为强制性行业,包括牧猪人(*suarii*)、面包师(*pistores*)以及私人船主(*navicularii*)。我们大概可以称之为帝国后期的从业者合作(*corporati*)体系,依托于一系列的行业协会(有些是自愿的,有些不是自愿的),目的是为军队、王室和民众提供日常所需商品。个人一旦加入这种由国家控制的行业社团(*collegia*),往往再也不能离开,而要持续为之效劳;像面包师和造币厂工人这样的群体,甚至还有婚

---

① 今土耳其伊斯坦布尔(Istanbul)。公元330年,君士坦丁一世扩建博斯普鲁斯海峡欧洲一侧原希腊殖民地拜占庭姆(Byzantium)并改名君士坦丁堡,用作新都城。

姻法具体规定了他们跟什么人结婚才算是合法。至于牧猪人，相关的变化主要源于猪肉配给制度发生了改变。国家以前从私人商人那里购买猪肉，但在公元二世纪后期至三世纪初期，某些养猪户与国家形成更密切联系，最终也并入国家的粮食供应体系（annona）。从皇帝这一级别为确保粮食供应而进行的更广泛努力后来也把面包师这一行业包括在内。在卡拉卡拉皇帝在位（211年—217年）之前或期间，在罗马，加入面包师协会（*corpus pistorum*）参与合作变成面包师必须遵从的一项强制性要求，目的是为人民提供谷物以及用这些谷物制成的面包。【24】

图 7.3 女神安诺娜（Annona），罗马粮食供应体系拟人化形象，见于公元三世纪拉丁大道（*Via Latina*）一座石棺上的婚礼场景细节。藏于罗马国家博物馆（Museo Nazionale Romano）马西莫宫（Palazzo Massimo alle Terme）。
来源：Alamy。

不仅国家认可某些行业是必不可少的,"劳动"的定义也在不断修订。虽然古代后期地中海沿岸地区许多男性精英继续在文学上维持一道厌恶暴利与商业的联合阵线,但他们也开始意识到思想与劳动之间存在联系。公元六世纪,卡西奥多鲁斯(Cassiodorus[①])作为古代后期一名文职官僚,对正在修道院缮写间(scriptorium)忙于抄写的修士有过这样的反应:"我承认,在你们需要动用体力的工作里,要数缮写员的工作——若能抄写正确的话——最能打动我。(Inst. 1.30)"尽管卡西奥多鲁斯是伟大的作家和思想家,但他的手上可能从来没有沾染墨水的污渍,也不像古代大多数缮写员一样布满老茧。跟许多同时代其他官僚一样,卡西奥多鲁斯可能会口述文稿,再由其他人代为抄写下来。思想本身与写下这番思想要动用的劳动之间存在物理脱节,这一点今天的我们可能更难看出来。比如我就是以正在自己的笔记本电脑上写下这番话的作者身份这么说的。与今天不同,当时在口述文稿的主教或官僚与记录他们这番口述的缮写员之间甚至会经常存在社会空间上的断层或者说割裂,就像西塞罗、普林尼或阿提库斯(Atticus[②]),在他们向他们的缮写员(librarii)口述信件和哲学评论的时候,后者其实是他们的奴仆或获释奴,此刻勤奋地将主人的话抄写

[①] 罗马帝国时期历史学家、政治家、修士(约490年—585年),540年过后不久退隐创办修道院,从各地收集经典著作手抄本并组织人手制作副本,帮助保全许多古代作者作品,还为其他修道院树立了榜样。

[②] 以阿提库斯之名闻名者,与小普林尼同时期有西罗德斯·阿提库斯(Herodes Atticus, 101年—177年),希腊第二代智辩者成员。与西塞罗同时期者有西塞罗好友、罗马作家提图斯·阿提库斯(Titus Pomponius Atticus,公元前110年—公元前32年),最著名作品可能要数与西塞罗的书信集。

在一种特定的物质媒介上,并且兢兢业业制作多个副本。教皇格里高利一世(Pope Gregory the Great①,又译额我略一世,图7.4)在他的《约伯伦理论》(*Moralia on Job*)一书中也评论过这种脱节现象(*Moral. Pr.* 1.2):

> 作者负责口述需要缮写的内容。作者激发了这本书的创作,并且通过缮写员的笔端将我们应该模仿的事迹记下来。我们可能会在他的信中读到某个伟人的话,但不要问这是用什么笔写下来的;如果认不出作者是谁,不能继续专注内容本身,而是继续探问到底是用什么笔将这些话语抄在页面上,那将是荒谬的。

尽管缮写员的工作在手抄本插图、拜占庭象牙雕刻以及古代后期许多其他作品里经常可以看到细致的描绘,但在文献内容本身却是隐形的,很大程度干脆直接被遗忘,只有他们抄下来的想法得到赞美。进入帝国时期后期,讨论工作的哲学家尽管开始认可某些工作在人世间的能见度,却还是继续推广关于人类灵魂适合某些特定类型工作的想法。此外,"休闲"与恶习之间一种更直接的关系很容易就能转化对应为基督教关于神圣目的与罪恶的观念。正如利巴尼乌斯(Libanius②)指出的那样,放纵自己的身体陷入既无益于公民利益,也无益于个人生计的无所事事状态,这意味着丧失对自身灵魂的控制。【25】

---

① 590年—604年在任。
② 罗马帝国时期希腊智辩者、修辞学家(314年—393年),留有多篇演讲以及为学校写的基础希腊语写作练习课本。

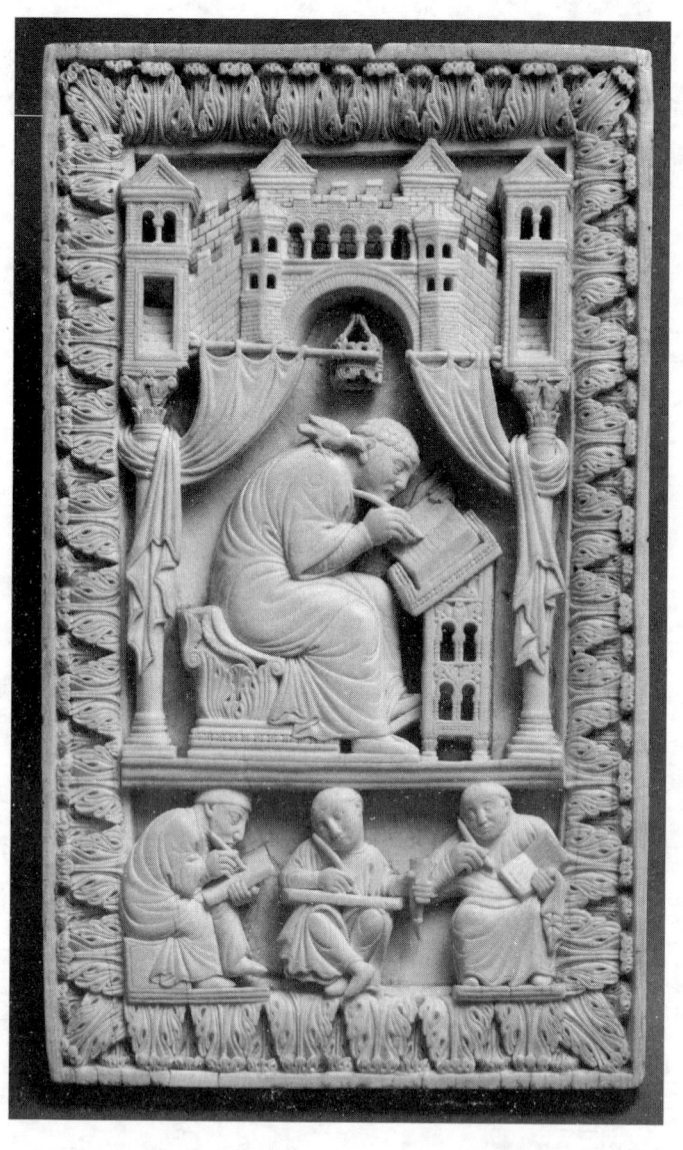

图 7.4 象牙雕刻的书籍封面,描绘了教皇格里高利一世与三名修士缮写员在一起,时为公元 850 年左右。藏于维也纳艺术史博物馆。

来源:Ali Meyer / Corbis / VCG via Getty Images。

基督教与古代后期修正的工作哲学

公元403年左右,时任北非城市希波主教的奥古斯丁发表了一篇短篇论文,题为《论修士的工作》(De opere monachorum)。这原本是一封信,旨在惩戒当时居住在迦太基地区的一群不守规矩的信众。起因是迦太基主教(bishop of Carthage)奥勒留(Aurelius)早些时候写信给这位备受尊敬的主教,请求他为那帮不靠谱的兄弟们送去一些忠告。根据奥勒留的说法,许多人希望把时间花在阅读、靠教堂捐款为生以及留长发上。奥古斯丁在论文里用了绝大部分篇幅致力鼓励这些人摆脱懒惰的生活,具体做法是鼓励从事体力劳动,并且证明从修道院层面参与此类艰苦体力劳动是合理的。在这里应该指出的是,奥古斯丁也一了百了地解决了关于长发是否具有优点的任何争论。正如一位学者所说,"奥古斯丁是在设法说服那些容易令人感到不舒服的苦行者,或至少是那些可能容易被打动而要过更强调精神层面、较少涉及劳动的生活的人,必须为自己的生计而工作,同时注意修剪头发。"【26】在这位主教看来,即使这些留着邋遢长发的人是在试图模仿圣经上记载的早期教父事迹,但他们这种懒惰和厌恶工作的情绪,以及靠教会当时得到的越来越多的施舍物资为生的做法,会让他们在迦太基找不到立足之地,实际上在其他任何一所修道院也是如此。那么问题来了:到了罗马帝国后期,体力劳动的概念跟之前古风时期、古典时期、希腊化时期以及帝国早期处于很低社会地位的版本相比是否发生了根本性的变化？答案比希波主教奥古斯丁的指责性论文乍看上去可能暗示的情况还要复杂得多。体力劳动与修道院式隐修生活方式之间的联系在四世纪期间逐渐成型，最终催生出一种强烈的信念，认为体力劳动有助于将修士从世俗束缚中解放出来。

在奥古斯丁的文章里，他就体力劳动的价值以及收益（拉丁语称为 quaestus，在希腊语里有一组单词与之对应，包括 kerdos，意为收益、利润）对社会的危害这些议题的判断，属于四世纪末和五世纪初教堂神父们普遍争论的题目，跟他们从希腊和罗马社会更早以前不同时期的前辈没什么两样。正如李维在公元前一世纪后期出版的《历史》一书中指出："各种通过交易获得的利润对罗马的统治阶层来说都是可耻的（Livy, 21.63.4①）。"不过，尽管颁布了法律禁令，元老院的成员依然继续通过中介从事贸易活动，同时经常摆出蔑视贸易的态度。[27]当时罗马社会上针对工作的这种文学上的蔑视情绪，很大程度上促使精英人士一边坚持他们的"非经济实用性"导向价值观，一边挖掘利用经济上的可能性。[28]到了古代后期，投给教堂、修道院和其他教会机构的捐款与其他资助不断增长，这就意味着自地中海东部地区的基督教隐修运动（monastic movements②）诞生以来一直倡导的苦行生活方式正在面临越来越大的威胁。在奥古斯丁和其他许多与帝国后期教会有关人士的著作里，体力劳动也具备了为神服务的新潜力。此外，

---

① quaestus omnis patribus indecorus visus.

② 公元三世纪，受罗马帝国禁令影响，陆续有早期基督教神学家选择前往埃及沙漠隐修，奠定有组织隐修实践的基础，后人也把他们称为"沙漠教父（Desert Fathers）"。

它还可以作为模仿使徒保罗的一种方式，不仅可以促成祈祷，也能成为冥想场所，至少对某些人来说是这样。不过，尽管出现了这套对民众的公开说教，但许多教堂神父私下里对体力劳动继续持有精英式的负面看法，这套社会态度在过去数百年来已经在古代希腊—罗马精英群体中变得根深蒂固。

公元四世纪后期，时任君士坦丁堡主教、纳西盎的格里高利（Gregory of Nazianzus[①]）说过一段话，从中可以清楚看到这种偏见从哪里继承而来，毕竟格里高利本人就是主教之子，出身特权阶层。此时他将自己在雅典接受的传统修辞学教育，加上对希腊传统教育方法的坚定信念，一并与基督教神学结合起来。[29]他写过题为《关于自己和主教们》（*Concerning Himself and the Bishops*）的自传体诗篇，在诗里对主教团的同行提出了正式的抨击，提到他们当中一些主教的可悲身世，当时他用的一套标准词汇表，其根源可以追溯到诸如亚里士多德和色诺芬这样的古代希腊前辈，他们从公元前四世纪就围绕所谓"粗俗体力行业"的低下本质写过文章（*tôn banausôn texnôn*；Arist. *Pol.* 1.1258 b）：

> 有的人带着犁地留下的晒伤，看上去是不久前才发生的；有的人又是整天用锄头和锄头干活……还有另外一些人，还没来得及将他们烟熏火燎的职业带来的灰土从他们那为奴

[①] 罗马帝国时期神学家（约329年—389年）。纳西盎位于土耳其中部卡帕多西亚（Cappadocia）。

隶的肉身上洗干净，应该留在磨坊里……这些迈向天堂的蜣螂就这样继续着他们的攀登之路。[30]

希波的奥古斯丁主教和纳西盎的格里高利神父展示了古代晚期社会形成工作认知的新旧两种路径。在给修士和一般信众（也就是说非精英听众）做的有针对性的布道里开始渗透一种说教，关于俗世的体力劳动若是为教会服务就有机会带来天国的救赎。并且说到底这一救赎就是以各种新的方式取决于工作的具体类型、目的和结果。

西方古代晚期的文献文本，无论具体是哲学论文、戏剧、史诗、信件、法律演讲、历史著作、讽刺诗还是传记，先将这每一份文本的目标受众分离出来至今仍是一项必要条件，有助于我们理解当时罗马社会关于工作的文学表征，以及理顺字里行间想要传达的这种工作认知的上下文。这在阅读有关使徒保罗的事迹以及后来在基督教早期教父文本的引用时尤其值得重视。《使徒行传》作者路加（Luke）在书中对保罗的描绘在一定程度上也启发了古代晚期修道院内激增的关于体力劳动的修订观点。但说到使徒保罗的出身，尤其是他是否出身精英社会团体并在西里西亚（Cilicia①）城市塔尔苏斯（Tarsus②）接受过高于当时平均水平的修辞学教育，学者们还没能确定。在后来的传教之路上，保罗似乎确实于一世纪在以弗所等城市工作过，在那儿制作帐篷。[31]如果这位使徒确实是编织帐篷幕布为业（*skênopoios*），如《使

---

① 位于小亚细亚半岛南部，今属土耳其。
② 公元前67年成为罗马西里西亚行省一部分，此前先后由波斯阿契美尼德和马其顿塞琉古控制。据《使徒行传》记载，这是使徒保罗的出生地。

徒行传》18:3 所述，那么保罗还曾切割和出售皮革，所有这一切都是为了挣钱资助自己的长途旅行，一路传播基督语录。【32】不久，他对多种体力劳动有了丰富经验，有能力通过打工获得一份收益；但这份收益在后来的早期基督教教士看来显然是为他的传教布道服务，在某种程度上可以说是用目的证明了手段的合理性，从而使他的形象得到了净化。不过，正如希波的奥古斯丁、纳西盎的格里高利和其他许多同样来自精英阶层特权背景的基督教早期教父一样，必须说保罗懂得怎样跟自己的听众交流。他在写给帖撒罗尼迦人（Thessalonians）和哥林多人（Corinthians）的信①里谈到劳动，后世的基督教教父也经常提起这一段，说他这么做的目的是鼓励修道院会众奉献体力劳动，哪怕这并不是保罗的本意。

早期基督教著作里劳动（labor）和休闲（otium）不断变化的定义，在"金口"若望（John Chrysostom②）与利巴尼乌斯的文本里看得特别明显。【33】387 年，距保罗在世时期又过了三百年，"金口"若望做了第二次《关于雕像的布道》（Homily on the Statues），具体就安条克城里爆发的灾难性骚乱做出回应并做了布道，当时人们因为抗议征税而拆除了狄奥多西皇帝的雕像。只听他说道："亚当过着不劳而获的生活，于是他从乐园坠落，反观使徒保罗辛勤劳作，一边说着'劳碌劳碌，昼夜工作'，他就被带到乐园并一路升上第三重天！让我们不要轻视劳动；让我们不要轻视工作。"（Hom. 2.23）作为拿薪水的基督

---

① 分别为《帖撒罗尼迦书》和《哥林多书》，各有前后两篇。哥林多又译科林斯。
② 罗马帝国时期神学家、基督教早期教父（约347年—407年），398年出任君士坦丁堡主教，因布道明确有力而得到"Chrysostom（金口）"之誉。

教长老会长老,"金口"若望此时宣称穷人之苦干属于某种"值得尊敬(*dikaion*)"之事。【34】

正如玛格丽特·米切尔(Margaret Mitchell)指出的那样,"金口"若望解释使徒保罗取得成功的原因,如果不是受到神的启发,就是源于保罗本人的纯粹意志力。【35】他在一篇讲道中提到神的恩典把保罗从市场里拉出来,在另一篇讲道中说正是保罗的辛勤工作加上不屈不挠的意志使他成为大家学习的理想榜样【Hom. in Heb. 1.2 (PG 63: 16);Hom. in Heb. 16.4 (PG 63:127)】。在帝国后期出现的数目激增的道德布道文学作品里,关于劳动和工人这两者本身的价值的信息有所增加。正如"金口"若望指出【Hom. in Rom. 16.3 (PG 51:193)】:"我们不要简单认为富人就是有福的,也不要贬低穷人,不要以行业为耻,也不要把工作视为一种耻辱(oneidos),倒不如说放任自己无所事事才是耻辱……罪是唯一的耻辱。无所事事通常就会生出罪来。"随着懒惰或无所事事就是罪恶动因这一认知陆续出现在诸如"金口"若望等人的著作,同时见于格里乌斯·庞帝古斯(Evagrius Ponticus[①],345年—399年)、约翰·卡西安(John Cassian[②],约360年—435年)以及教皇格里高利一世(约540年—604年)的修士思维里,进一步推动懒惰或无所事事的手最终蜕变为原罪的七种致命来源之一。

"金口"若望使用的修辞手法和他讨论的问题,其渊源或许可以从他本人的教育经历看出来。他不仅有"金口"这个绰号,能言善辩,

---

① 罗马帝国时期神学家,曾在君士坦丁堡担任神学顾问,后前往埃及参与沙漠隐修运动。
② 罗马帝国时期神学家,重要著作包括沙漠教父对话集等。

并且的确在349年左右出生于安提俄克城的一户精英家庭,后来很可能师从修辞学家利巴尼乌斯(Sozom. *Hist. eccl.* 8.2)。他关注穷人和劳动的作用,这也是他那著名修辞学家老师同样在意的主题。劳动的用途与滥用经常成为他的《演说》(*Orations*)的主题。利巴尼乌斯在385年关于安条克使用强制劳动的演说中公开批评当地管理者虐待农民,不断征用牲畜和它们的主人,迫使他们参与清除城里被拆除建筑的瓦砾(*Or.* 50)。利巴尼乌斯不仅为城里的穷人辩护,也为生活在乡村地区的贫困农民和牧场主辩护,因为这座城市建基于乡村的农业基础之上(*Or.* 50.33)。若是在大城市,手艺人、手艺工匠以及餐食服务人员可能会被要求提供义务服务,这一做法可能会占用他们专门留出来用于打理自己的业务或农场的时间。不过,尽管利巴尼乌斯经常强调保护这些工人的必要性,他也赞扬了教育在帮助人们摆脱体力劳动这件事上的好处,认为此刻在课室里学习的痛苦,日后会在市议会的工作里找到乐趣作为补偿(*Prog.* 3.3.13)。

结论

古代希腊—罗马时期人们关于自由艺术的较早期思想与基督教对待工作和劳动的新态度融合,在希波的奥古斯丁的作品里被简化了。386年9月,奥古斯丁在意大利城市加西齐亚克(Cassiciacum)从事自由艺术研究。在他去世前几年写的《再思录》(*Revisions*,拉丁语 Retractationum，428 年），是对自己早期作品的一个回顾，在书中称为"基督徒的闲暇时间（Christianae vitae otium；Retract. 1.1.1)"。在他看来，这种个人和团体参与研究典籍和基督教文本的时间，使他得以离开有形事物而去寻找无形事物（a quo corporalibus ad incorporalia potest profici；Retract. 1.1.3)。事实上，奥古斯丁对一种基督教化的自由艺术思想之形成起了至关重要的作用，这种思想将对他身后的一千年产生影响。特别是他提出，有两条道路（duplex enim est via）可以让个人选择去寻找真理：一是遵循一种哲学和理性的生活，一是遵循一种基督教信仰和服从的生活（Ord. 2.5.16）。正如他在386年于意大利写成的第一本书《独语录》(Soliloquia）展开讨论那样，他认为我们这世界需要在这两条路上都看到人流（Sol. 13.23）。人们走上不同的必经之路这一想法是奥古斯丁著述的一个共同主题，我们在讨论工作与社会的哲学怎样从帝国晚期向中世纪过渡时应该同时考虑这一点。奥古斯丁确认了世俗秩序与神圣秩序之间存在的关系，表明了有必要存在一个结构化的社会，并且体力劳动在这里面是必不可少的：

> 有什么能比公共刽子手更可怕呢？有什么比他的性格更残忍或更凶猛呢？然而这样一个人在法律体系里占有必要的一席之地，他是治理良好的社会秩序的一部分；他从性格看是罪犯，但他其实是根据他人安排而对罪犯实施的惩罚。【36】

这就是说，在神的秩序里，农夫、手艺人、刽子手和哲学家都占有一席之地。

在今天的罗马法研究领域，关于自由研究（liberalia studia）或自由艺术（arte liberalia）这一类别在现实当中是否真的曾将工人排除在当时罗马的合同法范围之外，抑或这只不过是古代法学家传播的一种哲学观点而已，继续存在争议。毫无疑问，创建这一法律类别离不开受到以下两者的内嵌想法的影响，一是早期希腊人看待工作的态度，二是像塞涅卡这样的作家代表的斯多葛派方法，但在当时的实践中，自由七艺从业者们是否仍然不受租赁与雇佣合同（Locatio conductio）保护是存在疑问的。[37]正如本章已然论证的那样，透过仔细分析从罗马共和国晚期到古代晚期（公元前44年 — 公元565年）这段时间在文学、法律以及早期基督教教父观点里讨论到工作的内容，我们可以一路回溯得出这类关于工作的想法的修辞与演变；不过，说到这对当时就在罗马地中海地区生活和劳动的工人的日常的影响，保存至今的物质文化证据并不足以让我们从中得出全面的真相。这项研究至少可以说明一点：在意识形态与实践之间存在一种非常真实的联系，表明存在于知识领域的关于工作的哲学不仅可以，并且的确对现实世界产生了积极和消极这两类影响。

致谢

感谢玛格丽特·米切尔、克利福德·安多（Clifford Ando）以及伊利诺伊州芝加哥大学早期基督教研究研讨会的诸位参与者。克里格·吉布森（Craig Gibson）、艾伦·穆尔伯格（Ellen Muehlberger）、安德鲁·雅各布（Andrew Jacobs）和安德鲁·里格斯比（Andrew Riggsby）提供了额外的帮助。如有错漏概由笔者负责。

第八章
工作的政治文化

阿兰·布列松
(Alain Bresson)

阿兰·布列松(Alain Bresson),美国芝加哥大学罗伯特·O.安德森(Robert O. Anderson)杰出服务讲席教授,专业为古典学与历史,古代经济著述颇丰。近作包括《希腊古代经济形成:城邦国家的制度、市场与增长》(*The Making of the Ancient Greek Economy: Institutions, Markets, and Growth in the City-States*)(2016年)。

在工作与国家之间存在一种必然联系。原因在于生产资料并非平均分配给这些生产资料的使用者。某些生产资料可能由它们的拥有者自己经营。但是,自新石器时代(Neolithic①)以来,在大多数的社会里生产资料所有权的分配一直非常不平等。这一情况可以概括如下:生产资料,在传统社会最重要的就是土地,其所有者往往不是就这些生产资料展开工作的人。在工作的提供者与劳动力的提供者之间既存在不可避免的紧张关系,又存在相互需要的关系。前者(生产资料所有者)需要工人来开发利用他们拥有的生产资料。后者(工人)需要前者来满足自己的谋生糊口需求。哪怕从当事者的体会看在生产资料所有者与他们的工人之间存在的可能是一种封闭关系,只跟他们双方有关,但在这关系的背景上其实不可避免地存在一种社会建构,最终在生产资料所有者与工人之间建立起一种权力平衡。换句话说,国家权力自始至终都在这一关系里,或明里、或暗里,但从未缺席。正是国家让生产资料所有者得以占据至高无上的地位。此外,除了按惯例要对经济活动征税,国家还必须雇用劳动力以维持自身存续,执行该由国家肩负的任务。

此类一般定义提供了描述情况的起点,这里所指的情况从古代世界各社会看过去可能显得五花八门。但在这表面的混乱中依然可以观察到主要的趋势。首先,在西方,纵贯整个古代时期,存在连续的家

---

① 一般认为发生在距今一万多年前,以使用磨制石器为标志,结束于距今5000年到2000年前。石器时代概念最早由英国政治家、博物学家约翰·卢伯克(John Lubbock, 1834年—1913年)在他的著作《文明起源与人类原始状态》(*The Origin of Civilization and the Primitive Condition of Man*)中提出,分为旧石器时代(Paleotlithic)和新石器时代。

庭户组织。但同时还有一种清晰的演进在平行进行，以日益发展的城市生活、劳动分工以及劳动力人口开发利用（或者说剥削）的外部化为标志，在希腊化时期和罗马帝国早期达到顶峰。最后，在帝国晚期和拜占庭早期出现了一种新的内化。与此同时，在这每一个阶段国家都是主要的当事者，参与创造社会秩序以及劳动力人口的开发利用。

荷马与赫西俄德的世界

从希腊的角度看，黑铁时代最早的证据就是荷马与赫西俄德笔下的世界。对劳动力人口的开发利用几乎"独家"发生在家庭的框架下。即使荷马笔下的世界从细节看并不对应历史上任何一个社会（这一点目前仍然存有争议），但有一点可以肯定：那世界里有许多特点是黑铁时代早期和古风时期早期社会所特有的。奴隶制被视为土地所有者开发利用或者说剥削劳动力人口的一种基本结构，而不是什么边缘化或次要的结构。[1]荷马和赫西俄德将"奴隶"定义为单数的 *dmôs* 或复数的 *dmôos*，对应到今天的英语就是 servant（仆人）。

根据荷马的《奥德赛》，当奥德修斯到达国王阿尔基诺奥斯（Alkinoos）的宫殿（*Od.* 7.103–6），他发现，那儿"有五十名女奴在宫中，有的用手磨把小麦麦穗磨成面粉，有的正在织布，或是坐着整理纱线，忙碌得像高大白杨的枝叶摇曳。"[2]当奥德修斯本人隐姓埋名回到他在伊萨卡的宫殿，首先要遇到的是欧迈奥斯（Eumaios），"（去寻觅）那高尚的牧猪奴，在高贵的奥德修斯获得的全部奴仆当中，就数他最为主人的产业操心"（*Od.* 14.3-4）。由此可见，奴隶是当时劳动力人口一个必不可少的组成部分，尽管不是唯一一个组成部分。[3]

当我们转向赫西俄德的《工作与时日》进行查阅，就会从这份公元前 700 年左右关于古代希腊中部一名普通农民的世界的描述里看到，地主自己耕种土地，他的妻子负责照顾家庭。但他还有好几个奴隶。农夫必须"首先弄到一所房屋、一个女人和一头耕牛。这女人要用买的，不是娶的，这样她就可以跟在牛后面赶牛耕地（*Op.* 405-6）"。至于农业耕作工作，全都需要用到奴隶（*Op.* 459，470，502，573，597，766）。

当时，残酷的暴力使人们可以将自由的人转变为实在的财产，劳动力人口本身成为一种生产资料。被拐走的儿童（比如《奥德赛》里牧猪奴欧迈奥斯小时候的遭遇；*Od.* 15.403-84），以及丈夫在战争中不幸丧命的女性，很容易就会沦为奴隶。至于成年男性，要让他们成为奴隶往往需要采用独占式的拥有，外加拥有武器并且使用起来，除非是主人这边十万火急需要得到自己的一些奴隶帮忙，那是少有的例外。

从某种意义上看，《奥德赛》尾声发生的暴力场景可以视为奴隶制在政治维度上的缩影（图 8.1）。当时的关键问题出在政治权力的归属以及谁将成为伊萨卡的国王，是奥德修斯还是他的妻子的众多求婚人之一（*Od.* 22.48-53）。这是发生在贵族之间的冲突。但奴隶们也有自己的职责。比如在宫殿里发生的战斗，牧猪奴欧迈奥斯与牧牛奴菲洛伊提俄斯（Philoitios）先后拿起武器帮助奥德修斯和他的儿子特勒马科斯（Telemachus，意为远离战争；*Od.* 22.103-4）。但牧羊奴墨兰提奥斯（Melanthios）背叛了自己的主人，反过来向求婚人提供武器（*Od.* 22.179-80）。显然，拥有武器（以及使用武器的能力）是一方战胜另一方的决定性因素：这就是为什么抢先进入存放武器的库房这一点变得至关重要（*Od.* 22.109, 140-3, 161-2 和 179-80）。如此一来，对拥有生产资料的人来说独占暴力不仅成为与同一社会等级人士建立权力关系的决定性因素，而且至少从一般情况看也是跟他们的奴隶建立权力关系的最重要因素。发生在《奥德赛》尾声的冲突从政治层面看还有另一个方面，这就是在奥德修斯家里50名女奴中，有12人由于跟求婚人上过床而在此时被处以死刑（她们是被绞死的，声名狼藉；*Od.* 22.437-73）。至于叛徒墨兰提奥斯就被肢解和阉割（*Od.* 22.474-7）。奴隶可能会被他们的主人折磨或杀害。没有人会承认他们拥有任何权利。对奴隶主人来说，自己在奴隶面前至高无上的政治地位与他们对奴隶的所有权融为一体。

由此我们可以得出结论，把《奥德赛》这一幕视为描绘古代世界里国家与劳动力人口关系的"原初场景（primal scene）"。它体现了这样一个事实：直接的身体暴力是动员劳动力人口的一大关键因素。这是古代和当今世界之间一个根本区别，在当今世界发挥动员作用的是市场约束，身体胁迫手段遭到禁止。这倒不是说市场约束在古代是闻所未闻的。事实上它是同时存在的，并且与身体暴力结合，创造出一种特定的国家形式，这就是城邦。城邦的基本"契约"就是它保证自己的每一名成员都有权成为奴隶主与市场合伙人，同时对等要求他们拿起武器捍卫当时盛行的社会秩序。

图 8.1 奥德修斯、特勒马科斯与欧迈奥斯（右）诛杀图谋不轨的求婚人（*mnêstêrophonia*）。见于坎帕尼亚红图双耳大口罐（Campanian red-figure bell-krater），制作时间为公元前 330 年左右，出自"伊克西翁画家（Ixion Painter①）"。藏于巴黎卢浮宫。

来源：Hervé Lewandowski / © RMN-Grand Palais / Art Resource, New York。

古代希腊和罗马的债务、工作与国家

荷马笔下的宫殿主人都有奴隶，但他们也可以花钱找雇工。当时所说的农奴（*thêtes*）是愿意出租劳动力换取一份薪水（*misthos*）的人。

---

① 因最初发现的作品绘有希腊神话同名人物而得名，活跃于公元前四世纪后期。

他们是自由民，但他们所处的状况应该属于地球上最悲催的类型。在《奥德赛》里，当奥德修斯前往地府造访哈迪斯（Hades①），在那儿遇到已经死去的阿喀琉斯，只听阿喀琉斯哀叹："我本该选择成为某个只要别人给钱就什么都肯干的人，那样我就能继续生活在地面上，哪怕没有土地，忍饥挨饿，几乎活不下去，也不要成为所有死者的主宰。（*Od.* 11.489–91；另见 18.357–8 及 *Il.* 21.444–5）"事实上，赫西俄德在《工作与时日》中提的一则建议也揭示这些为拿到薪水而打工的劳动者往往处于朝不保夕的地位（*Op.* 602–3）："我劝你赶紧把那个雇工从你家赶出去，另外挑选一名没有孩子的女仆，因为有孩子的女仆还要照料孩子，会带来麻烦。"因此，这些农奴的经济状况非常糟糕。他们的经济依赖性变成了一种政治依赖性，这就解释了贵族在实践中可能怎样把他们跟奴隶一起用在不同的事务里，例如为船只配备人手（*Od.* 4.644）。不仅奴隶和他们的主人之间存在紧张关系，没有土地的工人或贫苦农民的糟糕条件，加上他们这一群体往往穷于应付的此起彼伏的不确定性，成为与劳动力人口开发利用或者说剥削有关的政治紧张局势的另一个来源。

因此，没有土地或贫苦的农民的处境很容易转为实际上的奴役状态。在古代希腊，我们知道，如果遇到饥荒，穷人就不得不向富人借款。赫西俄德给我们留下了邻居之间实物贷款的明确证词（*Op.* 349–52）。他还写道，但借钱这办法用起来不得超过两到三次，否则警觉的

---

① 根据希腊神话，哈迪斯与宙斯、波塞冬为三兄弟，经抓阄分定各自管辖区域，哈迪斯分到地府成为冥王。

邻居就会停止继续借钱（*Op.* 399-403）。债务和饥饿往往是如影随形，接踵而至（*Op.* 647）。此时风险就变成可能要被迫出售自己的农场，但赫西俄德也是实话实说，关于购买他人的农场属于合法目标，即使对他心目中的理想农民来说也是合法的。他建议祈祷诸神带来丰收，"这样一来你就可以买得别人的农场（klêros），而不是别人买去你的农场（*Op.* 341）"。欠债的直接原因出在无力为一家人采购足够活命的食物。那些手里有余粮可用的人，那些大地主，这时就能通过借贷而让那捉襟见肘的贫农一步一步陷入债台高筑的境地。一旦不能偿还日积月累的债务，后果就是任凭对方奴役。

公元前七世纪末，在雅典，根据传记作家普鲁塔克的说法，情况已经变得难以忍受（*Vit. Sol.* 13.2-3）：

> 当时所有的平民百姓都欠富人的债。因为他们要么正为富人耕种土地，拿到六分之一的农作物收成作为报酬（因此也被称为 hektêmorioi 和 thêtes[①]），要么直接把自己抵押出去还债，有可能被他们的债主带走，有些人成为债主家里的奴隶，其他人可能被卖到国外。由于借贷者都很冷酷，许多人也会被迫卖掉自己的亲生孩子（因为当时没有任何法律禁止这样做）或干脆流亡别处。但他们当中人数最多也最坚强的成员开始团结起来，互相告诫不要屈服于自己的错误，要推举一个值得信赖的人作为他们的领袖，让那被定罪的债务人获得

---

① 分别意为"六一汉"和"帮工"，后者因其不得已的依附性又称农奴。

自由，重新分配土地，对政府的形式来一次彻底的改变。①

显然，那些被奴役者往往都被卖到国外去了。公元前594/3年间，梭伦出任雅典的执政官，作为新的立法者颁布相关法律，使上述情况得到重大的改善（*Vit. Sol.* 15.3）："他的公开措施首先就是立法豁免现有的全部债务，同时严禁任何人在日后借贷时以债务人的人身作为质押。"由此可见，债务当时已然成为富人的一种手段，迫使原先拥有自由身的很大一部分人口陷入债奴的处境，甚至直接成为奴隶。这种债务机制实际上创造了一个人力资源库，地主可以任意挖掘利用或者说剥削，降低了劳动力获取的不确定性，使地主的利润达到最大化。雅典这一情况在罗马找到了惊人的相似之处：至少从公元前六世纪开始，罗马存在一种债务质役的做法，称为债务口约（nexum），可能引出跟雅典一模一样的让债务人彻底沦为奴隶的结果。对于不能及时偿还债务的借款者，当时被视为合适的债务质役执行结果就是将此人变成债奴。瓦罗这样解释这个词（*Ling.* 7.105）："一个自由民像奴隶那样干活以便偿还自己欠下的债务（nectebat），这称为债务质役或债奴（nexus），就像一个人被称为负债者（obaeratus）是因为出现了金钱债务一样"。

在公元前450年—公元前449年间，罗马按照传统颁布了一套新的法典，这就是后世所说的《十二表法》（*Twelve Tables*②）。其中第三

---

① 原文引自勒布（Loeb）英译本。
② 由于刻在铜板上，又称《十二铜表法》。

表专门用于讨论债务问题，充分显示出当时负债者处境的严峻性。按照法律，负债者有三十天的时间想办法偿还自己欠下的债务。如果在这段时间过后依然没有办法偿还，债权人就有权用皮带或镣铐把负债者带走。不能按时还款的后果是这样的 (III.5)【4】：

> 此时双方应该有权达成和解，除非他们达成和解，否则债务人将被扣留六十天。在这期间他们应在连续三个市场交易日被带到集会现场，来到司法官面前，在那里他们被判定必须承担的金额将会公开宣布。并且，到了第三个交易日，他们将被处以死刑或被送过台伯河运往国外出售。

如此一来，nexum 所说的债务质役与债务奴隶制 (debt slavery) 形成了密切关系，但不是完全等同。【5】《十二表法》第三表多次提到债权人和债务人之间可能达成"妥协"，很可能正是要给破产的债务人创造机会，使他们可能跟债权人建立某种债务质役关系。只要债务人接受这种解决方案，他们至少可以暂时免于沦为奴隶的威胁。不过，尽管从官方角度看这名债务人此时仍是公民，却已经落在一名主人手里，并且几乎没什么机会逃脱这一处境。只要他再次借钱，他就可能变成奴隶，从而彻底失去公民身份。与此同时，很显然，罗马的法律不允许在城市边界内出售公民，这就是奴隶要被"送过台伯河"卖到国外的原因。这与公元前七世纪至公元前六世纪之交的雅典的相似性是再明显不过了。到这一时期奴隶制已经存在于罗马，但债务质役无疑是贵族用以开发自家土地的主要渠道。与之形成鲜明对比的是债务及其后果（债务质役制或债务奴隶制）最让非贵族平民感到头疼。

导致借贷者破产的原因是当时的利率高得离谱。塔西佗强调，在《十二表法》颁布之前，利率是不受限制的，但在法律颁布之后变成这样（Ann. 6.16）："首先是《十二表法》有一个条款规定，以前任凭富人漫天要价确定的利率不应超过百分之十二。"原文是 fenus unciarium，字面意为利率在每磅（libra）一盎司（uncia）的比例。这一数值的含义长期以来一直遭到误解。当时每磅由十二盎司组成。因此这利率说的不是每年1/12或约8.33%，而是每月利率一盎司，一年12个月算下来就得出年利率为100%的结果（这实际上与我们了解到的古代希腊利率计算方式完全一致）。

公元前四世纪，在罗马，平民这群体（他们当中有很多人那时不仅富有而且具有影响力）变得更强大。权力均衡因此发生调整。公元前357年，由平民选出的保民官们（tribune）通过的第一项措施，（很显然）就是重修《十二表法》关于利率的附带条件（由此看来贵族在这期间恢复了之前的无限制利率；Livy 7.16.1）："元老院感到不太满意的是第二年提出的一项措施，当时正值盖乌斯·马修斯（Gaius Marcius）和格涅乌斯·曼留斯（Gnaeus Manlius）担任执政官①时期。该措施将利率固定在1盎司。"但这对债务人的状况当然算不上什么重大改善，正如李维所说（7.19.5，谈到公元前353年）：

> 罗马的普通百姓在自家还不如在外面那么幸运。因为尽

---

① 罗马共和国时期实行双执政官制，任期一年。

管已经为他们免除了一盎司利率的高利贷，但那很穷的穷人会发现即使是本金也能构成沉重的负担，往往经由债务质役（*nexumque inibant*）而落在他们的债权人手上。

公元前 347 年，李维记载，罗马的利率首次显著降低（Livy 7.27.3）："但利率从一盎司降为半盎司，债务变得有可能偿还，先付四分之一，余下部分分三年分期支付。"公元前 342 年，甚至有人提议直接禁止带利息的贷款行为（Livy 7.42.1-2）："卢修斯·格努修斯（Lucius Genucius）作为由平民选出的保民官，向平民提议说带利息贷款应该是非法的。……如果所有这些都是要对公民做出的让步，那么，很显然，不满情绪的力量不容小看。"

李维不确定该法案是否获得通过（我们现在知道，在那之后带利息的贷款在罗马是既合法又非常普遍）。但塔西佗（*Ann.* 6.16）也提到取消利率。至少我们可以假设存在利率大幅下降的新情况。只不过抵押自己的劳务为债务担保的债务质役问题仍然没有解决。解决办法（很可能）出现在公元前 326 年。瓦罗（*Ling.* 7.105）详细写道："当佩提留斯·利波·维索鲁斯（Gaius Poetelius Libo Visulus）成为独裁官，这种对付债务人的方法就被废除了，所有在丰饶女神面前（Good Goddess of Plenty）发誓要保持良好信誉的人都得以豁免债务奴役。"【6】当时罗马的情况跟梭伦差不多三个世纪前在雅典建立的情况非常相似。债务质役导致的债奴（*hectêmoroi* 或 *nexi*）现在看不到了。劳动力人口组织的根本矛盾现在集中出在自由的公民与奴隶之间，而且这两者之间的鸿沟只会变得越来越大。

国家、合同与劳动力人口

在古代希腊和罗马,一项自由订立的合同义务(希腊语 *sumbolaion*,拉丁语 *obligatio*)可以借助法律强制执行。[7]这当然适用于为特定任务雇佣的劳动力的义务。以古代希腊城市的情形为例,就像后来罗马共和后期和帝国时期的情形一样,以更高水平的城市化(尽管大部分的人口继续生活在农村,大约占比75%到80%,也可能因地区而异)和劳动分工为特征。这古代世界将微承包(microcontracting)的做法发挥到了极致。在希腊,承包建筑项目的组织方式明确表明了这一点。没有一家企业会承包整整一个建筑项目,相反,他们要承包的是由一名建筑师协调的一系列微合同。可能存在融资者的社团,他们掌握与国家签订的大规模合同,例如征收税款(在希腊称为 *dêmosiônai*)、运输谷物或开采矿山(在罗马一概称为 *publicani*)。但这些社团的工作是进一步在分包商之间分配任务,由分包商负责执行实际的工作,包括雇用奴隶或自由民工人。在城里的手工艺作坊,工人的集中度很少超过几十人的规模。采矿业的集中度可能更高一些,但即使这个部门的劳动力基本上也是由小承包商(在罗马称为 *conductores*)主导组织,他们承担实际的开采工作,而这些矿山除非先跟国家买下开采权否则是不能进行开采的。这时古代希腊与罗马的相似之处再次变得引人注目。大田庄的庄主用的主要是奴隶,但他们也会根据农业生产的季节性规律在有需要时雇请自由民身份的挣工资劳动者，比如请他们帮忙收割农作物。

在这种情况下，国家的职责首先就是要确保自愿形成的承诺得到切实执行，并且双方都要尊重这些承诺，尽可能避免落得要打官司解决的地步。罢工是严格禁止的。公元前二世纪上半叶，帕罗斯（Paros①）城颁布的一项法令表明事情可能没那么简单。【8】当时负责本地市场管理的地方治安官称为 *agoranomos*，其职责就是确保劳务承包商之间不会发生任何的冲突，这道法令指出：

> 对于打工挣工资的人以及雇请他们工作的人，这位官员负责确保双方都没有受骗，确保受雇人员不会罢工而是去工作，雇主向他们的工人支付工人们应该得到的工资，并且一切均应依法进行，不会发生需要提交法官审理的案例。

纵观古代西方世界，我们尚未知晓存在过类似现代工会的事物，也就是捍卫工人利益的特定组织。至于一般的专业协会，除了少数的行业协会，可以说在古典时期和希腊化时期希腊语通行范围也是找不到的。但我们已经找到证据证明存在的许多协会或联合会（*koina*），并且它们确实为自己的会员创造了交换经济信息的机会。【9】进入罗马帝国时期，我们从帝国东西各地看到大量的文件，里面都提到了 *collegia*

---

① 希腊岛屿，位于爱琴海中部，作为从希腊本土到小亚细亚半岛航路的重要站点，自古代到罗马时期一直备受重视。

这类具有社交与宗教目的，但往往以行业为基础组建的行业社团。事实上，多亏了小普林尼保存了他与时任皇帝图拉真的通信往来，我们现在可以看到，举例，110年，小普林尼在罗马帝国比提尼亚与本都行省（Bithynia and Pontus①）担任总督期间，皇帝陛下表示不太愿意接受他的请求，在尼科米底亚（Nicomedia②）允许当地消防员组建一个协会（*Ep.* 10.34），信中给出的理由是："如果人们为一个共同目的聚到一处，那么，无论这是出于什么原因以及我们现在用什么名目来称呼他们，他们很快就会变成一个政治俱乐部。"这字里行间流露的对社团力量的警觉是显而易见的。但数量巨大的专业协会证据同时表明，单凭图拉真这封信就来概括当时的情况可能存在误导性。有大量的证据证明专业协会是存在的，主要由独当一面的手艺工匠组成，但并不仅仅限于手艺工匠而已。[10]与此同时，一连串有关行业社团的铭文纷纷提到这类组织的权利，其中一份明确提到了一部专用于行业社团的法律（*lex Iulia de collegiis*③，*CIL* VI 4416 = 2193）。这类社团承担了一系列的职责。它们同时作为宗教联谊会、社交俱乐部、互助团体与丧葬事务协会。具体到经济职责方面，它们的成员发现这里是交流各

---

① 公元前74年比提尼亚王国成为罗马行省，公元前63年本都王国归属比提尼亚，是庞培在地中海东部创建的罗马新行省之一，今属土耳其。

② 位于小亚细亚半岛，毗邻公元前八世纪希腊墨伽拉建立的殖民地阿斯塔库斯（Astacus），公元前264年比提尼亚国王尼科米德斯一世（Nicomedes I，约公元前278年—公元前255年在位）选在此地建都并以自己的名字命名。公元286年，戴克里先在推行二帝共治前将这里定为东都，在公元330年君士坦丁一世迁都君士坦丁堡后失势。今称伊兹密特（Izmit），土耳其西北部港口城市。

③ 意为《尤里乌斯法》，用以确定此类社团的法律地位。尤利乌斯源于尤利乌斯·恺撒。

种经济信息的理想论坛,当然了,在这里也可以汇聚并组织大家的生产能力以满足不同层次的需求。【11】这类组织甚至有时会扮演类似卡特尔(cartel)的角色,目的是要稳住价格,正如我们从47年法尤姆省塔布图尼斯(Tebtynis)一份写给一群盐商的文件所见,他们当时从国家那儿拿到的居然是垄断式开发合同(*P. Mich.* V 245)。【12】这在当时仍然处于需要得到国家特许的活动领域。正如法学家盖尤斯在《学说汇纂》中强调的那样(*Dig.* 47.22.4),协会可以按照他们自己想要的方式自行制定内部法律,前提是这些法律不会侵犯公法。除此之外国家并不会参与其中。现实情况是各协会、地方精英群体与罗马的地方治安官们必须寻求达成妥协,以设法应对当时难以避免的经济不确定性。【13】

再后来,协会还有可能代表自己的成员担负某种共同承包商的职责,直接参与组织工作的过程。459年的一份文件就提到这种情况,当时的皇帝是利奥一世(Leo I①),属于拜占庭帝国早期,但文件里的语气完全符合我们对更早以前已经存在的行业社团的了解(Buckler *Sardis* VII.1. no. 18)。当时,小亚细亚半岛城市萨第斯(Sardis②)一群"建筑工人和手艺人"以集体名义对关于某项工作尚未完成的投诉做出回应。他们决定自己负起责任,向萨第斯这座城市宣誓,承诺完成可能是被他们当中某个成员忽略的任何工作。【14】这份文件表明,行业社团那时已经有机会跟国家签订合同,负责组织劳动力队伍,提

---

① 457年—474年在位。

② 古国吕底亚首都,今属土耳其。

供一种避免冲突的机制。

国家的资源调动

国家必须征税以维持自身运行之需。总的来说,在古典时期和希腊化时期,城邦的财政压力相对低于现代意义的王国,从波斯的阿契美尼德王朝(Achaemenian Dynasty[①])历代国王到后来希腊化时期各国国王都是如此。城邦国家和帝制早期的罗马国一样,几乎一直主要以货币形式征税,但各王国也可能同时以货币和劳役这两种形式征税。到了古代后期,随着公民身份定义与一种不再完全以金钱为基础的新经济组织形式变得纠缠不清,以实物和劳役形式征税的做法不仅卷土重来,而且范围变得更广。

从古代城邦到罗马帝国,与劳动力人口利用形式相关的另一特征是对某些特定类型的活动(比如卖淫)征税。四世纪,雅典一度出售了对卖淫(*pornikon telos*;参见 Aeschin. 1.119 与 121)征税的权利。我们有理由相信当时其他城市也存在这么一项税收。[15]事实上,在罗马时期(比如185/6年,或222年—235年左右),切索尼

[①] 公元前六世纪居鲁士大帝(Cyrus the Great,公元前559年—公元前530年在位)开创,止于公元前330年大流士三世(Darius III,公元前336年继位)遭马其顿亚历山大大帝推翻。

索斯（Chersonesos[①]）这座城市就跟罗马部署在当地的一支驻军部队（*vexillatio*）的军官发生了冲突。这座城市向罗马来的总督请愿，抱怨这支部队想要征税，但这在传统上一直是专属于城市的特权（*IOSPE* I² 404，以及 *SEG* 57.699）。

当时还对奴隶的进口或出口行为征税（因为奴隶被视为商品）。罗马最早在公元前 357 年已经引入 *uicesima libertatis uel manumissionum*，意思是对即将获得解放的奴隶征收相当于市价 5% 的税。到了罗马帝国初期，奥古斯都任内，公元 7 年，也加了一条 *quinta et uicesima uenalium mancipiorum*，要对出售奴隶征收 4% 的税。[16]进入拜占庭时期，530 年，查士丁尼一世规定，对即将获得解放的奴隶征税的数目应与该名奴隶的技能水平成正比（*Cod. Iust.* 7.7.1.5）。

在地中海地区东部以及波斯的阿契美尼德帝国各王国，以劳役方式征税很常见。希腊化各王国紧随其后，也对地方民众强加劳役，但不包括希腊城市的公民。相关任务包括挖掘灌溉沟渠、修建堤坝以及开辟或维护道路等。将这些额外的劳动强加给当地劳动力人口成为国王的特权。[17]至于希腊的各个城市，在正常情况下并不会直接动员劳动力人口为国家执行任务或开发属于国家的资源。这从经济结构看是做不到的，因为公民们并不希望将这种劳动强加于自己身上，也不希望为此提供奴隶，那是他们自己的私有财产。

因此，对于必须完成的任务，国家通常会跟私人签订合同，由后

---

① 克里米亚半岛（Crimean Peninsula）黑海沿岸古城，公元前五世纪由希腊人建立殖民地，先后被纳入本都王国和罗马帝国。

者担当类似今天企业家的角色组织完成。诸如建筑项目或在国外市场购买粮食就属于这种情况。这也适用于税收：在大多数情况下，税收是出租给税款包收人（tax farmers，简称包税人），而不是由国家的地方行政官直接出面征收。[18] 国家还将矿山和采石场、渔业和公共土地等资源出租给私营部门，并不会直接进行开采利用。以贵金属铸币形式存在的货币是让这套系统得以有效运行的主要因素。这继续是各城邦跟存在于地中海东部地区和阿契美尼德帝国社会的传统组织之间的一大关键区别，在后者，国家与"寺院"依然控制着大片土地。

在城邦的世界里，这一规则的例外情况非常罕见。举例：城邦拥有一定数量的"公共奴隶（希腊语 *dêmosioi*，拉丁语 *serui publici*）"。他们受雇承担市政管理的文书工作，比如为公民大会、议事会和法庭担任书记员，以及一系列其他工作，比如钱币铸造与铸币质量控制、道路养护，又或是在类似雅典郊区厄琉西斯那样的圣地承担某些类型的日常建设工作。[19] 公元前五世纪，很可能到公元前四世纪也是如此，雅典拥有一支由奴隶组成的警察队伍，由三百名来自游牧民族斯基泰的弓箭手组成。[20] 像雅典这样规模的城市，公共奴隶的数量可能多达1000人甚至1200人，但确切人数至今还不清楚。

有一点不能忽略：战争从实际效果看可以视为对劳动力人口的一次大规模动员，具有明确的经济目标，这就是征占土地、获取战利品以及把别国人口变成自家的奴隶。此外，在罗马共和国和后来的帝国统治期间，国家负责建设广泛的道路网络和其他基础设施工程。修路或养路的实际工作全都交给驻守边疆的军队。但到了各行省就要由当地社区负责为道路和桥梁（以及必要的运河）的建设项目筹集资金，在总督的管理下进行，这一点在西塞罗的《为方特乌斯辩》(*Pro Fonteio*；7.17–8.19）中有非常清楚的描述。查士丁尼《学说汇纂》(49.18.4.1)也强调，不能免除退伍军人承担的道路建设费用。它还规定（50.4.1），这是对个人开征的税，不是对私有祖产（*patrimonia*）征收的费。【21】

国家、暴力与奴隶制

古代世界与当今世界的一大重要区别在于国家在奴隶劳动力人口供应、贸易和管理上发挥的作用。对人类成员加以奴役一直是争论话题，在整个古代可以说绵绵不绝。这些争论同样回响在亚里士多德的《政治学》(*Politics*) 一书（1.1253b）中：

> 有些思想家认为主人的功能是一门确定的科学，还将家务管理、主人权力、治国才能、君主制度这几件事混为一谈，正如我们在论文开头所说那样；但也有人坚持认为，让一个人成为另一个人的主人是反天然的（*para phusin to despozein*），因为只有人间的习俗才会把一个人变成奴隶而另一个人是自由民，但其实这俩人没有任何天然区别，如此一来这就是不公正的，因为这是基于强制力达成的。

但对亚里士多德来说，奴隶制又是天然存在的（Ibid. 1.1254a）：

> 因此，这些考虑清楚地表明了奴隶的本质和他的基本品质：一个人如果天然不属于他自己而属于另一个人，那么他天然就是一名奴隶（*phusei doulos*），一个人如果作为人是一件财产，那么他就属于另一个人，一件财产是一种可以跟拥有者区分开来而行动的工具。

《学说汇纂》以三世纪法学家弗罗伦提努斯（Florentinus）的名义说明了相反的观点（1.5.4.1）："奴隶制是万民法（*ius gentium*[①]）的原则之一，这一原则以违背天然（*contra naturam*）的方式将人变成可能遭他人拥有。"在亚里士多德看来，没有能力进行自卫这一点足以证明奴役的做法是合理的，但在弗罗伦提努斯看来奴隶制跟天然或者说自然法是矛盾的，自然法认为每一个人都是生而自由，亚里士多德上面那段话没能解开这对矛盾。【22】

当然，奴隶人口之所以存在，国家的作为要负最根本责任。战争、劫掠以及大规模将人变成奴隶的做法在当时的希腊和罗马就是奴隶供应的主要创造者。一支取胜的军队将奴役战败方人口的权利据为己有。军事行动，尤其是在外族领土上展开的军事行动，提供了名副其实的捕猎其他人类成员的机会。

当色诺芬怀着赞美他的朋友、斯巴达国王阿格西劳斯二世

[①] 对所有人均有约束力，与国籍无关。

(Agesilaus II①)的心意写下《阿格西劳斯传》(Agesilaus)，他也生动描述了公元前四世纪初斯巴达在小亚细亚西部采取军事行动留下的后果：在高调描写通过出售在敌方领土（1.18－20）掠夺的"货物"而获得非同一般的利润积累之后，色诺芬透露，该次行动的主要目的就是要俘虏其他人类成员并将他们卖为奴隶。这在随后的段落得到了清楚的证明，因为色诺芬称赞了他的主人公的"慷慨"，说这个人"拯救"了小孩和老人（1.21－2）。事情到这里已经变得很明显：士兵们系统地俘虏成年男女，后者既能忍受将他们转移到沿海各市场而不得不经历的恶劣运输条件，又可以卖得高价。同时士兵们丢下了小孩和老人，在多数情况下这些人由于遭受忽视与遗弃而变得只有死路一条。

因此，毫无疑问，战争提供了数量巨大的奴隶。这就是当时希腊和罗马的情况。【23】以罗马为例，我们有数据说明战败的城市或人民往往遭受大规模的奴役，以至于情况变得很明显，证明这种活动外加获取土地就是发起征战的主要诱因，无论在共和时期还是在帝国时期都一样。公元前167年，伊庇鲁斯地区摩罗西亚（Molossia②）王国全部15万人口（Livy 45.34.5），或公元198年整个泰西封城

---

① 公元前399年—公元前360年在位，见证斯巴达成为希腊霸主的鼎盛时期（公元前404年—公元前371年）。色诺芬自公元前396年与这位国王结识，在公元前394年希腊其他城邦包括雅典反抗斯巴达霸权时为斯巴达出战。

② 根据希腊传说，该国王室埃阿西达（Aeacidae）为阿喀琉斯后人。公元前357年，马其顿国王腓力二世迎娶该国公主奥林匹亚斯（Olympias），两国结盟。公元前356年，未来的亚历山大大帝出生。公元前167年，罗马占领该国，根据李维记载，将当地居民全数变为奴隶。

(Ctesiphon①)全部10万人口（Dio Cass. 75.9.4），一夜之间变成奴隶，这不是什么孤立事件，而是当时的惯例做法。【24】

海盗行径可能也是奴隶的一大提供者：以希腊化时期后期为例，有一部分人口就是"专业"从事这一活动。【25】其他国家的态度可能并不一致：一方面，他们自己可能就是海盗行径的受害者，有机会发起主动的反抗海盗运动；另一方面，对于通过海盗行径获得的奴隶，他们又提供了市场，并且在这么做的同时合法化了海盗实施的暴力。希腊化时期的罗德斯岛堪称典范案例。【26】

此外，同样很明显的是市场上还有许多奴隶并不是由希腊或罗马的士兵以及海盗俘获的。许多外族奴隶之所以出现在地中海一带的市场，要么是在他们的外族世界发生了地方冲突，要么是通过希腊或罗马当地社区内生的奴役过程产生。【27】希腊各城市以及罗马帝国也有各自的内生奴隶来源。这不仅包括奴隶父母的孩子、男主人与女奴隶的孩子，还包括许多孩子，他们的父母虽然是自由民，却在生下他们之后就把他们遗弃了，转由陌生人养大为奴，以备在市场上出售。【28】

因此，这种臭名昭著的奴隶市场体现了国家在官方认可奴隶地位一事上发挥的作用。事实上，从奴隶的主人角度看，正是拥有一份销售契约使他对奴隶的所有权得到了合法化。否则他对奴隶的权利是不存在的。【29】在希腊，奴隶通常带到拍卖会上出售，当时设立了专门用于此类买卖活动的场所。那是一个由两堵环形墙围起来的露天空间，往往称为"圈（*kuklos*）"，正如许多资料已经证明的那样，近年来在提

---

① 又作 Tusbun 或 Taysafun，位于底格里斯河（Tigris River）东北岸，今伊拉克中东部。

洛岛也发现了类似的装置。【30】它由一名负责市场管理的地方行政官揭幕，由两堵同心环形墙组成。奴隶们当时一定是站在内圈，潜在的买家站在外圈。【31】诗人米南德在写到他剧中一个角色承认自己害怕被卖时暗示了这种销售形式（*Frs.* 150 K-A）："我已经可以看到自己，我向诸神发誓，在圈里被脱光了衣服，沿着圈子走来走去，然后就被卖掉了。"【32】在小亚细亚半岛，单词 *statarion*（希腊语）或 *statarium*（拉丁语）也是当地对这种市场的一个分区的特有说法，在那儿奴隶是"站着"出售的（可能是在拍卖会上）。【33】因此各国可以说是全面参与了奴隶买卖。这不仅是奴隶所有权的保证，也在主人解放奴隶之后保证后者的自由。

奴隶的反抗与起义

通过垄断武器和军事训练，国家得以维护自己对奴隶的至高无上地位。【34】说到这方面，斯巴达人对他们的黑劳士（helots①）的态度是严酷的。他们故意组织一系列仪式对他们的奴隶进行羞辱。他们甚至每年都向这些奴隶宣战，届时就会变成，只要是斯巴达人（Spartiate），无论出于什么原因杀死一名黑劳士都是合法的。斯巴达还有一种仪式叫 *krupteia*，即使其执行范围至今依然备受争议，已经确认的是它要求

---

① 斯巴达当时用作国有奴隶。

斯巴达的年轻人（在实践中可能仅限于精英阶层的年轻人）必须杀死一名黑劳士，作为长大成人的过渡仪式（a rite of passage）。这也为斯巴达人提供了好机会，得以先消灭那些可能被视为威胁斯巴达人的黑劳士。

当时，对于渴望马上恢复自由的奴隶，摆在他们面前有三种选择，分别是自杀、独自逃跑或集体起义。独自逃跑的风险是巨大的。万一被抓住，他们可能要面对残酷的惩罚，甚至遭到处决。在很大程度上可以说，每一个古老城邦就好比一个大型的奴隶集中营。进出每一个港口都要接受严格的管控。沿边境地区组织了军事巡逻，目的是要抓获逃跑的奴隶。相邻城市之间往往还会签订协议，规定必须遣返对方的逃亡奴隶。在伯罗奔尼撒战争爆发前夕，按照修昔底德的说法，刺激雅典要以自己领导的提洛同盟名义对邻邦墨伽拉（Megara①）发出禁运令的其中一桩不满理由，就是墨伽拉人没有遵循当时的通行做法，反而愿意庇护从雅典逃亡出去的奴隶（Thuc. 1.139.1–2）。

我们从希腊化埃及可以看到，自公元前156年起，出现了许多悬赏找回逃亡奴隶的告示，比如下面这个例子（*P.Par.* 10）【35】：

第25年，埃佩夫月（Epeiph②）16日。阿拉班达（Alabanda③）

---

① 又译麦加拉。与雅典同为阿提卡城邦，从公元前七世纪后期开始与雅典竞争，至公元前五世纪终告失利。著名公民包括希腊第一代智辩者欧几里得（Eucleides of Megara，约公元前430年—公元前360年），苏格拉底的学生，创立墨伽拉学派。
② 按当时埃及历法为每年第十一个月，约等于现在的七月。
③ 位于小亚细亚半岛西岸西南部卡里亚（Karia 或 Caria）地区，公元前四世纪建城。今属土耳其。

大使克里斯博斯（Chrysippos）之子阿里斯托吉尼斯（Aristogenes）有一名奴隶现已逃到亚历山大里亚，名叫荷蒙（Hermon），也叫尼洛斯（Nilos），是出生在班比克（Bambyke①）的叙利亚人，年约18岁，中等身材，没有胡须，腿脚健全，下巴有酒窝，鼻子左侧有一颗痣，左嘴角上方有一道疤痕，右手腕上文了两个粗鲁字母。他随身携带三枚面值各八德拉克马的金币、十颗珍珠和一枚铁戒指，上面绘有油瓶和刮身板图案，他身穿斗篷和缠腰布。凡能带回此奴者，将得到三塔兰特的铜；若能在寺院指认出来，可得两塔兰特；若是在一位重要且有理由起诉之人的家里指认，可得五塔兰特。凡有意提供信息者，请与总督（stratêgos）的代表联系。

任何人都可以参与追捕逃亡的奴隶，但每个行政区（称为 nome）由总督的代表负责接收相关报告并采取相应行动。

奴隶谋杀曾经虐待自己的主人可能导致相当可怕的后果。塔西佗记载，公元61年，罗马的市政司法官（urban prefect②）卢西乌斯·佩达尼乌斯·塞坎得斯（Lucius Pedanius Secundus）被自家一名奴隶杀

---

① 自希腊人的说法音译，叙利亚语原名可能是马伯格（Mabbog）。时为叙利亚自然女神阿塔加提斯（Atargatis）崇拜中心，希腊人因此又称圣城/班比克（Hierapolis/Bambyke）。
② 源于共和时期的市政长官（praefectus urbi），仅次于执政官，以备在执政官外出时代行职责。奥古斯都做了重组，按不同分工分为市政司法1人、消防1人、粮食供应1人、禁卫军2人（后改为1人）。

害，元老院决定援引旧的罗马法律，该法律规定事发人家的所有奴隶将被判处死刑；具体到这一案例，涉及的奴隶多达四百人，依然全部被判死刑，尽管罗马民众普遍感到愤怒也无济于事（Tac. *Ann.* 14.42–5）。

数目巨大的奴隶主要集中在种植葡萄或橄榄（均属劳动密集型作物）的大农场或矿场，这一特点为大规模的奴隶逃亡，甚至公然开战埋下了伏笔。在古代希腊，这可以从希俄斯岛屡屡爆发奴隶起义得到证明，该岛长于酿造葡萄酒：当地的奴隶起义领袖德里马乔斯（Drimachos）一度把持该国长达好几年。在雅典，临近希腊化时期尾声，劳里昂白银矿区多个矿场发生了好几次奴隶起义。在共和后期的罗马，先后爆发三场大规模的奴隶起义，点燃了后世所说的三次"奴隶战争（Servile Wars）"。[36]第一次发生在西西里岛，时间是公元前135年至公元前132年之间，有一位名叫尤努斯（Eunous）的奴隶改名为安条克斯（Antiochos）并自立为王。第二次同样发生在西西里岛，时间是公元前104年至公元前100年，持续到公元前99年之间。第三次发生在公元前73年至公元前71年之间，由色雷斯做过角斗士的斯巴达克斯领导，这是一场更大规模的起义，覆盖整个意大利南部。在这三次起义期间，罗马的军队都是先遭受惨败而后才能把对方镇压下去。奴隶们梦想的是建立属于他们自己的王国（比如尤努斯）或重返家园（比如斯巴达克斯）。即使是在远离现场的地中海一带，每次奴隶起义的消息显然也有可能引发另一次起义。不过，当时似乎没有一个起义者设想过要消灭奴隶制，将它视为一种剥削劳动力的体制。

图 8.2 罗马帝国时期的奴隶项圈。由铁项圈和青铜标签组成，上面刻有铭文，许诺只要将这名奴隶归还给主人佐尼乌斯（Zoninus）就能得到奖赏，时为四或五世纪。藏于罗马国家博物馆戴克里先皇帝浴场铭文博物馆（Terme di Diocleziano, Museo Epigrafico），编号 inv.no. 65043。
来源：© Vanni Archive / Art Resource, New York。

希腊化东部国家与劳动力人口

无论在希腊、意大利还是在罗马帝国各行省，说到城里的世界，直接组织劳动力人口从来不是由国家承担的一项日常工作。相反，国家尽了最大努力设法把工作委托给私营企业主，这其中甚至包括开发国有资源的工作。但在希腊化时期的东部地区，依照古代东部王国与帝国的传统，国家担当了不一样的工作。[37]除了同样存在于希腊化各王国的两类劳动力人口，分别为奴隶与自由雇工，东部各国还有一类数量巨大的人口，称为 *laoi*，这就是必须为原有的王耕种王室土地

(*chôra basilikê*)的原住民。整体而言国家没有为劳动力人口的就业做出适当的具体组织。但它受惠于按这些乡村社区的生产成果开征的税收，那是一大笔以实物支付的税收，尽管在希腊化时期已经越来越多地转为货币支付，跟托勒密王朝统治的埃及差不多。还可以对这部分人口施加各种劳役。与此同时，正如我们已从托勒密埃及观察到的情况，国家还会强制要求生产某些作物。这倒不是说这些当地居民就没有谈判的力量。他们的其中一种选择就是干脆逃离那片土地。

公元前 181 年，阿塔里德王朝（Attalid kingdom[①]）时期，吕西亚（Lycia[②]）台尔美索斯（Telmessos[③]）一个村庄留下一份铭文提到那儿住的卡达克（Kardakes[④]）部队，就是一个很好的例子。这些人原来可能是派驻当地的军事定居者，这套做法始于波斯阿契美尼德王朝统治小亚细亚半岛时期，现在，由于自家土地质量欠佳，他们面临双重难题：不仅难以向阿塔里德欧迈尼斯二世（Eumenes II[⑤]）支付购买土地欠下的款项，就是应付常规税项也感到力不从心。结果国王不得不免除他

[①] 又译阿塔罗斯王朝（公元前282年—公元前133年），原为马其顿亚历山大大帝去世后由其旧部利斯马库斯（Lysimachus，约公元前361年—公元前281年）以小亚细亚半岛西北部帕加马（Pergamum）为都城建立的希腊化王国，但他因战死而未能留下后裔，由其旧部菲利塔鲁斯（Philetaerus，约公元前343年—公元前263年）夺取并开创该王朝，直至被罗马征服。

[②] 位于小亚细亚半岛东南部，西接卡里亚，东邻潘菲利亚，公元前八世纪由十多个城市形成吕西亚联盟，43年由罗马划为潘菲利亚一部分。

[③] 吕西亚重镇，今属土耳其，名为费特希耶（Fethiye）。

[④] 又作 Cardaces。关于他们的历史记录，其中之一见于罗马帝国时期希腊历史学家阿里安的《远征记》（*Anabasis*），他称他们为波斯重装步兵。

[⑤] 公元前197年—公元前159年在位。

们的买地欠款，还同意免除他们的人头税欠款，还将后续征收这同一税项的数目从当时的4罗德斯岛德拉克马1奥博尔（obol，希腊古代辅币名）大幅减到1德拉克马1奥博尔（ll. 10–14）。接着国王补充道（ll. 14–17）："对于他们从外面引进的所有人，（请告知）他们全都享有免除所有税项三年的待遇，至于那些以前离开这里而现在想要回来的人，也全部免税两年。"【38】的确，如果没有足够的劳动力耕种，那么拥有土地这事就会变得毫无意义。面对这一现实，欧迈尼斯二世只能做出让步，设法留住已经在这里的定居者，同时尽其所能提供激励措施，希望可以引来新的定居者以及说服那些已经离开的人回来。【39】

帝国后期与中世纪早期之演变

从荷马时期到罗马帝国早期，劳动力人口组织的基本原则就是一概以法律上对自由民和奴隶所做的区分为依据。三世纪，罗马帝国遭遇一场深刻的危机。这次危机的表现主要包括：一是北方外族入侵，在帝国的领土上长驱直入，无论在西部还是东部全都难以幸免；二是在咄咄逼人的将领之间内战不断；三是长途贸易量下跌，同时伴随一场严重的货币危机。从奥勒良（Aurelian）、戴克里先到君士坦丁一世，在这先后三位皇帝①统治的60多年间，罗马帝国经历了一次深

---

① 在位时间分别为270年—275年、284年—305年以及306年—337年。

刻的重组。[40]首先应该强调一点：罗马帝国的基督教化并不意味着他们准备用任何方式质疑奴隶制的存在。引发改变的关键问题另有不一样的本质。当外族造成的外来威胁达到最危急时刻，面对自身财政资源大幅减少的现状，罗马作为国家特别希望可以确保自己还能继续收税。于是先对城市职业的流动性施加了一些限制（当时的行业社团在这过程也发挥了作用，让儿子继承父亲的职业），但也不是系统性的。[41]在乡村地区，大地主依赖的劳动力人口包括自由劳动者和租户，这时大地主有机会获得授权，将这些人永久保留在自己的田庄，这样一来这些人就有可能通过他们的地主而不是他们的城市上缴税款。[42]

这显然限制了原本自由的农民的自由权利。早在公元四世纪，这些负有租佃义务的农户（*coloni*，单数为 *colonus*）可能已经被同化到 *serui* 的地位，也就是奴隶。但这关于古代罗马屯垦区的问题至今还没有搞清楚，学者们继续存有争论。有些人从中看到了古代后期发生了重大转变。[43]也有人坚持认为这种转变比以前设想的幅度要渐进许多。对他们来说，在公元四世纪甚至后来的五世纪，依然有许多奴隶和自由劳动者还没有被束缚在土地上。真正的转变发生在这之后，可能直到公元五、六世纪，至少在帝国东部就是这样，当时出现了拉丁语的 *coloni adscripti* 或希腊语的 *enapographoi geôrgoi*，特指专门耕种土地且为地主提供各种服务的佃户，并且不得离开地主的田庄。[44]他们受制于地主的政治威权，地主这一威权（*potestas*）就集中体现在他们在自家田庄里运营的监狱，这在当时属于常见现象。[45]

至于地中海西部地区，从罗马帝国的废墟上建起新的日耳曼各王国并不意味着罗马的法律框架就此消失得无影无踪。东、西哥特人作为日耳曼民族的两大分支，先后建起东哥特意大利王国（Ostrogothic Italy①）和西哥特西班牙王国（Visigothic Spain②），在这两国境内继续存在奴隶。但是，很显然，一种新的劳动力剥削制度，以大地主控制的无地农民与佃户为基础，开始逐步取代罗马的老一套，转为以一个自由农民阶层与奴隶这两者为基础，这里说的自由农民阶层或是拥有土地并且自己耕种，又或是充当地主的佃户。在地中海东部地区，从罗马帝国后期和拜占庭早期直到公元六世纪中叶显然有过一次新的充满活力的经济增长时期，对劳动力的开发利用形式变得更加多样化，自由民劳动者或佃户、奴隶以及新涌现的负有租佃义务的农户并存。但同时还出现了一种趋势，要用其他形式的开发利用方式取代奴隶制，尽管这肯定更多的是出于经济上的考量，而不是源于国家采取的任何决定性举措。【46】总括而言，当时城邦的固有结构原本建基于自由劳动者与非自由劳动者之间的典型对立，现在开始让位给一套截然不同的社会结构。

---

① 五世纪末到六世纪中。
② 五世纪到八世纪初，范围包括当时高卢西南部和西班牙。

第九章
工作与休闲

齐农·帕帕康斯坦提诺
(Zinon Papakkonstaninou)

齐农·帕帕康斯坦提诺(Zinon Papakkonstaninou),美国伊利诺伊大学古典学副教授,围绕希腊古代的体育、休闲、魔术和法律发表了40多篇(章)文章,主编古代体育文化史两卷,近作包括《希腊古风时期的立法与裁决》(*Lawmaking and Adjudication in Archaic Greece*)(2008年)。

工作和休闲属于人类两种能动性活动,无论对个人还是社会生活均具重要意义。古代希腊人和罗马人作为前产业文化的两种先进的典型,也为工作和休闲分别发展出成熟精湛的体系。考虑到关于古代希腊——罗马世界休闲活动的可用研究材料不仅错综复杂,而且包罗万象,因此有必要基于本章的研究目的进行取舍。接下来我们先就休闲研究的方法论框架进行简要讨论,然后聚焦作为希腊语通行地区休闲活动一大关键场所——竞技节庆,尤以希腊化时期和罗马帝国时期为重点。说得更具体一点,本章意在探讨工作与节庆之间的关系,试图梳理体育比赛与典礼游行作为两种最受欢迎的休闲活动分别产生了什么影响和意义。

| 历史视角下的工作和休闲

　　"休闲(leisure)"是一个新近涌现而又发展迅速的学术研究领域。至于怎样定义和实践休闲,这在历史上往往要视具体情况而定。如此一来就没有办法为休闲在人类社会的运作方式制定一个通用模板。许多历史学家和社会科学家转而使用所谓休闲的"余量(residual)"定义,变成在未被工作或其他职责占用时段进行的多种实践的总和。按照这一思路,休闲概念的起源通常就要归因于现代早期的欧洲,这就是说,发生在一套严格的工作伦理与劳动专业化(又称劳动分工)开始萌芽的历史阶段。根据这样一种观点,休闲在前现代时期的世界根本就不存在，因为大多数的历史动因在研究中都没有办法将工作与非功利性活动区分开来，无论作为概念还是作为行动过程都一样。[1]说得更具体一点，在前现代时期的各个社会，劳动条件与娱乐消遣实践在不同的社会群体也有它们各自不同的形式和意义。但非精英阶层人们几乎一概难以摆脱他们那差不多可以说是命里注定的生活模式。此外，在前产业化世界里，工作和娱乐消遣的模式主要取决于跟人生自然规律相关的考量。对大多数人来说，个体劳动很显然是最主要的谋生手段，没有之一，但在计时效果粗放且前后可能存在不一致的年代，工作难免变得断断续续而又没有规则可循，中间穿插用于娱乐消遣的休息时段。但一般认为产业化来临是一道分水岭，一系列新颖的休闲活动自此出现。这一全新景观对传统的娱乐消遣形式构成冲击，导致后者的受欢迎程度直线下降。[2]从十九世纪开始，注重理性与自我陶冶的休闲实践陆续在工人阶级和资产阶级当中找到明证。[3]与此同时，由富贵精英人士组成的真正的"有闲（leisured）"阶级开始投身于炫耀性质的消费活动中。[4]

"现代性"毫无疑问跟工作与休闲的新形式及其认知看法存在关联，但要以此否认前现代世界同样存在休闲恐怕还是有点失之草率。事实上，娱乐消遣的前现代形式与现代休闲之间的区别一直都被夸大了。这里有一个对后续讨论存在直接影响的案例：阿伦·古特曼（Allen Guttmann）有一项著名的工作，就是通过《从仪式到纪录》（*From Ritual to Record*）一书中建立一套历史模板，用以解释体育运动从古代到现代的转变。古特曼借用这个模型判断，现代（也就是后产业革命时期）体育由于具备七个带有重要性的根本特征而跟它的古代前辈区分开来。这七大特征分别是世俗主义、平等、专业化、理性化、官僚制、量化与纪录化。[5]但尽管前产业时期历代社会的体育确实缺少古特曼清单里列出的许多特征,我们还是有办法证明,现代体育的这些特征有大多数(如果不是全部的话)也存在于希腊古代的体育中。[6]没有一个将体育或其他休闲实践视为现代化表现之一的超历史发展模型有能力解释古代社会休闲概念与体验的复杂性,这在古代希腊—罗马的世界中表现尤其明显。[7]"休闲"在古代是作为理论进行讨论的,正如我们从亚里士多德对休闲(*scholê*)及其反义词 *ascholia*(*Pol.* 7.1333a31–1334b29)的分析,又或是古代罗马时期文人圈里关于休闲(*otium*)优点的辩论可以看到那样,那时休闲活动正在广泛进行,并且具有五花八门的形式和背景。[8]

将休闲视为工作的对立面这一观点也有必要进行修正。[9]按照赫伯特·阿普尔鲍姆(Herbert Applebaum)的说法,"工作就像脊梁,围绕它建构起人们生活的方式、与物质和社会现实进行接触的方式以及获得社会地位并建立自尊的方式……从人的状况、人类环境创建一直到人际关系大背景,其根本就是工作"。[10]可以这么说,休闲是在与工作平行但相互关联的层面上运行,因为它也在满足我们对人生秩序与意义的许多相同需求。借用克里斯·洛耶克(Chris Rojek)的话来说就是"休闲行为属于复杂的再现与表意系统的一部分,该系统负责组织与他人有交集的人生"。[11]从历史上看休闲对数量巨大的人群而言一直很有意义,如此一来,至少从某种角度可以认为休闲跟工作同等重要。因此我们在研究休闲的时候首先必须避免将它视为工作的必然结果,而要谨记它是人类体验的一个独特领域。出于这些原因,本章选择用一种经验主义方法研究休闲，重点关注具体的实践，试图将休闲作为"意义"的一种表现和发生器进行理解。[12]

基于这一框架，加上特别聚焦于古代，我们有许多合理的分析方法可用，包括调查个人能动性和（公民或帝制）上层建筑在休闲表现里的作用、分析与权力有关的休闲以及探索透过休闲构建的身份认同。接下来这部分将通过考察古代希腊——罗马时期的体育运动与竞技节庆，探讨古代休闲所有的这三个方面。这么做的目的是要同时将微观政治（即个人体验）与休闲的制度化要素这两者结合起来。

古代希腊休闲：竞技节庆案例

在古代希腊就像在现代世界一样，社会地位和经济手段是工作与休闲实践的两个重要参数。一个人如何支配自己的时间，可以直接反映这个人所在的社会阶层和财富：有些人几乎难得有空，另一些人好像无论什么时候都有大把的时间。[13]具体到生活的大多数方面，就希腊而言，有一个群体几乎难得花时间，甚至可能从来没有花时间从事有实效（utilitarian）的活动，我们对他们的休闲习惯倒是了解得更为透彻，这当然一点也不奇怪。毕竟他们属于精英阶层，其休闲实践有一个众所周知的例子，也是近几十年来得到深入研究的例子，这就是专属于当时上流社会的交际酒会（*symposion*）。[14]但非精英阶层怎么样呢？尽管休闲在很大程度上必须跟生活与工作的季节性节奏结合起来,却也有资料表明,非精英阶层也将劳动与休闲做了概念化的区分。以赫西俄德的《工作与时日》为例,字里行间一个首要主题就是在一种竞争激烈且充满体能挑战的环境中努力增加自己的农业产量。不过,即便如此忙碌,诗人还是留意到有一些场合(比如,铜匠铺所在屋舍里的社交活动,*Op.* 493–5;在乡下喝葡萄酒,*Op.* 582–96),他或她所在社区的其他成员正在从事不带实效(nonutilitarian)的娱乐消遣活动。再过几个世纪,在吕西亚斯的演说《论埃垃托色尼的谋杀》(*On the Murder of Eratosthenes*)中提到,被告描述过有一回在乡下工作,可能跟农业耕作有关,完事之后跟一个朋友在家共进轻松愉快的晚餐(1.22–3)。

尽管当时类似这样的个人娱乐消遣时刻毫无疑问属于司空见惯,但在许多情况下工作与休闲的分离也已制度化,这是理解古代世界休闲本质的一大关键点。一个众所周知的例子发生在古典时期的雅典,当时有些日子专门留作政治与其他公民事务(公民大会、议事会会议、法院开庭等)之用,还有一些日子专门留给节庆用途(节庆是最引人注目的庆祝与游乐场合),重点是出现了明显的区分。

希腊古代的节庆活动是制度化休闲的最突出表现形式。这类节庆可以说无处不在,而且不同年龄、性别、社会背景与法律地位的人士全都有机会参与其中。它们也在整个希腊古代时期都得到完善记录。大多数的节庆都得到国家支持,集中安排资助,要么由公民财政部负责,要么就是从希腊化时期开始越来越多地由捐助者资助。节庆本来就是希腊城市宗教生活的一个组成部分,但到了古典时期大多数广为人知的节庆都扩大了自己的节目单,从而得以纳入一些能够引来大量参与者的活动。最终，最受欢迎的节庆类型当数我们现在所说的"竞技赛会"，包含程式化正式比赛在内。起先这些比赛主要发生在体育项目上。事实上可以认为直到希腊化后期体育项目一直独霸大多数节庆的竞赛环节，但戏剧（通常以戏剧制作与表演的比赛形式出现）和音乐比赛也已证实从相当早期已经存在。到公元前五世纪中叶，奥林匹克运动会（the Olympics）作为最古老、最著名的竞技节庆已经由体育比赛、正式游行、献祭以及宴会组成，为期五天。进入罗马帝国初期，这一节目单延长到六天，但体育项目继续占主导地位。[15]在雅典，竞技节庆的数目在公元前560年到公元前460年间大大增加。[16]除了特别为希腊神话里的酒神狄俄尼索斯举行的节庆，一些最重要的雅典节庆【比如纪念女战神雅典娜的泛雅典人节（Panathenaia）、小镇厄琉西斯供奉农业女神德墨忒尔的厄琉西斯节（Eleusinia）、纪念希腊神话里的雅典同名国王的忒修斯节（Theseia）、纪念同名大力士的赫拉克勒斯节（Herakleia）等等】也包括一份带奖品的多项目体育比赛节目单：若是在四年一度的大泛雅典人节（Great Panathenaia）期间，奖品可能价值高达1塔兰特。到了罗马帝国时期，体育比赛与文化比赛结合起来的做法变得更加普遍，在节庆背景下进行的一种音乐赛会（*agôn*）可能包括男孩与成年男子参加的体育比赛，以及号手、传令官、赞词作者、诗歌、（由男孩与成年男子参加的）竖琴歌唱、皮提亚长笛演奏、循环长笛演奏、喜剧表演和悲剧表演等项目，供参赛者一较高低。[17]

随着体育赛事和戏剧活动不断扩大，加上包括游行和宴会在内的一系列其他活动，逐渐盖过竞技节庆原有的宗教一面，使竞技节庆变成一流的盛大事件。那时，在希腊语通行地区，无论在大城市还是小城市，如今已经确证的是数量激增的竞技节庆让当地居民和外地游客同样感到非常高兴，他们经常有机会免费体验各种娱乐消遣活动。至于这类节庆的魅力，还有具体参与的规模和体验，其影响范围给我们留下了观察的窗口。这里的问题包含两个方面：一方面，我们可以合理地提问，节庆组织当局认为他们这次节庆的目标观众到底是谁，选项包括到场的国家代表团、运动员、表演者、观众和／或朝圣者。另一方面，不管组织者之前具体有什么意图，类似这样一些节庆的计划是怎样变成现实？目前只有极少数的案例让我们有把握追溯确认这一问题的两个方面，这就是一场竞技节庆的预期到场观众与实际到场观众。最著名的案例研究当然再次花落奥林匹亚（Olympia），这是一场真正的泛希腊节庆（Panhellenic festival），因为赛事主办当局每隔四年就要派出官方代表团宣布休战（ekecheiria），同时宣布这一届的举办日期，目的是吸引希腊语通行地区的运动员和游客前来参加。从多个世纪以来奥运冠军们的出处可以证明，古代奥运会具有广泛的吸引力，同时这一分布随着时间推移也发生了一些变化，折射出不同时期的地缘政治力量平衡。[18]同样的情况或多或少也见于其他包括高手云集体育赛事的节庆，比如纪念光明神阿波罗的皮提亚竞技会（Pythian[①]）、纪念海神波塞冬的伊斯特米亚竞技会（Isthmian[②]）、纪念奥林匹斯主

---

① 包括多项体育和音乐赛事，主要在阿波罗神殿所在地和领地德尔斐举行，自公元前582年起变成每四年一届，音乐赛事的历史还要更悠久一些。

② 又称地峡竞技会，因连接希腊本土与伯罗奔尼撒半岛科林斯地峡（Isthmus of Corinth）而得名，可能是由希腊神话里的科林斯国王西叙福斯（Sisyphus）或雅典国王忒修斯创立。

神宙斯与大力士赫拉克勒斯的尼米亚竞技会（Nemean①）、古城阿尔戈斯纪念天后赫拉的赫拉竞技会（Heraia）、古城亚克兴的同名竞技会（Actia②）、那不勒斯的萨巴斯塔节（Sebasta③）以及罗马为纪念罗马神话里的主神朱庇特（Jupiter）举行的卡皮托里尼竞技会（Capitolia）。还有一些最古老、最庄严隆重的地方节庆，在那里举办的竞技会也属于 thematikoi，意为颁发货币奖金的比赛，跟前面提到的大泛雅典人节一样。

不那么富有声望或是全新设立的节庆活动必须使出加倍的努力，才有机会吸引到朝圣者和表演者。这在希腊化时期晚期和罗马帝国时期表现得更加明显，当时各地陆续涌现出数以千计的全新或升级的竞技节庆，都在拼命争夺大家的关注。公元前 208 年，门德雷斯河畔马格尼西亚（Magnesia on the Meander④）准备举办节庆竞技会，名义是纪念阿尔忒弥斯（Artemis Leukophryne⑤），就给我们提供了方便考察的例子，生动体现一个具有国际野心的全新节庆的组织者可能怎样

---

① 源于希腊神话里赫拉克勒斯杀死尼米亚猛狮（Nemean Lion）的故事。
② 为纪念公元前 31 年 9 月屋大维在亚克兴（Actium）海战击败马克·安东尼（Mark Antony，公元前 83 年 — 公元前 30 年）而设，屋大维自此成为罗马世界统治者。
③ 希腊语，为纪念屋大维成为首位奥古斯都（公元前 27 年）而设，与奥运会同为每四年一届。
④ 位于小亚细亚半岛西部，希腊色萨利地区马格尼西亚人建立的两个同名定居点之一，因此加上地名作区分，另一个是西皮罗斯山麓马格尼西亚（Magnesia ad Sipylos）。其中河流又作门德雷斯（Menderes）或米安德（Maeander），山脉今称斯皮山（Mount Spil）。今均属土耳其。
⑤ 希腊神话里月亮与狩猎女神全名，光明神阿波罗的孪生姐妹。

千方百计寻求得到更广泛的认可。【19】就这一案例而言，马格尼西亚人凭借据说是来自阿波罗的一道神谕以及阿尔忒弥斯的一次显灵，就向希腊化世界派出多个代表团，前赴后继争取对方承认他们的圣地具有不可侵犯性，要将赛事升级到每五年一届（penteteric①），而且要跟纪念阿波罗的皮提亚节平起平坐（*isopythios*）。目前已有证据显示他们收到了至少 160 份表示肯定的回复，远至西西里岛的锡拉丘兹和波斯湾的波尔斯的安条其亚（Antiocheia Persis②）等城市纷纷表示支持，实际数字可能接近 200 份之多。然后，马格尼西亚人在他们城里的阿哥拉集市广场围墙上铭刻这些城市法令和王室信件，创建出一座给人留下深刻印象的城市纪念碑。他们以非凡的热情与一丝不苟的态度操办这全新阿尔忒弥斯节的推广工作，但这劲头其实算不上有多么出奇。毕竟当时还有好几个其他的希腊城邦，主要分布在希腊和小亚细亚半岛一带，包括科斯（Cos③）岛、科洛封（Colophon④）与斯特拉托尼基

---

① 当时每年从夏季开始，每跨五年换算过来相当于现在每四年一次。
② 波尔斯今称法尔斯（Fars），位于伊朗中南部。原为波斯阿契美尼德帝国首个都城所在地，公元前312年成为塞琉古王国一部分，国王安条克一世"拯救者"（Antiochus I Soter，公元前292年—公元前281年在位）重建时曾邀希腊马格尼西亚人前来定居。当时收信并表示支持的是安条克三世（Antiochus III the Great，公元前223/2年—公元前187年在位），因将托勒密埃及变成塞琉古附庸国等战绩又称安条克大帝。
③ 从希腊神话里的医神阿斯克勒庇俄斯出生地埃皮达鲁斯来的多利安人在这里重建定居点，不仅同样建起医神神庙，还创办了希腊第一所医学校，名医希波克拉底（Hippocrates，约公元前460年—公元前375年）就出自这里。公元前五世纪加入雅典的提洛同盟，公元前323年由马其顿亚历山大大帝赠予其部将托勒密家族，53年纳入罗马帝国亚细亚行省。
④ 位于小亚细亚半岛西岸，以弗所西北部。今属土耳其。

亚（Stratonikeia[①]），也都启动了类似的推广活动，目的也是要在希腊古代体育赛会那既定等级制度体系里提升自己当地比赛的级别，借以扩大自己的影响范围。

  提升节庆级别的一大主要目标当然是要引来最优秀的运动员。顶级运动员也确实属于古代希腊竞技节庆最受欢迎的表演者。这些运动员都是专业选手，通常都拥有富裕的家世背景，根据自己的训练和比赛策略，在古代希腊—罗马各地安排旅行和比赛（图9.1）。很显然有些节庆就是比其他节庆更受运动员们追捧，于是，公民当局和捐助者要想引来最成功的运动员，日程安排成为其中至关重要的一环。公元134年，时任罗马帝国皇帝哈德良批准了一项顶级赛会巡回计划，入选该计划的节庆从此按每四年一届的周期进行，之所以做出这一安排，部分原因就出在要适应精英运动员的旅行与比赛模式。[20]不出所料，最受表演者追捧的节庆也对观众最具吸引力。以罗马帝国时期的奥林匹克运动会和地峡竞技会为例，爱比克泰德（Epictetus[②]，1.6.26-8）和"金嘴"狄奥（Or. 8.9）都留下了富有细节的生动记录。这两大活动都在当时最著名的节庆之列，举办期间全都呈现出人声鼎沸、水泄不通的盛况，这毫无疑问也是所有包括大型赛会在内的竞技节庆的常态。哪怕当时的旅行条件相当累人，各地观众依然设法赶赴每一年的大型赛会：按照"金嘴"狄奥的说法，大多数参观者的主要动机就是观看运动员出赛并享用美食（Or. 9.1）。仿佛与这种说法遥相

[①] 公元前三世纪由塞琉古王国安条克一世改名，之后多次易手，公元前130/129年由罗马共和国占领。今属土耳其。

[②] 罗马帝国时期希腊斯多葛派哲学家（活跃于90年前后）。

呼应，公元二或三世纪，在马其顿的贝罗亚（Beroia[①]），有一位名叫凯西里乌斯（Caecilius）的面包师，他留下的墓碑上自豪地提到他曾十二次围观奥林匹克运动会。[21]值得注意的是从凯西里乌斯这份墓志铭可以看到他的重点没有放在更广泛的宗教背景上，提及这是纪念宙斯的节庆，而是完全聚焦于拥有多层看台的体育场，也就是运动会本身。[22]在每五年一届的宙斯节期间，奥林匹亚这片圣地吸引了数以万计像凯西里乌斯这样满怀热情的体育赛事观众：那儿的奥林匹克体育场可以容纳的观众多达五万人，但在节庆期间实际到场的人数肯定还要比这数目高出许多。

　　在奥运会或其他类似的重大节庆的迷人魅力之外，有证据表明，即使是仅在举办当地享有盛誉的节庆，也能吸引到相当多的参与者。出土于希腊化时期阿莫尔戈斯（Amorgos[②]）岛的一系列铭文，揭示了如今相对鲜为人知的艾托尼亚节（Itonia[③]）的部分细节，包括某些年份的参加人数，以及将这一节庆提升为一场休闲体验的一系列活动名目。公元前三世纪，该节庆由阿克西尼（Arkesine）和米诺亚（Minoa[④]）这两个城市共同主办。通常情况，资金来源包括雅典娜神庙金库基金以

---

① 希腊北部古城。据李维记载，公元前168年6月，罗马在派德纳战役（Battle of Pydna，今称Kitros）中击败马其顿，结束第三次马其顿战争，贝罗亚成为马其顿首批向罗马投降的城市。

② 位于爱琴海南部，古典时期主要由三个城市组成，分别为阿克西尼、米诺亚以及埃阿吉阿勒（Aegiale），罗马时期一度用作流放地。

③ 希腊神话里智慧女神雅典娜的姓氏之一，源于希腊北部弗修提斯（Phthiotis）小镇艾通（Iton），当地建有雅典娜神庙。

④ 克里特岛米诺斯国王夏宫所在地，自公元前十世纪一直有人定居且留下丰富文化遗迹。

图 9.1 公元二世纪关于竞技活动的铭文，记录了西皮罗斯山麓马格尼西亚（Magnesia ad Sipylos）选手 M. 奥勒留·赫尔马戈拉斯（M. Aurelius Hermagoras）在希腊、小亚细亚和意大利等地取得的胜绩。藏于那不勒斯国家考古博物馆。

来源：© Vanni Archive / Art Resource，New York。

及节庆参与者的捐款，但在当地担当组织工作（agônothetai[①]）的乐善好施者估计也会捐款。有一回，克里奥芬托斯（Kleophantos；*IG* XII.7 22）邀请所有当地人和游客一道参加这一节庆，不仅费用全免（既无需捐款），还为他们提供了足足六天的伙食。根据当时关于这一活动的法令，大概有七百人到场，估计主要是阿莫尔戈斯岛和邻近岛屿的居民。在艾托尼亚节期间担任赛会组织者的其他当地达官贵人同样大费周章、挥金如土，希望可以引来类似或更大规模的观众。于是，公元前三世纪，某位亚历克西翁（Alexion；*IG* XII.7 24）花了500德拉克马用于购买节庆献祭用的牲口，又花了1000德拉克马补上免除观众出席费用留下的空缺；某位艾皮诺米德斯（Epinomides，*IG* XII.7 241）也从自己的腰包掏了超过1000德拉克马，用于节庆祭祀以及免除550名参与者的入场费用；公元前二世纪，一位不知名的官员也为600人支付了全程6天的伙食费用，具体金额不详（*IG* XII.7 35）；同样是在公元前二世纪，某位阿加西诺斯（Agathinos；*IG* XII Suppl. 330）花了500德拉克马用于节庆祭祀，外加两笔具体数目不详的开销，一笔是为500名参与者提供全程6天的伙食，一笔是补上减免的入场费，还为男孩与成年男子这两个年龄组的体育赛事提供奖品。

这些故事以及其他通过铭文完整记录在案的当时由雅典富人承担费用的公共礼拜仪式（agônothesiai），加上其他形式的慷慨捐助竞赛活动的事迹，从中可以清楚看出各地精英阶层仿佛都将这种服务视为一

[①] 泛指赛会相关组织工作承担者，工作内容丰富，包括训练运动员、担任比赛裁判与捐款等。

场公益捐助（euergetism①）竞赛，一致的明确目标就是要胜过本地其他达官显贵。【23】这就让表演节目变得越来越长，赠品也越来越丰富。除了竞技节庆，进入罗马帝国时期，希腊当地的精英阶层公民有时也会赞助罗马式大型表演，尤以包括在公役范畴的特定赛会②承办为多。事实上人们甚至可以留意到，在此处提到的相关时期，古代希腊和罗马的休闲实践之间存在一定程度的融合，东部地区关于角斗士的碑文表述就是很好的例子，不仅具体细致，而且上面用到的具体措辞已经类似于当代表彰体育成就的说法。【24】此外，在东部地区举办的这些罗马式大型礼拜活动即使不属于传统希腊式竞技赛会（agônes）的一个组成部分，也主要在举办传统希腊大型表演的场所进行。如此一来，就有了这样的例子：在雅典，酒神狄俄尼索斯剧场的座席有时也要进行相应调整，以备举办罗马式角斗士大赛。【25】同样，希腊的体育场也会用于举办罗马式赛会。比如在佩尔吉（Perge③）那带有多层看台的体育场，人们一度特别将赛道北端封闭起来以备举办角斗士比赛（图9.2）。

当时，从公民到游客，还有法律地位较为低下者，比如女性和奴隶，时不时地就会在这样的大型公众活动期间受惠于富贵施主的慷慨捐助。罗马帝国时期有关帕纳马拉节（Panamareia festival④）的全

---

① 现代术语，描述古代希腊—罗马精英阶层捐助城镇的做法，这些捐助通常用于兴建公共建筑、举办节庆赛会等。
② 角斗士大赛可能是公役范畴赛会里最有名的项目。
③ 今属土耳其。
④ 源于卡里亚的帕纳马拉（Panamara），当地建有宙斯神庙。今属土耳其。

图 9.2 从北面看佩尔吉体育场（Stadium of Perge）。赛道的一部分曾被封闭起来，以备举办罗马式大型赛会。
来源：Zinon Papakonstantinou。

套记录显示，这些施主往往会在节庆期间分发橄榄油、食物以及其他令人感到愉悦的物品，可说琳琅满目。在标记为 *I.Stratonikeia* 242 的铭文上可以看到一对夫妇作为公共赛会监理官（gymnasiarch[①]）获得表彰，理由是在这个纪念宙斯显灵的节庆全程，他们在浴场为包括游客在内的来自各行各业的男男女女提供橄榄油，供大家膜拜的宙斯雕像当时就矗立在斯特拉托尼基亚，作为帕纳马拉节的一部分。这段铭文还有一项内容，进一步详细描述这位女性监理官叫赫吉莫尼斯

---

① 希腊古代官职名，主管公共赛会、体育场馆与学校训练等工作。

(Hegemonis），承担了所有到场女性的相关招待，包括提供橄榄油、香水以及同样用于涂抹的其他优质膏霜等用品。此外，这里提到的这对监理官夫妇还给参加这次节庆的所有女性提供了货币津贴，不管她们的身份是自由民还是奴隶全都一视同仁，还为所有的男女参与者支付了节庆期间的宴会费用。在这份文件里特别点明女性和奴隶都收到他们送的橄榄油，这一细节值得注意，但说到跟帕纳马拉节有关就算不上有多么独特了。举例：另一对资助新一轮节庆赛会的监理官为体育场（gymnasion）里所有男性提供了橄榄油，还在女浴室为女性提供软膏。还是这对施主，在神庙为公民、游客、女性和奴隶观众提供葡萄酒（I.Stratonikeia 205）。与此相仿，罗马帝国皇帝马可·奥勒留在位期间（161年—180年），有一位提比略·弗拉维乌斯·西奥法尼斯（Tiberius Flavius Theophanes）在这一节庆期间兼任牧师与赛会监理官，在当地体育场为所有年龄段人士提供了橄榄油和软膏，还在活动结束之际为公民、游客和奴隶一并提供了大量的葡萄酒（I.Stratonikeia 203）。即使没有具体说明，但在这些情况下获允许可以一起享用免费葡萄酒的奴隶很可能也在节日期间从体育场得到了橄榄油。[26]在极少见的情况下，奴隶甚至可能得到允许，可以参加当地比赛，与自由民同场竞技。公元二世纪，皮西迪亚（Pisidia①）的米斯特拉（Misthra）举行了一场当地比赛，起因可能是要纪念新近去世的当地一位知名人士，其规则就包括允许奴隶参赛，如果获胜就还能跟其他参赛者分享

---

① 小亚细亚半岛南部地区，公元前25年大部并入罗马加拉太（Galatia）行省，今属土耳其。

奖金，比例为四分之一。【27】

　　说到在某些节庆期间奴隶和其他弱势群体也会得到机会，可以参加比赛或参与通常专属于全权公民的活动，这应该视为一种暂时的象征性角色倒置，在前现代时期的游乐与仪典场合得到很好的佐证。【28】最终，这类非同寻常的情况反而趋向加强当时社会分层的主导范式——一旦帕纳马拉节、米斯特拉的忒弥斯（*Themis*①）节或其他地方节庆活动结束，尘埃落定，这时，奴隶和女性通常再度被禁止做以下事情：在体育场里给自己涂橄榄油，参加大多数体育比赛项目，以及在男性公民陪伴下参加饮酒狂欢活动。但尽管如此，大多数的节庆依然为广义的公民团体也就是一个特定社区的所有公民、其他居民以及外地游客提供了连续好几天放松和娱乐的大好机会。阿里斯托芬在他的《公民大会妇女》结尾就在一定程度上描绘了在一场盛大的公众宴会拉开帷幕之际，现场的弱势群体成员一定会感受到的那份激动。

　　与此同时，观看竞争激烈的体育项目是一种同样令人向往的娱乐消遣活动。正如前文描写的那样，忠实的支持者不仅一定蜂拥而至，而且，很明显，大多数人对参赛的运动员、他们此前取得的成绩以及特定赛事的技术特征可说是了如指掌。此外，体育赛事观众还会在他们最喜欢的参赛者出赛时不遗余力地高声呐喊助威，时不时地也会对赛会官员施加压力。"金嘴"狄奥用以下说法（*Or.* 32.74）描述了亚历

---

① 希腊神话里的泰坦神之一，宙斯第二位妻子，代表法律与秩序，常以面容严肃且手持一把天平的形象出现。

山大里亚人在"有多层看台的露天体育场（stadium[①]）"的行为，具体到他提到的这一案例，最有可能发生在跑马场（hippodrome[②]），只见他写道："试问谁有本事描写你们在那儿爆发的怒吼，还有你们的聒噪、痛苦、扭曲的姿态、变幻的神情以及你们一泻千里的许多可怕诅咒？"尽管狄奥很明显是在尝试讽刺的写作手法，但他这段训斥文字也提示了读者，对体育项目和大型赛会同样兼备技术知识与观赛热情的观众在现场可能会出现怎样的行为。[29]

关于竞技的铭文同样表明，古代希腊人有一种忠诚的围观者文化。比如铭文 IvO 54 是一道政令，表彰来自士麦那（Smyrna[③]）的克劳迪乌斯·提比略·鲁弗斯（Claudius Tiberius Rufus）。原来，公元一世纪初的某个时候，这位鲁弗斯在奥运会的混斗（*pankration*[④]）项目打进了决赛，此时他的对手刚在上一轮享受了轮空待遇，两人一直激战到夜幕降临。结果奥运会的裁判们（称为 *hellanodikai*[⑤]）宣布两人打成平局。平局在罗马帝国时期的地方比赛并不少见，但在奥运会就非常稀罕，编号 IvO 54 这段铭文将鲁弗斯称为在最负盛名赛会的赛中场取得如此"神圣"胜利的第一人。对我们的研究主题显得饶有趣味的一个细节出在这同一道政令所做的声明（ll. 27–30）：它宣称，来自希腊各地而此

---

① 源于古代长度单位斯塔迪姆（stadium），复数为斯塔德（stadia），约合 200 米。亦指这一长度的跑道。
② 希腊古代设计用于举行马术和战车比赛的椭圆形场地。
③ 遗址位于土耳其伊兹密尔（Izmir）。
④ 今称古希腊式搏击，可使用摔跤、拳击等多种技巧。
⑤ 由奥运会起源地、伯罗奔尼撒半岛西北部城邦埃里斯（Elis 或 Elea）的统治家族派出，最初每位裁判只负责一个项目，提前数月开始培训。

刻聚集在奥林匹亚赛会现场的全体观众都对鲁弗斯的耐力与意志力感到惊叹不已。

尽管对运动员表示敬意的荣誉政令无一例外充满溢美之词，而且时不时地就会夸大主人公取得的成就，但我们没有理由怀疑，古代奥运会的观众是不是真的会在现场高声喊出他们对成功运动员的钦佩之情。类似的观众行为在不那么知名的体育比赛也得到了佐证，甚至是名不见经传的一些设有奖金的田径比赛（themides），往往只有本地运动员愿意光顾，而且他们当中有一多半根本就没有机会登上奥运会或其他大型赛会的盛大舞台，也是如此。在这些本地运动会的观众看来，一场竞争激烈的速度或搏击比赛带来的刺激跟任何其他运动会的比赛项目一样真实可感。公元三世纪，吕西亚的法塞力斯（Phaselis①）有一份关于竞技比赛的铭文表彰了一位不知名的摔跤手，此人在某位尤克拉提达斯（Eukratidas）慷慨出资举办的一场当地比赛中取得并列胜绩（*SEG* 55.1473）。在这个案例中，两位运动员并列第一的荣誉是以各得一顶王冠的形式表现出来。很有可能他们也瓜分了奖金。根据这份法塞力斯铭文，这场摔跤比赛的结果是由赛会官员们在人群爆发高声欢呼之后决定的（ll. 2–3）。我们应该从这句话理解到的意思是观众对两位摔跤手的技巧和努力表达了赞赏，并且热烈欢呼他俩应该双双获胜。

---

① 位于地中海沿岸，今属土耳其。

体育运动、节庆活动与身份

对当时大多数观众来说,体育运动以及在古代希腊竞技与音乐节庆上可以看到的所有其他娱乐消遣活动,远不止一次暂离工作与日常生活之艰辛的喘息机会这么简单。波利比乌斯在他的《历史》中讲了公元前212年奥运会拳击决赛的故事(27.9.7–13)。是次决赛的选手之一是底比斯的克莱托马乔斯(Kleitomachos),他在四年前就成为公元前216年奥运会的拳击与混斗项目冠军,是当时公认最了不起的格斗运动员之一。波利比乌斯告诉我们,克莱托马乔斯在公元前212年奥运会的决赛对手来自埃及,名叫阿里斯托尼科斯(Aristonikos),作为运动员可以说是寂寂无闻,可能是初登奥运舞台的新人,由埃及托勒密四世"爱父者"(Ptolemy IV Philopator[①])赞助参赛,目标就是要击败这令人畏惧的高手克莱托马乔斯。波利比乌斯明确指出,决赛第一阶段,奥林匹亚的现场观众全都支持一度处于劣势的阿里斯托尼科斯,但克莱托马乔斯接着就向大家做了一番讲话,主要是想知道他们为什么要支持一名为托勒密国王出战的埃及选手对抗一名为希腊荣誉而战的底比斯选手。这让在场观众感到羞愧,随即转向为他呐喊助威,激励他最终第二次获得奥运会的拳击冠军。

---

① 公元前221年—公元前205年在位。

没有任何令人信服的理由可以让我们怀疑波利比乌斯这段叙事的核心情节，它涉及古代希腊体育运动一些令人感到好奇的方面，包括身份和分歧问题，毕竟这段插曲发生在成千上万的观众面前，波利比乌斯不太可能凭空捏造。从这个故事以及其他一些证据可以清楚地看到，古代希腊的体育赛事观众会对某些运动员怀有满腔的忠诚，并且愿意公开表达出来，原因可能跟目标运动员的声誉或原籍城市有关。与此同时，这同一批观众也会表现出我们在当代体育比赛过程中已经司空见惯的行为，比如支持处于劣势那一方与公认的长期霸主来一番勇敢的较量。但在波利比乌斯讲的这个故事里，"希腊人"身份的成色高低显然属于可以拿来谈判的内容。当时，来自埃及的选手阿里斯托尼科斯作为希腊人的资格是毋庸置疑的，因为他显然已经获得奥运会裁判团接纳，然后才能参加比赛。但就奥运会现场的万千观众而言，他们中的大多数肯定还是来自希腊本土各大城市，因此，在他们看来，具有多元文化的托勒密王国公民也说自己是希腊人可就比不上底比斯的选手那么地道靠谱，底比斯这座城市即使是在希腊化时期早期的比赛现场用当时的标准衡量也够得上历史悠久。

体育活动表达多重身份的力量可不仅仅限于奥运会，甚至也不会限于其他的重大节庆期间。在罗马帝国时期，行省一级的精英人群全都热切地准备参加地方竞赛，作为构建和宣传自己希腊文化身份的一种方式。举例，巴尔伯拉（Balboura[①]）的墨勒阿格尔赛会（Meleagria games）从公元158年左右到至少公元三世纪下半叶一直举行，这

[①] 位于吕西亚北部，该赛会以创办家族命名。

是一种"与音乐有关的"节庆，只允许巴尔伯拉的公民参赛。[30]在一种高度重视参与和赢得胜利的希腊运动文化氛围里，巴尔伯拉的精英家族称霸墨勒阿格尔节。当时，特洛伊罗斯【Troilos（Milner 1991, no. 5，时为 180 年左右)】作为巴尔伯拉一个最德高望重家族的成员，在两次墨勒阿格尔节上都赢得了摔跤和跑道赛跑（stadion）这两个项目的胜利。此外，他的兄弟穆萨伊奥斯（Mousaios）在后来的节日庆祝活动期间问鼎古希腊式搏击和跑道赛跑（Milner 1991, no. 6，时约公元190 年）这两个项目，他的儿子奥勒留·西蒙尼德斯（Aurelius Simonides）在公元 212 年后没多久也拿到男子摔跤项目的冠军（Milner 1991, no. 8）。尽管没有找到任何证据表明这些运动员曾经渴望或是当真有能力走出他们的家乡城市去参加外地的比赛，但他们确实自豪地纪念自己在这一当地节日取得的胜绩。表示敬意的铭文将这几位选手以及其他墨勒阿格尔节获胜者称为来自"领先阶层"（Milner 1991, no. 1），来自"我们当中最尊贵者"（Milner 1991, nos. 5–6; 8–9）或是"属于城里第一流的人物，城邦联盟官员的亲属，他父亲本身就是联盟官员"（Milner 1991, nos. 3–4）。这样一种身份地位铭刻在几乎全部墨勒阿格尔节个人胜利者的纪念碑上，只有一位除外。在墨勒阿格尔节的体育比赛上获胜不仅象征精英阶层的地位，同时加强了吕西亚社区各大家族的希腊身份。

　　类似这样表示敬意的铭文，其字里行间透露的自信语调，通过在剧场、体育场、公共柱廊（stoa①）和其他同样完全融入希腊社区城

---

① 通常由平行石柱支撑，带屋顶。

市景观的、经过策略选择的位置，以引人注目的方式树立这些纪念碑而得到了进一步的加强。通常情况，表示敬意的铭文不仅记录这个人的体育成就，还会阐述他的道德品质，若是年轻运动员还会展望他的光明的未来，若是精英阶层成年选手还会提到慈善与公共服务方面的事迹。【31】因此，在日常功能之外，体育场、带看台的大型露天竞技场甚至整个城市中心同时也是大家一起致敬当地运动员取得的体育和公民成就的场所。一个典型的例子是希腊化与罗马时期早期的梅塞尼（Messene①），其城市景观可以说全是当地运动员的雕像，夸耀他们在自己的城市和国外的比赛中胜出，包括奥运会和其他久负盛名的国际比赛。【32】

在竞技节庆组成的体系之外，其他的体育实践，尤其是在体育场锻炼以及参加由国家资助的、专为十八至二十岁青少年准备的军事训练（称为 *ephêbeia*②），在希腊化时期的希腊各个社区以及罗马时期的东部地区就是公认的阳刚气概一个必不可少的组成部分。纵观希腊化时期，军事训练已经部分蜕变为希腊化文化实践与价值观的一种培训规划，进入罗马帝国时期更是明显。人们比以往任何时候都更加重视体育和文学的教育。现有的证据，尤其是对赛会监理官或其他慷慨解囊的施主表示敬意的铭文，表明在许多情况下严格意义上的军事演习对这种面向公民的军事训练项目只起到补充甚至是更次要的作用。由于此类项目的大多数参与者几乎清一色来自中上阶层，也就是称霸竞

---

① 伯罗奔尼撒半岛西南部古城，今称梅西尼（Messini）。
② 希腊古代为年轻公民组织的锻炼项目，初衷是为城邦培养新战士，后来一些地方也会包括传统自由七艺教育的部分元素。

争激烈的体育项目那同一阶层，因此，对于家境殷实的天才运动员来说奉命参加的这段军事训练很可能提供了动力或做好了铺垫，激发他们选择变成职业运动员。对于资质平平的人来说，从军事训练项目毕业以后也大有可能继续前往体育场参加体育锻炼。例如，从希腊化时期后期到罗马帝国早期，伊阿索斯（Iasos①）出现了蓬勃发展的体育场文化。编号为 *I.Iasos* 84 的铭文显示，某个亚历山德罗斯家族（Alexandros）有一个儿子在四个体育馆担任监理官，这对伊阿索斯这样规模的小城市来说是一个很高的数字，并且馆内全天供应橄榄油。公民们按年龄分组训练，这在分别设立监理官负责年满十八岁年轻人（称为 *Neoi*；*I.Iasos* 250）和老年人（*I.Iasos* 87, 3-4；*I.Iasos* 250）这一事实得到了佐证。同样，在西皮罗斯山麓的马格尼西亚，某个狄卡芬（Dikaphenes）家族有一个儿子担任体育场监理官，因全天向所有到场团体提供橄榄油这一慷慨举动而受到称赞，这些团体包括男孩、青年、老年人，甚至可能还有残障人士（称为 *apalaistroi*；*TAM* V.2 1367）。

回到激动人心的竞技节庆，体育以外的其他活动有助于使这些时刻成为令人愉快而有意义的场合。在公元二世纪初，罗马和以弗所的公民维比乌斯·萨卢塔里斯（Vibius Salutaris）建立了一个基金，带有双重目标（*I.Eph.* 27）：(1) 在（阿波罗的孪生姐妹）阿尔忒弥斯女神生日这天给神庙的工作人员以及市政官员支付报酬；(2) 资助一场盛大

---

① 小亚细亚半岛古城，传统认为公元前九或八世纪由希腊人建立殖民地。公元前125年由罗马划入亚细亚行省，今属土耳其。

的雕像大巡游，雕像主题包括神祇、名人与各种拟人化形象。需要注意的是，出现在以弗所城市景观里的这种雕像巡游可不是一次性的活动，而是定期反复进行，包括在一年一度的塞巴斯提节（Sebasteia）、索提里节（Sotereia）以及五年一次的以弗所节（Epheseia）期间进行。这种经常性巡游一直被解读为促成城市神圣身份认同的必由之路，也是政治主张和紧张局势的视觉表达方式，并由此成为谈判的手段之一。[33]将这座城市的主要节日列入巡游表演日程表，又让五年一度竞技赛会的胜利者负责托举一些雕像，都在说明这些节日作为以弗所当地公共生活主要舞台的重要意义。可以肯定，由于众多表演节目持续全年进行，因此，在以弗所，巡游的圣像化节目单及其象征意义也会变得家喻户晓。但重大的地方节日及其巡游同样创造了大好机会，可以向更广泛的来访运动员和观众发送并反复灌输通过巡游产生的多重信息。[34]

尽管现在我们只能推测当时到场观众对萨卢塔里斯通过他的基金安排的巡游会有什么反应，但这些巡游出现在竞技节庆的频率依然提示了它们在各种不同观众那里受欢迎的程度。公元前二世纪中叶，在西里西亚皮拉莫斯（Pyramos①）河上的安条其亚（Antiocheia②），当地议事会和人民颁布了一道政令，让我们得以一窥组织者与社区居民预计可以得到怎样的巡游体验（*SEG* 12.511）。在这个案例中，巡游很有可能是一场音乐赛会（*mousikos agôn*）的一部分，设立这场赛

---

① 又作 Pyramus，今称杰伊汉河（Ceyhan River），位于土耳其南部。
② 全称为皮拉莫斯河上的安条其亚（Anticochia ab Pyramum），西里西亚沿海古城。

会有两个理由，一是向"和谐（Concord①）"的拟人化形象致敬，二是庆祝与基德诺斯河（Kydnos②）附近城市安条克的冲突终于结束。该政令规定，本次巡游应"尽可能美丽且引人注目（*hôs kallistên kai epiphanestatên*；l. 7）"，应包括本城涌现的体育赛事胜利者、赛会或学校监理官与他们带训的十八至二十岁男生（*ephebe*）、少年监护人（*paidonomos*）与他们带训的七至十八岁男生，以及各种公民官员。最重要的一点在于明确了巡游这天跟其他日子就是不一样："这一天将是一个假日；全体公民均应佩戴花环；所有人均应从工作中解放出来，奴隶应该摆脱枷锁。"【35】古代一些权威（举例，Str. 6.3.4）声称，当时在希腊的一些城市，类似这样的公民庆祝和游乐仪式可以说全年无休、此起彼伏。但不管频率究竟如何，有一点是无可争议的：如同前面仔细探讨的样本已经有力证明的那样，在大多数情况下，这些竞技节庆都经过精心编排并得到慷慨资助，目的是要让这些活动成为体现良好公民秩序历久弥新的纪念碑。

竞技节庆、休闲与能动性

纵观希腊古代时期，公民节庆一直属于公共事务，主要通过包

---

① 源于罗马神话里的和谐女神康科迪亚（Concordia）。
② 又作 Cydnus，小亚细亚半岛西南部西里西亚地区河流，今属土耳其。

括巡游在内的具有高度象征意义的仪式，表达社区价值观，协商或者说谈判权力关系。因此，可以认为这些节庆活动尽管从本质上看都是精心编排的剧本，却也是一系列动态大事件，不仅推动一个城市的自我认知、建构与表征，往往还能带来方式上的催化改变。通过观看体育赛事、参加巡游和宴会，为公民、游客以及在某些情况下甚至还有奴隶和其他弱势群体提供了大好机会，得以一起享用费用全免的娱乐和社交活动。竞技节庆培养了公民友情，促进了文化同化（acculturation），这后面一点对所在社区的青年和非公民居民而言表现更明显。简而言之，竞技节庆是锻炼一个人的情绪劳动（emotional labour[①]）的最佳场所，内化这一整套的价值观与行为，使自己可以通过符合所属社会地位以及所在社区更广泛期许的方式融入社会。【36】在后古典时期希腊语通行地区那高度分层而又紧密联系的社区环境里，竞技节庆这一功能变得尤其重要。

竞技节庆和其他休闲活动的一种解读方式是将其视为文化同化的手段，也是多重身份表达和表演的舞台之一，这就提出了问题：休闲活动选择与表演能在多大程度上调动个人能动性？换句话说，节庆主要就是作为一种精心策划的、引人入胜的休闲形式，目的是要在参与者心里刻印下一整套的主流价值观吗？当时人们如此热衷参与公民节庆，这背后有多大程度是出于个人的自由意志与自决？纵观希腊的整个古代时期，受限于各种原因，当地公民节庆有许多（如果不是大多

[①] 美国社会学家艾尔利·霍赫希尔德（Arlie Hochschild）1983年提出这一概念，以美国一家航空公司客舱服务人员为例，归纳为在工作时须展现某种特定情绪以达成特定工作目标的劳动形式。

数的话）参与者并没有机会出席远在其他城市或泛希腊圣地举行的节庆。至于那些确实到了现场的人们，其数目在最受推崇的节庆期间可以达到数以万计之多，主要由男性自由民组成，他们当中有许多人毫无疑问来自殷实人家。除去骑师和双轮战车驾驭者，奴隶和女性若能出席重大的泛希腊节庆，其依据的主要名目不外乎陪同精英阶层男性成员出行或承担辅助性质的工作，有时两者兼备。[37] 同样，在本地举行的节庆上也有许多参与者是受雇而来，或是由于他们在特定群体的地位或会员资格而必须出席，比如前面提到的青少年男性受训者和小男生（paides），他们经常作为一个不可或缺的元素出现在节庆巡游上。

但这一切并不代表出席古代希腊节庆的许多人就不是基于自己的自由意志决定参与进来的。对打工阶层来说，有那么一整天（有时是好几天）时间不需要劳作，反而可以享用琳琅满目的美食、美景以及各种物质享受，这一前景一定是难以抗拒的。而且观众时不时地也有机会影响节目或项目的进程，甚至挑战这些节庆想要表达的公民叙事。前面已经提到一些例子，关于体育赛事的观众可能会对泛希腊或当地节庆的比赛结果造成什么影响。即使是在事先经过精心策划的巡游或其他公共仪式上，观众若对这城市及其价值观的表达方式感到不满，也有机会说出自己的看法。固然铭文记录主要由精英阶层公民把控，大多没有提及当时节庆和其他公共表演期间可能有过公开表达民众不满的迹象。事实上，这类表达一旦发生，一定会被精英阶层公民视为妨害治安，甚至是颠覆行为。然而还是有间接的线索表明，这种反应一定来得比目前看到的致敬铭文和政令从字面暗示的程度更为频繁。比如负责维持秩序的持鞭者（*mastigophoroi*）和持棍者（*rabdouchoi*）经常带着象征他们特定身份的这两种物品之一出现在与节庆有关的叙述里，这一事实表明发生民众骚动的可能性始终是存在的。比如欧诺安达（Oinoanda①）有一位 C. 尤里乌斯·德摩斯梯尼（C. Iulius Demosthenes），125 年留下的一套完整铭文档案介绍了以他的名字命名的音乐和体育比赛，其中提到他组织了一队持鞭者在现场监督维持正常秩序（*eukosmia*）。【38】再早上好几十年，佩尔吉有一对夫妇作为赛会组织者也向当时在他们手下工作的持鞭者表示致意。【39】即使是不那么具有节庆色彩的公共活动，比如公民大会会议和葬礼，有时也会演变成民众骚动的场合。"金嘴"狄奥在谈到亚历山大里亚人的会议时提到了"动荡、粗俗且下流"。【40】也是这位作家，明确提到了亚历山大里亚的娱乐和消遣具有吵闹的性质（32.5，30-2，41-3，45-6，50-1，69，89）。还有葬礼，尤其是社会知名人士的葬礼，偶尔也会变成公众抗议的舞台。罗马帝国时期有一个案例显示，库尼多斯（Knidos②）一位名门贵妇的葬礼行进仪式居然一度被打断，因为有一伙人冲上来抢夺她的遗体，直接带到剧院，嚷嚷着要将她葬在城里。【41】

由此看来，公共场合可能很容易就蜕变为表达不安与不满情绪的舞台，矛头指向当地精英阶层试图通过娱乐、节庆和其他仪典推广的良好公民秩序。一旦发生这种情况，互动、谈判，有时甚至是抵触，

---

① 古国吕西亚地名，今属土耳其。

② 又作 Cnidus，小亚细亚半岛西南部古城，卡里亚地区重要港口，公元前四世纪建有阿芙洛狄忒神庙供奉这位航海保护神。今属土耳其。

就会跟日常劳动的暂时解脱、令人愉悦的娱乐消遣以及公民自豪感的表达齐头并进、如影随形。换句话说,在个人或集体炫技、取乐与庆祝之时,各种休闲实践实际上编码了古代希腊—罗马各地社区存在的权力关系、冲突和身份认同。

结论

阿忒纳乌斯在《随谈录》(*Deipnosophistai*)中有一段深入的描写,以希腊罗德斯岛作家卡利克塞诺斯(Kallixeinos①)的文本为基础,主题是埃及托勒密二世"爱兄弟者"(Ptolemy II Philadelphus②)统治时期在亚历山大里亚举行的一次巡游,堪称古代西方最著名巡游之一(5.197a–202b)。这次巡游的确切发生背景尚不清楚,目前认为最有可能的理由有两个,一是亚历山大里亚的托勒密节(Alexandrian Ptolemaia),二是一场重大历史事件。我们要讨论的这次巡游从奢侈与浮夸这两方面看当然都是无与伦比的,当时能在城里带看台的大型露天体育场亲眼目睹的观众一定都在惊叹,那是怎样的奇妙而又令人感到目不暇接。但即便如此,它在文献记录里留下的结构和表现还是符合希腊化时期和罗马帝国时期休闲的更普遍做派。巡游队伍的许多

---

① 又作 Callixenus(公元前三世纪),希腊罗德斯岛历史学家、作家,留有关于亚历山大里亚当时情形的著作残篇。
② 公元前 285 年—公元前 246 年在位。

特色，包括行进的雕像、由演员组成的舞台造型以及数目众多的其他物品和团体，都在以更大、更豪华的规模忠实反映出整个希腊世界节庆巡游的典型方面。卡利克塞诺斯的描述同样符合当时与节庆相关的铭文的主流做法，因为他在字里行间几乎完全专注于正统价值体系，记述以巡游、运动会和其他表演体现的秩序与繁荣。在现存的图文记录里，无论是文学作品还是金石学铭文，一概很少提及观众的反应。但只要找得到证据，就会看到休闲场合对娱乐消遣、文化同化与社交活动都很重要。特别是在规模较小的社区，体育比赛、巡游和其他集体休闲活动根本就是他们最主要的展示市民友情与身份认同的场合，对一部分人来说更是唯一场合。通过这种方式，公开上演的休闲活动调节了人际关系和群体关系，协商了社会定位，并且这里说的协商有时可能会用当时流行的大吵大闹，甚至是公开表达不一致意见的方式进行。如此一来，古代希腊—罗马世界的休闲就远非完全由个人自决与自由选择支配、暂时从劳动和其他日常苦干里解脱出来的行为这么简单，更应视为一系列嵌合于社会和文化的表演，用以体现个人与集体的地位、价值观与规范。

注记

导论

[1] Jean-Pierre Vernant, "Work and Nature in Ancient Greece," in *Myth and Thought among the Greeks*, trans. Janet Lloyd and Jeff Fort (London: Routledge and Kegan Paul, 1983), 248–70;
Moses I. Finley, *The Ancient Economy*, Revised edn. (Berkeley: University of California Press, 1999), 81;
较近期(且关键的)参考文献参见: Koenraad Verboven and Christian Laes, "Work, Labour, Professions: What's in a Name?," in *Work, Labour, and Professions in the Roman World*, eds. Koenraad Verboven and Christian Laes (Leiden: Brill, 2016), 1–6. □

[2] Finley, *The Ancient Economy*, 65–71;
Ellen Meiksins Wood, *Peasant-Citizen and Slave: The Foundations of Athenian Democracy* (London: Verso, 1988), 5–41;
Verboven and Laes, "Work, Labour, Professions," 13–16. □

[3] Alain Bresson, *The Making of the Ancient Greek Economy: Institutions*,

Markets, and Growth in the City-States, trans. S. Rendall (Princeton, NJ: Princeton University Press, 2016), 1–27.

[4] Kenneth Pomeranz, *The Great Divergence: China, Europe, and the Making of the Modern World Economy* (Princeton, NJ: Princeton University Press, 2000);

Marcel Van Der Linden and Jan Lucassen, *Prolegomena for a Global Labour History* (Amsterdam: International Institute of Social History, 1999);

Verboven and Laes, "Work, Labour, Professions," 17–19.

[5] 参见 Simon Swain 主编的 *Dio Chrysostom: Politics, Letters, and Philosophy* (Oxford: Oxford University Press, 2000), 包括导读与相关篇目。除另有说明外，均为本卷导论作者译文。

[6] Donald A. Russell, *Dio Chrysostom: Orations 7, 12, 36* (Cambridge: Cambridge University Press, 1992), 1–13 (导读) 与 109–58 (评论)。

[7] Wood, *Peasant-Citizen and Slave*, 137–45;

Catherina Lis and Hugo Soly, *Worthy Efforts: Attitudes to Work and Workers in Pre-Industrial Europe* (Boston: Brill, 2012), 13–155.

[8] Suzanne Saïd and Monique Trédé, *A Short History of Greek Literature*, trans. Trista Selous et al. (London: Routledge, 1999), 18.

[9] Lis and Soly, *Worthy Efforts*, 13–155.

[10] 举例: Josiah Ober, *Political Dissent in Democratic Athens: Intellectual Critics of Popular Rule* (Princeton, NJ: Princeton University Press, 1998);

关于工作的具体讨论亦见: Wood, *Peasant-Citizen and Slave*, 126–50.

[11] *Etym. Magn*. 187.40; Hesychius, s.v.;

Pierre Chantraine, *Dictionnaire étymologique de la langue grecque: histoire de mots*, Revised ed. (Paris: Klincksieck, 1999; 关于掉音, 通过音的异化将首音节换成短音 **alpha**。)

更近期作品亦见：Robert Beekes, *Etymological Dictionary of Greek*, vol. 1 (Leiden: Brill, 2010), 199–200. (关于一个"民间词源"用于解读"更像出自前希腊时期的一个单词"。)

[12] Friedrich Solmscn, "Leisure and Play in Aristotle's Ideal State," *Rheinisches Museum* 107 (1964): 193–220.

[13] Kenneth J. Dover, *Greek Popular Morality in the Time of Plato and Aristotle* (Oxford: Blackwell, 1974).

[14] John Sellars, "Simon the Shoemaker and the Problem of Socrates," *Classical Philology* 98, no. 3 (2003): 207–16.

[15] Ragnar Höistad, *Cynic Hero and Cynic King: Studies in the Cynic Conception of Man* (Uppsala: B. H. Blackwell, 1948), 33–7.

[16] Frank Brommer, *Heracles: The Twelve Labors of the Hero in Ancient Art and Literature*, trans. Shirley J. Schwarz (New Rochelle, NY: Caratzas, 1986).

[17] Neville Morley, "Population Size and Social Structure," in *The Cambridge Companion to Ancient Rome*, ed. Paul Erdkamp (Cambridge: Cambridge University Press, 2013), 29–44.

[18] Brent D. Shaw, "The Divine Economy: Stoicism as Ideology," *Latomus* 64 (1985), 43–4.

[19] Peter A. Brunt, "Aspects of the Social Thought of Dio Chrysostom and of the Stoics," *Proceedings of the Cambridge Philological Society* 19 (1973): 9–34.

[20] Runar Thorsteinsson, *Roman Christianity and Roman Stoicism: A Comparative Study of Ancient Morality* (Oxford: Oxford University Press, 2010).

[21] Andromache Karanika, *Voices at Work: Women, Performance, and Labor in Ancient Greece* (Baltimore: Johns Hopkins University Press, 2014).

【22】 Brent D. Shaw, *Bringing in the Sheaves: Economy and Metaphor in the Roman World* □ (Toronto: University of Toronto Press, 2013), 3–4 (关于农作物收割工作在文学作品难得一见), □ **11–23** (关于劳动力需求)。

【23】 Ibid., **48–92** (日期与背景), **281–98** (文本、译文与评论) □

【24】 Victor Ehrenberg, *The People of Aristophanes: A Sociology of Old Attic Comedy*, 2nd ed. □ (Oxford: Blackwell, 1951), 尤以 **113–146** 页为主。

【25】 Ephraim Lytle, "Chaerephilus & Sons: Vertical Integration, Classical Athens and the Black Sea Fish Trade," *Ancient Society* 46 (2016): 1–26. □

【26】 Évelyne Samama, *Les médecins dans le monde grec: sources épigraphiques sur la naissance* □ *d'un corps médical* (Geneva: Librairie Droz, 2003). □

【27】 但公元前四世纪希腊的《战术家埃涅阿斯》(**Aeneas Tacticus**) 明确指出，率先将声学设备用于防守战的发明者是一名铜匠 (**37**)。□

第一章 工作经济

【1】 Richard Saller, "Framing the Debate Over Growth in the Ancient Economy," in *The Ancient Economy: Evidence and Models*, eds. Joseph Manning and Ian Morris (Stanford, CA: Stanford University Press, 2001), 229–30. □

【2】 Jack Goldstone, "Efflorescences and Economic Growth in World History: Rethinking the 'Rise of the West' and the Industrial Revolution," in *Journal of World History* 12, no. 2 (2002): 323–89. □

【3】 Andrew Wilson, "Machines, Power and the Ancient Economy," in *Journal of Roman Studies* 92 (2002): 1–32. □

【4】 Andrew Wilson, "Approaches to Quantifying Roman Trade," in *Quantifying the Roman Economy: Methods and Problems*, eds. Alan Bowman and Andrew Wilson (Oxford: Oxford University Press, 2009),

213-49. □

[5] Moses I. Finley, "Slavery," in *International Encyclopedia of the Social Sciences*, vol. 14, ed. David Sills (New York: Macmillan, 1968), 307-13;

Moses I. Finley, *The Ancient Economy*, updated ed. (Berkeley: University of California Press, 1999);

Keith Hopkins, *Conquerors and Slaves* (Cambridge: Cambridge University Press, 1978). □

[6] 关于非资本主义经济里的受薪劳动者,参见: Dimitri Nakassis, "Labor Mobilization in Mycenaean Pylos," in *Études mycéniennes 2010.Actes du XIIIe colloque international sur les textes égéens, Sèvres,Paris,Nanterre,20-23 septembre 2010*, eds.pierre Carlier □ et al. (Pisa:Fabrizio Serra,2012),269-83;

Michael Jursa, "Labor in Babylonia in the First Millennium BC," in *Labor in the Ancient World*, eds. Piotr Steinkeller and Michael Hudson (Dresden: ISLET, 2015), 345-96.

[7] Walter Scheidel and Steven Friesen, "The Size of the Economy and the Distribution of Income in the Roman Empire," in *Journal of Roman Studies* 99 (2009): 61-91.

[8] Christian Laes, *Children in the Roman Empire: Outsiders within* (Cambridge: Cambridge University Press, 2011). □

[9] Ulrike Roth, *Thinking Tools: Agricultural Slavery between Evidence and Models* (London: BICS, 2007). □

[10] Roger Brock, "The Labour of Women in Classical Athens," *Classical Quarterly* 44, no. 2 (1994): 336-46. □

[11] Michael H. Crawford, ed., *Imagines Italicae: A Corpus of Italic Inscriptions*, vol.2 (London: BICS, 2011), 1186-7. □

[12] Richard Saller, "Household and Gender," in *The Cambridge Economic*

History of the Greco-Roman World, eds. Walter Scheidel, Ian Morris, and Richard Saller (Cambridge: Cambridge University Press, 2007), 106–7.

[13] Sheilagh Ogilvie, "Women and Proto-Industrialization in a Corporate Society: Württemburg Woollen Weaving, 1590–1760," in *Women's Work and the Family Economy in Historical Perspective*, eds. Pat Hudson and W. Robert Lee (Manchester: Manchester University Press, 1990), 76–103.

[14] Donald Woodward, *Men at Work: Labourers and Building Craftsmen in the Towns of Northern England, 1450–1750* (Cambridge: Cambridge University Press, 1995), 108–15.

[15] Alain Bresson, *The Making of the Ancient Greek Economy: Institutions, Markets, and Growth in the City-States*, trans. Steven Rendall (Princeton, NJ: Princeton University Press, 2016).

[16] Peter Temin, *The Roman Market Economy* (Princeton, NJ: Princeton University Press, 2013).

[17] *BGU* IV 1122 (13 BCE), 谈及为建葡萄园而聘用自由民劳动者。

[18] *I.Eph.* II.211;

I.Tralleis. 80.

[19] Paul Erdkamp, "Agriculture, Underemployment, and the Cost of Rural Labour in the Roman World," in *Classical Quarterly* 49, no. 2 (1999): 556–72.

[20] Hélène Cuvigny, "L'organigramme du personnel d'une carrière impériale d'après un ostracon du Mons Claudianus," in *Chiron* 35 (2005): 309–51;

Elizabeth Fentress et al., eds., *Villa Magna: An Imperial Villa and its Legacies: Excavations 2006–2010* (Rome: British School at Rome, 2017).

[21] Paul Bairoch, *Cities and Economic Development: From the Dawn of History to the Present*, trans. Christopher Braider (Chicago, IL: Chicago University Press, 1988), 76. □

[22] Josiah Ober, *The Rise and Fall of Classical Greece* (Princeton, NJ: Princeton University Press, 2015). □

[23] Andrew Wilson, "City Sizes and Urbanization in the Roman Empire," in *Settlement, Urbanization, and Population*, eds. Alan Bowman and Andrew Wilson (Oxford: Oxford University Press, 2011), 191–3. □

[24] Dominic Rathbone, *Economic Rationalism and Rural Society in Third-Century A.D. Egypt: The Heroninos Archive and the Appianus Estate* (Cambridge: Cambridge University Press, 1991). □

[25] Robert Fogel and Stanley Engerman, *Time on the Cross: The Economics of American Negro Slavery* (New York: Norton, 1974). □

[26] David Brion Davis, *Inhuman Bondage: The Rise and Fall of Slavery in the New World* (Oxford: Oxford University Press, 2006), 181. □

[27] William Harris, "Poverty and Destitution in the Empire," *Rome's Imperial Economy: Twelve Essays* (Oxford: Oxford University Press, 2011), 43 n. 103. □

[28] Edward Harris and David Lewis, "Introduction: Markets in Classical and Hellenistic Greece," in *The Ancient Greek Economy: Markets, Households and City-States*, eds. Edward Harris, David M. Lewis and Mark Woolmer (Cambridge: Cambridge University Press, 2015).

[29] Harald Von Petrikovits, "Die Spezialisierung desrömischen Handwerks," *Das Handwerk in vor- und frühgeschichtlicher Zeit*, vol. I, ed. Herbert Jannkuhn (Göttingen: Vandenhoeck & Ruprecht, 1981), 63–123. □

[30] Kai Ruffing, *Die berufliche Spezialisierung in Handel und Handwerk* (Rahden: Leidorf, 2008). □

[31] Harry Pleket, "Wirtschaft und Gesellschaft des Imperium Romanum. 2. Wirtschaft," in *Handbuch der europäischen Wirtschafts-und Sozialgeschichte 1*, eds. Wolfram Fischer et al. (Stuttgart: Klett-Cotta, 1990).

[32] Maya Shatzmiller, *Labour in the Medieval Islamic World* (Leiden: Brill, 1994), 169.

[33] Egmont Lee, *Habitatores in Urbe: The Population of Renaissance Rome* (Rome: La Sapienza, 2006).

[34] Cameron Hawkins, "Manufacturing," in *The Cambridge Companion to the Roman Economy*, ed. Walter Scheidel (Cambridge: Cambridge University Press, 2012), 175–94.

[35] Penelope Goodman, "Working Together: Clusters of Artisans in the Roman City," in *Urban Craftsmen and Traders in the Roman World*, eds. Andrew Wilson and Miko Flohr (Oxford: Oxford University Press, 2016), 321.

[36] Shlomo Epstein, "Why Did Attic Building Projects Employ Free Laborers Rather than Slaves?," in *Zeitschrift für Papyrologie und Epigraphik* 166 (2008): 108–12; Peter Brunt, "Free Labour and Public Works at Rome," in *Journal of Roman Studies* 70 (1980): 81–100.

[37] Henrik Mouritsen, *The Freedman in the Roman World* (Cambridge: Cambridge University Press, 2011).

[38] "Framing the Debate Over Growth in the Ancient Economy," in *The Ancient Economy: Evidence and Models*, eds. Joseph Manning and Ian Morris (Stanford, CA: Stanford University Press, 2001), 229–30.

[39] 参见普鲁塔克《梭伦传》：Plut.*Vit*. *Sol.* 22；
关于犹太人的情况，参见斐洛《论特定律法》：Philo *De spec. leg.* 2.233.

[40] William Harris, *Ancient Literacy* (Cambridge, MA: Harvard University Press, 1989).

[41] Seth Bernard, "Workers in the Roman Imperial Building Industry," in *Work, Labour, and Professions in the Roman World*, eds. Koen Verboven and Christian Laes (Leiden: Brill, 2016), 78–83.

[42] Bruce Frier and Dennis Kehoe, "Law and Economic Institutions," in *The Cambridge Economic History of the Greco-Roman World*, eds. Scheidel, Morris, and Saller, 113–43.

[43] Koenraad Verboven, "Guilds and Organizing Urban Populations in the Roman World during the Principate," in *Work, Labour, and Professions*, ed. Koenraad Verboven and Christian Laes (Leiden: Brill, 2016), 173–202.

[44] Craig Muldrew, *Food, Energy, and the Creation of Industriousness: Work and Material Culture in Agrarian England, 1550–1780* (Cambridge: Cambridge University Press, 2011).

[45] Joel Mokyr, *The Lever of Riches: Technological Creativity and Economic Progress* (Oxford: Oxford University Press, 1990), 156–7.

[46] Richard Steckel, "A Pernicious Side of Capitalism: The Care and Feeding of Slave Children," (working paper, 2007) http://web.econ.ohio-state.edu/rsteckel/VITA/2007%20Pernicious.pdf (accessed June 30, 2016).

[47] Kai Ruffing and Hans-Joachim Drexhage, "Antike Sklavenpreise," in *Antike Lebenswelten: Konstanz, Wandel, Wirkungsmacht, Festschrift für Ingomar Weiler zum 70. Geburtstag*, eds. Peter Mauritsch et al. (Wiesbaden: Harrassowitz, 2008), 321–51.

[48] Walter Scheidel, "Real Slave Prices and the Relative Cost of Slave Labor in the Greco-Roman World," *Ancient Society* 35 (2005): 1–17.

[49] Thomas Piketty and Gabriel Zucman, "Capital is Back: Wealth-Income Ratios in Rich Countries, 1700–2100: Data Appendix,"

(digital publication, 2013), 63 n. 145. http:// piketty.pse.ens.fr/files/ PikettyZucman2013Appendix.pdf. (accessed June 30, 2016)

[50] Kyle Harper, "Slave Prices in Late Antiquity (and in the Very Long Term)," *Historia* 59, no. 2 (2010): 206–38.

[51] William Loomis, *Wages, Welfare Costs and Inflation in Classical Athens* (Ann Arbor: University of Michigan Press, 1998);
Ian Morris, "Economic Growth in Ancient Greece," *Journal of Institutional and Theoretical Economics* 160, no. 4 (2004), 709–42.

[52] Robert Allen, "How Prosperous were the Romans? Evidence from Diocletian's Price Edict (AD 301)," in *Quantifying the Roman Economy*, eds. Bowman and Wilson, 327–45.

[53] Walter Scheidel and Steven Friesen, "The Size of the Economy and the Distribution of Income in the Roman Empire," *Journal of Roman Studies* 99 (2009): 61–91.

[54] Fritz Heichelheim, "On Ancient Price Trends from the Early First Millennium B.C. to Heraclius I," *Financarchiv* 15 (1954/5): 498–511.
Peter Temin, "The Labor Market of the Early Roman Empire," *Journal of Interdisciplinary History* 34, no. 4 (2004): 513–38.

[55] Hélène Cuvigny, "The Amount Paid to the Quarry-Workers at Mons Claudianus," *Journal of Roman Studies* 86 (1996): 139–45.

[56] Dominic Rathbone, "Earnings and Costs: Living Standards and the Roman Economy (First to Third Centuries AD)," in *Quantifying the Roman Economy*, eds. Bowman and Wilson, 299–326.

[57] Walter Scheidel, "A Model of Demographic and Economic Change in Roman Egypt after the Antonine Plague," *Journal of Roman Archaeology* 15, no. 1 (2002): 97–114.

[58] 关于瘟疫后果的更细致探讨，参见: Christer Bruun, "The Antonine Plague and the Third-Century Crisis," in *Crises and the Roman Empire*, ed.

Olivier Hekster, Gerda De Kleijn, and Daniëlle Slootjes (Leiden: Brill, 2007), 201–17. □

[59] Kyle Harper, *Slavery in the Late Roman World, AD 275–425* (Cambridge: Cambridge University Press, 2011). □

第二章 图说工作

[1] Otto Jahn, "Darstellungen antiker Reliefs, welche sich auf Handwerk und Handelsverkehr beziehen," *Berichte über die Verhandlungen der königlich sächsischen Gesellschaft der Wissenschaften zu Leipzig: philologisch-historische Classe* 3 (1861): 291–374;
Hugo Blümner, *Technologie und Terminologie der Gewerbe und Künste bei Griechen und Römern*, 5 vols. (Leipzig: B. G. Teubner, 1875–87). □

[2] 试举几例: Joseph V. Noble, *The Techniques of Painted Attic Pottery*, rev. ed. (London: Thames & Hudson, 1988);
Jean-Pierre Adam, *Roman Building: Materials and Techniques* (London: Routledge, 2003);
Roger B. Ulrich, *Roman Woodworking* (New Haven, CT: Yale University Press, 2007). □

[3] Hermann Gummerus, "Darstellungen aus dem Handwerk auf römischen Grab- und Votivsteinen," *Jahrbuch des Deutschen Archäologischen Instituts* 28 (1913): 63–126.

[4] Alison Burford, *Craftsmen in Greek and Roman Society* (London: Thames & Hudson, 1972). □

[5] 举例: Natalie Kampen, *Image and Status: Roman Working Women in Ostia* (Berlin: Gebr. Mann, 1981);
Carol C. Mattusch, *Classical Bronzes: The Art and Craft of Greek and*

Roman Statuary (Ithaca, NY: Cornell University Press, 1996).

更全面的视觉证据合集亦举两例：Athina Chatzidimitriou, *Parastaseis ergastêriôn kai emporiou stên eikonographia tên archaikôn kai klasikôn xronôn* (Athens: Ministry of Culture, 2005); Gerhard Zimmer, *Römische Berufsdarstellungen* (Berlin: Gebr. Mann, 1982).

【6】 Roger B. Ulrich, "Representations of Technical Process," in *The Oxford Handbook of Engineering and Technology in the Classical World*, ed. John P. Oleson (Oxford: Oxford University Press, 2008), 35–61.

【7】 参见本卷第五章，"技术知识的传播"一节；
John James Coulton, *Ancient Greek Architects at Work: Problems of Structure and Design* (Oxford: Oxbow Books, 1977), 53–8;
Rabun Taylor, *Roman Builders: A Study in Architectural Process* (Cambridge: Cambridge University Press, 2003), 26–36.

【8】 Ulrich, *Roman Woodworking*, 32, 342–3, 346.

【9】 此处给出的数据由本文作者整理，并与下列多种深入全面的目录做过核对：
Chatzidimitriou, *Parastaseis*;
Athina Chatzidimitriou, "Craftsmen and Manual Workers in Attic Vase-Painting of the Archaic and Classical Period," in *Corps, travail et statut social: L' apport de la paléoanthropologie funéraire aux sciences historiques*, ed. Anne-Catherine Gills (Villeneuve d' Ascq: Presses universitaires du Septentrion, 2014), 63–93;
Sian Lewis, "Images of Craft on Athenian Pottery: Context and Interpretation," *Bolletino di Archeologia On Line* 1 (2010): 12–26;
Annette Haug, "Handwerkerszenen auf attischen Vasen des 6. und 5. Jhs. v. Chr. Berufliches Selbstbewusstsein und sozialer Status," *Jahrbuch des Deutschen Archäologischen Instituts* 126 (2011): 1–31.

【10】 Sheramy D. Bundrick, "The Fabric of the City: Imaging Textile Production in Classical Athens," *Hesperia* 77, no. 2 (2008): 283–

334.

[11] 这里的数目明确排除了描绘赫斯珀里得斯（**Hesperides**①）仙女们看守金苹果园的画面，仅限于灵感源自神话的部分家内场景。该陶瓶编号为 **BAPD 205877**（**Metropolitan 07.286.74**）。古代雅典的出土陶瓶均带博物馆名称、馆藏细目以及牛津大学比兹利陶器档案数据库（**Beazley Archive Pottery Database**②，缩写为 **BAPD**）编号，可从牛津的古典艺术研究中心（**Classical Art Research Centre**）官网查询：http://www.beazley.ox.ac.uk/index.htm（accessed January 15, 2017）。该陶瓶画面参见：http://www.metmuseum.org/art/collection/search/247954（accessed January 15, 2017）。

[12] Philip Sapirstein, "Painters, Potters, and the Scale of the Attic Vase-Painting Industry," *American Journal of Archaeology* 117, no. 4 (2013)：508，online p. 9, with additional references.

[13] 大体而言这也得到以下这项关于同一时期黑图瓶画研究的印证，参：Eleni Hatzivassiliou, *Athenian Black Figure Iconography between 510 and 475 B.C.* (Rahden：VML Verlag Marie Leidorf, 2010)。

[14] 参见本卷第五章，"古代精英对待技能的态度"一节。

[15] BAPD 10695, 25344, 202646, 203015, 203143，亦见接下来关于"柏林青铜作坊杯"的讨论。

[16] BAPD 352517（Caltanissetta 810）.

[17] 纵观整个古希腊时期的艺术作品，代达罗斯可能总共只出现过那么寥寥几次，参见 Sarah P. Morris 的 *Daidalos and the Origins of Greek Art* (Princeton, NJ：Princeton University Press, 1992)，190–192 页。

代达罗斯与埃佩厄斯在伊特鲁里亚和罗马的艺术作品中同样不算多见，但得到更充分的描绘，参见：Lewis 的 *Images of Craft on Athenian Pottery*, 18–20。

[18] Morris, *Daidalos*, 3–59.

---

① 希腊神话人物，负责为天后赫拉看守金苹果园。
② 英国考古学家约翰·比兹利爵士（Sir John Beazley, 1885 年—1970 年）专门研究古代希腊陶器，该档案馆以他的整理为基础，已有大约 13 万个陶瓶和 25 万份照片的记录。

【19】 BAPD 202466（Boston 13.200），http://www.mfa.org/collections/object/water-jar-hydria-153636（accessed January 15, 2017）；

另有他带着一把锤子无所事事站着的画面，参见 **205587**（**Metropolitan 17.230.37**）。

在意大利中西部古城伊特鲁里亚较近期出土的一个画面更具冲击力，木箱那边站了两名木匠，其中一人是运动员般健美的裸体青年，参见：**Anna Maria Moretti Sgubini and Laura Ricciardi, "Ricerche nella necropolis di Guadocinto," in *Archeologia nella Tuscia, Atti dell' Incontro di Studio*（Viterbo, 2 marzo 2007），eds. Piero A. Gianfrotta and Anna Maria Moretti Sgubini（Viterbo：Daidalos 10, 2010）：55–6, fig. 6**。

【20】 Morris, *Daidalos*, 36–9. 西摩尼得斯（**Simonides**①）将那木箱描述为 ***daidaleos***，与代达罗斯形成联系。描绘木匠的其他少数几个画面参见：Chatzidimitriou, *Parastaseis*, 217–18, plates 38–9。

【21】 BAPD 201642（London E23）．

【22】 BAPD 275647 / Boston 62.613，http://www.mfa.org/collections/object/drinking-cup-kylix-with-satyr-fluting-a-column-153749（accessed January 15, 2017）．

【23】 有一只双耳大饮杯绘有一名巨人正为雅典娜建造雅典卫城城墙的情形，非常罕见，参见：Robert D. Cromey, "History and Image：The Penelope Painter's Akropolis（Louvre G372 and 480/79 BC）," *Journal of Hellenic Studies* 111（1991）：165–74．

【24】 BAPD 200586（Copenhagen 119），by Epiktetos．

【25】 BAPD 302990（Ashmolean G247）；209681（London E86）；and 9022435（Athens 1957 – NAK 1002）．

【26】 Chatzidimitriou, "Craftsmen"；

Guy Hedreen, *The Image of the Artist in Archaic and Classical Greece*：

---

① 古希腊诗人（约公元前 556 年—公元前 468 年）。

Art, Poetry, and Subjectivity (Cambridge: Cambridge University Press, 2016), 223–32.

[27] Guy Hedreen 最近提出那是阿喀琉斯，这样就能从情节上跟整个圆形画联系起来，参见 *The Image of the Artist*, 231–2。

[28] Carol C. Mattusch, "The Berlin Foundry Cup: The Casting of Greek Bronze Statuary in the Early Fifth Century B.C.," *American Journal of Archaeology* 84, no. 4 (1980): 435–44.

[29] Maria Pipili, "Wearing an Other Hat: Workmen in Town and Country," in *Notthe Classical Ideal: Athens and the Construction of the Other in Greek Art*, ed. Beth Cohen (Leiden: Brill, 2000), 153–79.

[30] 在正文提到的例子（BAPD 2188, 204340, 352517）以外，另见：BAPD 922 (Agora P15210); 200761 (Acropolis 2.166); 206598 (Hermitage 2229); Blümner, *Technologie*, vol. 4 (1886), 364, fig. 52 (lost); 以及下一条内容。

[31] BAPD 303253 (LondonB507). 图片参见：http://www.britishmuseum.org/research/collection_online/collection_object_details.aspx?objectId=399743&partId=1 (accessed January 15, 2017).

[32] BAPD 7759 (Berlin 1980.7); 200138 (Florence PD117); 203360 (Ashmolean 1966.469); 203459 (Ashmolean 518, Antiphon Painter); 200657 (Paris Petit Palais 382); 可能还包括 201151 与 9036113。

[33] 参见本卷第五章，"技术知识的传播"一节。

[34] Dyfri Williams, "Picturing Potters and Painters," in *Athenian Potters and Painters II*, eds. John H. Oakley and Olga Palagia (Oxford: Oxbow Books, 2009), 306–17.

[35] John K. Papadopoulos, "Ethnography and Iconography: Robinson's 'Kiln' Skyphos and Corinthian Tile Makers of the 1940s," in *Egraphsen kai epoiesen: Essays on Greek Pottery and Iconography in Honour of*

Professor Michalis Tiverios, eds. Panos Valavanis and Eleni Manakidou (Thessaloniki: University Studio Press, 2014), 181–9. BAPD 330707 (Harvard 1960.321), 图片参见：http://www.harvardartmuseums.org/art/289147 (accessed January 15, 2017)。

一个类似场景出现在萨索斯岛 (Thasos[①]) 出土的一只残缺杯子，参见：Chatzidimitriou, *Parastaseis*, pl. 14.

另有一个独树一帜的陶罐画了一个画家在画小头像，可能是角状杯 (rhyton[②])，参见：Williams, "Picturing Potters and Painters," 315 n. 15; Boston 68.292, 图片参见：http://www.mfa.org/collections/object/drinking-cup-kylix-with-man-painting-a-head-187 (accessed January 15, 2017)。

[36] Chatzidimitriou, "Craftsmen";
Haug, "Handwerkerszenen," 4–13.

[37] BAPD 203543 (Boston 01.8073), 图片参见：http://www.mfa.org/collections/object/fragment-of-drinking-cup-kylix-with-man-decorating-a-kylix-153909 (accessed January 15, 2017)。

[38] Haug, "Handwerkerszenen," 1–4.
Marjorie S. Venit, "The Caputi Hydria and Working Women in Classical Athens," *Classical World* 81, no. 4 (1988): 265–72. 此文讨论了推测这些均属金属瓶的依据。这一解释不太可能源于画家们习惯把画笔和盛放颜料的器具放在身边的方式。

[39] BAPD 4355 (Caltagirone 961); 200761 (Acropolis 2.166).

[40] BAPD 204341 (Munich J400); 212209 (Florence V57); 209569 (Berlin F 2415)。其中，前两个陶瓶画面显示她正在制作特洛伊木马，第三个陶瓶显示

---

① 又作 Thassos，爱琴海最北端岛屿，公元前七世纪希腊人到此开采金矿，公元前 380 年与雅典结盟，公元前 196 年由罗马占领。

② 希腊古代饮器，尖端有孔，底部多半呈现女性或动物的头部形状。

她正用黏土制作一匹小马，并且显然是为浇铸一座铜雕做准备。另有两个出自公元前四世纪的陶瓶描绘了雕刻家在雕刻雕塑和纪念碑，参见：**Chatzidimitriou, *Parastaseis*, plates 34–5**。

[41] Richard T. Neer, *Style and Politics in Athenian Vase-Painting: The Craft of Democracy, ca. 530–460 B.C.E.* (Cambridge: Cambridge University Press, 2002);

Hedreen, *The Image of the Artist*;

Williams, "Picturing Potters and Painters," 310–14.

[42] Chatzidimitriou, "Craftsmen," 85–7，看上去并不十分确定与庇西特拉图提倡农业的做法有关。

[43] BAPD 8762（Bochum S1075）.

[44] BAPD 320060（Berlin F 1855）；320127（London B226）；这两个作品目前均归于"安提米内斯画家"名下。

[45] BAPD 9510（Boston 99.525），图片参见：http://www.mfa.org/collections/object/drinking-cup-skyphos-153558（accessed January 15, 2017）。

[46] Pipili, "Wearing an Other Hat," 163–78. 编号 BAPD 206276（Boston 10.185）这只陶瓶通过绘有潘神（**Pan**①）追逐一名牧羊少年，将少年的魅力表露无疑。"潘神画家（**Pan Painter**②）"笔下的潘神长了巨大的生殖器，图片参见：http://www.mfa.org/collections/object/mixing-bowl-bell-krater-153654（accessed January 15, 2017）。

[47] BAPD 301120（Metropolitan 47.11.5），图片参见：http://www.metmuseum.org/art/collection/search/254578（accessed January 15, 2017）；较晚期一件编号 303248（Vienna 1105）的残片也绘有称量用具。

[48] Chatzidimitriou, "Représentations de vente et d'achat d'huile surles

---

① 希腊神话里主管山林与动物的畜牧神，人身羊足，头上有角。
② 因描绘潘神而得名，擅长红图陶瓶可能活跃于公元前480年—公元前450年。至1912年，约翰·比兹利已将超过150件陶瓶归于他的名下。

vase sattiques à l'époque archaïque et classique," in *Parfums et odeurs dans l'antiquité*, eds. Lydie Bodiou, Dominique Frère, and Véronique Mehl (Rennes: Presses universitaires de Rennes, 2008), 237-44. □

[49] BAPD31764 (Vatican16518). 出自同一画家的橄榄油卖家画面另见编号 BAPD8235 (TarquiniaRC1063)。

[50] BAPD9458/15585 (Florence72732).
屠夫是一个可作对比的系列，参见：Chatzidimitriou, *Parastaseis*, 223-5, plates 53-6; Hatzivassiliou, *Athenian Black Figure Iconography*, 47-8, 158-60。□

[51] Bundrick, "The Fabric of the City";
Eva C. Keuls, "Attic Vase-Painting and the Home Textile Industry," in *Ancient Greek Art and Iconography*, ed. Warren G. Moon (Madison: University of Wisconsin Press, 1983), 209-30;
Eva C. Keuls, *The Reign of the Phallus: Sexual Politics in Ancient Athens* (Berkeley: University of California Press, 1993), 229-66;
Sian Lewis, *The Athenian Woman: An Iconographic Handbook* (London: Routledge, 2002).
卖淫作为雅典瓶画一个常见主题，与古代描绘其他服务项目的图像一样不在本章讨论范围。将卖淫视为工作之一种的论著可参见：Lewis, *The Athenian Woman*, 91-129。□

[52] Keuls, "Attic Vase-Painting and the Home Textile Industry," 210. □

[53] BAPD 138 (Berlin 3228); 可对比 BAPD 202582 (Harvard 1925.30.34); BAPD 10510 □ (Tubingen E105). □

[54] Keuls, "Attic Vase-Painting and the Home Textile Industry," 210-14, 里面提供了好几个例子。□

[55] Bundrick, "The Fabric of the City," 288. 从数量上看绝大多数例子都出自古典时期早期，但到了公元前五世纪后期数量依然相当高，即使那时阿提卡陶器产

业已在伯罗奔尼撒战争期间遭到摧毁,从此一蹶不振,参见: Sapirstein, "Painters, Potters, and the Scale of the Attic Vase-Painting Industry," 506–8。

[56] 关于这一判断,令人信服的论证包括: Kelly L. Wrenhaven, "The Identity of the 'Wool-Workers' in the Attic Manumissions," *Hesperia* 78, no. 3 (2009): 367–86;

Keuls, "Attic Vase-Painting and the Home Textile Industry," 227–9;

Keuls, *The Reign of the Phallus*, 258–9.

[57] Bundrick, "The Fabric of the City"; Wrenhaven, "The Identity of the 'Wool-Workers'."

[58] Dietrich von Bothmer, *The Amasis Painter and His World*; *Vase-Painting in Sixth-Century B.C. Athens*(Malibu, CA: The J. Paul Getty Museum, 1985), 185–8;

Keuls, "Attic Vase- Painting and the Home Textile Industry," 215–16;

Keuls, *The Reign of the Phallus*, 105–8.

惯例做法是将画家与同样称为阿玛西斯的陶工视为不同的两人,但这个陶瓶很可能是由"阿玛西斯画家"自己绘制并制作,参见: Sapirstein, "Painters, Potters, and the Scale of the Attic Vase-Painting Industry," 501。

[59] Keuls, "Attic Vase-Painting and the Home Textile Industry," 216–17.

[60] Chatzidimitriou, "Craftsmen," 76–7; Williams, "Picturing Potters and Painters," 308.

[61] 彭特斯科菲亚和科林斯出土的古风时期许愿还愿小饰板多绘有窑炉和陶工。参见: Williams, "Picturing Potters and Painters," 306–10;

相关讨论与更多参考书目,参见: Zimmer, *Römische Berufsdarstellungen*, 74–5。

[62] Brian A. Sparkes, "Not Cooking, but Baking," *Greece & Rome* 28 (1981): 172–8.

[63] 参见本卷第五章,"古代技能与才能评估"一节;

另见 Williams, "Picturing Potters and Painters," 312–14,作者识别出

可能是一名陶瓶画家的一件许愿还愿雕塑。

[64] Christoph W. Clairmont, *Classical Attic Tombstones 1* (Kilchberg: Akanthus, 1993), 403-4 (1.630).

[65] John Camp, "Athenian Cobblers and Heroes," in *Greek Art in View: Essays in Honour of Brian Sparkes*, eds. Simon Keay and Stephanie Moser (Oxford: Oxbow Books, 2004), 129-37.

[66] Camp, "Athenian Cobblers," 134-6.

[67] Zimmer, *Römische Berufsdarstellungen*, 76-82.

[68] Ibid., 89-91.

[69] Ulrich, *Roman Woodworking*, 29, fig. 3.17, and 342-3.

[70] John R. Clarke, *Art in the Lives of Ordinary Romans: Visual Representations and Non-Elite Viewers in Italy, 100 B.C.-A.D. 315* (Berkeley: University of California Press, 2003), 98-105; Kampen, *Image and Status*, 102, 159.

[71] Blümner, *Technologie und Terminologie*, vol. 1, 289, fig. 95; vol. 2, 345-6, fig. 59. 其他带有小爱神工作画面的石棺浮雕参见: Blümner, *Technologie und Terminologie*, vol. 1, 339, fig. 119（榨橄榄油）, 351, fig. 129（同上）; vol. 4, 369-71, figs. 56-7, 58（铁匠）。

[72] Lauren H. Petersen, "The Monument of Eurysacesin Rome," *Art Bulletin* 85, no.2 (2003): 230-57.

[73] Eleanor W. Leach, "Freedmen and Immortality in the Tomb of the Haterii," in *The Art of Citizens, Soldiers and Freedmen in the Roman World*, eds. Eve D' Ambra and Guy P. R. Métraux (Oxford: Archaeopress, 2006): 1-18; Zimmer, *Römische Berufsdarstellungen*, 160-1 (no. 83).

[74] Riccardo S. Valenzani, "Public and Private Building Activity in Late Antique Rome," in *Technology in Transition A.D. 300-650*, eds. Luke Lavan, Enrico Zanini, and Alexander Sarantis (Leiden: Brill, 2007),

440–1, fig. 1;

Rossella Rea, *L' ipogeo di Trebio Giusto sulla via Latina* (Vatican: Scavi e restauri 5, 2004). □

[75] Naples Inv. 9774; Clarke, *Art in the Lives of Ordinary Romans*, 112–18, plates 4–5;

Kampen, *Image and Status*, 103–4, 152–3, no. 39;

Valeria Sampaolo, "VI 8, 20: Fullonica," □ in *Pompei: Pitture e mosaici 4*, eds. Giovanni Pugliese Carratelli and Ida Baldassarre (Rome: Istituto della enciclopedia italiana, 1993), 604–10.

[76] Jonathan C. Coulston, "The Architecture and Construction Scenes on Trajan's Column," in *Architecture and Architectural Sculpture in the Roman Empire*, ed. Martin Henig (Oxford: Oxford University Committee for Archaeology, 1990), 39–50;

Jonathan C. Coulston, *All the Emperor's Men: Roman Soldiers and Barbarians on Trajan's Column* (Oxford: Oxbow Books, 2015).

另见图拉真记功柱网站介绍：http://www.trajans-column.org/ (accessed January 15, 2017). □

[77] Bardo Museum Inv. 56; Annalisa Marzano, *Harvesting the Sea: The Exploitation of Marine Resources in the Roman Mediterranean* (Oxford: Oxford University Press, 2013), 24. □

[78] Clarke, *Art in the Lives of Ordinary Romans*, 85–7. □

[79] Ibid., 105–12;

Kampen, *Image and Status*, 63, 104, 153–4 (no. 42);

Zimmer, *Römische Berufsdarstellungen*, 128–30 (nos. 42, 45). □

[80] Clarke, *Art in the Lives of Ordinary Romans*, 125–9. □

[81] Zimmer, *Römische Berufsdarstellungen*, 57–9;

另见 **199 no.143**, 关于在庞贝发现的一幅外墙画，上面绘有陶工正用陶轮制作陶瓶。

[82] Zimmer, *Römische Berufsdarstellungen*; Zimmer, "Römische

Handwerker," in *Aufstieg und Niedergang der römischen Welt. Vol. 12.3：Principat，Künste*，ed. Hildegard Temporini（Berlin：Walter de Gruyter，1985），205–28.

【83】Robert Cohon，"Tools of the Trade：A Rare，Ancient Roman Builder's Funerary Plaque," *Antike Kunst* 53（2010）：94–100.

【84】Sandra R. Joshel, *Work，Identity，and Legal Status at Rome. A Study of Occupational Inscriptions*（Norman：University of Oklahoma Press，1992）.

【85】Zimmer, *Römische Berufsdarstellungen*, 6–7, 196 (no. 139)。上面记载了希拉鲁斯(**Hilarus**)作为一名金匠和行会成员，是一户富有人家的奴隶。另有一个非同寻常的非葬礼相关案例，显示两名奴隶作为木匠行会成员，分别叫埃里利斯(**Erilis**)和乌提里斯(**Utilis**)，向罗马神话里的智慧女神密涅瓦奉献了一个装饰有木工工具的还愿神台，参见：Zimmer, *Römische Berufsdarstellungen*, 162–3 (no. 84).

【86】Michele George，"Social Identity and the Dignity of Work in Freedmen's Reliefs," in *The Art of Citizens，Soldiers and Freedmen in the Roman World*，eds. Eve D'Ambra and Guy P. R. Métraux（Oxford：Archaeopress，2006），27–8；

Zimmer, *Römische Berufsdarstellungen*，137–8（no. 54）.

【87】Serafina Cuomo, *Technology and Culture in Greek and Roman Antiquity*（Cambridge：Cambridge University Press，2007），77–102.

【88】Gummerus，"Darstellungen aus dem Handwerk," 91–2；Kampen，*Image and Status*，77–9；

Zimmer，*Römische Berufsdarstellungen*，143–4（no. 62）.

【89】举例：Kampen, *Image and Status*，44–6，figs. 18–21。

【90】Kampen, *Image and Status*，79，157（no. 53）；

Zimmer, *Römische Berufsdarstellungen*，94–5（no. 2）.

【91】这可能是一个店铺招牌，参见：Gummerus，"Darstellungen aus dem Handwerk," 73–4；Zimmer, *Römische Berufsdarstellungen*，185–6（no. 121）.

[92] 鞋匠：Kampen, *Image and Status*, 64–9, 139 (no. 5); fig. 47。

陶工：Zimmer, *Römische Berufsdarstellungen*, 199–200 (no. 144); https://vmfa.museum/collections/art/relief-potter-wife/ (accessed January 15, 2017).

[93] Eve D' Ambra, "Imitations of Life: Style, Theme and a Sculptural Collection in the Isola Sacra Necropolis, Ostia," in *The Art of Citizens, Soldiers and Freedmen in the Roman World*, eds. Eve D' Ambra and Guy P. R. Métraux (Oxford: Archaeopress, 2006): 73–89; Kampen, *Image and Status*, 33–72, 103, 138–40, 146–58, nos.1, 3, 6, 21–9, 52–5; figs. 1–17 (但很多描绘的是传说中的石棺), 28, 58; Zimmer, *Römische Berufsdarstellungen*, 220–1 (no. 180).

[94] Clarke, *Art in the Lives of Ordinary Romans*, 116–7; Kampen, *Image and Status*, 152–7, nos. 39–45, 48–9, 54. 有一件从罗马出土的浮雕具有鲜明的广告性质, 该浮雕有过重度修复, 可以看到一家肉铺里面挂了一些野味, 由两名衣饰优雅的女士值守, 整个画面呈现讲究精致的新阿提卡(**neo-Attic**)风格, 参见：Zimmer, *Römische Berufsdarstellungen*, no. 7 (Museo Torlonia 379)。

[95] Zimmer, *Römische Berufsdarstellungen*, 67–71; Zimmer, "Römische Handwerker," 218–20.

第三章　工作与工作场所

[1] Pierre Bourdieu, "The Berber House or the World Reversed," *Social Science Information* 9, no. 2 (1970): 152–4.

[2] Moses Finley, *The Ancient Economy*, 2nd ed. (London: Hogarth Press, 1985), 194; Andrew Wilson, "Urban Production in the Roman World: The View from North Africa," *Papers of the British School at Rome* 70 (2002): 236.

〔3〕 Miko Flohr, "Spatial Infrastructures of Occupational Identity in the Roman World," in *Work, Labor, and Professions in the Roman World*, eds. Koenraad Verboven and Christian Laes (Leiden: Brill, 2017), 147–72.

〔4〕 这方面最出色的合集参见：Gerhard Zimmer, *Römische Berufsdarstellungen* (Berlin: Gebrüder Mann, 1982).

〔5〕 举例：关于商铺（*tabernae*）前面街道的用途可参见《学说汇纂》说法：*Dig*. 43.10.1.4。

〔6〕 举例：Chris Hann and Keith Hart, *Economic Anthropology: History, Ethnography, Critique* (Cambridge: Polity Press, 2011).

〔7〕 这方面的概况参见：Keith Grint, *The Sociology of Work*, 3rd ed. (Cambridge: Polity Press, 2005), 85–109.

〔8〕 亦见本系列其他各卷。

〔9〕 重要遗迹参见：Ray Laurence, *Roman Pompeii: Space and Society* (London: Routledge, 1994).

亦见：Ray Laurence and David J. Newsome, eds., *Rome, Ostia, Pompeii: Movement and Space* (Oxford: Oxford University Press, 2012).

〔10〕 Eleanor Betts, ed., *Senses of the Empire: Multisensory Approaches to Roman Culture* (London: Routledge, 2017).

〔11〕 Miko Flohr, *The World of the Fullo: Work, Economy, and Society in Roman Italy* (Oxford: Oxford University Press, 2013): 242–86; Flohr, "Spatial Infrastructures"; Sandra Joshel and Lauren Hackworth-Petersen, *The Material Life of Roman Slaves* (Cambridge: Cambridge University Press, 2014), 118–62; Elizabeth Murphy, "Roman Workers and their Workplaces: Some Archaeological Thoughts on the Organization of Workshop Labour in Ceramic Production," in *Work, Labor, and Professions*, eds. Verboven and Laes, 133–46.

【12】 Nicholas Cahill, *Household and City Organization at Olynthus* (New Haven, CT: Yale University Press, 2002), 36-40.

【13】 关于这所房子的详细讨论，参见: **Ibid.**, 118-21.

【14】 **Ibid.**, 252-4. 在奥林索斯尚未找到任何窑炉遗迹，也就难以确定在这城里制作的这些陶俑具体是在哪里烧制的。

【15】 Barbara Tsakirgis, "Living and Working around the Athenian *agora*: A Preliminary Case Study of Three Houses," in *Ancient Greek Houses and Households: Chronological, Regional, and Social Diversity*, eds. Bradley Ault and Lisa Nevett (Philadelphia: University of Pennsylvania Press, 2005), 79.

【16】 Vladimir Stissi, "Giving the Kerameikos a Context: Ancient Greek Potters' Quarters as Part of the Polis Space, Economy and Society," in *Quartiers artisanaux en Grèce ancienne: Une perspective méditerranéenne*, eds. Arianna Esposito and Giorgos Sanidas (Villeneuve d'Ascq: Presses universitaires du Septentrion, 2012), 208-9.

【17】 另见: **Marco Betalli**, "Case, botteghe, ergasteria. Note sui luoghi di produzione e di vendita nell'Atene classica," *Opus* 4 (1985): 29-42.

【18】 Tsakirgis, "Living and Working around the Athenian *agora*," 73-5.

【19】 Aeschin, *In Tim*. 125.

【20】 **Lys. 12.19**: 该文本只说了收有 **120** 名奴隶，却没有具体指出他们是不是都在盾牌厂工作。他们可能属于吕西亚斯家族调用的整个劳动力队伍，盾牌厂只是他们家产业的一部分。相反看法参见: **Tsakirgis, "Living and Working around the Athenian *agora*," 69**.

【21】 参见埃斯基涅斯《诉提马尔霍斯》: **Aeschin. *In Tim*. 97**.

【22】 参见狄摩西尼演讲第 **27** 篇: **Dem. 27.9**.

【23】 Tsagirkis, "Living and Working around the Athenian *agora*," 78-9.

【24】 Pavlos Karvonis, "Les installations commerciales dans la ville de Délos à l'époque hellénistique," *Bulletin de correspondance hellénique* 132, no. 1 (2008): 196–8.

【25】 Ibid., 182–96.

【26】 Ibid., 212.

【27】 Andrea Carandini, "Le case del potere nell' antica Roma," in *La grande Roma dei Tarquini*: Roma, Palazzo delle esposizioni, 12 giugno-30 settembre 1990, ed. Mauro Cristofani (Rome: L' Erma, 2010), 97–9.

【28】 参见李维《罗马史》: Livy, 1.35.10.

【29】 关于帕埃斯图姆的集市广场,参见: Emanuele Greco, Dinu Theodorescu, and Agnès Rouveret, *Poseidonia–Paestum III. Forum Nord* (Rome: École Française de Rome, 1987).

【30】 Miko Flohr, "Nec quicquam ingenuum habere potest officina? Spatial Contexts of Urban Production at Pompeii, AD 79," *Bulletin Antieke Beschaving* 82, no. 1 (2007): 137–8.

【31】 Nicolas Monteix, "Contextualizing the Operational Sequence: Pompeian Bakeries as a Case-Study," in *Urban Craftsmen and Traders in the Roman World*, eds. Andrew Wilson and Miko Flohr (Oxford: Oxford University Press, 2016), 153–79.

【32】 Flohr, *The World of the Fullo*, 156–63.

【33】 关于塞皮诺的情形,参见: Gianfranco De Beneditiis, Marcello Gaggiotti, and Maurizio Matteini, Chiari, *Saepinum—Sepino* (Campobasso: Tipolitografia Foto Lampo, 1993).

【34】 Flohr, *The World of the Fullo*, 316–17.

【35】 Ibid., 164–5.

【36】 Ibid., 348.

【37】 Ibid., 28.

【38】 Wilson, "Urban Production in the Roman World"; Andrew Wilson, "Archaeological Evidence for Textile Production and Dyeing in Roman North Africa," in *Pupureae Vestes: Actas del I*

Symposium Internacional sobre Textiles y Tintes del Mediterráneo en época romana, eds. Carmen Alfaro, John Peter Wild, and Benjamí Costa (Valencia: Universitat de València, 2004), 155–64. ☐

【39】亦见: Andrew Wilson, "Fish-salting Workshops in Sabratha," in *Cetariae 2005. Salsas y Salazones de Pescado en Occidente durante la Antigüedad. Actas del Congreso Internacional (Cádiz, 7–9 de noviembre de 2005)*, eds. Lázaro Lagóstena, Dario Bernal, 以及 Alicia Arévalo (Oxford: Archaeopress, 2007), 172–4。

值得留意，这处遗址即使到了古代史终结之际，位于现在称为"剧场区(Theatre Quarter)"的多层公寓区(*insulae*)依然基本维持最初的区隔。☐

【40】关于罗马非洲的广场(*fora*)的特殊"本质"，试举一例: James Frakes, " *Fora*, " in *A Companion to Roman Architecture*, eds. Roger Ulrich and Caroline Quenemoen (Chichester: Blackwell, 2014), 248–63. ☐

【41】Louis Leschi, *Djemila, l'antique Cuicul*, 3rd ed. (Algiers: Publications du Gouvernement général de l'Algérie, 1953). ☐

【42】奎库尔今称杰米拉(Djemila)，关于当地的古代房舍，参见: Michèle Blanchard-Lemée, *Maisons à mosaïques du quartier central de Djemila, Cuicul* (Paris: Éditions Ophrys, 1975)。☐

【43】关于图加，特别参见: Claude Poinssot, *Les Ruines de Dougga* (Tunis: Secrétariat d'État à l'éducation nationale, Institut national d'archéologie et arts, 1958)。☐

【44】关于这些作坊，详见: Wilson "Urban Production in the Roman World," 237–41. ☐

【45】关于沃卢比利斯的东北区块，详见: Robert Étienne, *Le Quartier Nord-Est de Volubilis* (Paris: Editions de Boccard, 1960). Cf. Martina Riße, *Volubilis. Eine römische Stadt in Marokko ☐ von der Frühzeit bis in die islamische Periode* (Mainz: Philipp von Zabern, 2001)。☐

【46】关于这些青铜作坊，详见: Max Martin, "Römische Bronzegiesser in Augst

BL," ☐ *Archäologie der Schweiz* 1 (1978) : 112–18. ☐

【47】 关于玻璃作坊，详见：Andreas Fischer, *Vorsicht Glas! Die römischen Glasmanufakturen von Kaiseraugst* (Augst : Augusta Raurica, 2009). ☐

【48】 关于凯瑟劳格斯特的古代广场，详见：John Bryan Ward-Perkins, "From Republic to Empire : ☐ Reflections on the early Provincial Architecture of the Roman West," *The Journal of Roman* ☐ *Studies* 60 (1970) : 5–7. ☐

【49】 Michel Mangin and Philippe Fluzin, "L'organisation de la production métallurgique dans ☐ une ville gallo-romaine : Le travail du fer à Alésia," *Revue archéologique de l'Est* 55 (2006) : ☐ 129–50. ☐

【50】 Verena Jauch and Markus Roth, "Römisches Handwerk in Oberwinterthur / Vitudurum," ☐ *Archäologie der Schweiz* 27, no. 1 (2005) : 40–5. ☐

【51】 Ardle MacMahon, "The Shops and Workshops of Roman Britain," in *Roman Working Lives* ☐ *and Urban Living*, eds. Ardle MacMahon and Jennifer Price (Oxford : Oxbow Books, 2005), ☐ 48–69. ☐

【52】 主要参见：Jeroen Poblome, "The Potters of Ancient Sagalassos Revisited," in *Urban Craftsmen and Traders*, eds. Wilson and Flohr, 377–404. ☐

【53】 Kerstin Dross-Krüpe, "Spatial Concentration and Dispersal of Roman Textile Crafts," in ☐ *Urban Craftsmen and Traders*, eds. Wilson and Flohr, 334–51. ☐

第四章　工作场所的文化

【1】 Roger Bagnall and Bruce Frier, *The Demography of Roman Egypt* (Cambridge : Cambridge University Press, 1994), 67. ☐

【2】 David Tandy and Walter Neale, *Hesiod's Works and Days : A Translation and Commentary for the Social Sciences* (Berkeley : University of California Press, 1997), 27–8. ☐

【3】 Paul Erdkamp, *The Grain Market in the Roman Empire : A Social, Political* and Economic Study (Cambridge: Cambridge University Press, 2005), 102.

[4] Richard Saller, "Household and Gender," in *The Cambridge Economic History of the Greco-Roman World*, eds. Walter Scheidel, Ian Morris, and Richard Saller (Cambridge: Cambridge University Press, 2007), 103-4.

[5] 主要参见: Kyle Harper, *Slavery in the Late Roman World, AD 275–425* (Cambridge: Cambridge University Press, 2011), 144-200.

[6] Dominic Rathbone, *Economic Rationalism and Rural Society in Third-Century A.D. Egypt: The Heroninos Archive and the Appianus Estate* (Cambridge: Cambridge University Press, 1991).

[7] Harper, *Slavery in the Late Roman World*, 163-70.

[8] Christian Laes, *Children in the Roman Empire: Outsiders within* (Cambridge: Cambridge University Press, 2011).

[9] Claude Domergue, *La mine antique d' Aljustrel (Portugal) et les tables de bronze de Vipasca* (Paris: Diffusion E. de Boccard, 1983).

[10] Miriam Groen-Vallinga, "Desperate Housewives? The Adaptive Family Economy and Female Participation in the Roman Urban Labour Market," in *Women and the Roman City in the Latin West*, eds. Emily Ann Hemelrijk and Greg Woolf (Leiden: Brill, 2013), 295-312.

[11] Miko Flohr, "Reconsidering the *Atrium* House: Domestic *Fullonicae* at Pompeii," in *Pompeii: Art, Industry, and Infrastructure*, eds. Eric Poehler, Miko Flohr, and Kevin Cole (Oxford: Oxbow Books, 2011), 88-102.

[12] John Gager, *Curse Tablets and Binding Spells from the Ancient World* (New York: Oxford University Press, 1992), 157-8, no. 63.

[13] Gunnar Fülle, "The Internal Organization of the Arretine Terra Sigillata Industry: Problems of Evidence and Interpretation," *Journal of*

Roman Studies 87 (1997): 111–55.

[14] Elizabeth Murphy, "Roman Workers and Their Workplaces: Some Archaeological Thoughts on the Organization of Workshop Labour in Ceramic Production," in *Work, Labour, and Professions in the Roman World*, eds. Koenraad Verboven and Christian Laes (Leiden: Brill, 2016), 133–46.

[15] Simon James, "The *Fabricae*: State Arms Factories of the Later Roman Empire," in *Military Equipment and the Identity of Roman Soldiers: Proceedings of the Fourth Roman Military Equipment Conference*, ed. Jonathan Charles Coulston (Oxford: BAR International Series 394, 1988), 257–331.

[16] Sarah Bond, "Currency and Control: Mint Workers in the Later Roman Empire," in *Work, Labour, and Professions*, eds. Verboven and Laes, 227–45.

[17] 图形参见: Hugo Blümner, "Scenen des Handwerkes," *Athenische Mitteilungen* 14 (1889): 151. 更多画面与讨论，包括参考书目，参见: David Jordan, "A Personal Letter Found in the Athenian Agora," *Hesperia* 69 (2000): 101.

[18] 参见: Monique Halm-Tisserant, *Réalités et imaginaire des supplices en Grèce ancienne*, Collection d'études anciennes 125 (Paris: Belles Lettres, 1998), 44–5, plate 2, S1.

[19] Walter Scheidel, "The Comparative Economics of Slavery," in *Slave Systems. Ancient and Modern*, eds. Enrico Dal Lago and Constantina Katsari (Cambridge: Cambridge University Press, 2008), 105–26.

[20] Ibid.

[21] William Loomis, *Wages, Welfare Costs, and Inflation in Classical Athens* (Ann Arbor: University of Michigan Press, 1998), 104–20.

[22] *The Baths of Caracalla: A Study in the Design, Construction, and Economics of Large-Scale Building Projects in Imperial Rome*

(Portsmouth, RI : Journal of Roman Archaeology, 1997), □ 196–7. □

[23] Julie Van Voorhis, "Apprentices' Pieces and the Training of Sculptors at Aphrodisias," □ *Journal of Roman Archaeology* 11 (1998) : 175–92. □

[24] Nicolas Tran, "Ars and Doctrina : The Socioeconomic Identity of Roman Skilled Workers □ (First Century BC–Third Century AD) ," in *Work, Labour, and Professions* , eds. Verboven □ and Laes, 241–61. □

[25] Christel Freu, "Apprendre et exercer un métier dans l' Egypte romaine (Ier–VIe siècles ap. □ J.-C.) ," in *Les savoirs professionnels des gens de métier : Études sur le monde du travail dans les sociétés urbaines de l' empire romain* , eds. Nicolas Tran and Nicolas Monteix (Naples : Centre Jean Bérard, 2011), 27–40. See *P.Aberd* . 1.59. □

[26] Murphy, "Roman Workers and Their Workplaces," 133–46. □

[27] Cameron Hawkins, *Roman Artisans and the Urban Economy* (Cambridge : Cambridge University Press, 2016) . □

[28] Jean-Michel Carrié, "Les associations professionnelles à l' époque tardive : Entre *munus* et convivialité," in *Humana sapit* : *Études d' antiquités tardive offertes à Lellia Cracco Rugini* , eds. Jean-Michel Carrié and R. Lizzi Testa (Turnhout : Brepols, 2002), 309–32. □

[29] Ronald Stroud, "An Athenian Law on Silver Coinage," *Hesperia* 43 (1974) : 157–88. □

[30] Jean Andreau, "Les marchés hebdomadaires du Latium et de Campanie au Ier siècle ap. J.-C.," in *Mercati permanenti e mercati periodici nel mondo romano : Atti degli Incontri capresi di storia dell' economia antica, Capri 13–15 ottobre 1997*, ed. Elio Lo Casico (Bari : □ Edipuglia, 2000), 69–91. □

[31] Claire Holleran, *Shopping in Ancient Rome : The Retail Trade in the Late Republic and the Principate* (Oxford : Oxford University Press, 2012), 160–81. □

【32】 *AE* 1999, 538.

【33】 Saller, "Household and Gender," 87–112.

【34】 Marijana Ricl, "Legal and Social Status of *Threptoi* and Related Categories in Narrative and Documentary Sources," in *From Hellenism to Islam: Cultural and Linguistic Change in the Roman Near East*, ed. Hannah Cotton (Cambridge: Cambridge University Press, 2009), 93–114.

【35】 David Schaps, *Economic Rights of Women in Ancient Greece* (Edinburgh: Edinburgh University Press, 1979), 48–60.

【36】 Richard Saller, "Women, Slaves, and the Economy of the Roman Household," in *Early Christian Families in Context: An Interdisciplinary Dialogue*, eds. David Balch and Carolyn Osiek (Grand Rapids, MI: W. B. Eerdmans Publishing, 2003), 185–204.

【37】 参见: John Clarke, *Art in the Lives of Ordinary Romans: Visual Representation and Non-Elite Viewers in Italy, 100 B.C.–A.D. 315* (Berkeley: University of California Press, 2003), 261–3.

【38】 Schaps, *Economic Rights of Women in Ancient Greece*, 51.

【39】 英译文本出处: Judith Evans Grubbs, *Women and Law in the Roman Empire: A Sourcebook on Marriage, Divorce and Widowhood* (London: Routledge, 2002), 29.

【40】 Saller, "Household and Gender," 103.

【41】 Susan Treggiari, "Jobs for Women," *American Journal of Ancient History* 1 (1976): 76–104.

【42】 Jinyu Liu, *Collegia Centonariorum: The Guilds of Textile Dealers in the Roman West* (Leiden: Brill, 2009), 84.

【43】 可能并非实事? 参见: David Kawalko Roselli, "Vegetable-Hawking Mom and Fortunate Son: Euripides, Tragic Style, and Reception," *Phoenix* 59, no. 1 (2005): 1–49.

[44] Saller, "Household and Gender," 91. 依据见下文：Bagnall and Frier, *The Demography of Roman Egypt*, 113.

[45] Jane Rowlandson, *Women and Society in Greek and Roman Egypt: A Sourcebook*（Cambridge：Cambridge University Press, 1998）, 231–2, no. 169.

[46] Thomas McGinn, *The Economy of Prostitution in the Roman World: A Study of Social History & the Brothel*（Ann Arbor：University of Michigan Press, 2004）.

第五章　技能与技术

[1] Georgios A. Zachos, "Epeios in Greece and Italy：Two Different Traditions in One Person," *Athenaeum* 101, no. 1 (2013)：5–23.

[2] Pierre Lemonnier, *Elements for an Anthropology of Technology*（Ann Arbor：University of Michigan Press, 1992）.

[3] 参见本卷第二章，"希腊式工作表征"一节。

[4] 这些名字后来再度出现，因为他们作为陶工在公元前 320 年左右获授予以弗所公民资格，理由是他们为这座城市以及当地供奉的女神阿尔忒弥斯制作陶瓶。（*I.Eph*. 420）.

[5] Alison Burford, *Craftsmen in Greek and Roman Society*（London：Thames & Hudson, 1972）, 177–9.

[6] 参见较近期聚焦生产重要性的一项经济研究，尽管对特定产业的归纳还有一些疑问：Peter H. Acton, *Poiesis: Manufacturing in Classical Athens* (New York: Oxford University Press, 2014).

[7] 举例：Burford, *Craftsmen*, 179–82.

[8] 以出现在陵墓浮雕上的木匠用角尺（又称曲尺）为例，参见：Serafina Cuomo, *Technology and Culture in Greek and Roman Antiquity*（Cambridge：Cambridge University Press, 2007）, 77–102.

[9] Lauren H. Petersen, "The Monument of Eurysaces in Rome," *Art Bulletin* 85, no. 2 (2003): 230–57.

[10] Burford, *Craftsmen*, 179–83;
Sandra R. Joshel, *Work, Identity, and Legal Status at Rome: A Study of Occupational Inscriptions* (Norman: University of Oklahoma Press, 1992), 81.

[11] Robin Osborne, "The Art of Signing in Ancient Greece," *Arethusa* 43, no.2 (2010): 231–51;
Jeremy Tanner, *The Invention of Art History in Ancient Greece* (Cambridge: Cambridge University Press, 2006), 153–8;
Helle Hochscheid, *Networks of Stone* (Oxford: Peter Lang, 2015), 174–96;
Jeffrey M. Hurwit, *Artists and Signatures in Ancient Greece* (Cambridge: Cambridge University Press, 2015).

[12] Hurwit, *Artists and Signatures*, 147–56.

[13] Antony E. Raubitschek, *Dedications from the Athenian Akropolis* (Cambridge, MA: Archaeological Institute of America, 1949), 457–8, 464–5;
Catherine M. Keesling, *The Votive Statues of the Athenian Acropolis* (Cambridge: Cambridge University Press, 2002), 69–75.

[14] Hurwit, *Artists and Signatures*, 94–6;
Claudia Wagner, "The Potters and Athena," in *Periplous*, eds. Gocha R. Tsetskhladze, A. John, N. W. Prag, and Anthony M. Snodgrass (London: Thames & Hudson, 2000), 383–7;
Raubitschek, *Dedications*, 75 no. 70;
Dyfri Williams, "Picturing Potters and Painters," in *Athenian Potters and Painters II*, eds. John H. Oakley and O. Palagia (Oxford: Oxbow Books, 2009), 310–14.

【15】作为对比，目前已经确认的雕塑家只有一位，参见：Hochscheid, *Networks of Stone*, 232 (Acropolis 3075)。

[16] Burford, *Craftsmen*, 173-4.

[17] Burford, *The Greek Temple Builders at Epidauros* (Liverpool: Liverpool University Press, 1969), 155, 212-17.

[18] Lacey D. Caskey etal., *The Erechtheum* (Cambridge, MA: Harvard University Press, 1927), 277-422.

[19] *Les artisans dans les sanctuaires grecs aux époques classique et hellénistique à travers la documentation financière en Grèce* (Athens: Ecole française d'Athènes, 2006).

【20】作家琉善也在短文《西庇亚》(*Hippias*①) 中赞扬一位博学的建筑师，后者设计了一座罗马式公共浴场。

【21】维特鲁威还点名指出建筑师们基本上没有写过自己的工作。

【22】建筑工人和其他专业人士一样，在罗马帝国后期得到税收减免和其他福利（比如参见《学说汇纂》相关内容，*Dig.* 13.4）。关于这一时期的土地测量师和建筑工人的作用，另见：Cuomo, *Technology and Culture*, 103-64.

【23】Burford, *The Greek Temple Builders*, 144-5; Kenneth Lapatin, "Ancient Writerson Art," in *A Companion to Greek Art*, eds. Tyler Jo Smith and Dimitris Plantzos (Chichester: Blackwell Publishing, 2012), 278-80.

【24】关于画家的知识分子身份，参见：Tanner, *The Invention of Art History*. 关于陶工的证据数目很有限，参见假托出自赫西俄德手笔的《荷马生平》(*Life of Homer*; Vit.Hom.14.3-6) 里面有一首陶工致窑炉的颂歌，是一组关于陶工之间竞争的箴言，另有就古代提及陶工的少量内容做的概述，参见：Acton, *Poiesis*, 74; 以及 Burford, *Craftsmen*, 122-3.

【25】《学说汇纂》相关内容：*Dig*. 6.1.27-33; 7.1.27.2; 7.7.6.1; 9.2.27.29; 13.7.25; 17.1.26.8; 19.1.13.22; 19.1.43; 25.1.6; 32.12; 32.65.3.

---

① 又称《西庇亚，或浴场 (*Hippias, or The Bath*)》。主人公叫西庇亚，琉善仔细描写了他设计的一座罗马式公共浴场，认为此人不仅说得清楚自己的项目，而且可以完满落成，因此值得赞美。

【26】参见本卷第四章。另见：W. Martin Bloomer, ed., *A Companion to Ancient Education* (Chichester: Blackwell Publishing, 2012);

Richard Saller, "Human Capital and Economic Growth," in *The Cambridge Companion to the Roman Economy*, ed. Walter Scheidel (Cambridge: Cambridge University Press, 2012), 71–86.

【27】Keith R. Bradley, *Discovering the Roman Family* (New York: Oxford University Press, 1991), 107–19;

Sabine R. Huebner, *The Family in Roman Egypt* (Cambridge: Cambridge University Press, 2013), 60–5, 75–7.

【28】Moses I. Finley, "Technical Innovation and Economic Progress in the Ancient World," *The Economic History Review* 18, no. 1 (1965): 29–45.

【29】试举几例：Kevin Greene, "Technological Innovation and Economic Progress in the Ancient World: M. I. Finley Re-Considered," *Economic History Review* 53, no. 1 (2000), 29–59;

Kevin Greene, "Inventors, Invention, and Attitudes Toward Technology and Innovation," in *The Oxford Handbook of Engineering and Technology in the Classical World*, ed. John P. Oleson (Oxford: Oxford University Press, 2008), 800–18;

Örjan Wikander, ed., *Handbook of Ancient Water Technology* (Leiden: Brill, 2000).

【30】Robert J. Gordon, *The Rise and Fall of American Growth: The U.S. Standard of Living Since the Civil War* (Princeton, NJ: Princeton University Press, 2016).

【31】Carmelo G. Malacrino, *Constructing the Ancient World* (Los Angeles: The J. Paul Getty Museum, 2010), 46, 81–91.

【32】古典时期当地建筑目前所知最大的 11 米悬跨长度，见于帕特农神庙的内殿上空，需要用到非常巨大的木材，参见：Nancy L. Klein, "Evidence for West Greek

Influence on Mainland Greek Roof Construction and the Creation of the Truss in the Archaic Period," *Hesperia* 67, no. 4 (1998): 335–74. □

[33] Hans Von Mangoldt, *Makedonische Grabarchitektur I* (Tübingen: Wasmuth, 2012), 5–29. □

[34] Ibid., 16–17. 在罗马出土的两三处带桶形拱顶的蓄水池可能比这些马其顿实例更早一些，其中一个已经确认建于公元前 520 年左右，参见：Gabriele Cifani, *Architettura romana arcaica* (Rome: Bretschneider, 2008), 140–5, 150–2, 172–4。

假如古代罗马人当真比马其顿人更早掌握楔形拱石的原理，他们却是直到马其顿人开启希腊化时期之前也没有留下曾经积极投入实用的痕迹。

[35] Lynne Lancaster, *Concrete Vaulted Construction in Imperial Rome* (Cambridge: Cambridge University Press, 2005); Malacrino, *Constructing the Ancient World*, 114–31. □

[36] Lancaster, *Concrete Vaulted Construction*, 3–6. □

[37] Lancaster, *Innovative Vaulting in the Architecture of the Roman Empire* (Cambridge: Cambridge University Press, 2015). □

[38] Judith McKenzie, *The Architecture of Alexandria and Egypt* (New Haven, CT: Yale University □ Press, 2007), 344–9. 此处穹顶并不是混凝土构造，而是砖与（砌砖用）砂浆结合以达成同样的强度。□

[39] Philip Sapirstein, "Painters, Potters, and the Scale of the Attic Vase-Painting Industry," □ *American Journal of Archaeology* 117, no. 4 (2013): 507. □

[40] 参见本卷第二章，"雅典的生产者"一节。

[41] Dorothea Arnold, *Techniques and Traditions of Manufacture in the Pottery of Ancient* □ *Egypt*, fasc. 1, in Dorothea Arnold and Janine Bourriau, *An Introduction to Ancient Egyptian Pottery* (Mainz: Philipp von Zabern, 1993), 79–82;

David Klotz, "The Earliest Representation of a Potter's Kick-Wheel in

Egypt," *Égypte Nilotique et Méditerranéenne* 6 (2013): 169–76.

【42】 Margherita Bergamini and Marcello Gaggiotti, "Manufatti e strumenti funzionali alla lavorazione dell' argilla e alla cottura," in *Scoppieto II*, ed. Margherita Bergamini (Florence: All' Insegna del Giglio, 2011), 360–6.

【43】 Susan Rotroff, "The Introduction of the Moldmade Bowl Revisited," *Hesperia* 75 (2006): 357–78.

【44】 David Brown, "Pottery," in *Roman Crafts*, eds. Donald Strong and David Brown (London: Duckworth, 1976), 78–82.

【45】 Marc S. Walton and Michael S. Tite, "Production Technology of Roman Lead-Glazed Pottery and its Continuance into Late Antiquity," *Archaeometry* 52, no. 5 (2010): 733–59.

【46】 Kevin Greene, "Late Hellenistic and Early Roman Invention and Innovation: The Case of Lead-Glazed Pottery," *American Journal of Archaeology* 111, no. 4 (2007): 653–71.

【47】 Sapirstein, "Painters."

【48】 可能人数还要更大一些，因为这些作坊还有兼职性质的劳动者，要有更多的人手负责生产不带绘制图案的器具。

【49】 关于罗马的窑炉，以下这份概述有帮助，参见：Andrew I. Wilson, "Large-Scale Manufacturing, Standardization, and Trade," in *The Oxford Handbook of Engineering and Technology*, ed. Oleson, 396–400。关于希腊的窑炉,参见:Eleni Hasaki, "Ceramic Kilns in Ancient Greece" (Ph. D. diss., University of Cincinnati, 2002)。

【50】 Gunnar Fülle, "The Internal Organization of the Arretine Terra Sigillata Industry," *Journal of Roman Studies* 87 (1997): 111–55.

【51】 Helen Cockle, "Pottery Manufacture in Roman Egypt: A New Papyrus," *Journal of Roman Studies* 71 (1981): 87–97.

第六章 工作与流动性

[1] Peregrin Horden and Nicholas Purcell, *The Corrupting Sea: A Study of Mediterranean History* (Oxford: Blackwell, 2000).
对霍登与珀塞尔这部著作的有分量回应,试举两例:William Harris, ed., *Rethinking the Mediterranean* (Oxford: Oxford University Press, 2005);
Irad Malkin, ed., *Mediterranean Paradigms and Classical Antiquity* (London: Routledge, 2005).

[2] Andrea Zerbini, "Human Mobility in the Roman Near East: Patterns and Motives," in *Migration and Mobility in the Early Roman Empire*, eds. Luuk De Ligt and Laurens Tacoma (Leiden: Brill, 2016), 305–44;
Peter Van Dommelen, "Moving on: Archaeological Perspectives on Mobility and Migration," *World Archaeology* 46, no. 4 (2014): 477–83.

[3] Nicholas Van Hear, "Mixed Migration: Policy Challenges," Migration Observatory Policy Primers, March 24, 2011. 网络版参见 http://www.migrationobservatory.ox.ac.uk/policy-primers/mixed-migration-policy-challenges (accessed August 26, 2016);
Saskia Hin, *The Demography of Roman Italy: Population Dynamics in an Ancient Conquest Society 201 BCE–14 CE* (Cambridge: Cambridge University Press, 2013), 212–17.

[4] Greg Woolf, "Female Mobility in the Roman West," in *Women and the Roman City in the Latin West*, eds. Emily Hemelrijk and Greg Woolf (Leiden: Brill, 2013), 351–68;
Rebecca Kennedy, *Immigrant Women in Athens: Gender, Ethnicity and Citizenship in the Classical City* (Londo: Routledge, 2014).

[5] Laurens Tacoma, *Moving Romans: Migration to Rome in the Principate* (Oxford: Oxford University Press, 2016), 47.

[6] Hilary E. M. Cool, "Finding the Foreigners," in *Roman Diasporas: Archaeological Approaches to Mobility and Diversity in the Roman Empire* (JRA Supplementary Series 78), ed. Hella Eckardt (Portsmouth, RI: Journal of Roman Archaeology, 2010), 27–44; David Noy, "Epigraphic Evidence for Immigrants at Rome and in Roman Britain," in *Roman Diasporas*, ed. Eckardt, 13–26; Anne Kolb, "Communications and Mobility in the Roman Empire," in *The Oxford Handbook of Roman Epigraphy*, eds. Christer Bruun and Jonathan Edmondson (Oxford: Oxford University Press, 2014), 649–70.

[7] Kevin Wilkinson, "Aurelius Gaius (*AE* 1981.777) and Imperial Journeys, 293–299," *Zeitschrift für Papyrologie und Epigraphik* 183 (2012): 53–8.

[8] *IG* II² 657;
Graham J. Oliver, "Mobility, Society and Economy in the Hellenistic Period," in *The Economies of Hellenistic Societies, Third to First Centuries BC*, eds. Zosia Archibald, John K. Davies, and Vincent Gabrielsen (Oxford: Oxford University Press, 2011), 349–58.

[9] Christer Bruun, "Tracing Familial Mobility: Female and Child Migrants in the Roman West," in *Migration and Mobility*, eds. de Ligt and Tacoma, 183–4.

[10] John Pearce, "Burial, Identity and Migration in the Roman World," in *Roman Diasporas*, ed. Eckardt, 79–98.

[11] Kristina Killgrove, "Identifying Immigrants to Imperial Rome Using Strontium Isotope Analysis," in *Roman Diasporas*, ed. Eckardt, 157–74;

Tracy Prowse, "Isotopes and Mobility in the Ancient Roman World," in *Migration and Mobility*, eds. de Ligt and Tacoma, 205–33.

[12] Prowse, "Isotopes and Mobility," 229–30;
Bruun, "Tracing Familial Mobility," 203.

[13] Paul Erdkamp, "Mobility and Migration in Italy in the Second Century BC," in *People, Land, and Politics: Demographic Developments and the Transformation of Roman Italy 300 BC–AD 14*, eds. Luuk De Ligt and Simon Northwood (Leiden: Brill, 2008), 417–49;
Neville Morley, "Cities and Economic Development in the Roman Empire," in S*ettlement, Urbanization and Population*, eds. Alan Bowman and Andrew Wilson (Oxford: Oxford University Press, 2011), 143–60.

[14] Mogens H. Hansen, *Polis: An Introduction to the Ancient Greek City-State* (Oxford: Oxford University Press, 2006), 67–84.

[15] Andrew Wilson, "City Sizes and Urbanization in the Roman Empire," in *Settlemen*t, *Urbanization and Population*, eds. Bowman and Wilson, 192–3.

[16] 偏乐观看法参见: Elio Lo Cascio, "The Impact of Migration on the Demographic Profile of the City of Rome: A Reassessment," in *Migration and Mobility*, eds. de Ligt and Tacoma, 23–32.
偏悲观看法参见: Rebecca Gowland and Peter Garnsey, "Skeletal Evidence for Health, Nutritional Status and Malaria in Rome and the Empire," in *Roman Diasporas*, ed. Eckardt, 131–56.

[17] Hin, *The Demography of Roman Italy*, 221–54.

[18] Neville Morley, "The Early Roman Empire: Distribution," *in The Cambridge Economic History of the Greco-Roman World*, eds. Walter Scheidel, Ian Morris, and Richard Saller (Cambridge: Cambridge University Press, 2007), 579.

[19] Seth Bernard, "Food Distributions and Immigration in Imperial Rome," in *Migration and Mobility*, eds. de Ligt and Tacoma, 50–71;
Claire Holleran, "Labour Mobility in the Roman World: A Case Study of Mines in Iberia," in *Migration and Mobility*, eds. de Ligt and Tacoma, 95–137. □

[20] Claire Holleran, "Women and Retail in Roman Italy," in *Women and the Roman City*, eds. Hemelrijk and Woolf, 313–30. □

[21] Nicolas R. E. Fisher, *Slavery in Classical Greece* (London: Bristol Classical Press, 1993), 34–6. □

[22] Dimitris Kyrtatas, "Slavery and Economy," in *The Cambridge World History of Slavery*, Volume I *The Ancient Mediterranean World*, eds. Keith Bradley and Paul Cartledge (Cambridge: Cambridge University Press, 2011), 96–100;
Walter Scheidel, "Human Mobility in Roman Italy II: The Slave Population," *Journal of Roman Studies* 95 (2005): 64–79. □

[23] David Braund, "The Slave Supply in Classical Greece," in *The Cambridge World History of Slavery*, vol. I, eds. Bradley and Cartledge, 127. □

[24] Donald Engels, *Alexander the Great and the Logistics of the Macedonian Army* (Berkeley: University of California Press, 1978);
Anne Kolb, "Army and Transport," in *The Roman Army and the Economy*, ed. Paul Erdkamp (Amsterdam: J. C. Gieben, 2002), 161–6. □

[25] John K. Davies, "Cultural, Social and Economic Features of the Hellenistic World," in *The Cambridge Ancient History*, vol. VII, Part I: *The Hellenistic World*, 2nd ed., eds. Frank W. Walbank et al. (Cambridge: Cambridge University Press, 1984), 264–9. □

[26] Ian Haynes, *Blood of the Provinces: The Roman Auxilia and the Making of Provincial Society from Augustus to the Severans* (Oxford: Oxford

University Press, 2013), 95–142;

Tatiana Ivleva, "Peasants into Soldiers: Recruitment and Military Mobility in the Early Roman Empire," in *Migration and Mobility*, eds. de Ligt and Tacoma, 158–75;

Saskia Roselaar, "State-organised Mobility in the Roman Empire: Legionaries and Auxiliaries," in *Migration and Mobility*, eds. de Ligt and Tacoma, 138–57.

[27] 出自《文多兰达书写板》(*Vindolanda Tablets*) 第154段:*Tab. Vindol.* I.154。

[28] Tacoma, *Moving Romans*, 38.

[29] Robin Osborne, "The Potential Mobility of Human Populations," *Oxford Journal of Archaeology* 10, no. 2 (1991): 231–52.

[30] Erdkamp, "Mobility and Migration in Italy," 422–3.

[31] Timothy Howe, *Pastoral Politics: Animals, Agriculture and Society in Ancient Greece*.

Publications of the Association of Ancient Historians 9 (Claremont: Regina Books, 2008);

Erdkamp "Mobility and Migration in Italy," 422–4.

[32] John K. Davies, "Towards a General Model of Long-distance Trade: Aromatics as a Case Study," in *The Ancient Greek Economy: Markets, Households and City-States*, eds. Edward Harris, David M. Lewis, and Mark Woolmer (Cambridge: Cambridge University Press, 2016), 299–315;

Geoffrey Kron, "Classical Greek Trade in Comparative Perspective," in *The Ancient Greek Economy*, eds. Harris, Lewis, and Woolmer, 356–80;

Neville Morley, "The Early Roman Empire: Distribution" in *The Cambridge Economic History of the Greco-Roman World*, eds. Scheidel, Morris, and Saller, 570–91.

【33】 Nicholas Purcell, "Romans in the Roman World," in *The Cambridge Companion to the Age of Augustus*, ed. Karl Galinsky (Cambridge: Cambridge University Press, 2005), 85–105.

【34】 Holleran, "Labour Mobility in the Roman World."

【35】 Greg Woolf, "Movers and Stayers," in *Migration and Mobility*, eds. de Ligt and Tacoma, 460.

【36】 Stephen Mitchell, "Requisitioned Transport in the Roman Empire: A New Inscription from Pisidia," *Journal of Roman Studies* 66 (1976): 106–31;

Anne Kolb, "Transport and Communication in the Roman State: The *cursus publicus*," in *Travel and Geography in the Roman Empire*, eds. Colin Adams and Ray Laurence (London: Routledge, 2001), 95–105.

【37】 Theodor Kissell, "Road-building as a *munus publicum*," in *The Roman Army and the Economy*, ed. Erdkamp, 127–60;

Sylvain Fachard and Daniele Pirisino, "Routes out of Attica," in *Autopsy in Athens*, ed. Margaret Miles (Oxford: Oxbow, 2015), 139–53.

第七章 工作与社会

【1】《学说汇纂》引用的乌尔比安说法：**Ulp. *Dig.* 50.13.1pr**: "*Praeses provinciae de mercedibus ius dicere solet, sed praeceptoribus tantum studiorum liberalium. liberalia autem studia accipimus, quae graeci ἐλευθερία appellant: rhetores continebuntur, grammatici, geometrae.*"

【2】《学说汇纂》于公元 **533** 年出版时乌尔比安的语录占了全书 **40%—41%** 的篇幅，参见：Tony Honoré, *Justinian's Digest: Character and Compilation* (Oxford: Oxford University Press, 2010), 54.

[3] 自由七艺的从业者不受合同约束，因此总督另有更具针对性的权力可以处理他们的工资纠纷，与普通的合同工（*operae*）分属不同情况，后者受合同法约束，尤以租赁与雇佣法为主。

[4] 当时罗马的合同法区分 *locatio conductio operarum* 与 *locatio conductio operis*，均为双方同意即可签约，前者用特定具体服务换取货币收入，后者为完成一项任务而租赁或雇佣。关于签约者的较低地位，参见**Thomas A. J. McGinn, "A Conference on Roman Law: The Future of Obligations," in Obligations in Roman Law: Past, Present, and Future, ed. Thomas A.J. McGinn, Papers and Monographs of the American Academy in Rome (Ann Arbor: University of Michigan Press, 2013), 10.**

[5] Ellen M. Wood, *Peasant-Citizen and Slave: The Foundations of Athenian Democracy* (London: Verso, 1988), 137;

cf. Kurt Raaflaub, *The Discovery of Freedom in Ancient Greece*, trans. Renate Franciscono (Chicago, IL: The University of Chicago Press, 2004).

[6] 参见：Catharina Lis and Hugo Soly, *Worthy Efforts: Attitudes to Work and Workers in Pre-Industrial Europe* (Leiden: Brill, 2012), 34.

[7] John Bodel, "Slave Labour and Roman Society," in *The Cambridge World History of Slavery: Volume I*, eds. Keith R. Bradley and Paul Cartledge (New York: Cambridge University Press, 2011), 314.

[8] Moses I. Finley, *The Ancient Economy*, Revised ed. (Berkeley: University of California Press, 1999), 81.

[9] Marinus Ossewaarde, *Theorizing European Societies* (New York: Palgrave Macmillan, 2013), 115.

[10] 为本章讨论考虑，笔者选用 **Christian Laes** 的劳动定义，即一种活动若能以满足社会所需为基础，且在社会关于义务与/或职责的背景范围内进行，就被视为劳动。参见：*Children in the Roman Empire: Outsiders Within* (Cambridge: Cambridge University Press, 2011), 152.

【11】 西塞罗《论义务》原文：**Cic. Off.** 1.150：" *iam de artificiis et quaestibus, qui liberales habendi, qui sordidi sint, haec fere accepimus* ."

【12】 关于"不名誉（*infamia*）"在法律上的后果，参见：Abel H. J. Greenidge, *Infamia：Its Place in Roman Public and Private Law* （Oxford：Clarendon Press, 1894）；

另见：Sarah E. Bond, *Trade and Taboo：Disreputable Professions in the Roman Mediterranean* （Ann Arbor：University of Michigan Press, 2016）, 1–22.

【13】 *CIL* I^2 2123 = *CIL* XI 6528 = *ILLRP* 662 = *ILS* 7846. 参见：Bond, *Trade and Taboo* , 1–3.

【14】 Valerie M. Hope, "Negotiating Identity and Status：The Gladiators of Roman Nîmes," 考虑 *Cultural Identity in the Roman Empire* , eds. Ray Laurence and Joanne Berry （London：Routledge 1998）, 184.

【15】 Keith Hopkins, "Economic Growth and Towns in Classical Antiquity," in *Towns in Societies：Essays in Economic History and Historical Sociology* , eds. Philip Abrams and Edward A. Wrigley （Cambridge：Cambridge University Press, 1978）, 35–79.

【16】 F. Scott Spencer, *Journeying through Acts：A Literary-Cultural Reading* （Peabody, MA：Hendrickson, 2004）, 177–81；

F. Scott Spencer, "Women of 'the Cloth' in Acts：Sewing the Word," in *A Feminist Companion to the Acts of the Apostle*s , eds. Amy-Jill Levine and Marianne Blickenstaff （London：T&T Clark, 2004）, 148.

【17】 International Committee of the Red Cross, "Article 27, Convention Relative to the Treatment of Prisoners of War. Geneva, 27 July 1929," ICRC.org. https://ihl-databases.icrc. org/ihl/INTRO/305?OpenDocument （accessed August 5, 2016）.

【18】 Sara Elise Phang, *Roman Military Service：Ideologies of Discipline in the Late Republic and Early Principate* （Cambridge：Cambridge University

Press, 2008), 58–62, 232–3;

Sara Elise Phang, "Soldiers' Slaves, 'Dirty Work', and the Social Status of Roman Soldiers," in *A Tall Order: Essays in Honor of William V. Harris: Writing the Social History of the Ancient World*, eds. Jean-Jacques Aubert and Zsuzsanna Várhelyi (Munich: Saur, 2005), 203–28.

[19] 《学说汇纂》引用的卡利斯特拉图斯说法[①] Call. *Dig.* 50.2.12: "*Eos, qui utensilia negotiantur et vendunt, licet ab aedilibus caeduntur, non oportet quasi viles personas neglegi ... inhonestum tamen puto esse huiusmodi personas flagellorum ictibus subiectas in ordinem recipi, et maxime in eis civitatibus, quae copiam virorum honestorum habeant.*"

[20] 西塞罗的《诉维里斯》: Cic.*Verr.*2.2.122。他指的是公元前 95 年。另见: Thomas A. J. McGinn, *Prostitution, Sexuality, and the Law in Ancient Rome* (Oxford: Oxford University Press, 1998), 34.

[21] Luca Grillo, *The Art of Caesar's Bellum Civile: Literature, Ideology, and Community* (Cambridge: Cambridge University Press, 2012), 96–7.

[22] Peter Garnsey, *Food and Society in Classical Antiquity* (Cambridge: Cambridge University Press, 1999), 62.

[23] Koenraad Verboven, "The Associative Order: Status and Ethos among Roman Businessmen in the Late Republic and Early Empire," *Athenaeum* 95 (2007): 861–93.

[24] John Donahue, "The Corpus Pistorum and Panis Popularis: Bakers and Bread in the Later Roman Empire" (Master's thesis, University of North Carolina–Chapel Hill, 1990);

Adriaan Johan Boudewijn Sirks, *Food for Rome: The Legal Structure*

---

① 本节引文为前半段，该段选自作者文集《描述》(*Descriptions*)，包含十四篇短文，以诗意的细节描述以神话人物为主的一些雕塑。

of the Transportation and Processing of Supplies for the Imperial Distributions in Rome and Constantinople (Amsterdam: J. C. Gieben, 1991), 322–44.

【25】 Lib. *Prog.* 3.4.6. 参见：Craig Gibson, *Libanius's Progymnasmata: Model Exercises in Greek Prose Composition and Rhetoric* (Atlanta, GA: Society of Biblical Literature, 2008), 81.

【26】 Maria E. Doerfler, "'Hair!' Remnants of Ascetic Exegesis in Augustine of Hippo's *De Opere Monachorum*," *Journal of Early Christian Studies* 22, no. 1 (2014): 81–2.

【27】 关于元老院精英阶层成员公开反对从事贸易，但同时许多元老院成员私下参与的情形，详见：John D'Arms, *Commerce and Social Standing in Ancient Rome* (Cambridge, MA: Harvard University Press, 1981); H. Pavis d'Escurac, "Aristocratie sénatoriale et profits commerciaux," *Ktema* 2 (1977): 339–55.

【28】 D'Arms, *Commerce and Social Standing*, 48.

【29】 参见：Susanna Elm, *Sons of Hellenism, Fathers of the Church: Emperor Julian, Gregory of Nazianzus, and the Vision of Rome* (Berkeley: University of California Press, 2012).

【30】 Molaise Denis Meeham (trans.), *St. Gregory of Nazianzus: Three Poems* (Manchester, NH: Saint Anselm Abbey, 1983), 52, lines 158–9, 163–6, 170–1.

【31】 Ronald F. Hock, "Paul's Tentmaking and the Problem of His Social Class," *Journal of Biblical Literature* 97, no. 4 (1978): 555–64.

【32】 Todd D. Still, "Did Paul Loathe Manual Labor? Revisiting the Work of Ronald F. Hock on the Apostle's Tentmaking and Social Class," *Journal of Biblical Literature* 125, no. 4 (2006): 782.

【33】 关于利巴尼乌斯是否"金嘴"若望的修辞教师，学界依然存在分歧。"金嘴"若望的教育当然包括以希腊式理想教育、教化（*paideia*）为中心。参见：Pierre-Louis

Malosse, "Jean Chrysostome a-t-il été l'élève de Libanios?" *Phoenix* 62 (2008): 273-80.

[34] 关于基督教早期教士的薪水与收入，参见：Arnold H. M. Jones, "Church Finances in the Fifth and Sixth Centuries," *Journal of Theological Studies* 11, no. 1 (1960), 84-94.

[35] Margaret M. Mitchell, *The Heavenly Trumpet: John Chrysostom and the Art of Pauline Interpretation* (Louisville, KY: Westminster John Knox Press, 2002), 247-8.

[36] 参见奥古斯丁《论秩序》：Aug. Ord. 2.4.12: "*Quid enim carnifice tetrius? quid illo animo truculentius atque dirius? At inter ipsas leges locum necessarium tenet et in bene moderatae civitatis ordinem inseritur estque suo animo nocens, ordine autem alieno poena nocentium.*"
参见：Lenka Karfíková, *Grace and the Will According to Augustine*, trans. Markéta Janebová (Leiden: Brill, 2012), 10-11.

[37] Paul Du Plessis, *Letting and Hiring in Roman Legal Thought: 27 BCE—284 CE* (Leiden: Brill, 2012), 95.

第八章 工作的政治文化

[1] David M. Lewis, "The Homeric Roots of Helotage" in *From Homer to Solon: Continuity and Change in Archaic Greek Society*, eds. Mirko Canevaro and Johannes Bernhardt (Leiden: Brill, forthcoming).

[2] 本章引述的古代文学作品，对应英语译文均出自洛布经典文库（**Loeb Classical Library**）。

[3] Kurt Raaflaub, "Homeric Society," in *A New Companion to Homer*, eds. Ian Morris and Barry Powell (Leiden: Brill, 1997), 624-48. Walter Donlan, "The Homeric Economy," in *A New Companion to Homer*, eds. Morris and Powell, 649-67.

【4】 英译本参见：Allen C. Johnson, Paul R. Coleman-Norton, and Frank C. Bourne, *Ancient Roman Statutes* (Austin: University of Texas Press, 1961), doc. no. 8, p. 10.

【5】 关于债务质役，参见：Jean-Jacques Aubert, "The Republican Economy and Roman Law: Regulation, Promotion, or Reflection," in *The Cambridge Companion to the Roman Republic*, ed. Harriet I. Flower (Cambridge: Cambridge University Press, 2004), 163–6;

Seth Bernard, "Debt, Land, and Labor in the Early Republican Economy," *Phoenix* 79, nos. 3–4 (2016): 317–28. 此文表明征服战的进程起了决定性作用, 债务质役做法最终消失。

【6】 亦见李维《罗马史》第 8 卷: Livy 8.28.8–9.

【7】 希腊的情形参见：Edward M. Harris, "The Meaning of the Legal Term *Symbolaion*, the Law about *Dikai Emporikai* and the Role of the *Paragraphe* Procedure," *Dike* 18 (2015): 7–36.

罗马的情形参见：Roberto Fiori, "The Roman Conception of Contract," in *Obligations in Roman Law: Past, Present and Future*, ed. Thomas A. J. McGinn (Ann Arbor: The University of Michigan Press, 2015), 40–75.

【8】 *IG* XII.5 129, II. 16–20, 以及 Alain Bresson, *The Making of the Ancient Greek Economy. Institutions, Markets, and Growth in the City-States* (Princeton, NJ: Princeton University Press, 2016), 245.

【9】 Vincent Gabrielsen, "Be Faithful and Prosper: Associations, Trade and Trust: The Economy of Security in Hellenistic Times," in *Antike Wirtschaft und ihre kulturelle Prägung = The Cultural Shaping of the Ancient Economy*, eds. Kerstin Dross-Krüpe, Sabine Föllinger, and Kai Ruffing (Wiesbaden: Harrassowitz, 2016), 87–111.

【10】 与纺织生产有关联的行业社团, 小亚细亚地区情形参见：Ilias Arnaoutoglou, "Craftsmen Associations in Roman Lydia—A Tale of Two Cities?" *Ancient Society* 41 (2011): 257–90;

西方各地情形参见：Jinyu Liu, *Collegia Centonariorum: The Guilds of Textile Dealers in the Roman West* (Leiden: Brill, 2009).

[11] 关于罗马时期人手需求的季节性问题，参见：Cameron Hawkins, *Roman Artisans and the Urban Economy* (Cambridge: Cambridge University Press, 2016), 23–66.

[12] Gabrielsen, "Be Faithful and Prosper," 92–94.

[13] Philip F. Venticinque, "Courting the Associations: Cooperation, Conflict and Interaction in Roman Egypt," in *Private Associations and the Public Sphere*, eds. Vincent Gabrielsen and Christian A. Thomsen (Copenhagen: Det Kongelige Danske Videnskabernes Selskab, 2015), 314–40.

[14] 参见：Peter Garnsey, "Les travailleurs du bâtiment de Sardes et l'économie," in *L'origine des richesses dépensées dans la ville antique*, ed. Philippe Leveau (Aix-en-Provence: J. Lafitte, 1985), 147–60.

[15] 参见狄奥多罗斯·西库鲁斯文集第12卷：Diod. Sic. 12.21.1–2。关于这一税项，参见：Edward E. Cohen, *Athenian Prostitution: The Business of Sex* (Oxford: Oxford University Press, 2015), 116–18 and 176–8.

[16] Sven Günther, *"Vectigalia nervos esse rei publicae": Die indirekten Steuernin der Römischen Kaiserzeit von Augustus bis Diokletian* (Wiesbaden: Harrassowitz, 2008), 59–64.

[17] Joseph G. Manning, *Land and Power in Ptolemaic Egypt: The Structure of Land Tenure* (Cambridge: Cambridge University Press, 2003), 49–50.

[18] Léopold Migeotte, *Les finances des cités grecques* (Paris: Les Belles Lettres, 2014), 92–102.

[19] Rob Tordoff, "Introduction: Slaves and Slavery in Ancient Greek Comedy," in *Slaves and Slavery in Ancient Greek Comic Drama*, eds. Ben Akrigg and Rob Tordoff (Cambridge: Cambridge University Press, 2013), 12–15;

Paulin Ismard, *Democracy's Slaves* (Cambridge, MA: Harvard University Press, 2015), 35–56 (关于雅典和其他城市的情形)。

【20】引自以下三部古籍：波卢克斯《希腊古辞辨》：**Poll. Onom.** 8.131–2；
安多西德：**Andoc. 3.5** (作者认为数目在三百左右)；
《阿里斯托芬〈阿卡奈人〉集注》：**Schol. Ar. Ach.** 54 (此文作者认为数目在一千，这当然是搞错了)。

相关论文参见：Balbina Bäbler, "Bobbies or Boobies? The Scythian Police Force in Classical Athens," in *Scythians and Greeks: Cultural Interactions in Scythia*, ed. David Braund (Exeter: University of Exeter Press, 2005), 114–22；

David Braund, "In Search of the Creator of Athens' Scythian Archer-Police: Speusis and the 'Eurymedon Vase,'" *ZPE* 156 (2006): 109–13.

【21】Thomas Pekáry, *Untersuchungen zu den römischen Reichsstrassen* (Bonn: Habelt, 1968), 91–119；

Benjamin H. Isaac, *The Limits of Empire: The Roman Army in the East* (Oxford: Oxford University Press, 1992), 295；

Jonathan P. Roth, *The Logistics of the Roman Army at War (264 B.C.–A.D. 235)* (Leiden: Brill, 1999), 214–17.

【22】参见：Paul A. Vander Waerdt, "Philosophical Influence on Roman Jurisprudence? The Case of Stoicism and Natural Law," in *Aufstieg und Niedergang der römischen Welt*. II.36.7, eds. Wolfgang Haase and Hildegard Temporini (Berlin: De Gruyter, 1994), 4884–6.

【23】希腊的情形参见：David Braund, "The Slave-Supply in Classical Greece," in *The Cambridge World History of Slavery*. Vol. 1. *The Ancient Mediterranean World*, eds. Keith R. Bradley and Paul Cartledge (Cambridge: Cambridge University Press, 2011), 112–33；

罗马的情形参见：Walter Scheidel, "The Roman Slave Supply," in *The Cambridge World History of Slavery*. Vol. 1. *The Ancient Mediterranean*

World, eds. Bradley and Cartledge, 287–310.

[24] Scheidel, "Roman Slave Supply," 294–7.

[25] 具体地区的情况，比如埃托利亚人(**Aetolians**①)，参见: Philip De Souza, *Piracy in the Graeco-Roman World* (Cambridge: Cambridge University Press, 1999), 70–6;

克里特人(**Cretans**)，参见: Ibid., 65–7, 80–6 and 157–61;

西西里人(**Cilicians**)，参见: Ibid., 58–9, 96–142 and 161–78.

[26] Vincent Gabrielsen, "Economic Activity, Maritime Trade and Piracy in the Hellenistic Aegean," *Revue des Études Anciennes* 103 (2001): 219–40.

[27] David M. Lewis, "The Market for Slaves in the Fifth and Fourth Century Aegean: Achaemenid Anatolia as a Case Study," in *The Ancient Greek Economy: Markets, Households and City-States*, eds. Edward M. Harris, David M. Lewis, and Mark Woolmer (Cambridge: Cambridge University Press, 2015), 316–36.

[28] Scheidel, "Roman Slave Supply," 297–300. 关于儿童在希腊得不到照顾的发生频率，参见: Bresson, *Making of the Ancient Greek Economy*, 51–4.

[29] 比如希腊小说家卡里同(**Chariton**②)的《开瑞阿斯与卡利罗厄(*Chaereas and Callirhoe*)》关于骗卖一名年轻奴隶的情节(**Chariton, 1.11.4–2.1.9**; 参见: Bresson, *Making of the Ancient Greek Economy*, 306–7)，以及罗马喜剧作家普劳图斯在《波斯人》(*The Persian*) 中讲的故事(Plaut., *Per.* 589; 同样参见: Bresson, *Making of the Ancient Greek Economy*, 252).

[30] Jean-Charles Moretti, Myriam Fincker, and Véronique Chankowski, "Les cercles de Sôkratès: Un édifice commercial sur l' agora de Théophrastos à Délos," in *Tout vendre, tout acheter: Structures et*

---

① 埃托利亚(Aetolia)位于希腊科林斯海湾北部，公元前367年由松散的部落联盟形成联邦国家，公元前27年奥古斯都将其列入罗马在希腊建立的亚该亚省。

② 罗马帝国时期希腊小说家(活跃于一世纪)。

équipement des marchés antiques, eds. Véronique Chankowski and Pavlos Karvonis (Athens: École française d'Athènes, 2012), 225–46.

【31】 Ibid.

【32】 本段英语译文出处: Lewis, "The Market for Slaves," 324–5.

【33】 Raymond Descat, "À quoi ressemble un marché d'esclaves ?" in *Tout vendre, tout acheter*, eds. Chankowski and Karvonis, 203–11.

【34】 以下两篇文章令人信服地指出，在斯巴达人和他们的黑劳士奴隶之间存在收益分成的租佃关系: Stephen Hodkinson, *Property and Wealth in Classical Sparta* (London: Duckworth and Swansea: Classical Press of Wales, 2000), 113–31 and 336–7.

【35】 英语译文出处: A. S. Hunt and C. C. Edgar, *Select Papyri. II. Public Documents* (Cambridge, MA: Harvard University Press, 1934), 137.

【36】 Keith R. Bradley, "Resisting Slavery at Rome," in *Cambridge World History of Slavery*, eds. Bradley and Cartledge, 362–84.

【37】 阿契美尼德帝国情形参见: Pierre Briant, *From Cyrus to Alexander: A History of the Persian Empire* (Winona Lake, IN: Eisenbrauns, 2002), 439–46 and 456–63.

【38】 Mario Segre, "Iscrizionidi Licia," *Clara Rhodos* 9 (1938) :190–207; Translation Michael M. Austin, *The Hellenistic World from Alexander to the Roman Conquest: A Selection of Ancient Sources in Translation*, 2nd ed. (Cambridge: Cambridge University Press, 2006), 415–16, no. 238.

【39】 "金嘴"狄奥记录了公元二世纪一个富有地主的类似例子，参见《埃维亚演讲》: Dio Chrysostom (*Or*. 7.33–40), 以及 Christopher P. Jones, *The Roman World of Dio Chrysostom* (Cambridge, MA: Harvard University Press, 1978), 59–60.

【40】 Gilles Bransbourg, "The Later Roman Empire," in *Fiscal Regimes and the Political Economy of Pre-Modern States*, eds. Andrew Monson and

Walter Scheidel (Cambridge: Cambridge University Press, 2015), 258-81.

[41] A. J. Boudewijn Sirks, "Did the Late Roman Government Try to Tie People to their Profession or Status?" *Tyche* 8 (1993): 159-75.

[42] Christopher Wickham, *Framing the Early Middle Ages: Europe and the Mediterranean, 400-800* (Oxford: Oxford University Press, 2005), 521-9;

特别参见: Jairus Banaji, "Aristocracies, Peasantries and the Framing of the Early Middle Ages," *Journal of Agrarian Change* 9 (2009): 59-91.

[43] Ibid.

[44] Cam Grey, "Contextualizing *colonatus*: The *origo* of the Late Roman Empire," *Journal of Roman Studies* 97 (2007): 155-75;

A. J. Boudewijn Sirks, "The Colonate in Justinian's Reign," *Journal of Roman Studies* 98 (2008): 120-43.

[45] Julia Hillner, *Prison, Punishment and Penance in Late Antiquity* (Cambridge: Cambridge University Press, 2015), 176-85.

[46] Kyle Harper, *Slavery in the Late Roman World, AD 275-425* (Cambridge: Cambridge University Press, 2011), 499-506.

第九章　工作与休闲

[1] 举例: Peter Burke, "The Invention of Leisure in Early Modern Europe," *Past & Present* 146 (1995): 136-50;

Allen Guttmann, *Sports: The First Five Millennia* (Amherst: University of Massachusetts Press, 2004), 1-6.

[2] Edward P. Thompson, "Time, Work-Discipline, and Industrial Capitalism," *Past & Present* 38 (1967): 56-97.

[3] Peter Bailey, *Leisure and Class in Victorian England: Rational Recreation*

and the Contest for Control, 1830–1885 (London: Routledge, 1987); Colin Campbell, *The Romantic Ethic and the Spirit of Modern Consumerism* (Oxford: Blackwell, 1987).

【4】 Thorstein Veblen, *The Theory of the Leisure Class: An Economic Study in the Evolution of Institutions* (New York: Macmillan, 1899).

【5】 Allen Guttmann, *From Ritual to Record: The Nature of Modern Sports*, 2nd ed. (New York: Columbia University Press, 2004).

【6】 Thomas Hubbard, "Contemporary Sport Sociology and Ancient Greek Athletics," *Leisure Studies* 27, no. 4 (2008): 379–93.

【7】 Jerry Toner, *Leisure and Ancient Rome* (Cambridge: Polity Press, 1995);

Joan-Lluís Marfany, "The Invention of Leisure in Early Modern Europe," *Past & Present* 156 (1997): 174–91;

Nick Fisher, "Gymnasia and the Democratic Values of Leisure," in *Kosmos: Essays in Order, Conflict and Community in Classical Athens*, eds. Paul Cartledge, Paul Millett, and Sitta von Reden (Cambridge: Cambridge University Press, 1998), 84–5.

【8】 关于古代罗马人的休闲（*otium*）观念，亦见：Jean-Marie André, *L' otium dans la vie morale et intellectuelle romaine, des origines à l' époque augustéenne* (Paris: Presses universitaires de France, 1966);

Toner, *Leisure and Ancient Rome*, 22–33.

【9】 相关讨论参见：Burke, "The Invention of Leisure in Early Modern Europe," 137–8。

【10】 Herbert Applebaum, *The Concept of Work: Ancient, Medieval, and Modern* (Albany: State University of New York Press, 1992), ix.

【11】 Chris Rojek, *Leisure and Culture* (New York: St. Martin's Press, 2000), 3.

【12】 关于研究休闲的余量与经验主义做法，参见以下两位学者评论：John T. Haworth and Anthony J. Veal, "Introduction," in *Work and Leisure*, eds. John T.

Haworth and Anthony J. Veal (London: Routledge, 2004), 1–12. □

[13] 这段话出自下文: Marfany, "The Invention of Leisure in Early Modern Europe," □ 175.

[14] 较晚近的研究参见: Fiona Hobden, *The Symposium in Ancient Greek Thought and Society* □ (Cambridge: Cambridge University Press, 2013);

Marek Wçecowski, *The Rise of the Greek* □ *Aristocratic Banquet* (Oxford: Oxford University Press, 2014). □

[15] Hugh Lee, *The Program and Schedule of the Ancient Olympic Games* (Hildesheim: □ Weidmann, 2001). □

[16] Robin Osborne, "Competitive Festivals and the Polis: A Context for Dramatic Festivals at □ Athens," in *Athenian Democracy*, ed. Peter J. Rhodes (Oxford: Oxford University Press, □ 2004), 207–24.

[17] Chalotte Roueché, *Performers and Partisans at Aphrodisias in the Roman and Late Roman* □ *Periods: A Study Based on Inscriptions from the Current Excavations at Aphrodisias in Caria* □ (London: Society for the Promotion of Roman Studies, 1993), no. 52. □

[18] Andrew Farrington, "Olympic Victors and the Popularity of the Olympic Games in the Imperial Period," *Tyche* 12 (1997): 15–46;

Onno van Nijf, "Athletics, Festivals and Greek Identity in the Roman East," *Proceedings of the Cambridge Philological Society* 45 (2000): □ 176–200.

[19] Kent Rigsby, *Asylia: Territorial Inviolability in the Hellenistic World* (Berkeley: University of California Press, 1996), nos. 66–131. □

[20] Georg Petzl and Elmar Schwertheim, *Hadrian und die dionysischen Künstler. Drei in Alexandria Troas neugefundene Briefe des Kaisers an die Künstler-Vereinigung* (Bonn: Hablet, 2006) = *SEG* 56.1359. □

[21] Loukretia Gounaropoulou and Miltiades B. Hatzopoulos, *Epigraphes Katō Makedonias*, vol. 1, *Epigraphes Veroias* (Athens: National

Hellenic Research Foundation, 1998), no. 398.

【22】关于古代希腊体育赛事观众的情形，参见：Henry Willy Pleket, "L'agonismo sportivo," in *I Greci: Storia, Cultura, Arte, Società*. vol. 1, *Noi e I Greci*, ed. Salvattore Settis (Turin: Giulio Einaudi, 1996), 524, n. 45.

【23】Zinon Papakonstantinou, "The Hellenistic *agonothesia*: Finances, Ideology, Identities," in *Athletics in the Hellenistic World*, eds. Christian Mann, Sofie Remijsen, and Sabastian Scharff (Stuttgart: Franz Steiner 2016), 95–112.

【24】Christian Mann, "Gladiators in the Greek East: A Case Study in Romanization," in *Sport in the Cultures of the Ancient World: New Perspectives*, ed. Zinon Papakonstantinou (London: Routledge, 2010), 124–49;

Michael J. Carter, "Gladiators and *Monomachoi*: Greek Attitudes to a Roman 'Cultural Performance,'" in *Sport in the Cultures of the Ancient World*, ed. Papakonstantinou, 150–74.

【25】Katherine E. Welch, *The Roman Amphitheatre: From Its Origins to the Colosseum* (Cambridge: Cambridge University Press, 2007), 165–78.

【26】在体育场和节庆期间为奴隶与其他非公民群体提供橄榄油的其他例子，参见：Nigel Kennell, "Most Necessary for the Bodies of Men': Olive Oil and Its By-Products in the Later Greek Gymnasium," in *In Altum: Seventy-Five Years of Classical Studies in Newfoundland*, ed. Mark Joyal (St. John's: Memorial University of Newfoundland, 2001), 119–33.

【27】John R. S. Sterrett, *The Wolfe Expedition to Asia Minor* (Boston, MA: Damrelland Upham, 1888), no. 275, ll. 11–15;

Edward N. Gardiner, "Regulations for a Local Sports Meeting," *The Classical Review* 43 (1929): 210–12;

Mark Golden, *Greek Sport and Social Status* (Austin: University of Texas Press, 2008), 42–3.

关于奴隶在古代希腊体育活动的情形，亦见：**Nigel Crowther, "Slaves and Greek Athletics,"** *Quaderni Urbinati di Cultura Classica* 40（1992）：35–42。☐

【28】 具体实例参见：**Esther Cohen,** *The Crossroads of Justice：Law and Culture in Late Medieval France*（Leiden：Brill, 1993）, 74–84；**Laura Gowing,** *Gender Relations in Early Modern England*（Harlow：Pearson, 2012）, 73–6.

【29】 关于狄奥在第 32 篇演讲中流露的精英主义态度，参见：**William Barry, "Aristocrats, Orators, and the 'Mob'：Dio Chrysostom and the World of the Alexandrians,"** *Historia* 42（1993）：82–103。

狄奥属于一种悠久传统的一部分，该传统始自更久远的古风时期，从那时起知识分子已经批评体育及其面向公众的招待活动。关于希腊体育的古代批评，参见：**Zinon Papakonstantinou, "Ancient Critics of Greek Sport," in** *A Companion to Sport and Spectacle in Greek and Roman Antiquity*, eds. Paul Christesen and Donald Kyle（Chichester：Wiley-Blackwell, 2014）, 320–31。☐

【30】 **Nicholas P. Milner "Victors in the Meleagria and the BalbouranÉlite,"** *Anatolian Studies* 41（1991）：23–62。☐

【31】 较晚近的研究参见：**John Ma,** *Statues and Cities：Honorific Portraits and Civic Identity in the Hellenistic World*（Cambridge：Cambridge University Press, 2013）。☐

【32】 关于希腊化时期和罗马时期麦西尼亚的体育和城市纪念活动，详见：**Zinon Papakonstantinou, "Athletics, Memory and Community in Hellenistic and Roman Messene,"** *Bulletin of the Institute of Classical Studies* 61, no.1（2018）（forthcoming）。

【33】 关于这份心理构建学作用，参见：**Guy M. Rogers,** *The Sacred Identity of Ephesos：Foundation Myths of a Roman City*（London：Routledge, 1991）。

关于视觉表达，参见：Fritz Graf, *Roman Festivals in the Greek East: From the Early Empire to the Middle Byzantine Era* (Cambridge: Cambridge University Press, 2015), 41–6.

【34】希腊化时期的巡游概况，参见：Angelos Chaniotis, "Processions in Hellenistic Cities: Contemporary Discourses and Ritual Dynamics," in *Cults, Creeds and Identities in the Greek City After the Classical Age*, eds. Richard Alston, Onno van Nijf and Christiana Williamson (Leuven: Peeters, 2013), 21–48.

【35】*SEG* 12.511, ll. 12–14.

【36】Chris Rojek, "Leisure and Emotional Intelligence," *World Leisure Journal* 4 (2010): 240–52.

【37】Christian Mann, "People on the Fringes of Greek Sport," in *A Companion to Sport and Spectacle*, eds. Christesen and Kyle, 276–86.

【38】Michael Wörrle, *Stadt und Fest im kaiserzeitlichen Kleinasien: Studien zu einer agonistischen Stiftung aus Oinoanda* (Munich: C. H. Beck, 1988), 10, ll. 63–5; *SEG* 38.1462.

也是在欧诺安达，公元 **240** 年左右，一对夫妻作为赞助者组织了一次音乐与体育赛会，负责维持公共秩序的每一位持鞭者（*mastigophoros*）每一天可以得到 **1** 第纳里作为报酬。参见：Alan Hall and Nicholas Milner, "Education and Athletics: Documents Illustrating the Festivals of Oenoanda," in *Studies in the History and Topography of Lycia and Pisidia in memoriam A.S. Hall*, ed. David French (London: British Institute of Archaeology at Ankara, 1994), no. 23, ll. 30–2; *SEG* 44.1187.

【39】*I. Perge* 47; cf. 48.

关于在当时节庆期间维持秩序团队的更多实例，参见：Louis Robert, "Deux inscriptions de l'époque impériale en Attique," *The American Journal of Philology* 100 (1979): 160–2.

至于节庆活动成为民众躁动现场的情形，参见：Onno van Nijf, "Political Games," in *L'organisation des spectacles dans le monde romain*, eds. Kathleen Coleman and Jocelyne Nelis-Clément (Genève: Fondation Hardt, 2012), 67–70.

【40】参见"金嘴"狄奥第 32 篇演讲原文：Dio Chrys. *Or*. 32.4 以及第 29 条注记。

【41】*I.Knidos* I.*71*.

更多被打断的葬礼实例，可参见：Christopher P. Jones, "Interrupted Funerals," *Proceedings of the American Philosophical Society* 143 (1999): 588–600.

延伸阅读

1 Acton, Peter H. *Poiesis: Manufacturing in Classical Athens.* New York: Oxford University Press, 2014.

2 Anastasiadis, Vasilis I. "Idealized *Scholē* and Disdain for Work: Aspects of Philosophy and Politics in Ancient Democracy." *Classical Quarterly* 54, no. 1 (2004): 58–79.

3 André, Jean-Marie. *L'otium dans la vie morale et intellectuelle romaine: Des origines à l'époque augustéenne.* Paris: Presses universitaires de France, 1966.

4 Andreau, Jean. *The Economy of the Roman World*, translated by Corina Kesler. Ann Arbor: Michigan Classical Press, 2015.

5 Andreau, Jean, and Raymond Descat. *Esclave en Grèce et à Rome.* Paris: Hachette Littératures, 2006.

6 Applebaum, Herbert. *The Concept of Work: Ancient Medieval and Modern.* Albany: State University of New York, 1992.

7 Atkins, E. Margaret, and Robin Osborne, eds. *Poverty in the Roman World.* Cambridge: Cambridge University Press, 2006.

8 Aymard, André. "Hiérarchie du travail et autarkie individuelle dans la Grèce

archaïque." In *Études d'histoire ancienne*, 316–33. Paris: Presses universitaires de France, [1943] 1967.

9 Balme, Maurice. "Attitudes to Work and Leisure in Ancient Greece." *Greece & Rome* 31, no. 2 (1984): 140–52.

10 Balsdon, J. P. V. D. *Life and Leisure in Ancient Rome*. London: Bodley Head, 1969.

11 Bloomer, W. Martin, ed. *A Companion to Ancient Education*. Chichester: Blackwell, 2012.

12 Blümner, Hugo. *Technologie und Terminologie der Gewerbe und Künste bei Griechen und Römern*, 5 vols. Leipzig: B. G. Teubner, 1875–87. □

13 Blümner, Hugo. "Scenen des Handwerkes." *Athenische Mitteilungen* 14 (1889): 150–59.

14 Bond, Sarah E. *Trade and Taboo: Disreputable Professions in the Roman Mediterranean*. Ann Arbor: University of Michigan Press, 2016. □

15 Bowman, Alan, and Andrew Wilson, eds. *Quantifying the Roman Economy: Methods and Problems*. Oxford: Oxford University Press, 2009. □

16 Bowman, Alan, and Andrew Wilson, eds. *Settlement Urbanization and Population*. Oxford: Oxford University Press, 2011. □

17 Bradley, Keith R. *Slaves and Masters in the Roman Empire*. New York: Oxford University Press, 1987. □

18 Bradley, Keith R. *Discovering the Roman Family: Studies in Roman Social History*. New York: Oxford University Press, 1991. □

19 Bradley, Keith R. *Slavery and Society at Rome*. Cambridge: Cambridge University Press, 1994.

20 Bradley, Keith R., and Paul Cartledge, eds. *The Cambridge World History of Slavery: Volume I*. New York: Cambridge University Press, 2011. □

21 Bresson, Alain. *The Making of the Ancient Greek Economy: Institutions Markets and Growth in the City-States*, translated by Steven Rendall. Princeton, NJ: Princeton University Press, 2016.

22 Brock, Roger. "The Labour of Women in Classical Athens." *Classical Quarterly* 44, no. 2 (1994): 336–46.

23 Brown, Peter. *Through the Eye of the Needle: Wealth the Fall of Rome and the Making of Christianity in the West,350–550 AD*. Princeton, NJ: Princeton University Press, 2012.

24 Buckler, W. H. "Labour Disputes in the Province of Asia Minor." In *Anatolian Studies Presented to Sir William Ramsay*, edited by W. H. Buckler and W. M. Calder, 27–50. Manchester: Manchester University Press, 1923.

25 Burford, Alison. *Craftsmen in Greek and Roman Society*. London: Thames & Hudson, 1972. Burford, Alison. *Land and Labor in the Greek World*. Baltimore: Johns Hopkins University Press, 1993. □

26 Cahill, Nicholas.*Household and City Organization at Olynthus*. New Haven, CT: Yale University Press, 2002. □

27 Chatzidimitriou, Athina. *Parastaseis ergastêriôn kai emporiou stên eikonographia tôn archaikôn kai klasikôn xronôn*. Athens: Ministry of Culture, 2005. □

28 Clarke, John R.*Art in the Lives of Ordinary Romans: Visual Representation and Non-Elite Viewers in Italy,100 B.C.–A.D. 315*. Berkeley: University of California Press, 2003.

29 Cuomo,Serafina, ed. *Technology and Culture in Greek and Roman Antiquity*. Cambridge: Cambridge University Press, 2007. □

30 Dal Lago, Enrico, and Constantina Katsari, eds. *Slave Systems: Ancient and Modern*. Cambridge: Cambridge University Press, 2008. □

31 D'Arms, John. *Commerce and Social Standing in Ancient Rome*. Cambridge, MA: Harvard University Press, 1981. □

32 De Ligt, Luuk, and Laurens E. Tacoma, eds. *Migration and Mobility in the Early Roman Empire*. Leiden: Brill, 2016. □

33 De Robertis, Francesco M. *Lavoro e lavoratori nel mondo romano*. Bari: Adriatica, 1963.

34 Dover, Kenneth J.*Greek Popular Morality in the Time of Plato and Aristotle*. Oxford:

Blackwell, 1974.

35 Eckardt, Hella, ed. *Roman Diasporas: Archaeological Approaches to Mobility and Diversity in the Roman Empire*. Portsmouth, RI: Journal of Roman Archaeology, 2010.

36 Ehrenberg, Victor. *The People of Aristophanes: A Sociology of Old Attic Comedy*. 2nd ed. Oxford: Blackwell, 1951.

37 Erdkamp, Paul. "Agriculture, Underemployment, and the Cost of Rural Labour in the Roman World." *Classical Quarterly* 49, no. 2 (1999): 556–72.

38 Erdkamp, Paul. *The Grain Market in the Roman Empire: A Social Political and Economic Study*. Cambridge: Cambridge University Press, 2005.

39 Erdkamp, Paul. "Mobility and Migration in Italy in the Second Century BC." In *People Land and Politics: Demographic Developments and the Transformation of Roman Italy 300 B.C.–A.D. 14*, edited by Luuk De Ligt and S. Northwood, 417–50. Leiden: Brill, 2008.

40 Finley, Moses I. *Ancient Slavery and Modern Ideology*. London: Chatto & Windus, 1980.

41 Finley, Moses I. *Economy and Society in Ancient Greece*, edited with an introduction by Brent D. Shaw and Richard P. Saller. New York: Viking Press, 1980.

42 Finley, Moses I. *The Ancient Economy*, updated with a new forward by Ian Morris. Berkeley: University of California Press, 1999.

43 Flohr, Miko. *The World of the Fullo: Work, Economy, and Society in Roman Italy*. Oxford: Oxford University Press, 2013.

44 Fülle, Gunnar. "The Internal Organization of the Arretine Terra Sigillata Industry: Problems of Evidence and Interpretation." *Journal of Roman Studies* 87 (1997): 111–55.

45 Garnsey, Peter, ed. *Non-Slave Labour in the Greco-Roman World*. Cambridge: Cambridge Philological Society, 1980.

46 Garnsey, Peter. *Cities, Peasants, and Food in Classical Antiquity: Essays in Social and Economic History*. Cambridge: Cambridge University Press, 1998.

47 Geoghegan, Arthur T. *The Attitude towards Labor in Early Christianity and Ancient Culture.* Washington, DC: Catholic University of America, 1945.

48 George, Michele. "Social Identity and the Dignity of Work in Freedmen's Reliefs." In *The Art of Citizens, Soldiers and Freedmen in the Roman World*, edited by Eve D'Ambra and Guy P. R. Métraux, 19–30. Oxford: Archaeopress, 2006.

49 Glotz, Gustave. *Ancient Greece at Work: An Economic History of Greece from the Homeric Period to the Roman Conquest.* New York: Alfred A. Knopf, 1926.

50 Greene, Kevin. "Technological Innovation and Economic Progress in the Ancient World: M. I. Finley Re-Considered." *Economic History Review* 53, no. 1 (2000): 29–59.

51 Greene, Kevin. "Perspectives on Roman Technology." *Oxford Journal of Archaeology* 9 (2007): 209–19.

52 Groen-Vallinga, Miriam. "Desperate Housewives? The Adaptive Family Economy and Female Participation in the Roman Urban Labour Market." In *Women and the Roman City in the Latin West*, edited by Emily Ann Hemelrijk and Greg Woolf, 295–312. Leiden: Brill, 2013.

53 Grubbs, Judith Evans, Tim G. Parkin, and Roslynne Bell, eds. *The Oxford Handbook of Childhood and Education in the Classical World.* New York: Oxford University Press, 2014.

54 Gummerus, Hermann. "Darstellungen aus dem Handwerk auf römischen Grab- und Votivsteinen in Italien." *Jahrbuch des Deutschen Archäologischen Instituts* 28 (1913): 63–126.

55 Haldon, John F., ed. *A Social History of Byzantium.* Oxford: Wiley-Blackwell, 2008.

56 Harper, Kyle. *Slavery in the Late Roman World, AD 275–425.* Cambridge: Cambridge University Press, 2011. □

57 Harris, Edward M. "Workshop, Marketplace and Household: The Nature of Technical Specialization in Classical Athens and its Influences on Economy and Society." In *Money, Labour and Land: Approaches to the Economies of Ancient Greece*,

edited by Paul Cartledge, Edward E. Cohen, and Lin Foxhall, 67–99. London: Routledge, 2002.

58 Harris, Edward M., David M. Lewis, and Mark Woolmer, eds. *The Ancient Greek Economy: Markets, Households and City-States*. Cambridge: Cambridge University Press, 2015.

59 Harris, William V. "Poverty and Destitution in the Empire." In *Rome's Imperial Economy: Twelve Essays*, 27–54. Oxford: Oxford University Press, 2011.

60 Hawkins, Cameron. *Roman Artisans and the Urban Economy*. Cambridge: Cambridge University Press, 2016.

61 Holleran, Claire, and April Pudsey, eds. *Demography and the Graeco-Roman World: New Insights and Approaches*. Cambridge: Cambridge University Press, 2011.

62 Holleran, Claire. *Shopping in Ancient Rome: The Retail Trade in the Late Republic and the Principate*. Oxford: Oxford University Press, 2012.

63 Hopkins, Keith. *Conquerors and Slaves*. Cambridge: Cambridge University Press, 1978.

64 Horden, Peregrine, and Nicholas Purcell. *The Corrupting Sea: A Study of Mediterranean History*. Oxford: Blackwell, 2000.

65 Johnstone, Steven. "Virtuous Toil, Vicious Work: Xenophon on Aristocratic Style." *Classical Philology* 89, no. 3 (1994): 219–240.

66 Jongman, Willem. *The Economy and Society of Pompeii*. Amsterdam: Gieben, 1991.

67 Joshel, Sandra R. *Work, Identity, and Legal Status at Rome: A Study of Occupational Inscriptions*. Norman: University of Oklahoma, 1992.

68 Joshel, Sandra R., and Lauren Hackworth Petersen. *The Material Life of Roman Slaves*. New York: Cambridge University, 2014.

69 Kampen, Natalie. *Image and Status: Roman Working Women in Ostia*. Berlin: Mann, 1981.

70 Karanika, Andromache. *Voices at Work: Women, Performance, and Labor in Ancient Greece*. Baltimore: Johns Hopkins University Press, 2014.

71 Kennedy, Rebecca Futo. *Immigrant Women in Athens: Gender, Ethnicity, and Citizenship in the Classical City.* New York: Routledge, 2014. ☐

72 Kosmopoulou, Angeliki. "Working Women: Female Professionals on Classic Attic Gravestones." *Annual of the British School at Athens* 96 (2001): 281–319. ☐

73 Laes, Christian. *Children in the Roman Empire: Outsiders within.* Cambridge: Cambridge University Press, 2011. ☐

74 Lis, Catharina, and Hugo Soly. *Worthy Efforts: Attitudes to Work and Workers in Pre-Industrial Europe.* Leiden: Brill, 2012. ☐

75 Liu, Jinyu. *Collegia Centonariorum: The Guilds of Textile Dealers in the Roman West.* Leiden: Brill, 2009. ☐

76 Lo Cascio, Elio, ed. *Innovazione tecnica e progressa economico nel mondo romano: Atti degli Incontri capresi di storia dell'economia antica (Capri, 13–16 aprile 2003).* Bari: Edipuglia, 2006.

77 Loomis, William. *Wages, Welfare Costs, and Inflation in Classical Athens.* Ann Arbor, University of Michigan Press, 1998. ☐

78 Loraux, Nicole. "*Ponos.* Sur quelques difficulties de la peine comme nom du travail." *Annali del Seminario di Studi del Mondo Classico, Archeologia e Storia Antica* 4 (1982): 171–92.

79 MacMahon, Ardle, and Jennifer Price, eds. *Roman Working Lives and Urban Living.* Oxford: Oxbow Books, 2005. ☐

80 Manning, Joseph, and Ian Morris, eds. *The Ancient Economy: Evidence and Models.* Stanford, CA: Stanford University Press, 2001. ☐

81 Marcone, Arnaldo, ed. *Storia del lavoro in Italia. L'età Romana: liberi, semiliberi e schiavi in una società premoderna.* Rome: Castelvecchi, 2016. ☐

82 McCormick, Michael. *Origins of the European Economy: Communications and Commerce, A.D. 300–900.* Cambridge: Cambridge University Press, 2001. ☐

83 McGinn, Thomas A. J. *The Economy of Prostitution in the Roman World a Study of Social History & the Brothel.* Ann Arbor: University of Michigan Press, 2004. ☐

84 Meier, Christian. "Griechische Arbeitsauffassungen in archaischer und klassische Zeit: Praxis, Ideologie, Philosophie, Weiterer Zusammenhang." In *Die Rolle der Arbeit in verschiedenen Epochen und Kulturen*, edited by Manfred Bierwisch, 19–76. Berlin: Akademie, 2003.

85 Meiggs, Russell. *Roman Ostia*. Oxford: Clarendon Press, 1973. ☐

86 Mercure, Daniele, and Jan Spurk, eds. *Le travail dans l'histoire de la pensée occidentale*. Laval: Presses de l' Université Laval, 2003. ☐

87 Millar, Fergus. "Condemnation to Hard Labour in the Roman Empire, from the Julio-Claudians to Constantine." *Papers of the British School at Rome* 54 (1984): 124–47.

88 Mossé, Claude. *The Ancient World at Work*. London: Chatto & Windus, 1969.

89 Mouritsen, Henrik. *The Freedman in the Roman World*. Cambridge: Cambridge University Press, 2011. ☐

90 Mrozek, Stanisław. *Lohnarbeit im klassischen Altertum: ein Beitrag zur Sozial- und Wirtschaftgeschichte*. Bonn: Habelt, 1989. ☐

91 Ndoye, Malick. *Groupes sociaux et idéologie du travail dans les mondes homérique et hésiodique*. Besançon: Presses universitaires de Franche-Comté, 2010. ☐

92 Oleson, John P. *The Oxford Handbook of Engineering and Technology in the Classical World*. Oxford: Oxford University Press, 2008.

93 Oliver, Graham J. "Mobility, Society and Economy in the Hellenistic Period." In *The Economies of Hellenistic Societies, Third to First Centuries BC*, edited by Zosia Archibald, John K. Davies, and Vincent Gabrielsen, 349–58. Oxford: Oxford University Press, 2011.

94 Ovitt, George, Jr. "The Cultural Context of Western Technology: Early Christian Attitudes toward Manual Labor." *Technology and Culture* 27, no. 3 (1986): 477–500.

95 Petersen, Lauren Hackworth. *The Freedman in Roman Art and Art History*. Cambridge: Cambridge University Press, 2006.

96 Phang, Sara Elise. "Soldiers' Slaves, 'Dirty Work', and the Social Status of Roman Soldiers." In *A Tall Order: Writing the Social History of the Ancient World. Essays in Honor of William V. Harris*, edited by Jean-Jacques Aubert and Zsuzsanna Várhelyi, 203–26. Munich: Saur, 2005.

97 Rathbone, Dominic. *Economic Rationalism and Rural Society in Third-Century A.D. Egypt: The Heroninos Archive and the Appianus Estate.* Cambridge: Cambridge University Press, 1991.

98 Rostovtzeff, Mikhail I. *The Social and Economic History of the Hellenistic World.* 3 vols. Oxford: Clarendon Press, 1941.

99 Rostovtzeff, Mikhail I. *The Social and Economic History of the Roman Empire.* 2 vols. 2nd ed. Oxford: Oxford University Press, 1957.

100 Saller, Richard P. "Women, Slaves, and the Economy of the Roman Household." In *Early Christian Families in Context: An Interdisciplinary Dialogue*, edited by David Balch and Carolyn Osiek, 185–204. Grand Rapids, MI: W. B. Eerdmans Publishing, 2003.

101 Scheidel, Walter. "Human Mobility in Roman Italy I: the Free Population." *Journal of Roman Studies* 94 (2004): 1–26.

102 Scheidel, Walter. "Human Mobility in Roman Italy II: the Slave Population." *Journal of Roman Studies* 95 (2005): 64–80.

103 Scheidel, Walter, ed. *The Cambridge Companion to the Roman Economy.* Cambridge: Cambridge University Press, 2012.

104 Scheidel, Walter. "Roman Real Wages in Context." In *Quantifying the Greco-Roman Economy and Beyond*, edited by Françoise De Callataÿ, 209–18. Bari: Edipuglia, 2014.

105 Scheidel, Walter, Ian Morris, and Richard Saller, eds. *The Cambridge Economic History of the Greco-Roman World.* Cambridge: Cambridge University Press, 2007.

106 Shaw, Brent D. *Bringing in the Sheaves: Economy and Metaphor in the Roman World.* Toronto: University of Toronto Press, 2013.

107 Ste. Croix, G. E. M. de. *The Class Struggle in the Ancient Greek World: From the Archaic Age to the Arab Conquests.* Ithaca, NY: Cornell University Press, 1981.

108 Tacoma, Laurens E. *Moving Romans: Migration to Rome in the Principate.* Oxford: Oxford University Press, 2016.

109 Temin, Peter. "The Labor Market of the Early Roman Empire." *Journal of Interdisciplinary History* 34, no. 4 (2004): 513–38.

110 Thomas, Yan. "Le corps de l'esclave et son travail à Rome: Analyse d'une dissociation juridique." In *Corps romains*, edited by Philippe Moreau, 225–50. Grenoble: J. Millon, 2002.

111 Toner, Jerry P. *Leisure and Ancient Rome.* Cambridge, MA: Polity Press, 1995. ☐

112 Tran, Nicolas. *Dominus tabernae: le statut de travail des artisans et des commerçants de l'Occident romain (Ier siècle av. J.-C.–IIIe siècle ap. J.-C.).* Rome: École française de Rome, 2013. ☐

113 Tran, Nicolas, and Nicolas Monteix, eds. *Les savoirs professionnels des gens de métier: Études sur le monde du travail dans les sociétés urbaines de l'empire romain.* Naples: Centre Jean Bérard, 2011.

114 Treggiari, Susan. "Jobs for Women." *American Journal of Ancient History* 1 (1976): 76–104. Van den Hoven, Birgit. *Work in Ancient and Medieval Thought: Ancient Philosophers, Medieval Monks and Theologians and their Concept of Work, Occupations and Technology.* Amsterdam: J. C. Gieben, 1996. ☐

115 Van Dommelen, Peter. "Moving on: Archaeological Perspectives on Mobility and Migration." *World Archaeology* 46, no. 4 (2014): 477–83. ☐

116 Vanhaegendoren, Koen. "Travail et loisir en Grèce ancienne." *Ancient Society* 37 (2007): 1–35.

117 Van Nijf, Onno M. *The Civic World of Professional Associations in the Roman East.* Amsterdam: Gieven, 1997. ☐

118 Verboven, Koenraad, and Christian Laes, eds. *Work, Labour, and Professions in the Roman World.* Leiden: Brill, 2016. ☐

119 Vernant, Jean-Pierre. "Work and Nature in Ancient Greece." In *Myth and Thought among the Greeks*, translated by Janet Lloyd and Jeff Fort, 248–70. London: Routledge and Kegan Paul, 1983. ☐

120 Vernant, Jean-Pierre, and Pierre Vidal-Naquet. *Travail & esclavage en Grèce ancienne*. Brussels: Complexe, 1988. ☐

121 Veyne, Paul. "La 'plèbe moyenne' sous le Haut-Empire romain." *Annales. Histoire, Sciences Sociales* 55, no. 6 (2000): 1169–99. ☐

122 Whitehead, David. *The Ideology of the Athenian Metic*. Cambridge: Cambridge Philological Society, 1977. ☐

123 Wikander, Örjan, ed. *Handbook of Ancient Water Technology*. Leiden: Brill, 2000. ☐

124 Wilson, Andrew I., and Miko Flohr, eds. *Urban Craftsmen and Traders in the Roman World*. Oxford: Oxford University Press, 2016. ☐

125 Wilson, Andrew I. "Machines, Power and the Ancient Economy." *Journal of Roman Studies* 92 (2002): 1–32. ☐

126 Wilson, Andrew I. "Urban Production in the Roman World: The View from North Africa." *Papers of the British School at Rome* 70 (2002): 231–74. ☐

127 Wood, Ellen Meiksins. *Peasant-Citizen and Slave: The Foundations of Athenian Democracy*. London: Verso, 1988. ☐

128 Zimmer, Gerhard. *Römische Berufsdarstellungen*. Berlin: Mann, 1982.

引文出处索引
Index Locorum

文学	简介
Acts	《圣经·使徒行传》
16:13, 130	
18:3, 140	
Ael.	
NA	埃里亚努斯（Claudius Aelianus，约170年—235年），罗马帝国时期修辞学教师、作家，擅以希腊语写作，引文出自他的博物学文集《论动物本性》（*De Natura Animalium*，英译 *On the Characteristics of Animals*）。
15.5, 10	
Aen Tact.	作者埃涅阿斯（Aeneas）活跃于公元前四世纪，引文出自《战术家埃涅阿斯》（*Aeneas Tacticus*），书名为后人所加。
37, 173 n.27	
Aesch.	
Ag.	
1024–5, 7	

Aeschin. □
　1.97, 183 n.21
　1.119, 150
　1.121, 150

Agatharch. □
　GGM I, frs. 23 – 9, 79

Agathon □
　TGF 39 F 6, 6

Andoc. □
　3.5, 195 n.20

Apul.
　Met.
　　1.24 – 5, 86
　　9.5 – 7, 79, 84
　　9.12, 82

Ar.
　Ecc.
　　815 – 22, 75
　Eq.
　　315 – 18, 13
　Nub.

埃斯库罗斯（Aeschylus，约公元前525年—公元前456年），希腊士兵、悲剧作家，引文出自他的《阿伽门农》（*Agamemnon*）。

埃斯基涅斯（Aeschines，约公元前390年—公元前314年），雅典演说家、悲剧演员，引文出自后人编辑的文集，左起第一个数字为演讲篇目序号。

阿伽撒尔基德斯（Agatharchides）；引文为残篇，*GGM* 是《吉森地理手抄本》（*Giessener Geographische Manuskripte*）缩写。

阿伽通；*TGF* 是《希腊悲剧残篇》（*Tragicorum Graecorum Fragmenta*）缩写。

安多西德（Andocides，约公元前440年—公元前391年后），雅典演说家、政治家，引文出自后人编辑的文集，左起第一个数字为演讲篇目序号。

39－55, 3

191－4, 6

316, 6

1049, 6

Pax

270, 13

543－9, 13

648, 13

Thesm.

383－8, 91

Arist.

  Oec.

  1344 b 33, 77

  Pol.

  1.1253 b, 152 □

  1.1254 a, 152 □

  1.1258 b, 140 □

  1.1260 a－b, 5

  3.1278 a 11－13, 5

  6.1323 a 5, 91

  7.1333 a 31

  1334 b 29. 160

  7.13334 a 21－2. 5

  8.1337 b. 101

  Rh.

  2.4.9－10, 128

阿普列乌斯（Apuleius）

  《变形记》（*Metamorphoses*）

阿里斯托芬（Aristophanes）

  《公民大会妇女》（*Ecclesiazusae*）

  《骑士》（*Equites*）

  《云》（*Nubes*）

  《和平》（*Pax*）

  《地母节妇女》（*Thesmophoriazusae*）

Arr.

　Anab. □

　　2.18−24, 16

Ath. □

　1.18b, 9

　5.197a−202b, 171

August.

　De civ. D.

　　7.4, 27

　Ord. □

　　2.4.12, 194 n.36

　　2.5.16, 142

　Retract.

　　1.1.1, 142

　　1.1.3, 142

　Sol.

　　1.13.23, 142

Caes.

　BGall.

　　4.2, 134

Callim.

　Epigr. □

亚里士多德

　《家政学》(*Oeconomica*)

　《政治学》(*Politics*)

　《修辞学》(*Rhetoric*)

阿里安（Arrian，约86年—160年），罗马帝国时期希

28.4, 12

Frs. Pfeiffer

　197, 12

Ia. □

　7, 12

Cassiod.

　Inst.

　　1.30, 137

Cato

　Agr. □

　　pr., 4

　　2, 24 □

　　4, 4 □

　　10, 77

　　56.1.3, 77

　　56-7, 30

　　144, 78

Chariton □

　1.11.4-2.1.9, 196

　n.29

Cic,

　Font.

　　7.17-8.19, 151

　Off.

腊历史学家、哲学家，引文出自《远征记》（*Anabasis*），又称《亚历山大远征记》（*Anabasis of Alexander*）。

阿忒纳乌斯（Athenaeus），引文出自《随谈录》（*Deipnosophistai*），模仿柏拉图做法，以宴会交谈形式写成。

奥古斯丁（Augustine）

　《上帝之城》（*De civitate dei*）

　《论秩序》（*De Ordine*）

　《再思录》（*Retractationes*，或 *Retractationum*）

　《独语录》（*Soliloquia*）

1.1, 129

1.150-1, 20, 92, 96, 129, 134

2.3.12-13, 8

Verr.

2.2.122, 193 n.20

Cod. Iust.

7.7.1.5, 151

8.51, 87

Cod. Theod.

5.9.1, 87

9.31.1, 74

12.19.1, 86

13.4.2, 85

Columella

Rust.

1.7-16, 106

1.7.1, 77

1.7.6, 77

1.8.15, 77

1.8.19, 77

1.9.7, 77

8.17, 77

11.1.22, 77

恺撒（Julius Caesar）

《高卢战记》（*Bellum Gallicum*）

卡里马库斯（Callimachus）

《书信体警言诗集》（*Epigrams*）

《残篇》（*Fragmenta*），德国语言学者鲁道夫·法伊弗（Rudolph Pfeiffer）整理编辑。

《抑扬格诗集》（*Iambi*）

卡西奥多鲁斯（Cassiodorus）

《宗教与世俗文献指南》（*Institutiones divinarum et saecularium litterarum*）

老加图（Cato the Elder）

《农业志》（*De agricultura*）

12.3.6, 77

Dem.
27.9, 81, 183 n.22
36.11, 81
57.30, 91
57.34–5, 86, 91
57.45, 9

Dig.
1.5.4.1, 152
9.2.5.3, 85
9.2.27.29, 29
13.4, 187 n.22
17.1.26.8, 28
21.1.1.1, 29
38.1.26, 83
43.10.1.4, 182 n.5
47.22.4, 150
49.18.4.1, 151
50.2.12, 133
50.4.1, 151
50.13.1 pr, 127

Dio Cass.
75.9.4, 152

Dio Chrys.

卡里同（Chariton），引文出自他的小说《开瑞阿斯与卡利罗厄》（*Chaereas and Callirhoe*）。

西塞罗

《为马库斯·方特乌斯辩》（*For Marcus Fonteius*）

《论义务》（*De officiis*）

《诉维里斯》（*In Verrem*）；西塞罗在公元前70年做的一组演讲。维里斯是西西里前总督，当时因贪污等问题受审。

《查士丁尼法典》（*Codex Iustinianus*），正式名称《查士

Or.

7.1-2, 3 □

7.7, 3 □

7.8, 3 □

7.13-15, 10

7.33-40, 196 n.39

7.42-9, 75

7.100, 9

7.101, 9

7.103, 8

7.104, 8

7.105, 8

7.107, 9

7.110, 8, 9

7.114, 9

7.122, 9

7.123-6, 9

7.125, 8 □

8.9, 164 □

9.1, 164

31.41-3, 171

32.4, 170

32.5, 171

32.30-2, 171

32.45-6, 171

32.50-1, 171

32.69, 171

32.74, 166

丁尼民法大全》(*Corpus Juris Civilis*)。

《狄奥多西法典》(*Codex Theodosianus*)

科鲁迈拉

《论农业》(*De Re Rustica*)

德摩斯梯尼(Demosthenes)，引文左起第一个数字为演讲篇目序号。

32.89, 171

36.9, 10

36.24—6, 10

44.1, 2

Diod. Sic.

3.12—13, 79

12.21.1—2, 195 n.15

Diog. Laert.

2.122—3, 6

6.2, 6

7.168—70, 6

Epict.

1.6.26—8, 164

Epit. de Caes.

14.5, 28

Eur.

Fr.

775, 89

Festus

Gloss. Lat.

105, 91

《学说汇纂》(*Digesta*),属于《查士丁尼民法大全》一部分。

狄奥·卡西乌斯(Dio Cassius,约150年—235年),罗马帝国时期官员、历史学家,引文出自他的《罗马史》(*Historiae Romanae*)。

"金嘴"狄奥(Dio Chrysostom);引文出自合集《演讲》(*Orations*),左起第一个数字为演讲篇目序号,其中第七篇即《埃维亚演讲》。

FIRA

I

105, 79

Gai.

Inst.

1.191, 90

Gal.

Anim. Pass.

1.8, 96

Gerontius

Vit. Mel.

18.3–4, 77

Pope Gregory I

Moral. Pr.

1.2, 137

Hdt.

1.0, 15

1.94, 86

2.35, 16, 91

Hes.

Frs. M–W

248–9, 6

Op. □	狄奥多罗斯·西库鲁斯(Diodorus Siculus),引文出自他的《历史文库》(*Library of History*),每行左起第一个数字为分卷序号。
310-11, 3	
341, 146	
346-51, 74	
349-52, 146	
352, 355, 74	
381-2, 3	第欧根尼·拉尔修(Diogenes Laertius),引文出自《著名哲学家言行录》(*De vitis philosophrom*),每行左起第一个数字为分卷序号。
399-403, 146	
405-6, 144	
456, 144	
470, 144	爱比克泰德(Epictetus),引文出自后人编辑的《语录》(*Discourses*),左起第一个数字为分卷序号。
493-5, 161	
502, 144	
573, 144	
582-96, 161	
597, 144	《罗马帝王小传》(*Epitome de Caesaribus*),自奥古斯都到狄奥多西一世为止,成书于四世纪后期,具体作者尚未确定。
602-3, 146	
647, 146	
766, 144	
Vit. Hom. □	欧里庇得斯(Euripides),引文出自《残篇》(*Fragmenta*),德国古典学者约翰·奥古斯特·诺克(Johann August Nauck)整理编辑。
14.3-6, 187 n.24	
Hom.	
Il.	
11.86-8, 11	法斯图斯(Sextus Pompeius Festus,公元二世纪后期),罗马帝国时期语法学家,根据公元一世纪学者著作编写拉丁语词典,引文出自后人整理版本。
13.5-6, 134	
16.633-4, 10-11	

17.742-4, 11
18.468-608, 10
18.525-6, 12
18.541-9, 10
18.550-60, 12
18.561-72, 11
21.444-5, 146
23.185-201, 96

Od. □
4.644, 146
7.103-6, 144
11.489-91, 146
14.3-4, 144
15.403-84, 144
18.357-8, 146
22.48-53, 144
22.103-4, 144
22.109, 144
22.140-3, 144
22.161-2, 144
22.179-80, 144
22.437-77, 144

Isae. □
10.10, 89

John Chrysostom

《前查士丁尼时期法律文献》(Fontes iuris romani anteiustiniani)

盖尤斯(Gaius)
　《法学阶梯》(Gai Institutiones, 或 Institutes of Roman Law by Gaius)

盖伦(Galen)，引文出自德国医学史学者卡尔·戈特洛博·库恩(Karl Gottlob Kühn)整理编辑的《盖伦全集》(Claudii Galeni opera omnia)。

格龙提乌斯(Gerontius，公元四世纪)，罗马帝国时期作家，引文出自《小梅兰妮传》(Sanctae Melaniae Junioris Vita)。

教皇格里高利一世(Pope Gregory I, 或 Pope Gregory the Great)，引文出自《约伯伦理论》奥当劳(O'Donnell)英译本。

Hom.

    2.23, 141

Hom. in Heb.

    1.2, 141

Hom. in Rom.

    16.3, 141

    16.4, 141

Lex. XII

    III

    5, 147

Lib.

    Or. □

    50.33, 141

    Prog. □

    3.3.13, 141

    3.4.6, 193 n.25

Livy

    7.16.1, 148

    7.19.5, 148

    7.27.3, 148

    7.42.1-2, 148

    21.63.4, 139

    22.25, 96

    26.27.2, 86

希罗多德（Herodotus），引文出自他的《历史》(*The Histories*)。

赫西俄德（Hesiod）

    《残篇 M-W》(*Fragments M-W*)

    《工作与时日》(*Opera Et Dies*)

    《荷马生平》(*Life of Homer*)

27.11.16, 86

45.34.5, 152

Lucian

 As.

  34, 77

 Somn.

  3, 85

Lys.

 1.22–3, 161□

 12.19, 81, 183 n.20

 14.6, 81

Mart. □

 3.16, 96

Men.

 Dys.

  766–7, 3

  770, 3

 Frs. K–A

  150, 153

Muson.

 3–4, 9

荷马（Homer）

 《伊利亚特》(*Iliad*)

 《奥德赛》(*Odyssey*)

Ov. □

  Ars am.

    2.217–22, 7

  Her.

    9.55–80, 7

  Met.

    6.1–145, 11

Paus. □

    7.21.14, 81

Petron.

  Sat.

    117.11, 84

Philo

  De spec. leg. □

    2.233, 175 n.39

Philostr.

  Imag.

    1.13, 10

Pl. □

伊萨尤斯（Isaeus，公元前四世纪），雅典职业演说作者。

"金口"若望

  《关于雕像的布道》(*Homilies on the Statues*)

  《关于圣经希伯来书的布道》(*Homilies on Hebrews*)

  《关于圣经罗马书的布道》(*Homilies on Romans*)

《十二表法》(*Lex XII Tabularum*)，引文出自第三表。

Criti.

　109 b–c, 11

Leg.

　1.643 b–c, 102

　5.741 d–743 b, 5

　7.803 a, 11

Phdr. ☐

　276 c, 11

Prt. ☐

　327 b–8 a, 97

Resp. ☐

　4.429 d–30 b, 11

　10.620 c, 96

Tht. ☐

　149 a–50 a, 91

　176 c–d, 5

Plaut.

　Per.

　　589, 196 n.29

Plin.

　HN

　　18.112, 24

　　34.37, 100

　　35.12, 91

　　35.92, 100

利巴尼乌斯（Libanius），引文出自他的演讲合集以及为学校编写的基础希腊语写作练习。

　《演讲》(*Orations*)

　《练习》(*Progymnasmata*)

李维，引文出自他的《罗马史》(*History of Rome*，又称《罗马建城史》)，左起第一个数字为分卷序号。

琉善

　《卢修斯或驴子》(*Lucius or the Ass*)

　《琉善作品集》(*Somnium sive vita Luciani*)

吕西亚斯（Lysias），引文出自他的演讲集，左起第一个数字为分卷序号，每卷各有小标题。

35.148, 91
36.21, 101

Plin.
Ep.
3.19.7, 77
10.34, 149
Pan.
29, 22

Plut.
Mor.
157e, 11
Vit. Cim.
4.5–6, 101
Vit. Marc.
14–17, 16
Vit. Per.
1.4, 130
1.4–2.2, 96
25, 7
16.3–4, 76
Vit. Sol.
13.2–3, 146
15.3, 147
22, 175 n.39

马提亚尔（Martial），引文出自他的书信体诗集《书简》（*Epigrams*），左起第一个数字为分卷序号。

米南德（Menander）

《恨世者》（*Dyskolos*）

《残篇 K-A》（*Fragments K-A*）

穆索尼乌斯·鲁弗斯（Musonius Rufus），引文出自后人整理编辑的《语篇》（*Discourses*，或 *Lectures*），左起第一个数字为文章序号。

奥维德（Ovid）

《爱的艺术》（*Ars amatoria*）

《女杰书简》（*Heroides*）

Poll.

Onom.

　8.131–2, 195 n.20

Poly.

　21.27–8, 16

　27.9.7–13, 167

Procop.

Aed.

　1.1.68–78, 105

Prov.

　31.22, 130

Schol. Ar.

Ach.

　54, 195 n.20

Sen.

《变形记》(*Metamorphoses*)

保萨尼亚斯 (Pausanias)，引文出自他的《希腊纪行》(*Descriptions of Greece*)，左起第一个数字为分卷序号，第7卷标题为"亚该亚 (Achaia)"，希腊地区名，时为罗马帝国行省。

佩特罗尼乌斯 (Petronius)，引文出自他的讽刺小说《萨蒂利孔》(*Satyricon*)。

亚历山大里亚的斐洛 (Philo of Alexandria，约公元前20年—40年，希腊化时期犹太哲学家)，引文出自他的《论特定律法》(*De Specialibus Legibus*)。

菲洛斯特拉托斯 (Philostratus)，引文出自他的《画记》(*Imagines*)。

柏拉图 (Plato)

Ep. ☐
  88.1−2, 130
  90.32, 104
Phaed.
  317−24, 8

Soph.
  Trach.
  252−3, 7−8

Sor.
  Gyn. ☐
  1, 91
  2.19, 91

Sozom.
  Hist. eccl.
  8.2, 141

Strabo ☐
  6.3.4, 169
  12.3.40, 78

Suet.
  Aug. ☐
  74, 79
  Vesp. ☐
  1.4, 13, 78

《克提拉斯》(*Critia*)

《法律》(*Laws*)

《斐德罗》(*Phaedru*)

《普罗泰戈拉》(*Protagoras*)

《理想国》(*Repulic*)

《泰阿泰德》(*Theaetetus*)

普劳图斯(Plautus, 约公元前254年—公元前184年), 古罗马喜剧作家, 引文出自《波斯人》(*The Persians*)。

老普林尼(Pliny the Elder, 23年—79年), 引文出自他的博物学著作《自然史》(*Historia Naturalis*)

Tac.
  Ann.
    6.16, 148
    14.42-5, 154
  Germ.
    15, 17

Theoc.
  Id. □
    10, 12

Thuc. □
  1.90, 15
  1.93, 16
  1.139, 154
  2.37, 6
  2.38, 5
  2.40, 7

Tyrt.
  10.1-10, 4-5

Varro
  Ling.
    7.105, 147, 148

小普林尼（Pliny the Younger）
  《书简》（*Epistles*）

  《颂辞》（*Panegyricus*）

普鲁塔克（Plutarch）
  《道德论丛》（*Moralia*）

  《客蒙传（Cimon，或 Kimon）》；客蒙（约公元前510年—公元前451年），雅典政治家、将军。

  《马塞卢斯传》（*Life of Marcellus*）

  《伯里克利传》（*Life of Pericles*）

Rust.
  1.1.8, 77
  1.5.1, 28
  1.16.4, 78
  1.17.1, 26
  1.17.2, 74, 78
  2.10.1, 77
  2.10.7, 77
  2.10.9, 77

Vit.
  De arch.
    6 pr. 6, 101
    6 pr. 7, 103
    7 pr. 11–17, 102
    7 pr. 12, 101
    10.2.11–15, 101

Xen.
  Ages.
    1.18–20, 152
    1.21–2, 152
  Cyr.
    8.2.5, 26, 85
  Mem.
    2.1.1–32, 6
    3.1, 102

《梭伦传》(*Life of Solon*)

尤里乌斯·波卢克斯(Julius Pollux,约150年—200年),罗马帝国时期希腊修辞学家,引文出自他按话题编排的阿提卡希腊语同义词与短语词典《希腊古辞辨》(*Onomasticon*)。

波利比乌斯(Polybius),引文出自他的《历史》(*Histories*),记录罗马崛起史(公元前220年—公元前168年),左起第一个数字为分卷序号。其中,英译本第21卷小标题为《围攻安布拉西亚》(*Siege of Ambracia*),第27卷为《珀修斯成功的道义效应》(*Moral Effect of Perseus's Successes*),珀修斯(Perseus)为希腊化马其顿王国末代国王,公元前179年—公元前168年在位,遭罗马征服。

普罗科比乌斯(Procopius)
  《论建筑》(*De Aedificis*)

《圣经·箴言》(*Proverbs*)

7.2,11—12,81

Oec.
  4.2—3,4
  5.4—7,4

《阿里斯托芬〈阿卡奈人〉集注》(*Scholion on Aristophanes' Acharnians*)

塞涅卡(Seneca)
  《书简》(*Epistles*)

  《斐德拉》(*Phaedra*)

索福克勒斯(Sophocles)
  《特拉喀斯妇女》(*Trachiniae*)

以弗所的索兰努斯(Soranus of Ephesus)
  《妇科学》(*Gynaikeia*)

索佐梅诺斯(Sozomenos,约380年—450年),又作索佐门(Sozomen),拜占庭时期希腊律师,引文出自他的《教会史》(*Historia Ecclesiastica*)。

斯特拉博(Strabo,约公元前64年—公元21年),罗马帝国时期希腊地理学家、历史学家,引文出自他的地理著作。

苏维托尼乌斯(Suetonius,约69年—122年),罗马帝国时期传记作家,引文出自他的《罗马十二帝王传》(*De vita Caesarum*),从恺撒到罗马帝国前11位皇帝合共十二位。

《奥古斯都传》(*Augustus*)

《韦斯帕芗传》(*Vespasian*)

塔西佗(Tacitus)

《编年史》(*The Annuals*)

《日耳曼尼亚志》(*Germania*)

忒奥克里托斯(Theocritus)

《田园诗》(*Idylls*)

修昔底德(Thucydides),引文出自他的《伯罗奔尼撒战争史》(*History of Peloponnesian War*)。

提尔泰奥斯(Tyrtaeus)

瓦罗

《论拉丁语》(*De Lingua Latina*)

《论农业》(*De Re Rustica*)

维特鲁威(Vitruvius)

《建筑十书》(*De architectura*)

色诺芬(Xenophon)

《阿格西劳斯传》(*Agesilaus*)

《居鲁士的教育》(*Cyropaedia*)

《回忆录》(*Memorabilia*)

《经济论》(*Oeconomicus*)

文献汇编

AE

1928 183, 134

1935 51, 132 □

1998 954, 134

1999 538, 186 n.32

2000 802, 84

BGU

IV □

　1122, 174 n.17

CIL

I² □

　2123, 192 n.13

III □

　pp. 948 – 9, nos. 10 – 11, 79

VI □

　267 – 8, 85

　4416 = 2193, 150

　6939, 81 □

　9211, 81 □

　9222, 97

　9493, 90

VIII

　11824, 12, 78

X

1579, 85

1931, 136

XI

139, 52

XIII

450, 136

Clara Rhodos 9 (1938)

pp.190−207, 156

EKM

398, 198 n.21

I.Eph

27, 169 □

211, 174 n.18

420, 186 n.4

IG

II^2

657, 190 n.8

1622, 101

1668, 102

11954, 97

4921*a*, 100

X.2.1 □

291, 132

XII.5 □

 129, 194 n.8

XII.7 □

 22, 164

 24, 164

 35, 164

 341, 164

XII Suppl.

 330, 164

I.Iasos

 84, 168

 87, 168

 250, 168

I.Knidos

I □

 71, 199 n.41

Imagines Italicae

 1186−7, 174 n.11

I.Parion

 5−6, 10

I.Perge.

 47, 199 n.39

IOSPE

I² □

　404, 150

I.Stratonikeia

　203, 166

　205, 165–6

　242, 165

I.Tralleis

　80, 174 n.18

IvO

　54, 166

Milner 1991

　1, 168

　3–4, 168

　5–6, 168

　8–9, 168

P.Carlsb.

　54, 85

P.Fay.

　91, 91

　102, 78

Philippi

II □

　142, 132

　247, 132

P.Mich.

　5.245, 150

P.Oxy.

　12.1467, 90

　22.2340, 85

P.Par.

　10, 154

PSI

　7.822, 79

Sardis

VII.1 □

　18, 150

SEG

　4.539–40, 86

　12.511, 169

　38.1462, 199 n.38

　55.1473, 167

　57.699, 150

Sterrett, WE
  275, 198 n. 27

*Syll.*³
  738, 91
  1014, 90
  1177, 81

T.Vindol.
  I.154, 191 n. 27

TAM
  V. 2
    1367, 169

T.Sulpicii
  60−2, 90

UPZ
  I
    148, 17

索引

(均为原文页码)

- 阿里斯托芬(Aristophanes) 13
- 阿特米多鲁斯(Artemidorus) 130
- 阿提卡(雅典)陶器 34-46
- 埃及 22, 24, 30, 71, 74, 78, 85, 90, 107, 154
- **安诺娜/罗马粮食供应体系**(*annona*) 22, 32, 86, 125, 136, 137
- 安条克(Antioch) 23
- 希波的奥古斯丁(Augustine) 139, 141-142
- 奥林索斯(Olynthus) 60-61
- 奥斯提亚城(Ostia) 51, 55, 66, 106, 116
- 使徒保罗(Paul, the apostle) 132, 140
- 庇荫制 106, 107
- 柏拉图(Plato) 4-5, 6, 11, 128
- 伯里克利(Pericles) 5, 6, 7, 75-77
- 采石业:参见开矿与采石业
- 城市化 23, 57, 118-120

    比例 23-24

- 达契亚（Dacia）31，79
- 《戴克里先价格敕令》（*Price Edict of Diocletian*）30
- "金嘴"狄奥（Dio, Chrysostom）2–4，8–10，141，166，198 n.29
- 德摩斯梯尼（Demosthenes）9，61，81，91
- 法律 29，78，86，87–88，90，127–128，133，147–148
- 纺织业 43–45，51，60，65，66，90，103
- 摩西·芬利（Finley, Moses）1，20，103，111，128
- 奉献 98–100，132，153
- 工资：参见劳动者：工资
- 工作

    城市工作 8，26–28（又见劳动者：城乡对比）

    打工阶层 5–8，9，97，132，134–136，170

    精英人士看法 4–5，8–9，47，96，97，127–142

    罗马人的看法 47，55，56

    人种志 16–17

    图说工作 33–56

    与儿童 20

    与地位 13，31，38，39，41，45，46，48，84，96，133

    与国家 144，149

    与合同 148–150

    与迷思 7–8，16，35–36，43，47，50

    与女性（参见女性）

    与权力 38，144

    与身份 21，33，134，167（又见工作场所：身份）

    与性别 39–41

    与营养状况 29–30

    与战事 15–16，120–123，132–133

- 希腊人的看法 45–46，56

- 希腊式制备工作(*ponos*) 3–4, 6, 16, 128；又见赫拉克利斯
  希腊式工作(*ergon*) 3, 31
- 乡村工作 24–26 (又见劳动者：城乡对比)
- 工作场所 57–72
- 家内 60, 61, 79–81, 90, 144
    相关证据 58–60
    与身份 58, 71
    与文化 73–93
    作坊 45, 61, 62, 66–67, 81, 109
- 工作歌曲 11–12
- 赫拉克勒斯(Heracles) 6–8, 16
- 荷马(Homer) 9, 10–12, 21, 113, 144, 146
- 赫西俄德(Hesiod) 3, 6, 9–10, 74–75, 113, 123, 144, 146, 161
- 黑海(Black Sea) 13, 22
- 会饮派对 11–12, 41, 161
- 婚姻 74, 88, 119, 136
- 技术 19, 95–111
- 迦太基(Carthage) 23, 27, 139
- 家庭户，参见工作场所：家内
- 加图(Cato) 28, 30, 77
- 建筑业 27, 47–48, 84, 98, 101, 104–107, 149, 178 n.23
    混凝土 105–106, 114
- 教育 28, 84, 85, 102–103, 141
    希腊式教育理念(*Paideia*) 2, 10, 128, 140
- 节庆 161–72
    奥林匹克运动会 161–162, 164, 166, 167
    与观众 166–167
    与身份 167–169

- 基督教(Christianity) 9, 139–141
- 经济 19–32

  帝国主义 32
- 开矿与采石 23, 31, 78–79, 80, 124
- 克劳迪安山(Mons Claudianus) 23, 124
- 科鲁迈拉(Columella) 24, 77, 102
- 劳动者

  成本 28–29, 100

  城乡对比 3, 23

  非技能熟练者 22, 27, 84

  分工 19, 21, 26, 85

  工资 20, 21, 30–31, 79, 100, 127, 146

  技能熟练者 21, 27, 28, 100

  奴隶(参见奴隶与奴隶制)

  去技能化 107–108, 109 (又见建筑业；混凝土)
- 市场 24–27, 29–31

  专业化 26

  自由身份 27, 78
- 利巴尼乌斯(Libanius) 139, 141
- 零售业 43, 53, 86–87；又见贸易
- 流动性 113–126

  激励 115

  相关定义 113–116

  战事(参见工作：战事)

  证据 116–118
- 罗马城(Rome) 8, 22, 23, 66, 91, 105
- 罗马非洲(Roman Africa) 12, 67–70, 78
- 罗马军队 15, 31, 150；又见工作：战事

- 贸易 22-24, 117；又见<u>零售</u>

    交换礼物 74 □

    市场 19, 22, 56, 60, 68-69, 75-78, 86-87, 91-92, 110, 120, 124-125, 132, 146-147, 152-153

    商人(*negotiatores*) 134-136

    数量 20

    证据 20 □

- 卡尔·马克思(Max, Karl) 1, 20, 59, 67 □
- 门德雷斯河畔马格尼西亚(Magnesia) 162 □
- 木工 36, 50, 178 n.19, 181 n.85
- 农业 12, 34, 42-43, 74-78, 123-124

    季节性劳动力 12-13, 23, 74, 78, 114

    与奴隶 24-6, 77 (又见<u>奴隶制</u>)

    种植经济作物 75

    租佃做法 78

- 奴隶制 24, 27, 43, 52, 77, 78, 79, 81, 87, 97, 120-121, 144, 151-153 □

    成本 28-29, 30-31, 102 □

- 惩罚 82, 154

    反抗 153-155

    公共奴隶 151 □

    古代后期 156-157

    黑劳士(helots) 153, 196 n.34 □

    技术熟练者 82

    奴隶来源 120-121, 152-153

    奴隶与节庆 165-166 □

    生产 20, 84

    释放 27-28, 83, 121, 150-151

    数目 120 □

效率 26 □

意识形态 1, 26, 152

债务 147

- 女性 7–8, 11, 15, 16–17, 20–22, 34, 41, 43–45, 55, 77, 88–92

    法律地位 88–90

    纺织 7–8, 43–45, 81（又见<u>纺织业</u>）

    非技术熟练劳动者 22

    教育 9

    技术熟练劳动者 22

    与节庆 165

    战事 13–14 □

    职业 91 □

- 庞贝城（Pompeii）47, 48, 50, 64–65, 81, 86, 88, 105, 132 □
- 贫穷现象 8 □
- 人口 119；又见<u>流动性</u>

    马尔萨斯约束 32

    与经济增长 19, 32

- 色诺芬（Xenophon）4, 6, 15, 26–27, 88, 152
- **商铺**（*taberna*）62–65, 67–69, 70, 71, 182 n.5
- 生产：参见<u>劳动者</u>、<u>奴隶制</u>、<u>工作</u>

    家内生产 43–45 □

- 市场，参见<u>贸易：市场</u>
- 税收 150–151, 156 □
- 斯多葛派（Stoicism）6, 8–9, 142
- 亚当·斯密（Smith, Adam）19, 85 □
- 梭伦（Solon）86, 147 □
- 提洛岛（Delos）62, 153 □
- 体育：参见<u>休闲</u>

- 瓦罗(Varro) 28, 77
- 外族(蛮族) 134
- 维特鲁威(Vitruvius) 101–102
- 乌尔比安(Ulpian) 127, 192 n.2
- 五金加工 37–39, 53–55, 70, 181 n.85
- 希俄斯岛(Chios) 3, 22, 154
- 希腊式技能(*technê*) 6, 16, 95, 96 □
- 希腊式市场(*macella*) 86–87, 132 □
- 希腊式手艺概念(*banausia*) 4–5
- 希腊式自给自足(*autarkeia*) 2
- 西塞罗(Cicero) 128, 129, 133–134
- 西西里岛(Sicily) 22 □
- 小亚细亚(Asia Minor) 24, 71, 153
- 协会 149–50

    希腊式行业协会(*collegia*) 85–86, 87, 136, 149–150

- 新制度经济学 1, 28–29
- 休闲 159–72

    节庆巡游 169, 171

    青少年军事训练(*ephêbeia*) 168–169 □

    体育场(*gymnasion*) 168–169 □

    无所事事(*otium*) 17, 128, 141–142, 160

    希腊式休闲(*scholê*) 4, 5, 128, 160

    相关定义 159–60

- 学徒制 28, 46, 81, 84–85, 103(又见<u>教育</u>)
- 雅典城(Athens) 4, 7, 15, 61–62, 107, 116, 161
- 亚历山大里亚城(Alexandria) 23
- 亚里士多德(Aristotle) 4–6, 128, 152, 160
- 羊毛漂洗缩呢工:参见<u>纺织业</u>

- 意大利(Italy) 24, 51, 62-67
- 以文述图作品 10-11
- 艺术产业 100-101, 102
- 尤里萨西斯(Eurysaces) 47, 52, 81, 97-98
- 渔业与渔民 3, 11, 48
- 造船 52-53, 124-125
- 债务 146-148
    - 利息 148
- 证据的本质 4-5, 8-9, 20-22, 33-34
- 制备食品 45, 52-3, 64, 134, 136, 182 n.94
- 制陶业 41-2, 45, 46, 61, 97, 107-110
- 制鞋 26-7, 37, 46, 52
- 职业：参见<u>纺织业</u>、<u>建筑业</u>、<u>开矿与采石</u>、<u>零售</u>、<u>贸易</u>、<u>木工</u>、<u>农业</u>、<u>五金加工</u>、<u>渔业与渔民</u>、<u>造船</u>、<u>制备食品</u>、<u>制鞋</u>
    - 数量 26-27, 52, 97